# 노무사 합격을 위한

# 해커스 법아카데미

KB167940

# 합격 시스템

## 해커스 법아카데미 인강

취약 부분 즉시 해결!
**질문 게시판
운영**

무제한 수강 가능+
**PC 및 모바일
다운로드 수강**

합격을 만드는
**필수 학습자료
제공**

\* 인강 시스템 중 무제한 수강, PC 및 모바일 다운로드 무료 혜택은 일부 종합반/패스/환급반 상품에 한함

## 해커스 법아카데미 학원

학습상담&스터디
**교수님 직접관리**

교수님
**대면 첨삭·피드백**

매일 꾸준한
**학습 밀착
출결/성적 관리**

\* 학원 시스템은 모집 시기별로 변경 가능성 있음

노무사시험 한 번에 합격! 해커스 법아카데미 law.Hackers.com

해커스노무사

# 조현
# 행정쟁송법 기본서

해커스 공인노무사

# 서문

## Ⅰ.『해커스노무사 조현 행정쟁송법 기본서』를 출간하며

공인노무사 시험에 최적화된 행정쟁송법 교재를 새롭게 출간하게 되었다. 시중에 수많은 행정쟁송법 교재가 출간된 교재의 홍수시대에 굳이 이 교재를 출간한 이유는 진정한 의미에서의 공인노무사시험의 맞춤형 행정쟁송법 교재가 존재하지 않기 때문이라는 자각에서였다. 주지하다시피 최근 공인노무사시험에서 행정쟁송법 문제는 여타의 다른 국가고시에서 출제되었던 행정쟁송법 문제와 독립하여 노동쟁송의 전문적인 사례문제로 출제되고 있다. 2023년도에 출제된 공인노무사 행정쟁송법 문제도 예외는 아니었다. 그럼에도 불구하고 시중의 교재들은 그저 행정법교재에 있는 행정쟁송법 Part를 분리하여 출간함에 그치다보니 노동쟁송의 특수문제들을 전혀 반영하지 못하였고, 최근 대법원 판례나 헌법재판소에서 판시되고 있는 중요한 노동쟁송의 판례들도 전혀 담지 못하였다. 따라서 시중의 교재로 많은 내용과 판례를 정리하여 시험장에 들어가도 공인노무사 시험에서 출제되는 문제의 판례나 논점을 제대로 파악하지 못하는 수험생들이 속출하고 있다. 이에 공인노무사 시험에 맞춤형 행정쟁송법의 논점을 충실하게 반영된 교재가 필요하다고 판단하여 본서를 출간하게 된 것이다.

혹자들은 행정쟁송법의 법리를 충실하게 이해하여 정리하면 노동쟁송법의 문제도 쉽게 풀 수 있다고 한다. 그러나 이러한 주장은 노동쟁송의 특성을 전혀 파악하지 못하는 잘못된 주장이다. 노동쟁송의 특성은 "근로기준법", "노동조합 및 노동관계조정법", "산업재해보상보험법" 등에서 일반행정쟁송의 예외가 되는 특칙규정을 광범위하게 두고 있고 심사청구나 재심사청구와 같이 일반행정쟁송이 아닌 특별한 불복수단에 관한 규정을 많이 두고 있다는 데 있다. 따라서 일반행정쟁송법에서 행정쟁송법의 "Basic Dogma"를 잘 숙지하는 것도 중요하지만, 노동관계법률에서 정하고 있는 특별행정쟁송의 법리나 판례도 균형있게 숙지를 하고 있어야 최근 출제되는 공인노무사 시험의 행정쟁송법 문제에 제대로 준비할 수가 있다. 이러한 착안점을 겨냥하여 출간한 본서의 특징은 다음과 같다.

## Ⅱ.『해커스노무사 조현 행정쟁송법 기본서』의 특징 및 활용법

**첫째**, 본서는 행정쟁송법의 효과적인 학습을 위하여 '체계적 도식·기출문제설시·조문·핵심정리·판례정리·노동쟁송연결논점정리·답안작성요령'의 구조로 구성하여 행정쟁송법 시험에 필요한 행정쟁송의 모든 쟁점을 빠짐없이 정리하였다. 우선 관련조문은 2023년 12월 현재 시행중인 행정소송법과 (개정)행정심판법(2023.3.21. 시행) 및 노동관계법률 등 최근 주요 개정법령의 내용을 빠짐없이 반영하였고, 관련 최신 대법원 판례까지도 쟁점별로 사실관계까지 요약하여 설시해 놓았다. 그리고 행정쟁송법 이론은 시중에 있는 다양한 행정법 교재를 기본으로, 관련 학계의 논문과 수험가의 자료까지 참고하여 핵심만 간추려 빠짐없이 정리하였다. 또한 실제 시험장에서 쓸 수 있도록 분량을 조절했을 뿐만 아니라 답안지에 꼭 현출해야 하는 Key-Word나 Key-Sentence는 굵은 글씨 또는 색글씨 등으로 표기하였다.

수험생들은 우선 관련 UNIT의 체계를 교재의 도표로 인지한 뒤, 관련 법조문을 꼼꼼하게 읽어보고 교재의 내용을 학습하되, 굵은 글씨와 색글씨는 가급적으로 답안지에 쓸 수 있도록 암기해주기 바란다.

**둘째,** 최근 공인노무사 행정쟁송법의 문제가 최신 판례를 중심으로 출제되는 점에 착안하여 2023년 10월 말까지 판시된 행정쟁송법 관련 판례를 참조판례로 일목요연하게 정리하였다. 핵심이론이 어떻게 판례에 적용되고 응용되는지를 꼼꼼히 Check하면서 판례공부에도 부족함이 없도록 학습해 주기 바란다.

**셋째,** 공인노무사 행정쟁송법 시험에 출제될 가능성이 높은 중요논점들에 대해서 문제유형에 따른 답안작성요령을 Fomat화하여 일목요연하게 정리하였다. 행정쟁송법의 내용을 제대로 숙지하였다 하더라도 사례문제에 어떻게 반영하여 목차를 구성해야 하는지를 정리하지 않는다면 이것이야 말로 학문적인 공부라 할 것이다. 따라서 교재에 실린 답안작성요령을 잘 정리하여 실전에서 답안지를 잘 쓸 수 있는 기본 Format을 완성해 주기 바란다.

**넷째,** 행정쟁송법의 핵심이론이 노동쟁송법의 주요논점과 어떻게 연결되어 어떤 법리를 생성하는지를 알 수 있도록 노동쟁송연결논점을 정리하여 행정쟁송법과 노동쟁송과의 유기적인 연결을 가능케 하였다. 따라서 행정쟁송법의 핵심이론을 학습한 뒤 바로바로 '관련 노동쟁송연결논점'을 연결해서 정리해 두기 바란다.

**마지막으로,** 2023년 제32회 기출문제까지 공인노무사 시험에 출제되었던 문제에 해설을 달아 충실하게 반영하였다. 수험의 첫단계부터 One UNIT, One Case 학습방법을 통해 항상 문제중심의 공부방법을 지향해야 한다는 것이 필자의 신념이다. 기본강좌부터 ① 체계를 정립하고 ② 중요 UNIT을 충실하게 이해하여 ③ 정리한 뒤 ④ 기출문제를 중심으로 사례공부를 하는 것이 행정쟁송법의 수험공부의 One Cycle임을 잊지 말기 바란다.


## Ⅲ. 감사의 글

본 교재의 출간함에 있어서도 많은 분들의 도움이 있었다. 우선 노동쟁송에 대한 실제 행정소송의 사례와 재결례에 대해 많은 정보를 제공해 준 권성국 변호사와 신우진 변호사, 노환주 변호사, 김형석 변호사에게 감사를 드린다. 또한 행정쟁송법에 대한 학계의 논문과 자료를 제공해 준 아주대학교의 길준규 교수님과 순천향대학교의 김상태 교수님께도 감사드리며 부족한 교재임에도 불구하고 좋은 편집과 아이디어로 교재출간에 도움을 준 해커스의 사장님과 편집팀에게도 고마움을 전한다. 아무쪼록 본서가 독자들의 앞날을 합격으로 이끄는 등불이 되기를 기원하는 바이다.


신림동 해커스 강사연구실에서

편저자 **조현** 씀

# 목차

해커스 법아카데미
law.Hackers.com

# 제1편

# 행정쟁송법의 기초

# 최신출제경향 & 학습전략

## 행정쟁송법의 최신출제경향

| 구분 | 제1문 사례(논술)문제 | 단문(약술) | |
|------|-------------------|-----------|--|
| | | 제2의1문 | 제2문의2 |
| 제17회 (2008년) | • (논)부작위위법확인소송 | • 행정심판전치주의 | • 행정소송의 소송참가 |
| 제18회 (2009년) | • (논)취소소송의 제소요건 | • 행정심판의 재결의 종류 | • 기관소송 |
| 제19회 (2010년) | • (사)기속력[12행시/07사시] | • 거부처분에 대한 행정심판법상 구제수단 | • 결과제거청구권을 실현하기 위한 소송수단 |
| 제20회 (2011년) | • (사)의무이행소송[02사시/12변시]<br>• (사)법령에 대한 항고소송 | • 처분사유의 추가 · 변경 | • 관련청구소송의 병합 |
| 제21회 (2012년) | • (사)노동조합설립신고의 거부처분[11행시/12사시]<br>• (사)기속력[12행시] | • 집행정지의 요건 | • 노동위원회의 구제명령에 대한 불복절차 |
| 제22회 (2013년) | • (사)원고적격[10행시/11사시]<br>• (사)일부취소판결[07사시] | • 간접강제와 직접처분 | • 당사자에 의한 소송종료 |
| 제23회 (2014년) | • (사)노동조합설립신고수리의 처분[12사시]<br>• (사)사업주의 청구인적격으로서 "법률상 이익"<br>• (사)취소명령재결에 대한 재결취소소송의가능성[11사시/13사시] | • 부작위위법확인소송의 본안판단요소로서 부작위 | • 행정심판법상 직접처분제도 |
| 제24회 (2015년) | • (사)취소심판의 청구기간과 불고지의 효과<br>• (사)거부처분소소송에서 처분사유의 추가변경[09행시/12사시] | • 항고소송에서의 사정판결 | • 취소심판에서 행정심판법상 잠정적인 권리구제수단 |
| 제25회 (2016년) | • (사)거부처분취소소송에서 권리구제방안(집행정지, 가처분, 간접강제)[07사시/08사시]<br>• (사)노동위원회의 구제명령에 대한 취소소송의 대상[13행시] | • 행정소송법 제31조의 재심청구와 취소판결의 제3자효 | • 원고적격 확대화에 따른 제3자효 행정행위의 원고적격 |
| 제26회 (2017년) | • (사)경정처분의 소의 대상과 취소소송의 제소기간[12입시/12대법원판례사안]<br>• (사)취소소송의 협의의 소익[16행시] | • 무효인 금전부과처분으로 인해 납부한 금전을 반환받기 위한 소송의 종류[10입시] | • 재결은 어떠한 경우 취소소송의 대상이 되는가 |
| 제27회 (2018년) | • (사)행정심판법상 임시처분[18행정고시]<br>• (사)거부처분 취소판결의 기속력[13변시] | • 취소판결을 구하는 의미에서의 무효확인소송의 판결 형태[06감평] | • 영업정지처분에 대한 취소소송과 국가배상청구의 소병합[14사시] |
| 제28회 (2019년) | • (사)처분사유의 추가 · 변경[18행시]<br>• (사)취소판결의 기속력[13변시] | • 행정심판법상 직접처분과 간접강제[18법원행시] | • 당사자소송의 법적 성질 |
| 제29회 (2020) | • (사)재결취소소송의 대상, 피고, 제소기간[17변시]<br>• (사)협의의 소익[17행시/18감평] | • 행정심판법과 본래적 이의신청의 구별[10감평] | • 부작위위법확인소송의 부작위[16행시] |
| 제30회 (2021년) | • (사)무효확인소송의 입증책임<br>• (사)행정소송의 후발적 병합[14사시]<br>• (사)무효확인소송의 기판력과 국가배상청구소송 | • 재결취소소송[17변시] | • 처분사유의 추가 · 변경[18행시] |
| 제31회 (2022년) | • (사)인근주민의 원고적격[10행시/11사시]<br>• (사)예방적 금지소송 | • 협의의 소익[16행시] | • 취소소송의 위법판단의 기준시 |
| 제32회 (2023년) | • (사)이의신청의 법적 성질과 제소기간의 기산점[10감평]<br>• (사)기속력과 간접강제[07사시/08행시] | • 경업자소송의 원고적격[12사시] | • 당사자소송과 민사소송의 피고적격 |

## 출제경향의 흐름

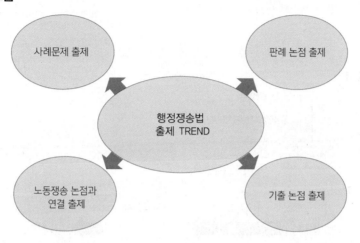

## 논술형 문제의 고득점 전략

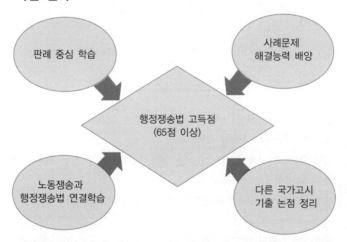

## 행정쟁송법 연간 순환별 학습목표

| 구분 | Text 학습 | | | 문제연습 | | |
|------|-----------|---|---|----------|---|---|
| | 체계적 이해 | 정리 | 암기 | 약술 | 사례연습 | |
| | | | | | 문제분석 · 논점추출 | 답안작성연습 |
| GS – 0순환 | ● (완성) | ● | ● | ● | | |
| GS – 1순환 | | ● (완성) | ● (완성) | | ● | ● |
| GS – 2순환 | | | | ● (완성) | ● (완성) | ● |
| GS – 3순환 | | | | ← 종합연습 → | | |

# UNIT 01 행정법의 기본구조와 기초개념

## 개념체계

### 행정의 기본구조

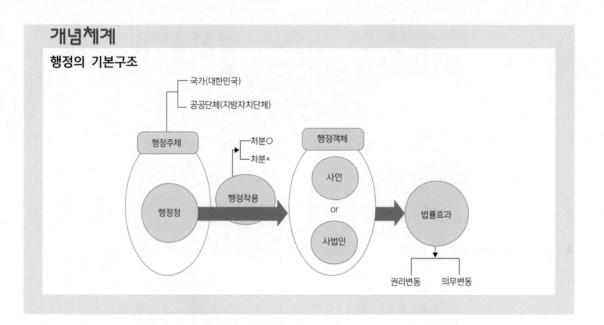

### 행정법의 기초개념

| 행정법<br>관계의<br>당사자 | 행정주체 | 행정권한을 행사하고 그에 따른 법적 효과가 귀속되는 당사자를 말함<br>예 국가(대한민국)·지방자치단체 등 |
|---|---|---|
| | 행정청 | 행정주체의 의사를 결정하여 이를 외부에 표시할 수 있는 권한을 가진 행정기관<br>예 고용노동부장관·서울특별시장 |
| | 행정객체 | 행정작용의 상대방으로서 행정권 발동의 대상이 되는 자<br>예 사인으로서 개인과 사법인 |
| 행정작용 | | 행정주체 일정한 행정목적을 달성하기 위하여 행하는 모든 행위형식의 총칭<br>예 행정행위·행정입법·사실행위·공법상 계약·행정계획 등 |
| 법률효과 | | 일정한 요건하에 일정한 권리 또는 의무(작위·부작위·수인·급부의무)의 변동(발생·변경·소멸)이 생기는 것<br>예 고용노동부장관의 甲노무사에 대한 3월의 업무정지처분 → 甲노무사에게는 3월간 업무를 하지 말아야 할 부작위의무가 발생함 |

## 개념체계

### 행정상 구제제도의 유형

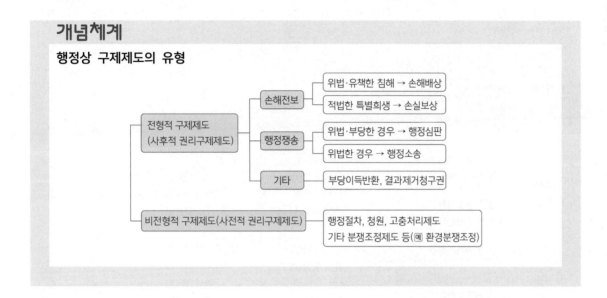

## 1. 행정상 권리구제수단의 유형

| 구분 | | 적용법률 | 구제의 내용 | 담당기관 |
|---|---|---|---|---|
| [1] 이의신청(본래) | | 일반법률(○)<br>(행정기본법) | 행정청의<br>행위의 시정 | 처분청 |
| 행정쟁송상<br>구제수단 | [2] 행정심판 | 일반법률(○)<br>(행정심판법) | 위법·부당한<br>처분의 시정 | 행정심판위원회 |
| | [3] 행정소송 | 일반법률(○)<br>(행정소송법) | 공법상 법률관계에 관한<br>분쟁의 해결<br>(위법한 처분의 시정) | 법원 |
| 손해전보 | [4] 손해배상<br>(위법 + 유책) | 일반법률(○)<br>(국가배상법) | 금전배상<br>(위법한 행위의 시정 ×) | 법원 or 배상심의회 |
| | [5] 손실보상<br>(적법 + 특별희생) | 일반법률(×)<br>※ 개별법률의 근거를 요함<br>(예 부동산가격공시법) | 금전보상<br>(적법한 행위의 시정 ×) | 행정청(예 토지수위)<br>or 법원 |
| 기타<br>구제수단 | [6] 결과제거청구<br>(물건 등) | 일반법률(×)<br>※ 판례는 민법에 근거해 인정 | 위법한 법률관계의<br>원상회복(금전은 제외) | 법원 |
| | [7] 부당이득반환청구<br>(금전) | | 법률상 원인없이 제공된<br>금전의 반환 | |

## 2. 문제유형과 행정상 구제수단

| 구분 | | | 행정쟁송상 | | 행정소송법상 | | 불복<br>수단 | 소송상 | |
|---|---|---|---|---|---|---|---|---|---|
| | | | 불복<br>수단 | (권리)구제<br>수단 | 불복<br>수단 | 구제<br>수단 | | 불복<br>수단 | 구제<br>수단 |
| | [1] 이의신청(본래) | | × | × | × | × | ○ | × | × |
| 쟁송상<br>구제<br>수단 | [2]<br>행정<br>심판 | 본안청구<br>(항고심판) | ○ | ○ | × | × | ○ | × | × |
| | | 보전청구<br>(가구제) | × | ○ | × | × | × | × | × |
| | [3]<br>행정<br>소송 | 본안청구<br>(항고소송) | ○ | ○ | ○ | ○ | ○ | ○ | ○ |
| | | 보전청구<br>(가구제) | × | ○ | × | ○ | × | × | ○ |
| 손해<br>전보 | [4] 손해배상<br>(위법 – 국가배상) | | × | ※ 공권설(학설;<br>행정소송설)과<br>사권설(판례;<br>민사소송설)이<br>대립 | × | ※ 공권설(학설;<br>행정소송설)과<br>사권설(판례;<br>민사소송설)이<br>대립 | × | × | ○ |
| | [5] 손실보상<br>(적법 – 보상청구) | | | | | | | | |
| 기타<br>구제<br>수단 | [6] 결과제거청구 | | × | ※ 공권설(학설;<br>행정소송설)과<br>사권설(판례;<br>민사소송설)이<br>대립 | × | ※ 공권설(학설;<br>행정소송설)과<br>사권설(판례;<br>민사소송설)이<br>대립 | × | × | ○ |
| | [7] 부당이득반환청구 | | | | | | | | |

# 행정소송의 절차흐름도

## 개념체계

### 행정소송의 절차 흐름도

[1] 단계: 행정소송절차의 개시여부

· 행정재판권의 범위→"모든 공법상 구체적 분쟁"

┌ 사법심사의 가능성→구체적 법률상 쟁송
└ 행정소송제기 가능성 ┌ 공법상 사건(행정사건)→행정소송
                                     └ 사법상 사건(민사사건)→민사소송

↓

[2] 단계: 행정소송의 유형 확정

┌ 주관소송 ┌ 처분(○)→처분에 대한 항고소송
│             └ 처분(×)→공법상 법률관계에 대한 당사자소송
│
└ 객관소송→민중소송·기관소송

[3] 단계: 행정소송의 제소요건(소제기의 형식상 적법여부)

┌ 대상적격→처분 등
├ 당사자적격→원고적격,피고적격
└ (협의) 소익, 제소기간, 임의적 전심절차, 관할법원제소

↓

[4] 단계: 행정소송의 가구제(원고의 보전청구의 인용여부)

┌ 소극적 가구제로서 집행정지
└ 적극적 가구제로서 가처분

↓

[5] 단계: 행정소송의 가구제(원고의 보전청구의 인용여부)

┌ 법률유보원칙의 위반여부
└ 법률우위원칙의 위반여부

↓

[6] 단계: 수소법원의 판결

┌ 1단계~3단계 결여 → 각하판결
└ 5단계 → 처분 위법(인용판결)/ 처분 적법(기각판결)

[7] 단계: 확정판결의 효력

┌ 기속력과 기판력
├ 제3자효
└ 간접강제

# UNIT 04 행정법상 법률관계의 종류와 소송형식

## 개념체계

### 행정소송법상 행정소송의 종류

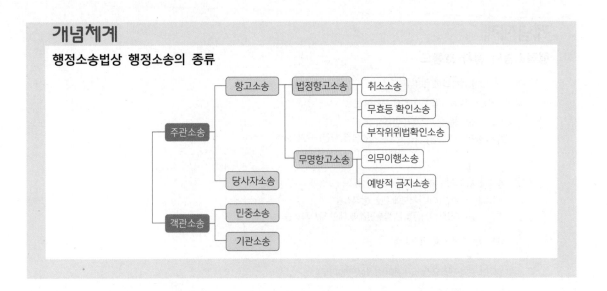

## 행정소송의 목적과 성질에 따른 분류

| | | |
|---|---|---|
| 행정소송의 목적에 따른 분류 | 주관(적) 소송 | 소송 당사자의 권익보호를 목적으로 하는 소송<br>예 항고소송·당사자소송 |
| | 객관(적) 소송 | 행정작용의 법률적합성을 목적으로 하는 소송<br>예 민중소송·기관소송 |
| 행정소송의 성질에 따른 분류 | 형성소송 | 일정한 법률관계의 변동을 가져오는 형성판결을 구하는 소송으로 이행(집행)의 문제를 남기지 않는 소송<br>예 취소소송 |
| | 이행소송 | 피고가 원고에 대하여 일정한 행위를 할 것을 명하는 이행명령을 발해 줄 것을 구하는 소송으로 이행(집행)의 문제를 남기는 소송<br>예 의무이행소송·이행청구의 당사자소송 |
| | 확인소송 | 특정한 권리 또는 법률관계의 존재 또는 부존재를 확인하는 판결을 구하는 소송<br>예 무효등확인소송·부작위법확인소송·확인청구의 당사자소송 |

# 개념체계

## 행정상 법률관계의 종류

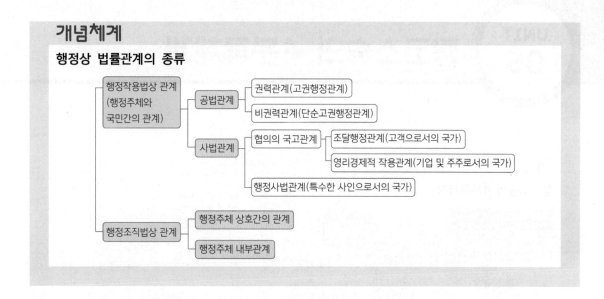

## 행정작용법상 관계와 행정소송과의 관련성

| 구분 | | 소송형식 | | 성질 | 재판심사의 기준<br><본안판단의 심사기준> | |
|---|---|---|---|---|---|---|
| 공법<br>관계 | 권력<br>관계 | 행정소송 | 항고소송 | 구속력, 확정력, 강제력 등 발생 | 법치행정의<br>원리(○) | ① 법률유보(○)<br>② 법률우위(○): 공법성문법 +<br>　공법불문법 |
| | 비권력<br>관계 | | 당사자소송 | | | ① 법률유보(×)<br>② 법률우위(○): 공법성문법 +<br>　공법불문법 + 공법규정흠결<br>　시 사법규정준용 |
| 사법<br>관계 | 국고<br>관계 | 민사소송 | | 공법상 권력관계에서 인정되는 구속력, 확정력, 강제력 등이 발생하지 않음 | 법치행정의<br>원리(×) | 사법규정이 그대로 적용됨<br>※ 공법규정은 사법상 일반조항을<br>　매개로 간접적용될 뿐 |
| | 행정<br>사법<br>관계 | | | | | 사법규정뿐만 아니라 공법적 규율과 공법상의 일반원칙 및 기본권구속이 인정됨<br>※ 이른바 "행정의 사법으로의 도피"<br>　를 막고자 함 |

# 항고소송의 4분류체계

## 개념체계

### 항고소송의 4분류체계

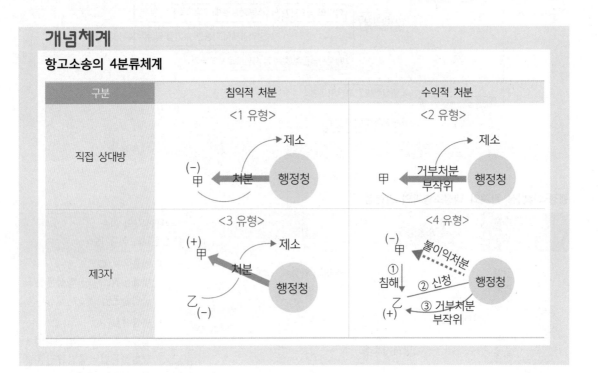

### 항고소송의 4가지 유형의 주요 논점

| | | |
|---|---|---|
| 작위처분 항고소송 (1·3유형) | 제1유형 (방어소송) | • 전통적인 항고소송의 유형<br>• 원고적격인 상대방이론에 따라 인정되므로 항고소송의 대상(처분적격)이 논점 |
| | 제3유형 (제3자 방어소송) | • 현대 행정소송에 주로 문제되는 유형(例 경쟁자소송·환경소송 등)<br>• 처분성 여부와 특히 원고적격의 인정 여부가 주된 논점 |
| 소극처분 항고소송 (2·4유형) | 제2유형 (요구소송) | • 행정소송의 유형과 판결의 효력이 주된 논점<br>• 거부처분과 부작위에 해당 여부가 제소요건의 주된 논점 |
| | 제4유형 (제3자 요구소송) | • 행정소송의 유형과 판결의 효력이 주된 논점<br>• 판례는 이 경우 거부처분과 부작위의 성립 여부를 부정함<br>　※ 신청권의 결여 |

law.Hackers.com

# 제2편

# 행정소송법

### 〈목 차〉

## Ⅰ. 서설

> 법원조직법 제2조(법원의 권한)
> 　법원은 헌법에 특별한 규정이 있는 경우를 제외한 일체의 법률상의 쟁송을 심판하고, 이 법과 다른 법률에 의하여 법원에 속하는 권한을 가진다.

### 1. 행정소송의 재판권의 범위

행정재판권의 범위 및 그 대상을 행정소송의 사항이라고 하며, 행정소송의 사항을 어느 범위까지 인정할 지에 대해 ① 열기주의와 ② 개괄주의의 입법주의가 있는바, 헌법 제27조에 따라 재판청구권이 보장됨에 따라 현행 행정소송법은 일체의 공법상 분쟁을 그 대상으로 하는 개괄주의를 채택하고 있다.

## 2. 개괄주의하에서 행정소송의 한계

그러나 개괄주의 하에서도 ① 사법본질상 한계와 ② 권력분립상의 한계 및 ③ 헌법 명문의 규정에 따른 한계가 존재하는 바, 이하에서 검토한다.

# Ⅱ. 사법본질상 한계

## 1. 의의

사법본질상의 한계란 법원은 특별한 규정이 있는 경우를 제외하고는 일체의 법률상의 쟁송만을 심판하고(법원조직법 제2조 제1항), 법률상 쟁송 외의 사항에 관해서는 심판할 수 없다는 것을 말한다.

## 2. 구체적 사건성에 따른 한계

### (1) 의의

사법권의 발동대상이 되기 위해서는 당사자 간의 구체적이고 현실적인 권리·의무에 관한 분쟁, 즉 구체적 사건이 있어야 한다. '**구체적 권리·의무에 관한 분쟁**'이 아닌 것은 행정소송의 대상이 되지 않는다.

### (2) 법령의 적용 및 해석

#### 1) 원칙

일반적·추상적인 법령이나 규칙은 그 자체로서 국민의 구체적인 권리·의무에 직접적인 변동을 초래하는 것은 아니므로 행정소송의 직접적인 대상이 될 수 없다(대법원 1992.3.10. 91누12639). 그러나 **명령 및 규칙의 위헌·위법은 재판의 전제가 된 경우, 즉 구체적 사건을 해결하기 위하여 필요한 경우에만 간접적으로 소송의 대상이 될 수 있다**(헌법 제107조 제2항의 명령·규칙심사).

#### 2) 예외

그러나 명령 및 규칙 그 자체가 직접·구체적으로 국민의 권리·의무에 영향을 미치는 처분적 법규명령인 경우에는 행정소송의 대상이 된다고 본다.

### (3) 객관적 소송

#### 1) 원칙

법규의 적정한 적용만을 목적으로 하는 객관적 소송은 행정소송의 대상이 될 수 없다.

#### 2) 예외

민중소송·기관소송과 같이 법률이 특별히 인정하고 있는 경우에는 행정소송을 제기할 수 있다(객관소송법정주의; 행정소송법 제45조).

### (4) 반사적 이익의 침해

반사적 이익이란 법규가 공익적 견지에서 행정주체에게 일정한 의무를 부과한 결과 개인이 간접적으로 누리는 이익을 말한다. 법률에 의해 보호되는 이익이 아니므로 반사적 이익의 침해를 이유로 행정소송을 제기하지 못 한다(행정소송법 제12조 '법률상 이익').

## 3. 법적용상의 한계

### (1) 의의

사법권은 법규의 해석·적용에 의하여 해결할 수 있는 **법률상 분쟁**이어야 한다. 따라서 법률을 적용하여 해결될 성질이 아닌 것은 행정소송의 대상에서 제외된다.

### (2) 통치행위

#### 1) 의의

통치행위란 "① 고도의 정치성을 가지는 국가기관의 행위로서, ② 법적 구속을 받지 않으며 그에 대한 법적 판단이 가능함에도 불구하고 재판통제에서 제외되는 행위"를 말한다.

#### 2) 학설

① 법치주의확립을 위해 통치행위를 부정하여 사법심사를 긍정하는 견해와, ② 고도의 정치성을 존중하여 통치행위를 긍정해 사법심사를 부정하는 견해가 대립된다.

#### 3) 판례

① **대법원**은 "헌법이나 법률에 명백히 반하는 특별한 사정이 없는 한, 계엄선포의 요건구비 여부나 당·부당을 심사하는 것은 사법권의 내재적인 본질적 한계를 넘어서는 것이어서 적절치 않다."고 판시하여 원칙적으로 **사법심사부정설(통치행위긍정설)의 입장**을 취하고 있다.

② 그러나 **헌법재판소**는 "통치행위라도 그것이 국민의 기본권 침해와 직접 관련되는 경우에는 헌법소원의 대상이 된다(헌법재판소 1996.2.29. 93헌마186【긴급재정명령 등 위헌확인】)."고 보아 **제한적으로 사법심사를 긍정**하고 있다.

#### 4) 검토

권력분립원칙상 정부의 고도의 정치적 행위는 긍정된다고 봄이 타당하므로 통치행위에 대한 사법심사는 부정됨이 타당하다.

### (3) 재량행위

#### 1) 의의

재량행위란 "행정법규의 구성요건에서 정한 전제요건을 충족할 때, 법규의 해석상 행정에게 ① 행위의 여부나, ② 그 내용의 선택가능성을 부여하고 있는 경우 행정이 그 중 하나를 선택할 수 있는 자유가 인정되는 경우"를 말한다.

#### 2) 원칙 – 부당한 재량권행사의 경우

행정심판의 대상은 될 수 있지만, 행정소송의 대상은 될 수 없다.

#### 3) 예외 – 위법한 재량권행사의 경우

행정청의 재량인 처분이라도 재량권의 한계를 넘거나 그 남용이 있을 때에는 법원은 이를 취소할 수 있다(행정소송법 제27조). 이 경우 행정소송의 대상이 된다.

### (4) 특별권력관계 내에서의 행위

#### 1) 의의

전통적 특별권력관계란 "① 특별권력주체와 그 구성원과의 관계로서 ② 특별한 법률원인에 의해 성립되고 ③ 특별한 목적의 달성을 위해 특별권력주체에게 포괄적 지배권이 인정되어 ④ 법치행정원리가 배제되는 관계"를 말한다.

#### 2) 학설

① 전통적 특별권력관계론을 인정하는 견해(특별권력관계긍정설)에 따르면 사법심사가 허용되지 않는다고 보았으나(사법심사부정설), ② 오늘날 특별권력관계를 부정하는 특별행정법관계론(특별권력관계부정설)에 따라 특별권력관계에서의 행위도 사법심사의 대상이 된다고 봄이 일반적이다(사법심사긍정설).

### 3) 판례

대법원은 "행정상의 특별권력관계에 해당되며 이러한 특별권력관계에 있어서도 위법·부당한 특별권력의 발동으로 말미암아 권리를 침해당한 자는 행정소송법 제1조의 규정에 따라 그 위법 또는 부당한 처분의 취소를 구할 수 있다(대법원 1991.11.22. 91누2144)."고 하여 특별권력관계부정설 입장에서 사법심사를 긍정하고 있다.

### 4) 검토

오늘날 실질적 법치주의가 인정되고, 헌법 제7조 제2항에서도 특별권력관계에 대한 법치주의를 규정하고 있는 만큼 전통적 특별권력관계도 법률관계로 보아 사법심사를 긍정함이 타당하다.

## (5) 내부행위

내부행위는 원칙상 국민의 권리·의무에 아무런 영향이 없는 행위이므로 사법심사의 대상이 되지 않는다.

# Ⅲ. 권력분립상 한계

## 1. 의의 및 문제점

사법법원이 행정소송에 대한 관할권을 가지고 행정사건을 심리·판단하는 경우에도 권력분립의 원리로부터 나오는 행정소송의 한계가 있다는 것이 일반적인 견해이다. 이러한 한계와 관련하여 의무이행소송의 인정 여부와 예방적 금지소송의 인정 여부가 문제된다.

## 2. 의무이행소송

이하 <UNIT 07>에서 검토한다.

## 3. 예방적 금지소송

이하 <UNIT 07>에서 검토한다.

# Ⅳ. 헌법의 규정에 의한 한계

국회의 자율권을 존중하기 위하여 국회의원의 자격심사와 징계처분 그리고 제명처분에 대해서는 법원에 제소할 수 없다(헌법 제64조). 다만, 지방의회의원에 대한 징계의결은 행정처분의 일종으로서 항고소송의 대상이 된다는 것이 통설과 판례의 입장이다.

# Ⅴ. 행정소송의 한계 논의의 재검토

종래의 행정소송의 한계론은 사법의 목적을 국민의 권리구제로 보는 입장 및 행정권의 특권을 인정하여 행정소송을 제한하려는 지나친 사법소극주의에 입각한 것이다. 그러나 오늘날 행정소송은 행정통제의 객관적 기능이 강화되고 행정권의 특권도 대폭 축소됨에 따라 종래의 행정소송의 한계론은 재검토되어야 한다. 따라서 구체적 법률상 분쟁이 아닌 사건도 행정통제를 위해 헌법에 반하지 않는 한 행정소송의 대상으로 삼아야 하며, 권력분립원칙을 이유로 부정되어 왔던 예방적 금지소소송이나 의무이행소송의 도입도 적극적으로 고려하여야 한다(박균성).

# 무명항고소송의 인정 여부 ★★

## 개념체계

### 행정소송의 2단계 = 행정소송의 종류확정

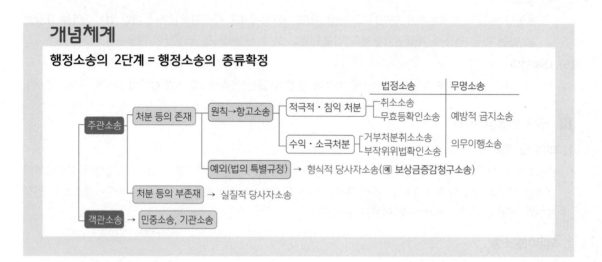

| | 법정소송 | 무명소송 |
|---|---|---|
| 적극적·침익 처분 | 취소소송 / 무효등확인소송 | 예방적 금지소송 |
| 수익·소극처분 | 거부처분취소소송 / 부작위위법확인소송 | 의무이행소송 |

주관소송 — 처분 등의 존재 — 원칙→항고소송 — 적극적·침익 처분 — 취소소송 / 무효등확인소송
수익·소극처분 — 거부처분취소소송 / 부작위위법확인소송
예외(법의 특별규정) → 형식적 당사자소송 (예 보상금증감청구소송)
처분 등의 부존재 → 실질적 당사자소송
객관소송 → 민중소송, 기관소송

---

**대표 기출문제**

**【2004년도 제13회 공인노무사/ 약술형 − 25점】**
의무이행소송에 대해서 설명하시오.

**【2011년도 제20회 공인노무사/ 사례형 − 50점】**
관할 행정청은 甲의 어업면허의 유효기간이 만료됨에 따라 동 어업면허의 연장을 허가하여 새로이 어업면허를 함에 있어서 관련법령에 따라 면허면적을 종전의 어업면허보다 축소하였다. 甲이 자신의 재산권을 침해하는 면허면적축소와 관련된 법령의 취소를 청구하는 행정소송을 제기하거나, 어업면허면적을 종전으로 환원하여 주는 처분을 청구하는 행정소송을 제기하는 것이 적법하게 인정될 수 있는가?

**【2002년도 제44회 사법시험/ 사례형 − 50점】**
甲은 건축법령상 고도제한으로 자기 소유의 대지상에 2층 건물밖에 지을 수 없다는 것을 알고 사위(詐僞)의 방법으로 고도기준선을 낮춰 잡아 관할행정청에 3층 건물에 대한 건축허가를 신청하였다. 이에 위 대지의 바로 북쪽에 가옥을 소유하고 있는 乙은 위 건물이 완공될 경우 일조권이 침해되므로 위 건물에 대한 건축허가와 공사를 막고자 한다. 乙이 그 구제방법으로 생각할 수 있는 항고소송에는 어떤 것이 있으며, 그러한 항고소송이 현행법상 허용되는지 여부를 아래 단계별로 논하시오.
가. 건축허가가 나오기 전 단계
나. 甲이 신청한 대로 건축허가가 나온 단계
다. 甲이 신청한 대로 건축허가가 나와 그에 따라 건축공사가 완료된 단계

【2022년도 제31회 공인노무사/ 사례형 – 50점】

채석업자 丙은 P산지(山地)에서 토석채취를 하기 위하여 관할행정청 군수 乙에게 토석채취허가신청을 하였다. 乙은 丙의 신청서류를 검토한 후 적정하다고 판단하여 토석채취허가(이하 '이 사건 처분'이라 한다.)를 하였다. 한편, P산지 내에는 과수원을 운영하여 거기에서 재배된 과일로 만든 잼 등을 제조·판매하는 영농법인 甲이 있는데, 그곳에서 제조하는 잼 등은 청정지역에서 재배하여 품질 좋은 제품이라는 명성을 얻어 인기리에 판매되고 있다. 그런데, 甲은 과수원 인근에서 토석채취가 이루어지면 비산먼지 등으로 인하여 과수원에 악영향을 미친다고 판단하여, 이 사건 처분의 취소를 구하는 소를 제기하였다. 다음 물음에 답하시오.

(2) 위 사안에서 丙이 토석채취허가신청을 하였으나, 乙이 이 사건 처분을 하기 전이라면, 甲은 乙이 이 사건 처분을 하여서는 안된다는 소의 제기가 허용되는가? (30점)

▶ 답안연습: 한장답안 기출문제 연습【문제 1】참조

---

〈목 차〉

# I. 문제점

행정소송법 제4조(항고소송)
항고소송은 다음과 같이 구분한다.
1. 취소소송: 행정청의 위법한 처분등을 취소 또는 변경하는 소송
2. 무효등 확인소송: 행정청의 처분등의 효력 유무 또는 존재 여부를 확인하는 소송
3. 부작위위법확인소송: 행정청의 부작위가 위법하다는 것을 확인하는 소송

현행 행정소송법상 무명항고소송(의무이행소송과 예방적 금지소송)이 인정될 수 있는지 여부가 다음의 관점에서 문제된다.

| 인정부정설 | 인정긍정설 |
|---|---|
| 권력분립원칙 | 국민의 포괄적 권리구제 |
| 행정의 제1차적 법령판단권 존중 | 국민의 권익구제 |
| 행정소송법 제4조는 열거규정 | 행정소송법 제4조는 예시규정 |
| 행정소송법 제4조 제1항상의 취소소송의 "변경"은 소극적 일부취소만을 의미 | 행정소송법 제4조 제1항상의 취소소송의 "변경"은 적극적 형성판결을 포함 |

## Ⅱ. 의무이행소송의 인정 여부

### 1. 의무이행소송의 의의

의무이행소송이란 "당사자의 신청에 대하여 행정청이 이를 거부하거나 부작위로 대응하는 경우에, 법원의 판결에 의하여 행정청으로 하여금 일정한 처분을 하도록 청구하는 소송"을 말한다.

### 2. 인정 여부에 대한 학설대립

#### (1) 부정설

이 설은 ① 권력분립의 원칙위배와 행정청의 제1차적 판단권을 침해한다는 점, ② 행정소송법 제4조의 항고소송의 유형은 제한적으로 해석되어야 한다는 점 등을 근거로 **현행 행정소송법상 의무이행소송을 인정할 수 없다는 견해**이다.

#### (2) 인정긍정설

이 설은 ① 헌법상 재판청구권이 보장됨을 이유로 국민의 포괄적 권리구제를 우선 해석해야 한다는 점, ② 행정소송법 제4조를 예시적으로 해석하여 규정되고 있지 않은 유형의 항고소송도 무명항고소송으로 볼 수 있다는 점 등을 논거로 **의무이행소송을 인정해야 한다는 견해**이다.

#### (3) 절충설(제한적 긍정설)

이 설은 의무이행소송은 권력분립상 원칙적으로 인정될 수 없으나, ① **예외적으로 행정청에게 1차적 판단권**을 행사하게 할 것도 없을 정도로 처분요건이 일의적으로 정하여져 있는 경우(처분의 일의성), ② **사전에 구제하지 않으면 회복할 수 없는 손해가 존재하는 경우**(침해의 중대성과 사전구제성), ③ **다른 권리구제방법이 없는 경우**(보충성)에 예외적으로 인정될 수 있다는 견해이다.

### 3. 판례

판례는 "검사에게 압수물 환부를 이행하라는 청구는 **행정청의 부작위에 대하여 일정한 처분을 하도록 하는 의무이행소송은 현행 행정소송법상 허용되지 않는다**(대법원 1995.3.10. 94누14018)."라고 판시하여 일관되게 의무이행소송을 부정하고 있다.

### 4. 검토

검토하건대, **행정소송의 유형은 입법정책의 문제이다.** 따라서 입법정책적 관점에서 입법자의 의사에 따라 판단함이 타당하다. 현행 행정소송법은 거부처분에 대해서는 거부처분취소송을, 부작위에 대해서는 부작위위법확인소송을 규정함에 따라 의무이행소송을 인정하지 않는다고 해석함이 타당하다. **따라서 현행 행정소송법의 입법취지상 의무이행소송을 부정하는 견해가 타당**하다. 그러나 2013년 입법예고된 법무부 행정소송법 개정안과 같이 조속히 의무이행소송을 도입함이 입법론적으로 타당하다.

## Ⅲ. 예방적 금지소송의 인정 여부

**행정행위에 대한 예방적 금지소송의 허부 ★★**

### 1. 의의

예방적 금지소송이란 "행정청이 국민의 권익을 침해하는 침익적 행정처분이 행해 질 것이 예상되는 경우 미리 그 침익적 처분을 하지 않을 것을 구하는 내용의 행정소송"을 말한다.

### 2. 인정 여부에 관한 학설

#### (1) 부정설

이러한 부작위명령을 내리는 판결은 **권력분립원칙상 허용되지 않는다고 보아 예방적 금지소송은 부정해야 한다는** 견해이다.

#### (2) 긍정설

행정소송법 제4조는 예시규정이며 국민의 포괄적 권리구제를 위하여 **인정하여야 한다는 견해이다.**

#### (3) 절충설(제한적 긍정설)

원칙적으로 예방적 금지소송은 허용될 수 없으나, ① 행정처분이 이루어질 개연성이 있고, ② 그 요건이 일의적이며, ③ 회복할 수 없는 손해가 발생할 우려가 있고, ④ 이에 대한 다른 구제방법이 없는 경우에만 인정해야 한다는 견해이다(제한적 긍정설).

### 3. 판례

판례는 "일정한 부작위의 의무를 명하는 판결을 구하는 소송은 현행 행정소송법상 인정될 수 없다."고 하여 예방적 금지소송을 인정하지 아니한다.

### 4. 검토

예방적 금지소송을 인정할 경우 사법권의 한계를 넘어 지나치게 행정의 권한을 위축시킬 우려가 있고, 공권력의 행사가 발동된 이후에 법정 항고소송에 의한 충분한 권리구제가 가능하므로 부정함이 타당하다. 2013년 입법예고된 법무부 행정소송법 개정안에서도 이 같은 점을 고려하여 예방적 금지소송을 도입하지 않고 있다.[1]

---

[1] 행정소송법 개정안(법무부 2013.3.20. 입법예고)에서는 의무이행소송을 도입하면서도 예방적 금지소송은 도입하지 않고 있다. 또한 부작위위법확인소송을 유지함으로써 국민의 소송유형 선택의 자유 보장 및 행정청 스스로의 재처분 기회를 보장하려 하고 있다.

---

**【문제 1】** 채석업자 丙은 P산지(山地)에서 토석채취를 하기 위하여 관할행정청 군수 乙에게 토석채취허가신청을 하였다. 乙은 丙의 신청서류를 검토한 후 적정하다고 판단하여 토석채취허가(이하 '이 사건 처분'이라 한다.)를 하였다. 한편, P산지 내에는 과수원을 운영하여 거기에서 재배된 과일로 만든 잼 등을 제조·판매하는 영농법인 甲이 있는데, 그곳에서 제조하는 잼 등은 청정지역에서 재배하여 품질 좋은 제품이라는 명성을 얻어 인기리에 판매되고 있다. 그런데, 甲은 과수원 인근에서 토석채취가 이루어지면 비산먼지 등으로 인하여 과수원에 악영향을 미친다고 판단하여, 이 사건 처분의 취소를 구하는 소를 제기하였다. 다음 물음에 답하시오.

**물음 2)** 위 사안에서 丙이 토석채취허가신청을 하였으나, 乙이 이 사건 처분을 하기 전이라면, 甲은 乙이 이 사건 처분을 하여서는 안 된다는 소의 제기가 허용되는가? (30점)

---

**한장
답안**

## Ⅰ. 문제의 소재(현행 행정소송법상 토석채취허가신청에 대한 허가처분이 이루어지기 이전에 이를 금지하는 내용의 이른바 예방적 금지소송의 인정여부가 문제된다.)

## Ⅱ. 현행 행정소송법상 예방적 금지소송의 인정여부

### 1. 예방적 금지소송의 의의

### 2. 인정여부에 관한 학설

  (1) 긍정설

  (2) 부정설

  (3) 제한적 긍정설(절충설)

### 3. 판례의 태도

### 4. 검토(현행 행정소송법은 예방적 금지소송을 인정하고 있지 않고 있다고 판단함이 타당하다. 따라서 甲은 토석채취허가처분을 발령해서는 안된다는 소송을 항고소송을 통해 제기할 수는 없다.)

## Ⅲ. 당사자소송의 한 형태로 인정할 수 있는지 여부(보론)

### 1. 당사자소송의 의의

### 2. 당사자소송의 대상

### 3. 처분의 발령을 금지하는 내용의 당사자소송의 인정여부

  (1) 긍정설(정하중)

  (2) 부정설

### 4. 검토(현행 행정소송법은 처분등을 원인으로 하는 법률관계에 관한 소송도 당사자소송으로 인정하고 있으나 처분이 발령되기 이전에는 아무런 권리침해가 인정될 수 없으므로 당사자소송으로 처분의 발령을 하지 말아야 할 의무를 구할 수 없다고 보아야 할 것이다.)

## Ⅳ. 사안의 해결

# UNIT 08 항고소송의 대상으로서 (작위)처분 ★★

## 개념체계

**행정소송의 3단계 = 취소소송의 제소요건**

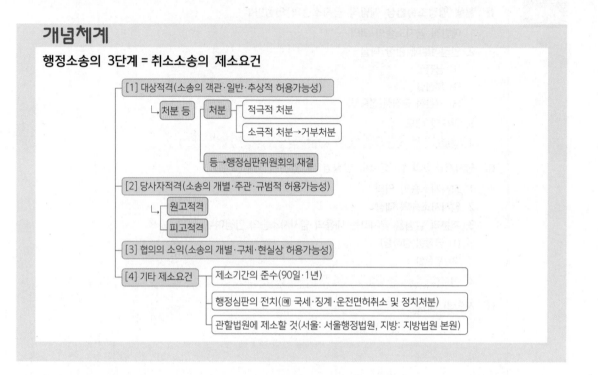

- [1] 대상적격(소송의 객관·일반·추상적 허용가능성)
  - └, 처분 등 ─ 처분 ─ 적극적 처분
    - 소극적 처분→거부처분
  - 등 →행정심판위원회의 재결
- [2] 당사자적격(소송의 개별·주관·규범적 허용가능성)
  - └─ 원고적격
    - 피고적격
- [3] 협의의 소익(소송의 개별·구체·현실상 허용가능성)
- [4] 기타 제소요건 ─ 제소기간의 준수(90일·1년)
  - 행정심판의 전치(예 국세·징계·운전면허취소 및 정치처분)
  - 관할법원에 제소할 것(서울: 서울행정법원, 지방: 지방법원 본원)

---

**대표
기출문제**

【1995년도 제5회 공인노무사/ 약술형 – 25점】
항고소송의 대상
▶ 부록: 답안작성요령 <사례논점 01> ▮ 참조

【2000년도 제9회 공인노무사/ 약술형 – 25점】
행정소송법 제2조 제1항의 처분 등에 관하여 논하라.

【2014년도 제23회 공인노무사/ 사례형 – 50점】
A회사의 근로자 甲은 노동조합을 설립하고자 노동조합 및 노동관계조정법 제10조에 따라 설립신고를 하였으나, 甲이 설립하는 노동조합은 경비의 주된 부분을 사용자로부터 원조받는 조직으로, 동법 제2조 제4호에 의해 노동조합으로 보지 아니하는 것이다. 그럼에도 불구하고 관할 행정청은 甲의 조합설립신고를 수리하였고, 이에 A회사는 甲의 조합은 무자격조합임을 이유로 신고수리에 대해 취소심판을 제기하였다. 다음 물음에 답하시오.
(2) 만약 A회사가 제기한 심판청구의 적법성에 관한 법적 쟁점을 설명하시오. (30점)

## Ⅰ. 행정쟁송법상 처분의 개념

행정소송법 제2조(정의)
① 이 법에서 사용하는 용어의 정의는 다음과 같다.
1. "처분"이라 함은 행정청이 행하는 구체적 사실에 관한 법집행으로서의 공권력의 행사 또는 그 거부와 그밖에 이에 준하는 행정작용을 말한다.

"처분"이라 함은 **행정청이 행하는 구체적 사실에 관한 법집행으로서의 공권력의 행사 또는 그 거부와 그밖에 이에 준하는 행정작용**을 말한다.

## Ⅱ. 처분과 행정행위와의 관계

**개념정리 행정행위(VA)와 처분(M)개념과의 비교**

| 구분 | 행정행위(VA) | 처분(M) |
|---|---|---|
| ① (동일) | 행정청 | 행정청 |
| ② (동일) | 구체적 규율성 | 구체적 사실에 관한 |
| ③ (견해대립) | 외부적 · 직접적 법적 규율성 | 법집행 |
| ④ (동일) | 공권력적 단독행위 | 공권력행사 |

**논점 03   처분과 행정행위와의 관계 ★★★**

### 1. 문제점

처분과 행정행위를 같은 개념으로 볼 수 있을 지가 문제된다. 이에 대해 **처분의 개념적 징표로서 행정행위와 마찬가지로 "① 직접적 · 대외적 효력성(Unmittelbare Außenwirkung)과, ② 법적 규율성(Regelung)"을 요구할 수 있을 것인지가 관건**이 된다.

### 2. 학설

이에 대해 ① 처분의 개념적 징표로서 "법집행"이란 행정소송법 제23조의 집행정지규정을 근거로 행정행위와 마찬가지로 "국민의 권리 · 의무에 직접적 변동을 일으키는 행위"로서 직접적 · 대외적 법적 규율성이 요구된다는 **일원설(실체법상 처분개념설)**과, ② 행정소송법 제2조 제1항에서는 "그밖에 이에 준하는 행정작용"이라는 포괄적 개념규정을 둔 입법취지상 행정행위와 마찬가지로 직접적 · 대외적 법적 규율성을 요구할 수 없다는 **이원설(쟁송법상 처분개념설)**이 대립된다.

### 3. 판례

대법원은 "행정청이 공권력행사의 발동으로서 국민의 권리 및 의무에 직접적으로 어떠한 변동을 초래할 것"을 기본적으로 요구하고 있어 원칙적으로 ①설을 취하고 있다. 그러나 최근 대법원은 처분개념의 확대화 경향에 따라 국민의 권리·의무에 관계를 갖거나 법적 불안을 초래하는 경우까지도 처분에 해당함을 인정하고 있어 처분개념은 꾸준히 확장하고 있다.

### 4. 검토

항고소송의 대상인 처분은 반드시 행정행위와 같은 개념으로 볼 수는 없으나, 순수한 사실행위는 법적 판단의 대상이 될 수 없고 당사자소송으로 다툴 수 있다는 점에서 기본적으로 "국민의 권리 및 의무에 영향을 미치는 행위"에 한정하는 판례의 입장이 타당하다.

## Ⅲ. 처분이 되기 위한 요건

### 1. "행정청"이 행하는 행위일 것

> 행정소송법 제2조(정의)
> ② 이 법을 적용함에 있어서 행정청에는 법령에 의하여 행정권한의 위임 또는 위탁을 받은 행정기관, 공공단체 및 그 기관 또는 사인이 포함된다.

행정쟁송법상 행정청이란 "행정주체의 의사를 결정하여 외부에 표시할 수 있는 권한을 가진 행정기관 및 행정소송법 제2조 제2항에 따라 국가·지방자치단체 이외에도 법령에 의하여 행정권한의 위임 또는 위탁을 받은 행정기관·공공단체 및 그 기관 또는 사인"을 말한다.

### 2. "구체적 사실에 관한 행위"일 것

처분은 구체적 사실에 관한 행위여야 한다.

### 3. "법집행행위"일 것

처분의 개념요소로서 "법집행행위"란 '국민의 권리·의무에 직접적 변동을 일으키는 행위' 또는 '국민의 권리·의무에 관계되거나 국민의 법적 지위에 불안을 초래할 수 있는 행위'를 의미한다.

### 4. "공권력행사"일 것

"공권력의 행사"란 행정청이 우월적 지위에서 상대방에 일방적으로 명령·강제하는 행위를 의미한다.

## Ⅳ. 처분의 특수문제(사안의 검토)

### 1. 경정처분의 경우

> 행정절차법 제25조(처분의 정정)
> 행정청은 처분에 오기(誤記), 오산(誤算) 또는 그 밖에 이에 준하는 명백한 잘못이 있을 때에는 직권으로 또는 신청에 따라 지체 없이 정정하고 그 사실을 당사자에게 통지하여야 한다.

**【2017년도 제26회 공인노무사/ 사례형 – 50점】**

건설회사에 근무하는 甲은 건설현장 불법행위 단속을 나온 공무원 乙의 중과실로 인하여 공사현장에 업무 중 골절 등 산재사고로 인한 상해를 입었고, 이를 이유로 2014년 2월 경 근로복지공단으로부터 휴업급여와 장해급여 등을 지급받았다. 그런데 이 후 甲이 회사가 가입하고 있던 보험회사로부터 별도로 장해보상금을 지급받자 근로복지공단은 甲이 이중으로 보상받았음을 이유로 2016년 3월경 이미 지급된 급여의 일부에 대한 징수결정을 하고 이를 甲에게 고지하였다. 그러나 甲이 이 같은 징수결정에 대해서 민원을 제기하자 2016년 11월경 당초의 징수결정 금액의 일부를 감액하는 처분을 하였는데, 그 처분 고지서에는 "이의가 있는 경우 행정심판법 제27조의 규정에 의한 기간 내에 행정심판을 청구하거나 행정소송법 제20조의 규정에 의한 기간 내에 행정소송을 제기할 수 있습니다."라고 기재되어 있었다.

(1) 甲은 감액처분에 불복하여 행정심판을 청구하였고, 각하재결을 받은 후 재결서를 송달 받은 즉시 2017년 5월경 근로복지공단을 상대로 위 감액처분의 취소를 구하는 행정소송을 제기하였다. 이 경우 당해 취소소송의 적법 여부를 검토하시오. (25점)

## 논점 04 ┃ 경정처분의 경우 소의 대상 ★★

### (1) 문제점

경정처분이란 "당초의 처분에 오류가 있어 당초처분을 시정하기 위하여 행하는 행정처분"을 말한다. 이러한 경정처분이 내려진 경우 **항고쟁송의 대상 및 제소기간(청구기간)의 산정과 관련하여 그 대상이 당초처분인지 아니면 경정처분인지가 문제된다.**

### (2) 학설

학설은 ① 당초처분과 경정처분은 서로 독립하여 존재하고 양자가 별개로 소송의 대상이 된다는 **병존설,** ② 당초처분이 경정처분에 흡수되어 소멸하므로, 경정처분만이 소송의 대상이 된다는 **흡수설,** ③ 경정처분은 당초처분에 역흡수되어 소멸하므로, 당초처분만이 소송의 대상이 된다는 **역흡수설**이 대립한다.

### (3) 판례

#### 1) 증액경정처분의 경우(흡수설 → 증액경정처분)

판례는 당초처분의 세액을 증액하는 증액경정처분의 경우, "**당초 한 결정은 증액경정처분에 흡수됨으로써 독립된 존재가치를 잃고 그 효력이 소멸되어, 납세의무자는 그 증액경정처분만을 쟁송의 대상으로 삼아야 한다**(대법원 1992.5.26. 91누9596)."라고 판시하여 흡수설의 입장을 따르는 것으로 보인다.

#### 2) 감액경정처분의 경우(역흡수설 → 당초처분)

대법원은 감액경정처분의 경우 "감액경정처분은 처음의 과세표준과 세액의 일부를 취소하는데 지나지 아니하는 것이므로 **처음의 과세처분이 감액된 범위내에서 존속하게 되고 이 처분만이 쟁송의 대상이 되고 이 경우 전심절차의 적법 여부는 당초처분을 기준으로 하여 판단하여야 한다**(대법원 1987.12.22. 85누599)."고 하여 역흡수설의 입장이다

### (4) 검토(국세기본법 제22조의3)[2]

국세기본법 제22조의3에 따라 당초처분과 경정처분 사이의 관계가 법정화되었다. 따라서 **동조에 따라 현행법 하에서는 병존설을 취함이 국민의 권리구제차원에서도 타당**하다.

---

2) 국세기본법 제22조의3(경정 등의 효력) ① 세법의 규정에 의하여 당초 확정된 세액을 증가시키는 경정은 당초 확정된 세액에 관한 이 법 또는 세법에서 규정하는 권리·의무관계에 영향을 미치지 아니한다.

② 세법의 규정에 의하여 당초 확정된 세액을 감소시키는 경정은 그 경정에 의하여 감소되는 세액외의 세액에 관한 이 법 또는 세법에서 규정하는 권리·의무관계에 영향을 미치지 아니한다.

> **참조판례** 산재법상 부당이득징수결정의 감액처분사건
>
> **【사실관계】** 원고 甲은 좌측 손목관절의 운동범위가 135도라는 소견이 기재된 장해진단서(장해 6급)를 첨부하여 근로복지공단으로부터 보험급여결정을 받아 이를 수령하였는데, 원고 甲이 제출한 장해진단서의 소견이 사실과 다르다고 판단하여 조사해 본 결과 최종적으로 ○○대학교 충주병원에 원고에 대한 특진을 의뢰한 후 거기서 나온 소견에 따라 원고의 장해가 12급 에 해당하게 되자 공단은 부당이득징수결정을 한 후 그 하자를 이유로 징수금 액수를 감액하는 감액처분을 한 사안에서 원고 甲이 당초의 부당이득징수결정과 이후 그 감액처분 모두에 대하여 취소소송을 제기한 사안
>
> **【판결요지】** 행정청이 산업재해보상보험법에 의한 보험급여 수급자에 대하여 부당이득 징수결정[3]을 한 후 징수결정의 하자를 이유로 징수금 액수를 감액하는 경우에 감액처분은 감액된 징수금 부분에 관해서만 법적 효과가 미치는 것으로서 당초 징수결정과 별개독립의 징수금 결정처분이 아니라 그 실질은 처음 징수결정의 변경이고, 그에 의하여 징수금의 일부취소라는 징수의무자에게 유리한 결과를 가져오는 처분이므로 징수의무자에게는 그 취소를 구할 소의 이익이 없다. 이에 따라 감액처분으로도 아직 취소되지 않고 남아 있는 부분이 위법하다 하여 다투고자 하는 경우, 감액처분을 항고소송의 대상으로 할 수는 없고, 당초 징수결정 중 감액처분에 의하여 취소되지 않고 남은 부분을 항고소송의 대상으로 할 수 있을 뿐이며, 그 결과 제소기간의 준수 여부도 감액처분이 아닌 당초처분을 기준으로 판단해야 한다(대법원 2012.9.27. 2011두27247).

## 2. 변경처분의 경우

### 논점 05 변경처분의 경우 소의 대상 ★★

**(1) 문제점**

당초처분의 내용이 후속처분(변경처분)에 의해 변경(소극적·적극적 변경을 모두 포함)된 경우, 당초처분과 변경처분과의 관계에서 소의 대상 및 제소기간·협의의 소익 등이 문제된다.

**(2) 학설**

이에 대해 학설은 ① 당초처분은 변경처분에 흡수되어 소멸되어 변경처분만 소의 대상이 된다는 **변경처분설**(장래실효설), ② 변경처분은 당초처분에 흡수되어 변경된 당초처분만이 소의 대상이 된다는 **변경된 당초처분설**(소급소멸설), ③ 당초처분과 변경처분은 서로 아무런 영향을 미치지 아니하므로 모두가 소의 대상이 된다는 **병존설**(유효설), ④ 변경처분이 당초처분에 흡수되어 소멸하므로 당초처분만이 소의 대상이 된다는 **당초처분설** 등이 대립한다.

**(3) 판례**

**1) 당초처분의 주요 부분을 실질적으로 변경하는 경우(변경처분설)**

판례는 "기존의 행정처분을 변경하는 내용의 행정처분이 뒤따르는 경우, **후속처분이 종전처분을 완전히 대체하는 것이거나 그 주요 부분을 실질적으로 변경하는 내용인 경우에는 특별한 사정이 없는 한 종전처분은 그 효력을 상실하고 후속처분만이 항고소송의 대상이 된다.**"고 판시하여 변경처분설의 태도로 보인다.

---

3) [대법원 2007.7.12. 2006다29723] 산업재해보상보험법(이하 "산재법"이라 한다) 제73조 제1항은 보험료 등의 납부를 독촉하는 절차를 규정하고, 산재법 제74조 제1항은 위 독촉을 받은 자가 그 기한 내에 보험료 등을 납부하지 아니한 때에는 노동부장관의 승인을 얻어 국세체납처분의 예에 의하여 이를 징수할 수 있도록 규정하고 있는바, 이와 같이 산재법에 의하여 근로복지공단이 보험료를 징수하는 것은 공단이 우월적 지위에서 행하는 것으로서 행정처분이라고 보아야 할 것이다.

2) 당초처분의 유효를 전제로 그 내용 중 일부만을 추가·철회·변경하는 경우(병존설)

이 경우 대법원은 "종전처분의 유효를 전제로 그 내용 중 일부만을 추가·철회·변경하는 경우 그 추가·철회·변경된 부분이 그 내용과 성질상 나머지 부분과 불가분적인 것이 아닌 경우에는 **후속처분에도 불구하고 종전처분이 여전히 항고소송의 대상이 된다고 보아야 한다.**"고 판시하여 병존설의 입장인 것으로 보인다.

## (4) 검토

당초처분과 변경처분과의 실질적인 효력관계를 구체적인 사안에 따라 합목적적으로 소의 대상을 선정하는 대법원 판례의 태도가 타당하다고 생각된다.

---

**참조판례** **대형마트 의무휴업 및 영업시간 제한사건**

**【사실관계】** 피고 동대문구청장은 2012.11.14. 원고 롯데쇼핑 주식회사, 주식회사 에브리데이리테일, 주식회사 이마트, 홈플러스 주식회사, 홈플러스스토어즈 주식회사(변경 전 상호: 홈플러스테스코 주식회사, 이하 같다)에 대하여 그들이 운영하는 서울특별시 동대문구 내 대형마트 및 준대규모점포의 영업제한 시간을 오전 0시부터 오전 8시까지로 정하고 매월 둘째 주와 넷째 주 일요일을 의무휴업일로 지정하는 내용의 처분을 한 사실, 위 처분의 취소를 구하는 소송이 이 사건 원심에 계속 중이던 2014.8.25. 위 피고는 위 원고들을 상대로 영업시간 제한 부분의 시간을 '오전 0시부터 오전 10시'까지로 변경하되, 의무휴업일은 종전과 동일하게 유지하는 내용의 처분(이하 '2014.8.25. 자 처분'이라 한다)을 한 경우 이러한 취소소송의 대상이 문제된 사건

**【판결요지】** [1] 기존의 행정처분을 변경하는 내용의 행정처분이 뒤따르는 경우, **후속처분이 종전처분을 완전히 대체하는 것이거나 그 주요 부분을 실질적으로 변경하는 내용인 경우에는 특별한 사정이 없는 한 종전처분은 그 효력을 상실하고 후속처분만이 항고소송의 대상이 되지만**(대법원 2012.10.11. 2010두12224 등 참조), **후속처분의 내용이 종전처분의 유효를 전제로 그 내용 중 일부만을 추가·철회·변경하는 것이고 그 추가·철회·변경된 부분이 그 내용과 성질상 나머지 부분과 불가분적인 것이 아닌 경우에는, 후속처분에도 불구하고 종전처분이 여전히 항고소송의 대상이 된다고 보아야 한다.** 따라서 종전처분을 변경하는 내용의 후속처분이 있는 경우 법원으로서는, 후속처분의 내용이 종전처분 전체를 대체하거나 그 주요 부분을 실질적으로 변경하는 것인지, 후속처분에서 추가·철회·변경된 부분의 내용과 성질상 그 나머지 부분과 가분적인지 등을 살펴 항고소송의 대상이 되는 행정처분을 확정하여야 한다.

[2] 이러한 사실관계를 앞서 본 법리에 비추어 보면, 2014.8.25. 자 처분은 종전처분 전체를 대체하거나 그 주요 부분을 실질적으로 변경하는 내용이 아니라, 의무휴업일 지정 부분을 그대로 유지한 채 영업시간 제한 부분만을 일부 변경하는 것으로서, 2014.8.25. 자 처분에 따라 추가된 영업시간 제한 부분은 그 성질상 종전처분과 가분적인 것으로 여겨진다. 따라서 2014.8.25. 자 처분으로 종전처분이 소멸하였다고 볼 수는 없고, 종전처분과 그 유효를 전제로 한 2014.8.25. 자 처분이 병존하면서 위 원고들에 대한 규제 내용을 형성한다고 할 것이다. 그러므로 이와 다른 전제에서 2014.8.25. 자 처분에 따라 종전처분이 소멸하여 그 효력을 다툴 법률상 이익이 없게 되었다는 취지의 피고 동대문구청장의 이 부분 상고이유 주장은 이유 없다(대법원 2015.11.19. 2015두295 전원합의체).

## 3. 행정지도의 경우

### 논점 06 행정지도의 처분성 ★★

#### (1) 문제점
행정지도가 항고소송의 대상이 되는 처분에 해당하는지 여부에 대하여 견해가 대립되어 있다.

#### (2) 학설
##### 1) 처분성부정설(다수설)
행정지도는 상대방의 동의 또는 임의적 협력을 바탕으로 이루어지고 **아무런 법적 구속력도 인정되지 않으므로 취소쟁송으로 다툴 필요가 없다는 견해**이다.

##### 2) 처분성긍정설(형식적 행정행위긍정론)
개인의 권리구제를 위하여 형식적 행정행위의 개념을 긍정하는 견해는 **행정지도는 사실상 강제력이 인정되므로 "그밖에 이에 준하는 행정작용"으로 보아 항고소송의 대상이 될 수 있다는 견해**이다.

##### 3) 제한적 긍정설
행정지도 중 **사실상 강제력을 매우 강하게 갖거나 규제적 행정지도의 경우**에는 사실상 국민의 권익을 침해하는 경우에는 예외적으로 항고쟁송의 대상이 되는 **"그밖에 이에 준하는 행정작용"에 해당하는 것으로 보아 행정지도의 처분성을 인정할 수 있다는 견해**이다.

#### (3) 판례
##### 1) 대법원의 입장
대법원은 "이러한 회신내용과 법치행정의 현실 및 일반적인 법의식수준에 비추어 볼 때 외형상 행정처분으로 오인될 염려가 있는 행정청의 행위가 존재함으로써 상대방이 입게 될 불이익 내지 법적 불안도 존재하지 않는다고 볼 것이므로 **이를 행정소송의 대상이 되는 처분이라고 볼 수 없다.**"고 보아 부정설을 취하였으나, 최근 남녀차별개선위의 시정권고조치에 대하여 처분성을 긍정하여 제한적 긍정설과 유사한 입장을 견지하고 있다.

##### 2) 헌법재판소의 입장
그러나 헌법재판소는 "**행정지도가 단순한 행정지도로서의 한계를 넘어 규제적 또는 구속적 성격을 상당히 강하게 갖는 것으로서 헌법소원의 대상이 되는 공권력의 행사에 해당한다**"고 보아 제한적 긍정설의 입장을 취하는 것으로 보인다.

#### (4) 검토
제한적 긍정설 및 헌법재판소의 태도가 행정지도의 본질론에 비추어 타당하다.

---

## 4. 행정계획의 경우

### 논점 07 행정계획의 처분성 ★★

#### (1) 문제점
형식이나 내용이 매우 다양한 행정계획(도시관리계획)의 법적 성질이 처분성유무(처분의 요건으로서 ① "구체적 사실에 관한"과 ② "대외적 법적 규율성")와 관련하여 문제된다.

## (2) 학설

### 1) 입법행위설(×)

일반·추상적인 규율을 행하는 입법행위로서, 말하자면 **법규명령의 성질을 갖는다고 보는 견해**이다.

### 2) 행정행위설(○)

행정계획은 상위법령과 결합하여 **개인의 권리 내지 법률상의 이익을 구체적으로 규제하는 효과를 가져온다고** 보아 행정행위로 보아야 한다는 견해이다.

### 3) 개별적 검토설(△)

행정계획에는 법규명령적인 것도 있고 행정행위적인 것도 있을 수 있으므로, **개별적으로 검토**하여야 한다는 견해이다.

### 4) 독자성설(○)

법규범도 아니고 행정행위도 아닌, 그 자체로서 독자적인 법형식이고 구속력을 가진다는 점에서 **행정행위에 준하여 행정소송의 대상이 된다는 견해**이다.

## (3) 판례

대법원은 도시관리계획 및 그 변경결정에 대하여 "특정 개인의 권리 내지 법률상의 이익을 개별적이고 구체적으로 규제하는 효과를 가져오게 하는 행정청의 처분이라 할 것이고, 이는 행정소송의 대상이 되는 것이라 할 것"이라고 하여 처분성을 긍정하나, 도시기본계획에 대해서는 "그 계획에는 토지이용계획, 환경계획, 공원녹지계획 등 장래의 도시개발의 일반적인 방향이 제시되지만, 그 계획은 도시계획입안의 지침이 되는 것에 불과하여 일반국민에 대한 직접적인 구속력은 없다(대법원 2002.10.11. 2000두8226)."고 하여 처분성을 부정하여 개별검토설의 입장인 것으로 보인다.

## (4) 검토

행정계획의 본질상 개별검토설의 입장이 타당하다고 생각된다. 다만, 도시관리계획결정 및 그 변경결정은 **토지나 건물 소유자 등의 권리행사가 일정한 제한을 받게 되므로 관계인의 권리 내지 법률상의 이익에 구체적인 변동을 가져온다고** 보아 행정행위(처분)으로 봄이 타당하다.

---

## 5. 행정상 (명단)공표의 경우

**논점 08** **행정상 (명단)공표의 처분성** ★★

## (1) 문제점

행정상 의무위반자의 위반사실과 명단을 일반인에게 공개하는 행정상 공표가 갖는 인격적 침해를 고려하여 처분으로 볼 수 있을 지에 대해 견해가 대립된다.

## (2) 학설

### 1) 처분성부인설

공표는 비권력적 사실행위에 해당한다고 보아 처분성을 부정하는 견해(당사자소송설)이다.

### 2) 처분성긍정설

① 권력적 사실행위 **또는** ② 공표에 대한 적절한 구제수단이 없다는 점을 이유로 "그밖에 이에 준하는 행정작용"으로 보아 처분성을 긍정하는 견해(항고소송설)이다.

### 3) 절충설(구별설)

① 사전통지를 하지 아니한 공표행위는 **권력적 사실행위로서 처분성이 긍정**되나, ② 사전통지한 공표행위는 **비권력적 사실행위에 해당하여 공표결정에 대하여 다투어야 한다는 견해**이다.

### (3) 판례

대법원은 "병무청장이 하는 병역의무 기피자의 인적사항 등 공개는 특정인을 병역의무 기피자로 판단하여 그 사실을 일반 대중에게 공표함으로써 그의 명예를 훼손하고 그에게 수치심을 느끼게 하여 병역의무 이행을 간접적으로 강제하려는 조치로서 항고소송의 대상이 되는 행정처분으로 보아야 한다."고 판시하여 처분성을 긍정하는 입장인 것으로 보인다(대법원 2019.6.27. 2018두49130).

### (4) 검토

생각건대, ① 위반사실만의 공표(정보제공적 공표)는 비권력적 사실행위로서 처분으로 볼 수 없으나, ② 명단공표(간접적 강제집행수단)은 수인하명과 인격권에 대한 실질적인 영향을 미치므로 권력적 사실행위로 보아 처분에 해당한다고 봄이 타당하다.

## 6. 이른바 집행적 명령(위임명령의 경우)

**논점 09** 집행적 명령의 처분성 ★★

### (1) 문제점

국민의 권리·의무에 직접 영향을 미치나, 그 규율형식이 일반·추상적인 위임명령을 처분으로 보아 직접 항고소송으로 다툴 수 있는지 여부가 처분의 개념요소로서 "구체적 사실에 관한"의 의미의 해석을 둘러싸고 문제된다.

### (2) 학설

#### 1) 처분성부인설(규율의 구체성설)

법규명령에 대한 ① 사법적 통제의 헌법상 근거를 헌법 제107조 제2항에서 찾아야 한다고 보아 일반·추상적인 위임명령은 "구체적 법률상 쟁송"이 아니므로 직접 사법심사의 대상이 되지 아니하고, ② 이에 해당한다 하여도 처분은 규율의 형식이 구체적이어야 한다는 이유로 행정쟁송법상 처분에 해당하지 않는다는 견해이다(다수설).

#### 2) 처분성긍정설(규율대상의 구체성설)

법규명령에 대한 ① 사법적 통제의 헌법상 근거는 헌법 제101조에서 찾아 사법심사를 긍정하고, ② 처분에서 말하는 "구체적 사실에 관한"은 규율의 대상(Gegenstand)이 구체적이면 족한 것으로 보아 위임명령도 처분성을 인정해야 한다고 보는 견해(박정훈, 박균성, 이원우)이다.

### (3) 판례

대법원은 "추상적인 법령은 국민의 구체적인 권리의무에 직접적 변동을 초래하는 것이 아니어서 항고소송의 대상이 될 수 없다."고 하여 처분이 아니라는 입장을 취하고 있다.

### (4) 검토

국민의 실질적 권리구제를 내용으로 하는 현대적 법치주의 관점에서 처분성을 긍정하는 견해가 타당하다. 대법원 행정소송법개정안에서도 위임명령을 항고소송의 대상인 처분으로 인정하고 있다.

▶ 부록: 답안작성요령 <사례논점 01> **2** 참조

## 7. (작위)처분이 반복하여 행해진 경우

동일한 내용의 처분이 반복하여 이루어지는 경우 **1차 처분만이 항고소송의 대상인 처분에 해당**한다. 법령상 규정된 법률효과는 1차 처분에 의해서만 발생하고, 2차 · 3차 처분은 1차 처분의 발령을 알려주는 사실적 효력만 인정되기 때문이다.

> **참조판례** **반복된 처분의 경우 항고소송의 대상**
>
> 【사실관계】 의무위반자에 대해 행정대집행을 하겠다는 내용의 계고처분을 하였고, 위 기간내에 자진철거를 이행하지 않자 동일한 내용의 제2차 계고처분을 한 사안에서 의무위반자가 제2차 계고처분에 대한 취소소송은 독립된 행정처분으로서 항고소송의 대상이 될 수 없어 각하한 사안
>
> 【판결요지】 건물의 소유자에게 위법건축물을 일정기간까지 철거할 것을 명함과 아울러 불이행할 때에는 대집행한다는 내용의 철거대집행 계고처분을 고지한 후 이에 불응하자 다시 제2차, 제3차 계고서를 발송하여 일정기간까지의 자진철거를 촉구하고 불이행하면 대집행을 한다는 뜻을 고지하였다면 **행정대집행법상의 건물철거의무는 제1차 철거명령 및 계고처분으로서 발생하였고 제2차, 제3차의 계고처분은 새로운 철거의무를 부과한 것이 아니고 다만, 대집행기한의 연기통지에 불과하므로 행정처분이 아니다**(대법원 1994.10.28. 94누5144).

## 8. 산재법상 보험관계성립통지의 경우

> **참조판례** **산재법상 보험관계성립통지의 처분성**
>
> 【사실관계】 산업재해보상보험법령에 의하여 노동부장관이 보험가입자에 대하여 하는 보험관계성립통지가 항고소송의 대상이 되는 행정처분인지 여부가 문제된 사안
>
> 【판결요지】 산업재해보상보험법령에 의하여 노동부장관이 보험가입대상 사업주에 대하여 **보험관계성립통지를 하더라도 이는 보험가입자의 개산보험료 납부의무를 확정시키기 위한 예비적 조치 내지 선행적 절차로서 사실상의 통지행위에 불과하고, 그 후속절차인 개산보험료 또는 차액의 납부에 관한 징수통지가 행정처분의 성질을 가져 항고소송의 대상이 된다**(대법원 1989.2.14. 87누672).

## 9. 근로복지공단의 사업장종류변경결정

> **참조판례** **근로복지공단의 사업장종류변경 사건**
>
> 【사실관계】 원고 사업주는 1992.1.13.경 피고 근로복지공단(이하 '피고'라고 한다)에 시흥시 ○○공단에 있는 철판코일 가공공장에 관하여 사업종류를 '도 · 소매 및 소비자용품 수리업'으로 하여 산재보험관계 성립신고를 하고, 그에 따라 산재보험료를 납부하여 왔다. 피고는 2018.1.15. 원고에 대하여 이 사건 사업장의 사업종류를 2014.1.1. 기준으로 '도 · 소매 및 소비자용품 수리업'(산재보험료율 9/1,000)에서 '각종 금속의 용접 또는 용단을 행하는 사업'(산재보험료율 19/1,000)으로 변경한다고 결정하고 이를 통지하였다(이하 '이 사건 사업종류 변경결정'이라고 한다). 이 사건 사업종류 변경결정에 따른 후속조치로서, 원심공동피고 국민건강보험공단은 원고에 대하여 2018.1.22.에 2014.1.1.부터 2016.12.31.까지의 기간에 대한 산재보험료로 93,675,300원을, 2018.2.21. 위 기간에 대한 산재보험료로 59,912,370원을 각 추가로 납부하라고 고지하였다. 원고는 피고를 상대로 이 사건 사업종류 변경결정의 취소를 구하고, 원심공동피고 국민건강보험공단을 상대로 이 사건 추가보험료 부과처분의 취소를 구하는 내용의 이 사건 소를 제기하였다.

【판결요지】 [1] 근로복지공단이 사업주에 대하여 하는 '개별 사업장의 사업종류 변경결정'은 행정청이 행하는 구체적 사실에 관한 법집행으로서의 공권력의 행사인 '처분'에 해당한다고 보아야 한다. 그 구체적인 이유는 다음과 같다.

[2] 사업종류별 산재보험료율은 고용노동부장관이 매년 정하여 고시하므로, 개별 사업장의 사업종류가 구체적으로 결정되면 그에 따라 해당 사업장에 적용할 산재보험료율이 자동적으로 정해진다. 고용산재보험료징수법은 개별 사업장의 사업종류 결정의 절차와 방법, 결정기준에 관하여 구체적으로 규정하거나 하위법령에 명시적으로 위임하지는 않았으나, 고용산재보험료징수법의 사업종류 변경신고에 관한 규정들과 근로복지공단의 사실조사에 관한 규정들은 개별 사업장의 구체적인 특성을 고려하여 사업종류가 결정되고 그에 따라 산재보험료율이 결정되어야 함을 전제로 하고 있다. 따라서 **근로복지공단이 개별 사업장의 사업종류를 결정하는 것은 고용산재보험료징수법을 집행하는 과정에서 이루어지는 행정작용이다.** 고용노동부장관의 고시에 의하면, 개별 사업장의 사업종류 결정은 그 사업장의 재해 발생의 위험성, 경제활동의 동질성, 주된 제품·서비스의 내용, 작업공정과 내용, 한국표준산업분류에 따른 사업내용 분류, 동종 또는 유사한 다른 사업장에 적용되는 사업종류 등을 확인한 후, 매년 고용노동부장관이 고시한 '사업종류예시표'를 참고하여 사업세목을 확정하는 방식으로 이루어진다. 1차적으로 사업주의 보험관계 성립신고나 변경신고를 참고하지만, 사업주가 신고를 게을리하거나 그 신고 내용에 의문이 있는 경우에는 산재보험료를 산정하는 행정청인 근로복지공단이 직접 사실을 조사하여 결정하여야 한다. 이러한 사업종류 결정의 주체, 내용과 결정기준을 고려하면, **개별 사업장의 사업종류 결정은 구체적 사실에 관한 법집행으로서 공권력을 행사하는 '확인적 행정행위'라고 보아야 한다.**

[3] 개별 사업장의 사업종류가 사업주에게 불리한 내용으로 변경되면 산재보험료율이 인상되고, 사업주가 납부하여야 하는 산재보험료가 증가한다. 따라서 근로복지공단의 사업종류 변경결정은 사업주의 권리·의무에도 직접 영향을 미친다고 보아야 한다. 근로복지공단이 개별 사업장의 사업종류를 변경결정하고 산재보험료를 산정하면, 그에 따라 국민건강보험공단이 이미 지난 기간에 대한 부족액을 추가로 징수하거나 장래의 기간에 대하여 매월 보험료를 부과하는 별도의 처분을 할 것이 예정되어 있기는 하다. 그러나 개별 사업장의 사업종류를 변경하고 산재보험료를 산정하는 판단작용을 하는 행정청은 근로복지공단이며, 국민건강보험공단은 근로복지공단으로부터 그 자료를 넘겨받아 사업주에 대해서 산재보험료를 납부고지하고 징수하는 역할을 수행한다. 따라서 근로복지공단의 사업종류 변경결정의 당부에 관하여 국민건강보험공단으로 하여금 소송행위를 하도록 하기보다는, 그 결정의 행위주체인 근로복지공단으로 하여금 소송당사자가 되도록 하는 것이 합리적이다. 어떤 처분을 위법하다고 판단하여 취소하는 확정판결은 소송상 피고가 되는 처분청뿐만 아니라 그 밖의 관계행정청까지 기속한다(행정소송법 제30조 제1항). 처분청과 관계행정청은 취소판결의 기속력에 따라 그 판결에서 확인된 위법사유를 배제한 상태에서 다시 처분을 하거나 그 밖에 위법한 결과를 제거하는 조치를 할 의무가 있다(대법원 2015.10.29. 2013두27517 등 참조). 근로복지공단의 사업종류 변경결정을 취소하는 판결이 확정되면, 그 사업종류 변경결정을 기초로 이루어진 국민건강보험공단의 각각의 산재보험료 부과처분은 그 법적·사실적 기초를 상실하게 되므로, 국민건강보험공단은 직권으로 각각의 산재보험료 부과처분을 취소하거나 변경하고, 사업주가 이미 납부한 보험료 중 정당한 액수를 초과하는 금액은 반환하는 등의 조치를 할 의무가 있다.

[4] 따라서 사업주로 하여금 국민건강보험공단을 상대로 개개의 산재보험료 부과처분을 다투도록 하는 것보다는, 분쟁의 핵심쟁점인 사업종류 변경결정의 당부에 관해서 그 판단작용을 한 행정청인 근로복지공단을 상대로 다투도록 하는 것이 소송관계를 간명하게 하는 방법일 뿐만 아니라, 분쟁을 조기에 근본적으로 해결하는 방법이기도 하다. 바로 이러한 취지에서 이미 대법원은, **근로복지공단이 사업주의 사업종류 변경 신청을 거부하는 행위가 항고소송의 대상인 '거부처분'에 해당한다고 판시한 바 있다**(대법원 2008.5.8. 2007두10488).

앞서 본 바와 같이 피고의 내부규정은 행정절차법이 규정한 것보다 더욱 상세한 내용으로 사전통지 및 의견청취절차를 규정하고, 그 처리결과까지 문서로 통보하도록 규정하고 있다. 또한 기록에 의하면, 피고는 이러한 내부규정에 따른 사전통지 및 의견청취절차를 거친 후 원고에게 그 처리결과인 이 사건 사업종류 변경결정을 알리는 통지서(갑 제4호증)를 작성하여 교부하였는데, 거기에는 사업종류 변경결정의 내용과 이유, 근거 법령이 기재되어 있을 뿐만 아니라, "동 결정에 이의가 있을 경우에는 처분이 있음을 안 날로부터 90일 이내에 행정심판법 제28조에 따른 행정심판 또는 행정소송법에 따른 행정소송을 제기할 수 있음을 알려드립니다."라는 불복방법 안내문구가 기재되어 있음을 알 수 있다. 이러한 피고의 내부규정과 실제 사업종류 변경결정 과정을 살펴보면, 피고 스스로도 사업종류 변경결정을 행정절차법과 행정소송법이 적용되는 처분으로 인식하고 있음을 알 수 있고, 그 상대방 사업주로서도 피고의 사업종류 변경결정을 항고소송의 대상인 처분으로 인식하였을 수밖에 없다. 이와 같이 불복방법을 안내한 피고가 이 사건 소가 제기되자 '처분성'이 인정되지 않는다는 본안전항변을 하는 것은 신의성실원칙(행정절차법 제4조)에도 어긋난다.

[5] 한편 근로복지공단의 사업종류 변경결정에 따라 국민건강보험공단이 사업주에 대하여 하는 각각의 산재보험료 부과처분도 항고소송의 대상인 처분에 해당하므로, 사업주는 각각의 산재보험료 부과처분을 별도의 항고소송으로 다툴 수 있다. 그런데 근로복지공단이 사업종류 변경결정을 하면서 개별 사업주에 대하여 사전통지 및 의견청취, 이유제시 및 불복방법 고지가 포함된 처분서를 작성하여 교부하는 등 실질적으로 행정절차법에서 정한 처분절차를 준수함으로써 사업주에게 방어권행사 및 불복의 기회가 보장된 경우에는, 그 사업종류 변경결정은 그 내용·형식·절차의 측면에서 단순히 조기의 권리구제를 가능하게 하기 위하여 행정소송법상 처분으로 인정되는 소위 '쟁송법적 처분'이 아니라, 개별·구체적 사안에 대한 규율로서 외부에 대하여 직접적 법적 효과를 갖는 행정청의 의사표시인 소위 '실체법적 처분'에 해당하는 것으로 보아야 한다. 이 경우 사업주가 행정심판법 및 행정소송법에서 정한 기간 내에 불복하지 않아 불가쟁력이 발생한 때에는 그 사업종류 변경결정이 중대·명백한 하자가 있어 당연무효가 아닌 한, 사업주는 그 사업종류 변경결정에 기초하여 이루어진 각각의 산재보험료 부과처분에 대한 쟁송절차에서는 선행처분인 사업종류 변경결정의 위법성을 주장할 수 없다고 봄이 타당하다. 이 경우 근로복지공단의 사업종류 변경결정을 항고소송의 대상인 처분으로 인정하여 행정소송법에 따른 불복기회를 보장하는 것은 '행정법관계의 조기 확정'이라는 단기의 제소기간 제도의 취지에도 부합한다(대법원 2020.4.9. 2019두61137).

## 10. 노조법상 법외노조통지의 경우

> 노조법 시행령 제9조(설립신고서의 보완요구 등)
> ② 노동조합이 설립신고증을 교부받은 후 법 제12조 제3항 제1호에 해당하는 설립신고서의 반려사유가 발생한 경우에는 행정관청(고용노동부장관, 특별시장·광역시장·도지사·특별자치도지사, 시장·군수 또는 자치구의 구청장)은 30일의 기간을 정하여 시정을 요구하고 그 기간 내에 이를 이행하지 아니하는 경우에는 당해 노동조합에 대하여 이 법에 의한 노동조합으로 보지 아니함을 통보하여야 한다.

### 논점 10 　법외노조통지의 처분성 ★★★

#### (1) 문제점

노조법상 노동조합설립신고가 수리된 노동조합을 법외조합으로 보는 법외노조통지가 처분에 해당하는지에 대해 견해가 대립된다.

#### (2) 학설

1) 처분성부인설(관념통지로서 사실행위설)

노동조합은 법외노조통지에 의하여 노조법상 노동조합 지위를 상실하는 것이 아니라, 노조법상 설립신고서의 반려사유가 발생하면 노조법에 의하여 곧바로 노동조합으로 보지 아니하는 효과가 발생하므로 법외노조통지는 노조법상 노동조합으로 보지 아니하는 효과가 발생하였음을 단순히 알려주는 **사실 또는 관념의 통지로서 처분이 아니라는 견해**이다.

2) 처분성긍정설

법외노조통지는 노조법상 적법하게 설립된 노동조합의 지위를 상실시키는 조치로서 일종의 **노동조합설립신고수리의 철회 및 종래의 노동조합해산명령에 준하는 것으로 보아 국민의 권리·의무에 직접 변동을 초래하는 처분에 해당한다는 견해**이다.

#### (3) 판례

서울행정법원은 "**법외노조통보는 원고가 노동조합의 지위에서 가지는 권리·의무에 직접 영향을 미치는 행위로서 행정처분에 해당한다고 봄이 타당하다.**"고 하여 처분성을 긍정한 바 있다.

#### (4) 검토

법외노조통지는 노동조합의 지위 및 권한행사에 있어서 법적 또는 사실상으로라도 중대한 지장을 초래하는 행위임이 분명하므로 국민의 실질적 권리구제의 차원에서 처분성을 긍정함이 타당하다.

**【사실관계】** 전국교직원노동조합 노동조합설립신고를 필하고 약 6만명의 조합원을 보유하고 약 14년 동안 "노조법"상 노동조합으로 활동하여 온 전국최대규모의 교직원노동조합이다. 그런데 고용노동부장관 乙은 甲의 "부당해고된 교원은 조합원이 될 수 있다."는 등의 일부규약이 노동관련 법령을 위반하였음을 이유로 "노조법 시행령" 제9조 제2항에 근거하여 30일 이내에 위 일부규약을 시정할 것을 명하였으나, 전교조가 이를 이행하지 아니하자 법외조합 통보를 한 사안

**【판결요지】** 이 사건 통보는 교원노조법 제14조 제1항, 같은 법 시행령 제9조 제1항에 의하여 준용되는 노조법 제12조 제3항, 같은 법 시행령 제9조 제2항에 따라 교원노조법에 의하여 설립된 교원의 노동조합에 노조법 제2조 제4호 각 목에 해당하는 사유가 발생한 경우 위와 같은 사유를 시정할 것을 요구하고 시정명령을 이행하지 않은 노동조합에 대하여 노조법 제2조 제4호 단서의 노동조합으로 보지 아니한다는 취지의 통보인데, 위와 같은 통보의 사유 및 시정 요구 등의 절차에 비추어 보면, 이를 단순한 사실 또는 관념의 통지로 보기 어렵다.

앞서 본 사실들과 증거들에 변론 전체의 취지를 종합하여 인정되는 다음과 같은 사정, 즉 피고가 원고에 대하여 이 사건 통보를 함으로써 교육부장관이 시·도 교육청에 원고의 교원노조법상 노동조합으로서의 지위 및 권한이 상실되었다는 이유로 원고에 대하여 법적 조치들을 취할 것을 명한 점, 이 사건 통보 이후에 원고는 노동위원회에 노동쟁의의 조정 및 부당노동행위의 구제 신청을 하기 어려워진 점(노조법 제7조 제1항), 원고가 노동조합의 명칭을 사용하는 데에 사실상 장애가 있는 점(노조법 제7조 제3항), 원고의 노동조합 전임자가 노동조합의 업무에만 종사하는 것이 현실적으로 어려워진 점(교원노조법 제5조), 교원노조법에 의하여 설립된 교원의 노동조합에 인정되는 단체교섭 및 단체협약 체결 권한을 실질적으로 인정받지 못하게 될 우려가 있는 점(교원노조법 제6조), 교원노조법에 따라 적용이 배제되는 노동운동 금지규정인 국가공무원법 제66조 제1항과 사립학교법 제55조가 적용되어 실질적인 노동조합 활동에 제약을 받을 수 있는 점(교원노조법 제1조, 국가공무원법 제66조 제1항, 사립학교법 제55조) 등에 비추어 보면, 원고로서는 이 사건 통보로써 교원노조법 및 노조법에 따라 부여받은 권한을 행사하지 못할 불안정한 지위에 놓이게 된다. 따라서 원고로 하여금 이 사건 통보의 적법성을 다투어 그 법적 불안을 해소하게 하는 것이 원고에게 이러한 불안정한 지위에서 벗어날 수 있게 해주는 것이 되고, 이 사건 통보에 따른 교육부장관의 후속 조치로 인해 발생할 수많은 분쟁을 조기에 근본적으로 해결할 수 있게 되어 법치행정의 원리에도 부합한다.

또한 앞서 든 각 증거에 변론 전체의 취지를 종합하여 인정되는 다음과 같은 사정, 즉 피고가 원고에 대하여 한 2013.9.23.자 시정명령[4)]에는 '위 시정 기한 내 시정결과를 보고하지 않는 경우에는 교원노조법에 따른 노동조합으로 보지 않음을 알려드립니다'라고 기재되어 있는 점, 원고가 2013.9.23. 자 시정명령에 따른 시정을 하지 않자 피고는 자신의 명의로 원고를 교원노조법에 의한 노동조합으로 보지 않는다는 내용의 이 사건 통보를 한 점, 이 사건 통보서는 피고 명의로 외부에 표시된 것으로서 그 문서의 제목이 '노동조합으로 보지 아니함 통보'이므로 이 사건 통보의 상대방인 원고는 이 사건 통보로 비로소 원고에 대하여 교원노조법에 의한 노동조합으로 보지 않는 효과가 발생한 것으로 인식할 수 있는 점 등에 비추어 보면, 이 사건 통보는 객관적으로 국민에게 불이익을 주는 행정처분의 외형을 갖고 있고, 원고로서는 이 사건 통보에 의해 비로소 교원노조법에 의한 노동조합으로 보지 않는 효과가 발생한다고 보아 이 사건 통보를 행정처분으로 인식할 가능성이 매우 높다. 위와 같은 사정들을 고려하면, 이 사건 통보는 원고가 노동조합의 지위에서 가지는 권리·의무에 직접 영향을 미치는 행위로서 행정처분에 해당한다고 봄이 타당하다(서울행정법원 2014.6.19. 2013구합26309).

---

4) [서울행정법원 2013.11.13. 2013아3353] 노동조합규약의 변경보완시정명령은 조합규약의 내용이 노동조합법에 위반된다고 보아 **구체적 사실에 관한 법집행으로서** 조합규약의 해당 조항을 지적된 법률조항에 위반되지 않도록 적절히 변경보완할 것을 명하는 노동행정에 관한 행정관청의 의사를 조합에게 직접 표시한 것이므로 행정소송법 제2조 제1항에서 규정하고 있는 **행정처분에 해당된다.**

## 개념정리 처분개념에 관한 학설의 체계

| 구분 | 학설의 내용 | 행정쟁송과의 관계 |
|---|---|---|
| 일원설<br>(M = VA) | [전통적 일원설] 형식적 행정행위개념 부정론<br>• 처분의 개념적 징표로서 행정행위와 마찬가지로 ① 법적 규율성 + ② 직접적 외부효 요구<br>• '이에 준하는 행정작용의 의미' → 일반처분(권력적 사실행위) | [당사자소송활용론]<br>• 취소소송의 성질: 공정력제거를 위한 형성의 소로 파악<br>• 사실행위 등: 당사자소송의 활용 |
| 이원설<br>(M>VA) | [형식적 행정행위설] 형식적 행정행위개념 긍정론<br>• 처분(M) = 행정행위 + 형식적 행정행위<br>• 형식적 행정행위의 개념 → "행정행위는 아니지만 쟁송상 다툴 필요가 있는 의제적 기술적 의미의 행정행위"<br>• 처분의 개념은 행정행위와 마찬가지로 ① 법적 규율성 + ② 직접적 외부효 요구 하지 않음<br>• '이에 준하는 행정작용의 의미' → 형식적 행정행위 (→ 사실행위; 행정지도 + 보조금교부 + 공공시설의 설치행위)<br><br>[쟁송법적 개념설] 형식적 행정행위개념 부정론<br>• 처분(M) = 행정행위 + 이에 준하는 행정작용<br>• '이에 준하는 행정작용의 의미' → 행정행위와 기본적으로 유사한 행위(→ 권력적 사실행위 + 사실상 지배력을 미치는 비권력적 사실행위) | [항고쟁송중심주의] 처분개념의 확대론<br>• 취소소송의 성질: 확인의 소로 보아야 하나 대부분의 이원론자(김남진, 류지태)들은 형성의 소로 보고 있음<br>• 실무상 당사자소송의 취약을 논거로 함<br>• 형식적 행정행위에 대한 가구제는 민사집행법상 가처분규정을 활용하면 될 것임 |

## 개념정리 행정작용의 체계도

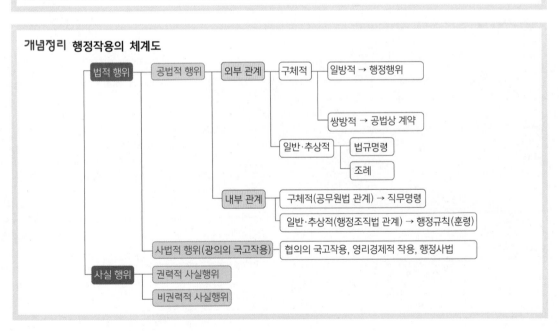

2011년도 제20회 공인노무사 시험

【문제 1】 관할 행정청은 甲의 어업면허의 유효기간이 만료됨에 따라 동 어업면허의 연장을 허가하여 새로이 어업면허를 함에 있어서 관련법령에 따라 면허면적을 종전의 어업면허보다 축소하였다. 甲이 자신의 재산권을 침해하는 면허면적축소와 관련된 법령의 취소를 청구하는 행정소송을 제기하거나, 어업면허면적을 종전으로 환원하여 주는 처분을 청구하는 행정소송을 제기하는 것이 적법하게 인정될 수 있는가? (50점)

**한장 답안**

Ⅰ. **문제의 소재** (현행 행정소송법상 ① 법령의 취소를 청구하는 행정소송의 제기가 가능한지와 관련하여 법령에 대한 사법심사가능성과 그 처분성 여부가 문제되며, ② 발령된 어업면허처분을 종전의 어업면허처분으로 환원해 줄 것을 청구하는 이른바 의무이행소송의 인정 여부가 문제된다.)

Ⅱ. **어업면허에 관한 관련법령에 대한 취소소송의 제기가능성**

1. **법령에 대한 사법심사의 가능성**

(1) **법률의 경우**

법률의 위헌 여부는 헌법 제107조 제1항과 헌법재판소법 제2조의 규정에 따라 헌법재판소의 관장 사항에 해당하므로 법원의 사법심사의 대상에서 제외된다.

(2) **법규명령의 경우**

1) 문제점

2) 학설: ① 사법심사긍정설(헌법 제101조 근거설), ② 사법심사부정설(헌법 제107조 제2항 근거설)

3) 검토 ("일반·추상적인 법규명령"이라 하더라도 국민의 기본권을 직접 침해하는 법규명령의 경우에는 "구체적 법률상 분쟁"으로 보아 사법심사의 가능성을 긍정함이 타당하다.)

2. **법규명령이 취소소송의 대상인 처분인지 여부**

(1) **처분의 의의**

(2) **처분이 되기 위한 요건**

(3) **사안의 경우**

1) 문제점

2) 학설: ① 처분성부인설(규율의 구체성설), ② 처분성긍정설(규율대상의 구체성설)

3) 판례

4) 검토

3. **사안의 경우** (관련법령에 따라 직접 어업면허면적이 축소된 것이 아니라 새로운 어업면허처분에 의해 어업면적이 축소된 경우이므로, 국민의 기본권을 직접 침해하는 법규명령에 해당하지 아니한다. 따라서 이 경우에는 직접 법규명령의 취소를 구하는 행정소송을 제기할 수 없다.)

Ⅲ. **어업면적을 종전으로 환원해 주는 처분을 구하는 행정소송의 제기가능성**

1. **문제점**

2. **의무이행소송의 의의**

3. **인정 여부에 관한 학설**

(1) **긍정설**

(2) **부정설**

(3) **제한적 긍정설(절충설)**

4. **판례의 태도**

5. **검토** (현행 행정소송법은 의무이행소송을 인정하고 있지 않고 있다고 판단함이 타당하다. 따라서 甲은 발령된 어업면허의 면적을 종전으로 환원해 주는 처분을 구하는 행정소송을 제기할 수 없다고 보아야 한다.)

Ⅳ. **사안의 해결**

# UNIT 09 소극적 처분개념으로서 거부처분

대표
기출문제

【2012년도 제21회 공인노무사/ 사례형 – 50점】

(1) 근로자 A는 甲노동조합을 조직해서 그 설립신고를 하였으나 乙시장은 "설립신고서에서 근로자가 아닌 구직 중에 있는 자의 가입을 허용하고 있다(노동조합 및 노동관계조정법 제2조 제4호 라목)."라는 사유로 설립신고를 반려하였다. 이에 甲노동조합은 취소소송을 제기하고자 하는 바, 乙시장의 설립신고서 반려는 취소소송의 대상이 될 수 있는가? (25점)
▶ 답안연습: 한장답안 기출문제 연습 【문제 1】참조

【2008년도 제52회 행정고시(일반행정)/ 사례형 – 50점】

甲은 A구 구청장인 乙에게 임야로 되어 있는 자신의 토지위에 건축을 하기 위해 토지형질 변경행위허가를 신청하였다. 이에 乙은 당해 토지의 일부를 대지로 변경하고 그 나머지를 도로로 기부채납하는 것을 조건으로 토지형질변경행위를 허가하였다. 이에 따라 甲은 건물을 신축하였는데, 신축건물이 기부채납 토지부분을 침범하게 되자 乙은 토지형질변경행위 허가를 취소하고 그 대신에 기부채납토지부분을 감축하여 주면서 감축된 토지에 대한 감정 가액을 납부하도록 하는 내용의 토지형질변경행위의 변경허가를 하였다. 그러나 甲은 감정 가액을 납부하지 않고 준공검사를 마치지 못하는 사이에 예규로 설정된 사무처리기준이 변경되어 기부채납을 하도록 하는 의무가 면제되었다. 이에 甲은 금전납부의 부담을 없애 달라는 내용의 토지형질변경행위의 변경허가를 신청하였으나 乙은 甲이 금전납부의 부담을 이행하지 아니하고 준공검사를 마치지 않았다는 이유를 들어 甲의 신청을 반려하였다.

(3) 乙의 반려행위에 대한 甲의 취소소송의 제기가능성을 검토하시오.[5] (15점)

---

5) [대법원 1997.9.12. 96누6219【토지형질변경행위변경허가신청반려처분취소】] 도시계획법령이 토지형질변경행위허가의 변경신청 및 변경허가에 관하여 아무런 규정을 두지 않고 있을 뿐 아니라, 처분청이 처분 후에 원래의 처분을 그대로 존속시킬 필요가 없게 된 사정변경이 생겼거나 중대한 공익상의 필요가 발생한 경우에는 별도의 법적 근거가 없어도 별개의 행정행위로 이를 철회, 변경할 수 있지만 이는 그러한 철회, 변경의 권한을 처분청에게 부여하는 데 그치는 것일 뿐 상대방 등에게 그 철회, 변경을 요구할 신청권 까지를 부여하는 것은 아니라 할 것이므로, 이와 같이 법규상 또는 조리상의 신청권이 없이 한 국민들의 토지형질변경행위 변경허가 신청을 반려한 당해 반려처분은 항고소송의 대상이 되는 처분에 해당되지 않는다.

## Ⅰ. 문제점

개인의 신청에 대한 행정청의 소극적 의사표시인 거부는 어떠한 경우에 항고소송의 대상인 처분인지 여부가 문제된다.

## Ⅱ. 거부처분이 항고소송의 대상이 되기 위한 요건

**논점 11** **거부처분이 항고소송의 대상이 되기 위한 요건 ★★**

### 1. 거부처분의 의의

거부처분이란 "개인이 행정청에 대하여 수익적 행정처분을 신청한 경우, 신청된 내용의 처분을 발급하지 않겠다는 행정청의 소극적 의사표시"를 말한다.

### 2. 부작위와의 구별

거부처분은 거부처분취소소송 및 무효등확인소송의 대상이 되고, 부작위는 부작위위법확인소송의 대상이 된다는 점에서 양자의 구별실익이 있다.

### 3. 항고소송의 대상이 되기 위한 요건

### (1) 공권력행사에 관한 거부일 것

행정청의 거부가 작위인 처분과 동일시 할 수 있기 위해서는 그 거부가 우선 공권력 행사의 거부이어야 한다.

### (2) 공권력행사의 거부로 신청인의 법적 지위에 어떠한 변동을 초래할 것

그 거부가 국민의 권리의무에 직접적으로 영향을 미치는 것이어야 한다.

### (3) 법규상·조리상 신청권이 긍정될 것

#### 1) 문제점

항고소송의 대상이 되는 **거부처분이 되기 위해서는 신청인에게 법규상·조리상의 신청권이 존재하여야 하는지에 대해 견해가 대립된다.**

## 2) 학설

이에 대해 학설은 법규상·조리상 신청권에 대하여 ① 신청권은 거부처분의 요건으로서 요구된다는 긍정설(대상적격설)과, ② 거부처분의 요건으로서 요구될 수 없다는 부정설(원고적격설과 본안판단설)이 대립된다.

## 3) 판례

대법원은 "국민의 적극적 신청행위에 대하여 행정청이 그 신청에 따른 행위를 하지 않겠다고 **거부한 행위가 항고소송의 대상이 되는 행정처분에 해당하는 것이라고 하려면**, 그 신청한 행위가 공권력의 행사 또는 이에 준하는 행정작용이어야 하고, 그 거부행위가 신청인의 법률관계에 어떤 변동을 일으키는 것이어야 하며, 그 **국민에게 그 행위발동을 요구할 법규상 또는 조리상의 신청권이 있어야 한다.** 이러한 거부처분의 처분성을 인정하기 위한 전제요건이 되는 **신청권의 존부는 구체적 사건에서 신청인이 누구인가를 고려하지 않고 관계 법규의 해석에 의하여 일반 국민에게 그러한 신청권을 인정하고 있는가를 살펴 추상적으로 결정되는 것**이고, 신청인이 그 신청에 따른 단순한 응답을 받을 권리를 넘어서 신청의 인용이라는 만족적 결과를 얻을 권리를 의미하는 것은 아니므로, 국민이 어떤 신청을 한 경우에 그 신청의 근거가 된 조항의 해석상 행정발동에 대한 개인의 신청권을 인정하고 있다고 보이면 그 거부행위는 항고소송의 대상이 되는 처분으로 보아야 하고, 구체적으로 그 신청이 인용될 수 있는가 하는 점은 본안에서 판단하여야 할 사항이다(대법원 2009.9.10. 2007두20638).

## 3) 검토 및 신청권존부의 판단기준

법규상·조리상 신청권은 신청의 인용이 아닌 단순한 응답을 받을 형식적 권리이므로 판례의 입장에 따라 거부처분의 요건으로 요구함이 타당하다. 따라서 신청권의 존부는 구체적 사건에서 신청인이 누구인가를 고려치 않고 **관계법규의 해석에 의하여 일반 국민에게 그러한 신청권을 인정하고 있는가를 살펴 추상적으로 결정되는 것**이라는 것이 판례의 태도이다.

---

# III. 답안작성요령과 주요논점

## 1. 과오납된 고용(또는 산재)보험료등의 환급청구의 거부

> 고용보험 및 산업재해보상보험의 보험료징수 등에 관한 법률 제19조(건설업 등의 확정보험료의 신고·납부 및 정산)
> ② 제17조 및 제18조 제1항에 따라 납부하거나 추가징수한 개산보험료의 금액이 제1항의 확정보험료의 금액을 초과하는 경우에 공단은 그 초과액을 사업주에게 반환하여야 하며, 부족한 경우에 사업주는 그 부족액을 다음 보험연도의 3월 31일(보험연도 중에 보험관계가 소멸한 사업의 경우에는 그 소멸한 날부터 30일)까지 납부하여야 한다. 다만, 사업주가 국가 또는 지방자치단체인 경우에는 그 보험연도의 말일(보험연도 중에 보험관계가 소멸한 사업의 경우에는 그 소멸한 날부터 30일)까지 납부할 수 있다.

▶ 부록: 답안작성요령 <사례논점 02> ▇ 참조

## 2. 신고수리거부의 경우

> 고용보험 및 산업재해보상보험의 보험료징수 등에 관한 법률 시행규칙 제10조(보험관계의 변경신고)
> ① 영 제9조 제1호부터 제5호까지의 규정에 따른 사항을 변경신고하려는 사업주는 별지 제13호 서식의 보험관계 변경신고서를 공단에 제출하여야 한다. 이 경우 공단은 「전자정부법」 제36조 제2항에 따른 행정정보의 공동이용을 통하여 다음 각 호의 행정정보를 확인하여야 하며, 신고인이 제1호 및 제2호의 확인에 동의하지 아니하는 경우에는 해당 서류(사업자등록증의 경우에는 그 사본)를 첨부하도록 하여야 한다.
> 1. 주민등록표 등본
> 2. 사업자등록증
> 3. 법인 등기사항증명서(법인만 해당한다)

### (1) 문제점

어떠한 신고의 수리거부가 항고소송의 대상인 거부처분이 될 수 있는지 여부가 **"신청인의 법적 지위의 변동"**과 관련하여 문제된다.

### (2) 수리를 요하는 신고의 경우(예 노동조합설립신고수리의 경우[6])

수리를 요하는 신고의 수리거부는 신청인의 법적 지위에 어떠한 변동을 초래하는 행위로서 **거부처분에 해당**한다.

### (3) 수리를 요하지 않는 자기완결적 신고의 경우(예 공단에 대한 보험관계성립 및 변경신고)

#### 1) 학설

이에 대해 학설은 ① 신고가 자기완결적 신고면 사실행위로서 그 거부처분성을 부인하고, 수리를 요하는 신고라면 "신청인의 법적 지위의 변동"을 초래할 수 있으므로 거부처분이 될 수 있다는 **신고의 법적 성질여하에 따라 구분하는 견해(일반·추상적 검토설)**와, ② 신고의 법적 성질 여하와 관계없이 수리거부가 반려될 경우 신고인이 불이익을 받을 위험 등 법적 지위가 불안정하게 될 수 있는지 여부로 판단하자는 **개별검토설**이 대립된다.

#### 2) 판례의 태도

대법원은 종래 건축법상 신고와 관련하여 ①설의 입장을 취하였으나, 최근 대법원 전원합의체 판결을 통해 **"건축신고가 반려될 경우 장차 있을지도 모르는 위험에서 미리 벗어날 수 있도록 길을 열어 주고, 위법한 건축물의 양산과 철거를 둘러싼 분쟁을 조기에 근본적으로 해결할 수 있게 하는 것이 법치행정의 원리에 부합한다. 그러므로 행정청의 착공신고 반려행위는 항고소송의 대상이 된다고 보는 것이 옳다.[7]"**고 판시하여 ②설의 입장에 따라 그 처분성을 인정하고 있다.

#### 3) 검토

위법한 행정을 조기에 방지하고 법적 분쟁을 조기에 해결하는 것이 법치주의에 부합한다고 보이므로 변경된 판례의 입장에 따라 **②설(개별검토설)의 입장이 타당**하다고 여겨진다.

▶ 부록: 답안작성요령 <사례논점 02> ② 참조

---

6) [헌법재판소 2008.7.3. 2004헌바9] 행정청이 설립신고서를 수리하지 않거나 반려하는 경우 이에 대하여는 행정처분으로 다툴 수 있다.

7) 대법원은 최근판례에서 "행정청의 어떤 행위를 행정처분으로 볼 것이냐의 문제는 추상적, 일반적으로 결정할 수 없고, 구체적인 경우 행정처분은 행정청이 공권력의 주체로서 행하는 구체적 사실에 관한 법집행으로서 국민의 권리의무에 직접적으로 영향을 미치는 행위라는 점을 염두에 두고, 관련 법령의 내용 및 취지와 그 행위가 주체·내용·형식·절차 등에 있어서 어느 정도로 행정처분으로서의 성립 내지 효력요건을 충족하고 있는지 여부, 그 행위와 상대방 등 이해관계인이 요건을 충족하고 있는지 여부, 그 행위와 상대방 등 이해관계인이 입는 불이익과 실질적 견련성, 그리고 법치행정의 원리와 당해행위에 관련한 행정청 및 이해관계인의 태도 등을 참작하여 개별적으로 결정하여야 할 것이다(대법원 2007.6.14. 2005두4937)."고 판시하여 동 요건을 완화하고 있다.

**산재법상 보험관계변경신고수리거부의 처분성**

**【사실관계】** 냉동해산물운송사업을 영위하고 있는 甲은 사업의 내용 및 근로자의 작업형태 등에 비추어 볼 때 '고용보험 및 산업재해보상보험의 보험료 징수 등에 관한 법률'과 동법 시행령에 따라 노동부장관이 고시한 "산업재해보상보험료율표"의 사업종류예시표상 현재의 '구역화물운수업'에서 그보다 보험료율이 낮은 사업종류인 '육상화물운수업'으로 변경하여 줄 것을 하는 내용의 보험관계변경사항신고서를 근로복지공단에 제출하였다. 그러나 근로복지공단이 위 신고서를 반려하자 이를 甲이 취소소송으로 다툰 사건

**【판결요지】** [1] 산업재해보상보험법에 의한 산업재해보상보험(이하 '산재보험'이라 한다)의 사업종류는 사업주가 매 보험연도마다 피고에게 신고납부하여야 하는 산재보험의 개산보험료 및 확정보험료 산정의 기초가 된다. 그런데 이 사건의 경우와 같이 피고가 사업주에게 통지한 사업종류에 대하여 사업주가 사업장의 사업실태 내지 현황에 대한 피고의 평가 잘못 등을 이유로 피고에게 사업종류의 변경을 신청하였으나 피고가 이를 거부한 상황에서, 사업주가 자신이 적정하다고 보는 사업종류의 적용을 주장하면서 피고가 통지한 사업종류에 기초한 산재보험료를 납부하지 아니한 경우, 사업주는 연체금이나 가산금을 징수당하게 됨은 물론(법 제24조, 제25조), 체납처분도 받게 되고(법 제28조), 산재보험료를 납부하지 아니한 기간 중에 재해가 발생한 경우 그 보험급여의 전부 또는 일부를 징수당할 수 있는(법 제26조 제1항 제2호) 등의 불이익이 있는 점을 감안해 보면, 사업주의 사업종류변경신청을 받아들이지 않는 피고의 거부행위는 사업주의 권리의무에 직접 영향을 미치는 행위라고 할 것이다.

[2] 나아가 보험가입자인 사업주가 사업종류의 변경을 통하여 보험료율의 시정을 구하고자 하는 경우, 사업주는 피고가 통지한 사업종류에 따른 개산보험료나 확정보험료를 신고납부하지 아니한 후 피고가 소정 절차에 따라 산정한 보험료 또는 차액의 납부를 명하는 징수통지를 받을 때까지 기다렸다가 비로소 그 징수처분에 불복하여 그 절차에서 사업종류의 변경 여부를 다툴 수 있다고 하면 앞서 본 바와 같은 불이익을 입을 수 있는 등 산재보험관계상의 불안정한 법률상 지위에 놓이게 되는데 이는 사업주의 권리보호에 미흡하며, 사업종류는 보험가입자인 사업주가 매 보험연도마다 계속 납부하여야 하는 산재보험료 산정에 있어 필수불가결한 기초가 되는 것이므로 사업종류 변경신청에 대한 거부행위가 있을 경우 바로 사업주로 하여금 이를 다툴 수 있게 하는 것이 분쟁을 조기에 발본적으로 해결할 수 있는 방안이기도 하다. 이와 같은 사정을 모두 고려하여 보면, 보험가입자인 사업주에게 보험료율의 산정의 기초가 되는 사업종류의 변경에 대한 조리상 신청권이 있다고 봄이 상당하다. 따라서 이 사건 사업종류변경신청 반려행위는 항고소송의 대상이 되는 행정처분에 해당한다(대법원 2008.5.8. 2007두10488).

---

**산재법상 사업주변경신고수리거분의 처분성**

**【사실관계】** 업무상 재해를 당한 근로자 甲의 요양급여 신청에 대하여 근로복지공단이 요양승인 처분을 하면서 사업주를 乙 주식회사로 보아 요양승인 사실을 통지하자, 乙 회사가 甲이 자신의 근로자가 아니라고 주장하면서 사업주변경신고를 하였으나 근로복지공단이 이를 거부하자 이에 대해 취소소송을 제기한 사건

**【판결요지】** [1] 행정청이 국민의 신청에 대하여 한 거부행위가 항고소송의 대상이 되는 행정처분에 해당하기 위하여는, 국민에게 행정청의 행위를 요구할 법규상 또는 조리상의 신청권이 있어야 하는데, 이러한 신청권이 없음에도 이루어진 국민의 신청을 행정청이 받아들이지 아니한 경우 거부로 인하여 신청인의 권리나 법적 이익에 어떤 영향을 미친다고 볼 수 없으므로 이를 항고소송의 대상이 되는 행정처분이라 할 수 없다.

[2] 산업재해보상보험법, 고용보험 및 산업재해보상보험의 보험료징수 등에 관한 법률 등 관련 법령은 사업주가 이미 발생한 업무상 재해와 관련하여 당시 재해근로자의 사용자가 자신이 아니라 제3자임을 근거로 사업주 변경신청을 할 수 있도록 하는 규정을 두고 있지 않으므로 법규상으로 신청권이 인정된다고 볼 수 없고[8], 산업재해보상보험에서 보험가입자인 사업주와 보험급여를 받을 근로자에 해당하는지는 해당 사실의 실질에 의하여 결정되는 것일 뿐이고 근로복지공단의 결정에 따라 보험가입자(당연가입자)지위가 발생하는 것은 아닌 점 등을 종합하면, 사업주 변경신청과 같은 내용의 조리상 신청권이 인정된다고 볼 수도 없으므로, 근로복지공단이 신청을 거부하더라도 乙 회사의 권리나 법적 이익에 어떤 영향을 미치는 것은 아니어서, 위 통지는 항고소송의 대상이 되는 행정처분이 되지 않는다(대법원 2016.7.14. 2014두47426).

---

8) 고용보험 및 산업재해보상보험의 보험료징수 등에 관한 법률 시행령 제9조(보험관계의 변경신고) 법 제12조에 따라 사업주는 보험에 가입된 사업에 다음 각 호의 사항이 변경되면 그 변경된 날부터 14일 이내에 공단에 신고하여야 한다. 다만, 제6호는 다음 보험연도 첫날부터 14일 이내에 신고하여야 한다.
  1. 사업주(법인인 경우에는 대표자)의 이름 및 주민등록번호

## 3. 산재법상 보험급여신청의 거부의 경우

▶ 부록: 답안작성요령 <사례논점 02> **3** 참조

## 4. 정보공개법상 정보공개청구의 거부의 경우

▶ 부록: 답안작성요령 <사례논점 02> **4** 참조

---

**참조판례** 정보비공개결정에서의 법령상 신청권

【사실관계】 권리능력없는 사단인 충주환경운동연합이 충주시가 주최한 간담회 등 각종 행사 관련 지출 증빙에 포함된 행사참석자정보 등의 공개를 청구에 대해 비공개결정을 하자 이를 거부처분취소소송으로 다툰 사건

【판결요지】 법인, 권리능력 없는 사단·재단도 포함되고, 법인, 권리능력 없는 사단·재단 등의 경우에는 설립목적을 불문하며, 정보공개청구권은 법률상 보호되는 구체적인 권리이므로 청구인이 공공기관에 대하여 정보공개를 청구하였다가 거부처분을 받은 것 자체가 법률상 이익의 침해에 해당한다(대법원 2003.12.12. 2003두8050).

---

**참조판례** 정보공개결정에서의 법령상 신청권

【사실관계】 원고가 남양주시 자동차관리과에서 근무하던 중 남양주시장에게 지출결의서 및 증빙서류(신용카드 사본 등)와 기록물관리대장 등 그 판시의 정보(이하 '이 사건 정보'라고 한다)를 전자파일의 형태로 정보통신망을 통하여 송신하는 방법으로 공개할 것을 청구하였으나, 남양주시장이 원고에게 남양주시 자동차관리과 사무실에 직접 방문하여 이 사건 정보를 수령하라는 내용의 정보공개결정을 한 경우 원고가 이를 취소소송을 통해 다툰 사건

【판결요지】 공공기관의 정보공개에 관한 법률(2013.8.6. 법률 제11991호로 개정되기 전의 것, 이하 '구 정보공개법'이라고 한다)은, 정보의 공개를 청구하는 이(이하 '청구인'이라고 한다)가 정보공개방법도 아울러 지정하여 정보공개를 청구할 수 있도록 하고 있고, 전자적 형태의 정보를 전자적으로 공개하여 줄 것을 요청한 경우에는 공공기관은 원칙적으로 요청에 응할 의무가 있고, 나아가 비전자적 형태의 정보에 관해서도 전자적 형태로 공개하여 줄 것을 요청하면 재량판단에 따라 전자적 형태로 변환하여 공개할 수 있도록 하고 있다. 이는 정보의 효율적 활용을 도모하고 청구인의 편의를 제고함으로써 구 정보공개법의 목적인 국민의 알 권리를 충실하게 보장하려는 것이므로, 청구인에게는 특정한 공개방법을 지정하여 정보공개를 청구할 수 있는 법령상 신청권이 있다.

따라서 공공기관이 공개청구의 대상이 된 정보를 공개는 하되, 청구인이 신청한 공개방법 이외의 방법으로 공개하기로 하는 결정을 하였다면, 이는 정보공개청구 중 정보공개방법에 관한 부분에 대하여 일부 거부처분을 한 것이고, 청구인은 그에 대하여 항고소송으로 다툴 수 있다(대법원 2016.11.10. 2016두44674).

---

## 5. 거부처분이 반복하여 행해진 경우

동일한 내용의 인용처분을 반복하여 신청하여 각각의 신청에 대해 모두 거부처분이 내려진 경우, 각각의 신청은 종전과 별개의 새로운 신청이므로 각각의 거부의 의사표시는 새로운 거부처분으로서 각각 항고소송의 대상이 된다.[9]

---

9) [대법원 1998.3.13. 96누15251] 거부처분은 관할 행정청이 국민의 처분신청에 대하여 거절의 의사표시를 함으로써 성립되고, 그 이후 동일한 내용의 새로운 신청에 대하여 다시 거절의 의사표시를 한 경우에는 새로운 거부처분이 있는 것으로 보아야 한다.

| 구분 | 2유형 | 4유형 |
|---|---|---|
| 인정한<br>판례<br>(○) | ① 도시계획구역 내의 토지소유자의 도시계획입안 신청에 대한 법규상 또는 조리상의 신청권을 인정해 도시계획입안권자의 도시계획시설변경입안의제안거부처분의 처분성을 긍정한 판례(2003두1806)<br>② 평생교육법상 학력인정시설의 설치자 변경신청에 대한 거부조치의 처분성을 인정한 판례(2001두9929)<br>③ 토지보상법상 이주대책대상자선정신청 및 분양신청에 대한 거부행위의 경우(2012년 사법고시): 수분양권의 취득을 희망하는 이주자가 소정의 절차에 따라 이주대책대상자 선정신청을 한 데 대하여 사업시행자가 이주대책대상자가 아니라고 하여 위 확인 · 결정 등의 처분을 하지 않고 이를 제외시키거나 거부조치한 경우에는, 이주자로서는 사업시행자를 상대로 항고소송에 의하여 제외처분이나 거부처분의 취소를 구할 수 있다. 나아가 이주대책의 종류가 달라 각 그 보장하는 내용에 차등이 있는 경우 이주자의 희망에도 불구하고 사업시행자가 요건 미달 등을 이유로 그중 더 이익이 되는 내용의 이주대책대상자로 선정하지 않았다면 이 또한 이주자의 권리의무에 직접적 변동을 초래하는 행위로서 항고소송의 대상이 된다(2013두10885).<br>④ 문화재보호구역 내 토지 소유자의 문화재보호구역 지정해제신청에 대한 행정청의 거부행위(2003두8821)<br>⑤ 문화재청장이, 국가지정문화재의 보호구역에 인접한 나대지에 건물을 신축하기 위하여 국가지정문화재 현상변경신청을 하였으나 이를 허가하지 않겠다는 불허가처분의 경우(2004두9920)<br>⑥ 수원함양보안림으로 지정된 지역에 토지를 소유한 자가 보안림해제신청을 하였으나 이에 화성시장이 이에 대한 거부한 경우(2006두2046)<br>⑦ 기간제 조교수의 재임용신청의 거부의 경우(2000두7735)<br>⑧ 유일한 면접대상자로 선정된 임용지원자에 대한 교원신규채용중단의 경우(2001두7053)<br>⑨ 조리상 신청권에 근거하여 검사임용신청에 대한 응답요구권(90누5825)<br>⑩ 건축주가 건축허가를 받은 뒤 건축주의 귀책사유로 토지사용권을 상실한 경우, 토지소유자의 건축허가 철회신청의 거부(90누5825) | – |

| 부정한 판례 (×) | ① 교사 특별채용신청에 대한 거부행위의 경우<br>② 원과세처분에 대한 경정청구에 대한 거부의 경우<br>③ 당연퇴직의 근거법률이 헌법재판소에 의해 위헌결정이 났음을 이유로 당연퇴직된 공무원의 복직 및 재임용신청에 대한 거부의 경우<br>④ 산림법령상 산림훼손 용도변경신청에 아무런 규정을 두고 있지 않음을 이유로 산림훼손용도변경신청에 대한 거부는 처분성이 없다는 판례<br>⑤ 도시관리계획 변경 및 폐지신청의 거부10)<br>⑥ 개별공시지가결정 및 개별공시지가 정정신청의 거부(96누5612) | 대법원은 제3자에게 행정처분의 발동을 청구한 것에 대해 거부처분 취소소송을 제기한 사안에서 "행정청에 대하여 제3자에 대한 조치를 요구할 수 있다는 취지의 규정이 없고, 조리상 이러한 권리가 인정된다고 볼 수도 없다."고 판시하여 행정개입청구권의 성립을 부정하였다(대법원 1999.12.7. 97누17568). |

**개념정리 사인의 공법행위의 처리과정**

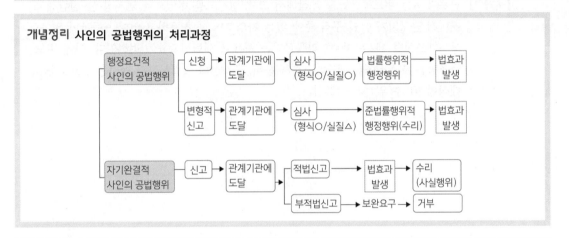

**개념정리 사인의 공법행위의 분류체계**

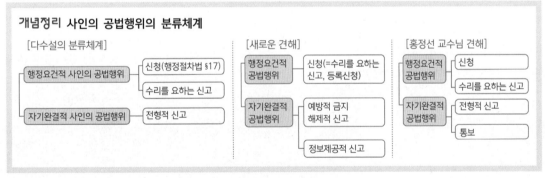

---

10) [대법원 1994.12.9. 94누8433] 도시계획법상 주민이 행정청에 대하여 도시계획 및 그 변경에 대하여 어떤 신청을 할 수 있음에 관한 규정이 없고, 도시계획과 같이 장기성 · 종합성이 요구되는 행정계획에 있어서 그 계획이 일단 확정된 후에 어떤 사정의 변동이 있다고 하여 지역주민에게 일일이 그 계획의 변경 또는 폐지를 청구할 권리를 인정해 줄 수도 없는 것이므로 지역주민에게 도시계획시설의 변경 · 폐지를 신청할 조리상의 권리가 있다고도 볼 수 없다.

# 한장답안 기출문제 연습

【문제 1】 근로자 A는 甲노동조합을 조직해서 그 설립신고를 하였으나 乙시장은 "설립신고서에서 근로자가 아닌 구직 중에 있는 자의 가입을 허용하고 있다(노동조합 및 노동관계조정법 제2조 제4호 라목)."라는 사유로 설립신고를 반려하였다. 이에 甲노동조합은 취소소송을 제기하고자 하는바, 乙시장의 설립신고서 반려는 취소소송의 대상이 될 수 있는가? (25점)

**한장답안**

## Ⅰ. 문제의 소재("노동조합 및 노동관계조정법"상 乙시장의 노동조합의 설립신고 반려라 취소소송의 대상인 거부처분에 해당하는지 여부가 문제된다.)

## Ⅱ. 반려조치가 취소소송의 대상이 되기 위한 요건

### 1. 거부처분의 의의

### 2. 거부처분이 되기 위한 요건

(1) 공권력행사의 거부일 것

(2) 신청인의 법적 지위에 어떠한 변동을 초래할 것

(3) 법규상 혹은 조리상 신청권이 인정될 것

### 3. 사안의 경우(노조법상 노동조합설립의 신고수리는 공권력행사에 해당함에는 의문의 여지가 없다. 문제는 (2) 동법 제10조상의 노동조합설립의 신고수리로 인해 신청인의 법적 지위에 어떠한 변동을 초래하는 행위인지와 (3) 甲노동조합에게 법규상 조리상 신청권이 인정되는지 여부이다.)

## Ⅲ. 노동조합설립신고의 반려가 신청인의 법적 지위에 어떠한 변동을 초래하는지 여부

### 1. 수리를 요하는 신고의 수리거부의 경우

신청인의 법적 지위에 어떠한 변동을 초래한다.

### 2. 자기완결적 신고의 수리거부의 경우

(1) 문제점

(2) 학설

1) 신고의 법적 성질여하로 결정하는 견해(신고의 법적 성질이 자기완결적 신고이면 거부처분으로 볼 수 없고 수리를 요하는 신고라면 거부처분이 되어야 한다는 견해이다.)

2) 개별검토설(신고의 법적 성질여하와 관계없이 신고인의 불이익을 받을 위험 등 법적 지위가 불안정하게 될 수 있는지 여부로 판단하자는 견해이다.)

(3) 판례

대법원은 종래 건축법상 신고와 관련하여 1)설의 입장을 취하였으나, 최근 대법원전원합의체 판결을 통해 "자기완결적 신고라 할지라도 신청인의 실체상의 권리·의무관계에 직접적인 변동을 일으키지 않다 하더라도 신청인이 권리를 행사하거나 의무를 이행함에 중대한 지장을 초래하거나 법적 지위에 불안 등을 초래하는 경우에도 거부처분에 해당할 수 있다."고 하여 2)설의 입장인 것으로 보인다.

(4) 검토

변경된 판례의 입장에 따라 2)설의 입장이 타당하다.

### 3. 노동조합설립신고의 경우

노동조합설립신고는 수리를 요하는 신고에 해당하고 이러한 설립신고수리가 반려될 경우 노조법상 노동조합으로서 명칭사용권·단체교섭권 등을 행사할 수 없게 된다는 점에서 신청인의 법적 지위의 변동을 초래하는 행위로 봄이 타당하다. 헌법재판소도 동지의 취지이다.

## Ⅳ. 甲노동조합의 법규상 혹은 조리상 신청권의 인정 여부

### 1. 의의

### 2. 인정 여부 및 성질

### 3. 신청권존부의 판단기준

### 4. 판례

대법원은 "노동조합설립신고서가 반려되어 신고증을 교부받지 못한 노동조합은 노동조합으로서 성립되지 아니하고, 노동조합의 명칭도 사용할 수 없으므로 당해 노동조합 지부의 명칭으로 위 반려처분의 취소소송을 제기할 당사자 적격이 있다."고 판시하여 법규상·조리상 신청권을 긍정한 바 있다(대법원 1979.12.11. 76누189).

### 5. 소결

## Ⅴ. 사안의 해결

# UNIT 10 특수한 처분개념으로서 재결 ★★★

대표
기출문제

**【2009년도 제51회 사법시험/ 사례형 – 30점】**

A장관은 소속 일반직공무원인 甲이 '재직 중 국가공무원법 제61조 제1항을 위반하여 금품을 받았다'는 이유로 적법한 징계절차를 거쳐 2008.4.3. 甲에 대해 해임처분을 하였고, 甲은 2008.4.8. 해임처분서를 송달받았다. 이에 甲은 소청심사위원회에 이 해임처분이 위법·부당하다고 주장하며 소청심사를 청구하였다. 소청심사위원회는 2008.7.25. 해임을 3개월의 정직처분으로 변경하라는 처분명령재결을 하였고, 甲은 2008.7.30. 재결서를 송달받았다. A장관은 2008.8.5. 甲에 대해 정직처분을 하였다. 2008.8.10. 정직처분서를 송달받은 甲은 취소소송을 제기하고자 한다.

(2) 처분을 대상으로 취소소송을 제기하는 경우 어떠한 처분을 대상으로 할 것인가? 또 이 취소소송에서 어느 시점을 제소기간 준수 여부의 기준시점으로 하여야 하는가? (20점)

**【2014년도 제23회 공인노무사/ 사례형 – 50점】**

A회사의 근로자 甲은 노동조합을 설립하고자 「노동조합 및 노동관계조정법」 제10조에 따라 설립신고를 하였으나, 甲이 설립하는 노동조합은 경비의 주된 부분을 사용자로부터 원조받는 조직으로, 동법 제2조 제4호에 의해 노동조합으로 보지 아니하는 것이다. 그럼에도 불구하고 관할 행정청은 甲의 조합설립신고를 수리하였고, 이에 A회사는 甲의 조합은 무자격조합임을 이유로 신고수리에 대해 취소심판을 제기하였다. 다음 물음에 답하시오.

(2) 만약 A회사의 취소심판이 인용되어 취소명령재결이 행해진다면, 甲은 이러한 인용재결에 대해 취소소송으로 다툴 수 있는가? (25점)

▶ 답안연습: 한장답안 기출문제 연습 【문제 2】 참조

**【2017년도 제26회 공인노무사/ 약술형 – 25점】**

행정심판 재결이 취소소송의 대상이 되는 경우를 설명하시오.

**【2020년도 제29회 공인노무사/ 사례형 – 50점】**

甲은 2019.11.1.부터 A시 소재의 3층 건물의 1층에서 일반음식점을 운영해 왔는데, 관할 행정청인 A시의 시장 乙은 2019.12.26. 甲이 접대부를 고용하여 영업을 했다는 이유로 甲에 대하여 3월의 영업정지처분을 하였다. 이에 대하여 甲은 문제가 된 여성은 접대부가 아니라 일반 종업원이라는 점을 주장하면서 3월의 영업정지처분의 취소를 구하는 행정심판을 청구했다. 관할 행정심판위원회는 2020.3.6. 甲에 대한 3개월의 영업정지처분을 1월의 영업정지처분으로 변경하라는 일부인용재결을 하였고, 2020.3.10. 그 재결서 정본이 甲에게 도달하였다. 乙은 행정심판위원회의 재결내용에 따라 2020.3.17. 甲에 대하여 1월의 영업정지처분을 하였고, 향후 같은 위반사유로 제재처분을 받을 경우 식품위생법 시행규칙 별표의 행정처분기준에 따라 가중적 제재처분이 내려진다는 점까지 乙은 甲에게 안내했다. 행정심판을 통해서 구제를 받지 못했다고 생각한 甲은 2020.6.15. 취소소송을 제기하고자 한다. 다음 물음에 답하시오.

(1) 甲이 제기하는 취소소송의 대상적격, 피고적격, 제소기간에 대하여 논하시오. (30점)

【2021년도 제30회 공인노무사/ 사례형 – 25점】

X시장의 환지예정지처분(이하 '이 사건 처분'이라 한다)으로 불이익을 입은 甲은 이 사건 처분이 위법하다는 이유로 취소심판을 청구하였고 행정심판위원회는 처분의 위법을 인정하였다. 다만 행정심판위원회는 이 사건 처분이 취소될 경우 다수의 이해관계인에 대한 환지예정지처분까지도 변경됨으로써 기존의 사실관계가 뒤집어지고 새로운 사실관계가 형성되는 혼란이 발생될 수 있다는 이유로 이 사건 처분을 취소하는 것이 공공복리에 크게 위배된다고 인정하여 위 심판청구를 기각하는 재결을 하였다. 甲이 이에 불복하여 취소소송을 제기할 경우 그 대상에 대하여 설명하시오. (25점)

## 〈목 차〉

# Ⅰ. 서설

## 1. 문제점

처분청이 행한 (원)처분과 행정심판위원회의 재결이 동시에 존재하는 경우 항고소송의 대상은 무엇인지가 문제된다.

## 2. 입법주의(원처분주의와 재결주의)

### (1) 원처분주의

원처분주의란 "원처분과 재결에 대하여 항고소송의 대상으로서 다같이 소송을 제기할 수 있으나 원처분의 위법은 원처분에 대한 항고소송에서만, 재결에 대한 위법은 재결의 고유한 하자에 대한 항고소송에서만 주장할 수 있는 입법주의"를 말한다.

### (2) 재결주의

재결주의란 "재결에 대해서만 항고소송의 대상으로 하도록 하고, 재결 자체의 위법뿐만 아니라 원처분의 위법도 함께 주장할 수 있는 입법주의"를 말한다.

## 3. 현행 입법주의 → 원처분주의

> 행정소송법 제19조(취소소송의 대상)
> 취소소송은 처분등을 대상으로 한다. 다만, 재결취소소송의 경우에는 재결 자체에 고유한 위법이 있음을 이유로 하는 경우에 한한다.

# Ⅱ. 원처분주의 하에서 재결이 항고소송의 대상이 되는 경우 - "재결자체의 고유한 위법"

## 1. "재결자체의 고유한 위법"의 의미

원처분에는 존재하지 아니하고 재결에만 존재하는 "주체·절차·형식 및 내용상의 위법"이 있음을 의미한다.

## 2. "재결자체의 고유한 위법"의 체계적 지위

### (1) 문제점

"재결자체의 고유한 위법"이 없음에도 재결에 대해 항고소송을 제기한 경우 수소법원이 어떠한 판결을 할 것인지와 관련하여 "재결자체의 고유한 위법"의 체계적 지위가 문제된다.

### (2) 학설

#### 1) 소극적 소송요건설(각하설; 소극설)

"재결자체의 고유한 위법"은 재결취소소송의 특수한 소극적 소송요건에 해당한다고 보아 이를 결하였을 때는 법원이 소각하판결을 하여야 한다는 견해이다.

#### 2) 본안판단설(기각설; 다수설)

"재결자체의 고유한 위법"은 재결취소소송의 본안판단문제로서 이를 결하였을 경우 기각판결을 하여야 한다는 견해이다.

#### 3) 구별설(박균성)

① 재결의 고유한 하자가 아닌 하자를 이유로 재결을 대상으로 항고소송을 제기한 경우에는 각하하여야 하고, ② 재결자체의 고유한 하자를 주장하였으나 재결에 고유한 하자가 존재하지 않는 경우에는 기각판결을 하여야 한다는 견해이다.

### (3) 판례

대법원은 "재결 자체의 고유한 위법이 없는 경우에는 원처분의 당부와는 상관없이 당해 재결취소소송은 이를 **기각하여야 한다.**"고 판시하여 기각설의 입장이다(대법원 1994.1.25. 93누16901).

### (4) 검토

"재결자체의 고유한 위법"은 본안심리를 통해 명확히 판단될 수 있는 것이므로 다수설과 판례와 마찬가지로 본안판단요소로 보는 **기각설**이 타당하다.

## 3. 재결의 내용상 하자가 "재결자체의 고유한 위법"에 해당하는지 여부

### (1) 문제점

재결의 내용상 하자가 "재결자체의 고유한 위법"에 해당할 수 있는지 여부에 대해 견해가 대립된다.

### (2) 학설

이에 대해 학설은 ① "재결자체의 고유한 위법"에 해당될 수 없다는 부정설도 있으나, ② **다수견해**는 재결의 내용상의 위법이 있는 경우도 재결자체의 고유한 위법에 포함될 수 있다고 보는 긍정설의 입장이다.

### (3) 판례

대법원은 "재결 자체의 고유한 위법이란 원처분에는 없고, 재결에만 있는 재결청의 권한 또는 구성의 위법, 재결의 절차나 형식의 위법, 내용의 위법 등을 뜻하고, **그 중 내용상 위법에는 위법·부당하게 인용재결을 한 경우가 해당된다.**"고 하여 긍정설의 입장이다(대법원 2001.5.29. 99두10292).

### (4) 검토

재결의 내용상 하자의 경우에도 이로 침해당한 국민의 권익을 구제하기 위하여 "재결자체의 고유한 위법"에 해당한다고 봄이 타당하다.

## 4. 사안의 검토(이하 문제의 유형)

# Ⅲ. 문제유형별 검토

## 1. 각하재결의 경우

**행정심판청구가 부적법하지 않음에도 부적법각하한 경우** 재결 자체의 고유한 위법이 있음을 이유로 재결에 대한 취소소송의 제기가 가능하다는 것이 다수설과 판례의 입장이다.

## 2. 본안재결 중 기각재결의 경우

원처분과 동일한 이유의 기각재결은 ① 원칙적으로 재결자체의 고유한 하자에 해당한다고 볼 수 없으나, ② 예외적으로 행정심판청구가 부적법하여 각하재결을 하여야 함에도 불구하고 기각재결을 하는 경우 또는 인용재결을 하여야 함에도 사정재결로 기각재결을 한 경우에는 고유한 하자가 될 수 있다고 본다.

【사건개요】 원고 甲은 1985.3.1. 피고보조참가인이 운영하는 ○○대학교 독문학과 전임강사로 임용된 후, 1989.10.1. 조교수로, 1995.4.1. 부교수로 각 승진 임용되었고, 1998.9.1. 그 임용기간을 6년으로 정하여 부교수로 재임용되어 근무하다가, 2004.9.22. 참가인 ○○대학교으로부터 재임용하지 않기로 하였다는 통지를 받은 사실, 원고는 이러한 재임용거부결정이 위법하다는 이유로 2004.10.6. 피고인 교원소청심사위원회에게 재임용거부결정의 취소를 구하는 소청심사를 청구하였으나, 피고인 교원소청심사위원회가 2004.12.13. 원고의 소청심사청구를 기각하는 결정을 하였고, 원고 甲은 이에 불복하여 2005.2.17. 위 교원소청심사위원회를 피고로 하여 재결에 대한 취소소송을 제기한 사건

【판결요지】 [1] 2005.1.27. 법률 제7352호로 개정된 사립학교법이 시행되기 전과 후에 재임용이 거부된 사립대학의 기간임용제 교원에게 적용될 각 법령과 구제절차, 2005.1.27. 법률 제7352호로 개정된 사립학교법(이하 '개정 사립학교법'이라 한다) 제53조의2 제8항 및 그 부칙 제1항·제2항과 대학교원 기간임용제 탈락자 구제를 위한 특별법(이하 '구제특별법'이라 한다) 제2조, 제3조 제1항, 제4조 등을 종합하여 보면, 사립대학의 기간임용제 교원의 경우 개정 사립학교법의 시행일인 2005.1.27. 이후 재임용이 거부된 교원에 대해서는 개정 사립학교법이 적용되어 같은 법 제53조의2 제8항에 따라 교원지위향상을 위한 특별법(이하 '교원지위법'이라고 한다)에 따른 소청심사청구를 할 수 있는 반면, 개정 사립학교법 시행일 전일까지 재임용이 거부되어 그 시행일 당시 재직 중이지 않은 교원의 경우에는 구제특별법이 적용되어 그 법에 따라 교원소청심사특별위원회(이하 '특별위원회'라고 한다)에 재임용 재심사를 청구할 수 있을 뿐이다(대법원 2008.6.12. 2006두11088 등 참조).
[2] 임용기간을 6년으로 정하여 근무하던 사립학교 부교수가 2004.9.22. 이루어진 재임용거부결정에 대하여 교원지위향상을 위한 특별법에 따라 교원소청심사위원회에 재심청구를 한 사안에서, 위 재임용거부결정은 '대학교원 기간임용제 탈락자 구제를 위한 특별법'에 따라 '교원소청심사특별위원회'에 재임용 재심사를 청구할 수 있을 뿐 '교원지위 향상을 위한 특별법' 등에 근거하여 '교원소청심사위원회'에 소청심사를 청구할 수 없으므로, 그 심사대상이 아닌 위 재임용거부결정에 대한 재심청구를 각하하였어야 함에도 실체에 나아가 이를 기각한 교원소청심사위원회의 재심결정은 위법하여 취소하여야 한다고 한 사례(대법원 2009.12.10. 2006두19631).

## 3. 인용재결 중 복효적 행정행위에 대한 형성재결의 경우

### (1) 문제점

복효적 행정처분의 인용재결에 의해 비로소 권익을 침해당한 자가 행정심판위원회의 인용재결에 대해 제기하는 항고소송이 재결자체의 고유한 위법을 다투는 행정소송법 제19조 단서에 의한 취소소송인지에 대해 견해가 대립된다.

### (2) 학설

① 복효적 행정행위에 대한 행정심판청구에 있어서 그 청구를 인용하는 재결로 인해 비로소 권익을 침해를 받게 되는 자는 인용재결의 고유한 하자를 주장하는 것으로 **재결에 대한 취소소송이라는 견해(제19조 단서 취소소송설)**와, ② 인용재결에 대한 제3자의 취소소송은 원처분과는 별도의 처분으로 보아 **처분에 대한 취소소송이라는 견해(제19조 본문에 의한 취소소송설)**가 대립된다.

### (3) 판례

대법원은 "이른바 복효적 행정행위, 특히 제3자효를 수반하는 행정행위에 대한 행정심판청구에 있어서 그 청구를 인용하는 내용의 재결로 인하여 비로소 권리이익을 침해받게 되는 자는 그 인용재결에 대하여 다툴 필요가 있고, 그 인용재결은 원처분과 내용을 달리하는 것이므로 그 인용재결의 취소를 구하는 것은 원처분에는 없는 재결에 고유한 하자를 주장하는 셈이어서 당연히 항고소송의 대상이 된다."고 하여 ①설의 입장이다(대법원 2001.5.29. 99두10292).

### (4) 검토

다수설과 판례의 입장인 ①설의 입장이 타당하다.

---

**참조판례** **제3자효적 행정행위에 대한 행정심판의 인용재결이 재결취소소송으로 인정된다는 판례**

【사건개요】 경기도지사가 골프장 사업계획승인을 얻은 회사의 사업시설 착공계획서를 수리하자, 인근주민이 수리처분의 취소를 구하는 행정심판을 청구하여 인용재결이 내려졌고, 이에 회사가 문화관광부장관을 상대로 그 인용재결을 취소소송으로 다툰 사건

【판시사항】 이른바 복효적 행정행위, 특히 제3자효를 수반하는 행정행위에 대한 행정심판청구에 있어서 그 청구를 인용하는 내용의 재결로 인하여 비로소 권리이익을 침해받게 되는 자는 그 인용재결에 대하여 다툴 필요가 있고, 그 인용재결은 원처분과 내용을 달리하는 것이므로 그 인용재결의 취소를 구하는 것은 원처분에는 없는 재결에 고유한 하자를 주장하는 셈이어서 당연히 항고소송의 대상이 된다. 행정청이 골프장사업계획승인을 얻은 자의 사업시설착공계획서를 수리한 것에 대하여 인근주민들이 그 수리처분의 취소를 구하는 행정심판을 청구하자 재결청이 그 청구를 인용하여 수리처분을 취소하는 형성적 재결을 한 경우, 그 수리처분취소심판청구는 행정심판의 대상이 되지 아니하여 부적법 각하하여야 함에도 위 재결은 그 청구를 인용하여 수리처분을 취소하였으므로 재결 자체에 고유한 하자가 있다(대법원 2001.5.29. 99두10292).

---

## 4. 인용재결 중 명령재결의 경우

### (1) 문제점

명령재결(이행재결)의 경우 재결 이외에 그에 따른 처분청의 후속처분이 있게 되는데, 이 경우 "재결 자체의 고유한 위법"을 이유로 다투는 항고소송에서 이행재결과 후속처분 중 무엇이 항고소송의 대상이 되는지 여부가 문제된다.

### (2) 학설

이에 대해 학설은 ① 국민에 대한 구체적인 권익침해는 처분이 있어야 한다는 점을 강조하여 **이행재결에 따른 후속처분이 소의 대상이 된다는 견해**, ② 행정청의 처분은 재결의 기속력의 부수적 효과에 지나지 않는다는 점을 강조하여 **(이행재결)재결을 소의 대상으로 삼아야 한다는 견해**, ③ **양자 모두가 소의 대상이 된다는 견해(다수설)**가 대립된다.

### (3) 판례

대법원은 "재결청이 취소심판의 청구가 이유 있다고 인정하여 처분청에게 처분의 취소를 명하면 처분청으로서는 그 재결의 취지에 따라 처분을 취소하여야 하지만, 그렇다고 하여 **그 재결의 취지에 따른 취소처분이 위법할 경우 그 취소처분의 상대방이 이를 항고소송으로 다툴 수 없는 것은 아니다.**"고 하여 ③설의 입장이다(대법원 1993.9.28. 92누15093).

### (4) 검토

당사자의 권익보호를 위하여 양자 모두 항고소송의 대상이 됨을 인정하는 ③설의 입장이 타당하다.

## 5. 인용재결 중 일부인용재결 및 변경재결의 경우

### (1) 문제점

재결에 의해 원처분의 내용을 감경하는 내용의 일부취소재결 또는 변경재결의 경우 무엇을 원처분으로 보아 항고소송의 대상으로 삼아야 하는지에 대해 견해가 대립된다.

### (2) 학설

이에 대해 학설은 ① 원처분주의의 원칙상 재결에 의해 수정되고 남은 원처분을 대상으로 원처분청을 상대로 해야 한다는 **수정(변경된)된 원처분설**과 ② 수정재결(변경재결)을 대상으로 재결청(행정심판위원회)을 상대로 해야 한다는 **변경재결설**이 대립되어 있다.

### (3) 판례

대법원은 변경재결의 경우 "**수정된 원처분의 취소를 구하는 방식을 취해야지 위원회를 피고로 수정재결의 취소를 구해서는 아니 된다**."고 판시하여 ①설(수정된 원처분설)의 입장인 것으로 보인다.

### (4) 검토

위원회를 상대로 변경재결을 대상으로 항고소송을 제기할 경우 행정소송법 제19조 단서상의 "재결의 고유한 위법을 다투는 항고소송"과 구별할 수 없으므로 **원처분주의 원칙에 충실하는 ①설(수정된 원처분설)이 입장이 타당하다**고 보여진다.

---

**참조판례** 소청결정취소사건

【판시사항】 소청결정이 재량권남용 또는 일탈로서 위법하다는 주장이 소청결정 취소사유가 되는지 여부

【피고, 피상고인】 총무처소청심사위원회

【주문】 상고를 기각한다. 행정소송법 제19조는 취소소송은 처분 등을 대상으로 한다. 다만, 재결취소소송의 경우에는 재결 자체에 고유한 위법이 있음을 이유로 하는 경우에 한한다고 규정하고 있으므로, 항고소송은 원칙적으로 당해 처분을 대상으로 하나, 당해 처분에 대한 재결 자체에 고유한 주체, 절차, 형식 또는 내용상의 위법이 있는 경우에 한하여 그 재결을 대상으로 할 수 있다고 해석되므로, 원고에 대한 감봉 1월의 징계처분을 견책으로 변경한 피고의 이 사건 소청결정 중 원고를 견책에 처한 조치는 재량권의 남용 또는 그 범위를 일탈한 것으로서 위법하다는 사유는 이 사건 소청결정 자체에 고유한 위법을 주장하는 것으로 볼 수 없어, 이는 이 사건 소청결정의 취소사유가 될 수 없는 것이라 할 것이므로 이는 받아들일 수 없는 것이나, 원심이 그 설시이유는 다를 망정, 원고의 이 부분 주장을 배척한 것은 결론에 있어 정당하므로 거기에 소론과 같이 심리미진이나 재량권의 범위에 관한 법리오해로 판결에 영향을 미친 위법이 있다는 논지는 결국 이유없음에 돌아간다(대법원 1993.8.24. 93누5673).

---

## 6. 인용재결 중 일부명령재결의 경우

### (1) 문제점

위원회의 변경명령재결에 의해 처분청이 변경처분을 한 경우 무엇을 원처분으로 보아 항고소송의 대상으로 삼아야 하는지에 대해 견해가 대립된다.

### (2) 학설

이에 대해 학설은 ① **원처분설**(원처분주의 하에서는 변경처분을 재결내용에 고유한 위법이 있는 것이라고 할 수 없기 때문에 변경 전 원처분을 다투어야 한다는 입장)과, ② **변경처분설**(변경처분은 원처분과 다른 새로운 처분으로 볼 수 있으므로 변경된 처분을 다투어야 한다는 입장), ③ **변경된 원처분설**(변경된 처분은 새로운 처분이 아니라 당초부터 유리하게 변경된 내용의 처분이라 할 것이므로 변경시킨 원처분을 다투어야 한다는 입장)이 대립된다.

### (3) 판례

대법원은 이에 대해 "취소소송의 대상은 **변경된 내용의 당초처분이지 변경처분은 아니고, 제소기간의 준수 여부도 변경처분이 아닌 변경된 내용의 당초처분을 기준으로 판단하여야 한다**."고 하여 ③설(변경된 원처분설)의 입장이다.

### (4) 검토

원처분주의의 원칙에 따라 ③설(변경된 원처분설)이 타당하다.

**[참조판례]** 전주완산구청장사건

【사건개요】 [Ⅰ] 2002.12.26 피고(전주 완산구청장)는 원고에 대해 3월의 영업정지처분(당초처분)

　　　[Ⅱ] 2003.3.6 행정심판의 재결 ["피고가 2002.12.26 원고에 대하여 한 3월의 영업정지처분을 2월의 영업정지에 갈음하는 과징금부과처분으로 변경하라."]는 일부기각재결

　　　[Ⅲ] 2003.3.10 재결서 정본이 원고에게 도달.

　　　[Ⅳ] 2003.3.13 피고는 "3월의 영업정지처분을 과징금 560만원(당시 식품위생법시행령 [별표]에서 영업정지 1일당 과징금액을 정함에 따름)는 취지의 변경처분을 발령함

　　　[Ⅴ] 2003.6.12 원고가 이 사건 소제기(2003.3.13자 과징금부과처분의 취소를 구하는 행정소송)를 함

　　　[Ⅵ] 판결[재결서의 정본을 송달받은 날(2003.3.10)로부터 90일이 경과하여 제기한 소로서 부적법하다]고 판시함.

【대법원판례전문】 행정청이 식품위생법령에 기하여 영업자에 대하여 행정제재처분을 한 후 그 처분을 영업자에게 유리하게 변경하는 처분을 한 경우(이하 처음의 처분을 '당초처분', 나중의 처분을 '변경처분'이라 한다), 변경처분에 의하여 당초처분은 소멸하는 것이 아니고 당초부터 유리하게 변경된 내용의 처분으로 존재하는 것이므로, 변경처분에 의하여 유리하게 변경된 내용의 행정제재가 위법하다 하여 그 취소를 구하는 경우 그 취소소송의 대상은 변경된 내용의 당초처분이지 변경처분은 아니고, 제소기간의 준수 여부도 변경처분이 아닌 변경된 내용의 당초처분을 기준으로 판단하여야 한다. 원심이 확정한 사실관계 및 기록에 의하면, 피고는 2002.12.26. 원고에 대하여 3월의 영업정지처분이라는 이 사건 당초처분을 하였고, 이에 대하여 원고가 행정심판청구를 하자 재결청은 2003.3.6. "피고가 2002.12.26. 원고에 대하여 한 3월의 영업정지처분을 2월의 영업정지에 갈음하는 과징금부과처분으로 변경하라"는 일부기각(일부인용)의 이행재결을 하였으며, 2003.3.10. 그 재결서 정본이 원고에게 도달한 사실, 피고는 위 재결취지에 따라 2003.3.13.(원심은 2003.3.12.이라고 하고 있으나 이는 착오로 보인다) "3월의 영업정지처분을 과징금 560만 원으로 변경한다."는 취지의 이 사건 후속 변경처분을 함으로써 이 사건 당초처분을 원고에게 유리하게 변경하는 처분을 하였으며, 원고는 2003.6.12. 이 사건 소를 제기하면서 청구취지로써 2003.3.13. 자 과징금부과처분의 취소를 구하고 있음을 알 수 있다. 앞서 본 법리에 비추어 보면, 이 사건 후속 변경처분에 의하여 유리하게 변경된 내용의 행정제재인 과징금부과가 위법하다 하여 그 취소를 구하는 이 사건 소송에 있어서 위 청구취지는 이 사건 후속 변경처분에 의하여 당초부터 유리하게 변경되어 존속하는 **2002.12.26.** 자 과징금부과처분의 취소를 구하고 있는 것으로 보아야 할 것이고, 일부기각(일부인용)의 이행재결에 따른 후속 변경처분에 의하여 변경된 내용의 당초처분의 취소를 구하는 이 사건 소 또한 행정심판재결서 정본을 송달받은 날로부터 90일 이내 제기되어야 하는데 원고가 위 재결서의 정본을 송달받은 날로부터 90일이 경과하여 이 사건 소를 제기하였다는 이유로 이 사건 소가 부적법하다고 판단한 원심판결은 정당하고, 상고이유는 받아들일 수 없다(대법원 2007.4.27. 2004두9302).

## Ⅳ. 예외적 재결주의하에서 재결이 항고소송의 대상이 되는 경우

### 1. 감사원의 변상판정에 대한 재심의 판정

　　**감사원법 제40조(재심의의 효력)**
　　　① 청구에 따라 재심의한 사건에 대하여는 또다시 재심의를 청구할 수 없다. 다만, 감사원이 직권으로 재심의한 것에 대하여는 재심의를 청구할 수 있다.
　　　② 감사원의 재심의 판결에 대하여는 감사원을 당사자로 하여 행정소송을 제기할 수 있다. 다만, 그 효력을 정지하는 가처분결정은 할 수 없다.

### 2. 노동위원회의 처분에 대한 재심판정

　　**노동위원회법 제27조(중앙노동위원회의 처분에 대한 소)**
　　　① 중앙노동위원회의 처분에 대한 소는 중앙노동위원회위원장을 피고로 하여 처분의 통지를 받은 날부터 15일 이내에 이를 제기하여야 한다.
　　　② 이 법에 의한 소의 제기로 처분의 효력은 정지하지 아니한다.

## (1) 취소소송의 경우

대법원은 노동위원회법 제27조 제1항에 따른 중앙노동위원회의 처분에 대한 취소소송은 재결주의를 취하는 것으로 보아, 원처분인 지방노동위원회의 처분에 대해서는 소를 제기할 수 없고 중앙노동위원회위원장을 피고로 중앙노동위원회의 재심판정만을 그 대상으로 하여야 한다는 입장이다.[11]

## (2) 무효등확인소송의 경우

### 1) 문제점

재결주의가 취소소송뿐만 아니라 무효등확인소송에도 적용되는지 여부에 대해 견해가 대립된다.

### 2) 학설

이에 대해 학설은 ① 행정소송법 제38조 제1항이 동법 제19조를 준용함에 따라 무효등확인소송의 경우에도 예외적 재결주의가 적용된다는 **적용긍정설**과, ② 동법 제19조는 원처분주의만을 규정할 뿐 재결주의를 포함하지 않고 있고 무효인 처분에 대해서는 소제기의 특별한 제한이 없음을 이유로 재결주의의 적용을 부정하는 **적용부정설**이 대립된다.

### 3) 판례

대법원은 재결주의가 적용되었던 구 토지수용법상 수용재결에 대한 무효확인소송에서 "지방토지수용위원회의 수용재결에 대하여 불복이 있는 자는 중앙토지수용위원회에 이의신청을 하고 중앙토지수용위원회의 이의재결에도 불복이 있으면 수용재결이 아닌 이의재결을 대상으로 행정소송을 제기하도록 해석하는 것은 **토지수용에 관한 재결이 위법 부당함을 이유로 취소를 소구하는 경우에 한하는 것이고, 수용재결 자체가 당연무효라 하여 무효확인을 구하는 경우에까지 그와 같이 해석할 수는 없다.**"고 판시하여 재결주의가 무효등확인소송에는 준용되지 않는다고 본다.[12]

### 4) 검토

생각건대, 무효인 처분의 경우에는 그것이 처분에 해당한 특별한 제한 없이 다투도록 하게 하는 것이 행정소송의 입법취지임을 고려할 때 ②설(적용부정설)이 타당하다.

---

11) [대법원 1995.9.15. 95누6724] 노동위원회법 제19조의2 제1항의 규정은 행정처분의 성질을 가지는 지방노동위원회의 처분에 대하여 중앙노동위원장을 상대로 행정소송을 제기할 경우의 전치요건에 관한 규정이라 할 것이므로 당사자가 지방노동위원회의 처분에 대하여 불복하기 위하여는 처분 송달일로부터 10일 이내에 중앙노동위원회에 재심을 신청하고 중앙노동위원회의 재심판정서 송달일로부터 15일 이내에 중앙노동위원장을 피고로 하여 재심판정취소의 소를 제기하여야 할 것이다.

12) [대법원 1993.4.27. 92누15789] 행정처분이 무효인 경우에는 그 효력은 처음부터 당연히 발생하지 아니하는 것이어서 행정처분의 취소를 구하는 경우와는 달리 행정심판을 거치는 등의 절차나 그 제소기간에 구애받지 않고 그 무효확인을 구할 수 있는 것이고, 토지수용에 관한 중앙 또는 지방토지수용위원회의 수용재결이 그 성질에 있어 구체적으로 일정한 법률효과의 발생을 목적으로 하는 점에서 일반의 행정처분과 전혀 다를 바 없으므로, 수용재결처분(원처분)이 무효인 경우에는 그 재결 자체에 대한 무효확인을 소구할 수 있다고 보아야 할 것이다.

# V. 답안작성요령

## 1. 원처분과 재결이 동시에 존재하는 경우 소의 대상문제

▶ 부록: 답안작성요령 <사례논점 03> **1** 참조

## 2. 원처분과 재결이 동시에 존재하는 경우 재결에 대한 취소소송에서 수소법원의 판결형태문제

▶ 부록: 답안작성요령 <사례논점 03> **2** 참조

## 3. 지방노동위원회의 구제명령(원처분)에 대한 중앙노동위원회의 재심판정(재결)의 경우(재결주의)

▶ 부록: 답안작성요령 <사례논점 03> **3** 참조

---

**개념정리 처분이 변경된 경우의 경우 소의 대상**

| 구분 | | 학설 | | 판례 | 검토 |
|---|---|---|---|---|---|
| 개별법률에 특별한 규정이 있는 경우 | | 명문의 규정에 따름(부동산가격공시법 제13조) | | | |
| 행정심판의 재결에 의해 변경된 경우 | (형성)재결의 경우 | ① 수정된 원처분설<br>② 변경재결설<br>③ 절충설 | | 변경된 원처분설 | 변경된 원처분설 |
| | 처분명령재결의 경우 | [다수설]<br>① 원처분설<br>② 변경처분설<br>③ 변경된 원처분설 | [홍정선]<br>① 병존설<br>② 흡수설<br>③ 역흡수설 | | |
| 처분청의 직권에 의해 변경된 경우 (변경처분) | 경정처분 (금전부과처분의 경우) | ① 병존설<br>② 흡수설<br>③ 역흡수설 | | (1) 증액: 흡수설<br>(2) 감액: 역흡수설 | 병존설 타당 |
| | 변경처분 (금전부과처분 이외의 경우) | ① 변경처분설<br>② 변경된 당초처분설<br>③ 병존설<br>④ 당초처분설<br><br>[박균성] → 처분명령재결의 경우와 구별<br>① 변경처분설<br>② 변경된 당초처분설 | | (1) 당초처분의 내용을 실질적으로 변경하는 경우 → 변경처분설<br>(2) 당초처분의 유효를 전제로 일부를 추가·변경하는 경우 → 병존설 | 판례의 태도 타당 |

2016년도 제25회 공인노무사 시험

【문제 1】 A회사에 근무하는 근로자 甲은 사용자와의 임금인상에 관한 문제를 해결하고 근로조건의 개선을 도모하고자 A회사의 노동조합을 조직하고 관할시장 乙에게 설립신고서를 제출하였다. 이에 관할시장 乙은 A회사 노동조합설립신고서에는 'A회사로부터 해고되어 노동위원회에 부당노동행위의 구제신청을 하고 중앙노동위원회의 재심판정이 있기 전의 자'를 조합원으로 가입시킬 수 있다고 명시되어 있고, 이는 노동조합 및 노동관계조정법 제2조 제4호 라목의 근로자가 아닌 자의 가입을 허용하는 경우에 해당한다는 이유로 甲의 설립신고서를 반려하였다.

물음 2) 취소소송의 인용판결확정으로 A회사 노동조합은 적법하게 설립신고를 완료하였다. 이후 A회사 사용자는 임금인상을 요구하는 근로자 丙의 대하여 업무정지를 명하고, 수일 후에 해고를 명하였다. A노동조합은 이에 대해 관할 지방노동위원회에 구제신청을 하였다. 관할 지방노동위원회는 A회사에게 "丙을 원직에 복직시키고 업무정지 및 해고기간동안 정상적으로 근무해 왔다면 받을 수 있었던 임금상당액을 지급하라."는 구제명령을 내렸다. A회사는 丙에 대한 업무정지 및 해고는 정당하고 임금상당액도 지급할 의무가 없다는 취지로 중앙노동위원회에 재심을 신청하였다. 이에 대해 중앙노동위원회는 "해고는 부당노동행위에 해당하나, 업무정지는 부당노동행위에 해당하지 않으며, A회사는 해고기간 동안의 임금상당액만을 지급하라."는 재심판정을 하였다. 이 때 A회사가 취소소송을 제기하는 경우 취소소송의 대상은? (15점)

**한장 답안**

## Ⅰ. 문제의 소재(지방노동위원회의 구제명령과 중앙노동위원회의 재심판정이 모두 내려진 경우 이를 다투는 취소소송의 대상이 무엇인지와 관련하여 원처분주의와 재결주의를 살펴보고 근로기준법 제31조의 항고소송의 경우 재결주의가 적용되는지 문제된다.)

## Ⅱ. 원처분과 재결이 동시에 존재하는 경우 취소소송의 대상

### 1. 입법주의(원처분주의와 재결주의)

### 2. 현행 행정소송법의 태도

행정소송법 제19조의 입법취지상 원처분주의를 명문화하고 있음

## Ⅲ. 노동위원회의 구제명령의 경우

### 1. 근로기준법 제31조 제1항(노동위원회법 제27조 제1항)의 규정

### 2. 학설과 판례의 태도

대법원은 "당사자가 지방노동위원회의 처분에 대하여 불복하기 위하여는 처분 송달일로부터 10일 이내에 중앙노동위원회에 재심을 신청하고 중앙노동위원회의 재심판정서 송달일로부터 15일 이내에 중앙노동위원장을 피고로 재심판정취소의 소를 제기하여야 할 것이다(대법원 1995.9.15. 95누6762)." 고 판시하여 재결주의가 적용된다는 입장이다.

### 3. 소결

통설과 판례의 태도에 따라 근로기준법과 노동위원회법의 입법취지상 노동위원회의 구제명령의 경우에는 재결주의가 적용된다고 봄이 타당하다. 따라서 중앙노동위원회의 재심판정만이 취소소송의 대상이 된다.

## Ⅳ. 사안의 해결

이상의 검토에 따라 A회사는 중앙노동위원회위원장을 상대로 중앙노동위원회의 재심판정에 대해서 15일 이내에 취소소송을 제기하여야 할 것이다.

# 한장답안 기출문제 연습

【문제 2】 A회사의 근로자 甲은 노동조합을 설립하고자 노동조합 및 노동관계조정법 제10조에 따라 설립신고를 하였으나, 甲이 설립하는 노동조합은 경비의 주된 부분을 사용자로부터 원조받는 조직으로, 동법 제2조 제4호에 의해 노동조합으로 보지 아니하는 것이다. 그럼에도 불구하고 관할 행정청은 甲의 조합설립신고를 수리하였고, 이에 A회사는 甲의 조합은 무자격조합임을 이유로 신고수리에 대해 취소심판을 제기하였다. 다음 물음에 답하시오.

물음 2) 만약 A회사의 취소심판이 인용되어 취소명령재결이 행해진다면, 甲은 이러한 인용재결에 대해 취소소송으로 다툴 수 있는가? (25점)

**한장 답안**

**Ⅰ. 문제의 소재**(노동조합설립신고수리처분에 대하여 취소명령재결이 내려진 경우 甲이 원처분이 아닌 취소명령재결에 대해 취소소송을 제기할 수 있는지 여부가 행정소송법 제19조의 해석과 관련하여 문제된다.)

**Ⅱ. 원처분과 재결이 동시에 존재하는 경우 취소소송의 대상**

　**1. 입법주의(원처분주의와 재결주의)**

　**2. 현행 행정소송법의 태도**

　　행정소송법 제19조의 입법취지상 원처분주의를 명문화하고 있음

　**3. "재결자체의 고유한 위법"의 의미**

　**4. "재결자체의 고유한 위법"에 재결에 내용상 하자도 포함되는지 여부**

　　(1) 문제점

　　(2) 학설: ① 긍정설, ② 부정설

　　(3) 판례

　　(4) 검토

　　　재결의 내용상 하자도 "재결자체의 고유한 위법"에 해당된다.

**Ⅲ. 사안의 경우 취소명령재결을 취소소송의 대상으로 삼을 수 있는지 여부**

　**1. 복효적 행정처분에 대한 인용재결의 경우 재결자체의 고유한 위법의 인정 여부**

　　(1) 문제점

　　(2) 학설

　　　① 재결자체의 고유한 위법을 인정하는 견해(제19조 단서 취소소송설)

　　　② 재결자체의 고유한 위법에 해당하지 않는다는 견해(제19조 본문 취소소송설)

　　(3) 판례

　　(4) 검토

　　　노동조합설립신고수리처분은 복효적 행정처분으로서 인용재결에 의해 비로소 권리를 침해당하는 자는 "재결자체의 고유한 위법"에 해당된다고 보아 이에 대해 취소소송을 제기할 수 있게 함이 타당하다.

　**2. 명령재결의 경우 취소소송의 대상**

　　(1) 문제점

　　(2) 학설

　　(3) 판례

　　(4) 검토

**Ⅳ. 사안의 해결**

　복효적 행정처분에 대한 인용재결로서 "재결자체의 고유한 위법"이 인정되고 명령재결의 경우 명령재결(취소명령재결)과 그에 따른 후속처분(취소처분) 모두 소의 대상이 되므로 甲은 명령재결에 대해서도 취소소송을 제기할 수 있다.

**대표 기출문제**

**【1997년도 제6회 공인노무사/ 논술형 – 50점】**

취소소송에 있어서의 원고적격을 논하라

▶ 부록: 답안작성요령 <사례논점 04> **1** 참조

**【2004년도 제13회 공인노무사/ 논술형 – 50점】**

행정소송법 제12조 제1항상의 "법률상 이익 있는 자"에 대하여 논하라.

**【2013년도 제22회 공인노무사/ 사례형 – 50점】**

甲은 乙이 대표이사로 있는 A운수주식회사에서 운전기사로 근무하고 있는데, A회사의 노사 간에 체결된 임금협정에는 운전기사의 법령위반행위로 회사에 과징금이 부과되면 추후에 당해 운전기사에 대한 상여금 지급 시 그 과징금 상당액을 공제하는 내용이 포함되어 있다. 다음 물음에 답하시오.

(1) 甲의 법령위반행위로 인해 A회사에 과징금이 부과된 경우, A회사에 갈음하여 대표이사인 乙이 스스로 과징금부과처분에 대한 취소소송을 제기하다면 이 소송은 적법한가? 또한 乙이 甲의 법령위반행위로 인한 과징금의 액수가 과다하지만 그 액수만큼 甲의 상여금에서 공제할 수 있어 회사에 실질적인 손해가 없다고 생각하여 과징금부과처분에 대한 취소소송의 제기에 적극적인 태도를 보이지 않는 경우, 甲이 당해 과징금부과처분에 대한 취소소송을 제기한다면 이 소송은 적법한가? (30점)

▶ 답안연습: 한장답안 기출문제 연습 【문제 2】 참조

**【2016년도 제25회 공인노무사/ 약술형 – 25점】**

취소소송에서 원고적격의 확대와 관련하여 이른바 제3자효 행정행위의 원고적격에 대해 설명하시오.

**【2022년도 제31회 공인노무사/ 사례형 – 50점】**

채석업자 丙은 P산지(山地)에서 토석채취를 하기 위하여 관할행정청 군수 乙에게 토석채취허가신청을 하였다. 乙은 丙의 신청서류를 검토한 후 적정하다고 판단하여 토석채취허가(이하 '이 사건 처분'이라 한다.)를 하였다. 한편, P산지 내에는 과수원을 운영하여 거기에서 재배된 과일로 만든 잼 등을 제조·판매하는 영농법인 甲이 있는데, 그곳에서 제조하는 잼 등은 청정지역에서 재배하여 품질 좋은 제품이라는 명성을 얻어 인기리에 판매되고 있다. 그런데, 甲은 과수원 인근에서 토석채취가 이루어지면 비산먼지 등으로 인하여 과수원에 악영향을 미친다고 판단하여, 이 사건 처분의 취소를 구하는 소를 제기하였다. 다음 물음에 답하시오.

(1) 위 취소소송에서 甲의 원고적격은 인정될 수 있는가? (20점)

**【2023년도 제32회 공인노무사/ 사례형 – 25점】**

A시에서 여객자동차운송사업을 하고 있는 甲은 운송사업 중 일부 노선을 같은 지역 여객자동차운송사업자인 乙에게 양도하였고, A시의 시장 X는 위 양도·양수를 인가하였다. 이 노선에는 甲 이외에도 여객자동차운송사업자 丙이 일부 중복된 구간을 운영하고 있으며, 위 인가처분으로 해당 구간의 사업자는 甲, 乙, 丙으로 증가한다. 이에 丙은 기존의 경쟁 사업자 외에 乙이 동일한 운행경로를 포함한 운행계통을 가지게 되어 그 중복운행구간의 연고 있는 사업자 수가 증가하고, 그 결과 향후 운행횟수 증회, 운행계통 신설 및 변경 등에 있어 장래 기대이익이 줄어들 것을 우려한다. 그런데 위 인가처분으로 인해 甲이 운행하던 일부 노선에 관한 운행계통, 차량 및 부대시설 등이 일체로 乙에게 양도된 것이어서, 이로 인하여 종전 노선 및 운행계통이나 그에 따른 차량수 및 운행횟수 등에 변동이 있는 것은 아니다. 丙이 위 인가처분의 취소를 구하는 소송을 제기할 경우, 원고적격이 인정되는가? (25점)

▶ 답안연습: 한장답안 기출문제 연습【문제 1】참조

〈목 차〉

# Ⅰ. 원고적격 일반론

행정소송법 제12조(원고적격)
취소소송은 처분등의 취소를 구할 법률상 이익이 있는 자가 제기할 수 있다.

## 논점 12 　취소소송의 원고적격 ★★

### 1. 원고적격의 의의와 취지

#### (1) 의의

원고적격이란 "**취소소송을 제기할 수 있는 법률상 자격 및 권한**"을 말한다(소의 규범적·주관적·구체적 허용가능성).

#### (2) 법적 근거

행정소송법 제12조 전문에서 "법률상 이익"으로 규정하고 있다.

#### (3) 제도의 취지

**남소의 방지**를 위해 인정된 소송요건이다.

### 2. 원고적격의 인정범위("법률상 이익"의 범위)

#### (1) 법률상 이익에서 "법률"의 범위

##### 1) 학설

이에 대해 학설은 ① **당해 처분의 근거가 되는 법률의 규정과 취지만을 고려해야 한다는 견해**, ② **근거법률의 규정과 취지 이외에도 관련법령의 취지를 아울러 고려해야 한다는 견해**, ③ **근거 법률의 규정과 취지, 관련법령의 취지 이외에도 헌법상의 기본권규정도 고려해야 한다는 견해**가 대립된다.

##### 2) 판례의 태도

대법원은 "법률상 이익이란 당해 처분의 근거법규(관련 법규를 포함한다) 및 일련의 단계적인 근거법규에 의해 명시적으로 또는 합리적 해석상 보호되는 이익을 포함한다."라고 하여 **관련법규까지 고려하고 있다**(대법원 2005.5.12. 2004두14229). 반면 헌법재판소는 "청구인의 기본권인 경쟁의 자유가 바로 행정청의 지정행위의 취소를 구할 법률상 이익이 된다."고 판시하여 **헌법상 기본권규정도 고려하는 입장이다**(헌법재판소 1998.4.30. 97헌마14).

##### 3) 검토

오늘날 원고적격의 확대화경향과 기본권보장국가의 중요성이 강조되는 바, 헌법상 기본권규정까지도 고려하는 견해(③설)가 타당하다고 생각된다.

## (2) 법률상 이익에서 "이익"의 판단(권·법·보·적)

### 1) 학설

① 권리회복설

권리를 침해당한 자만이 소를 제기할 수 있는 법률상 자격이 있다는 견해이다.

② 법률상 보호이익구제설

"처분의 근거법규 및 관련법규의 목적론적 해석에 따라 보호되는 **개별·직접·구체적인 이익**"을 갖는 자만이 소를 제기할 수 있다는 견해이다.

③ 보호가치있는 이익구제설

권리 내지 법률상 이익을 침해받은 자와 "**실질적으로 보호할 가치가 있는 이익**"을 갖는 자도 소를 제기할 수 있다는 견해이다.

④ 적법성보장설

"**당해 처분을 다툼에 있어 가장 적합한 이해관계를 가진 자**"에게 원고적격을 인정해야 한다는 견해이다.

### 2) 판례

대법원은 "당해처분의 근거법규(관련법규를 포함) 및 일련의 단계적인 근거법규에 의해 **명시적으로 보호받는 이익 및 근거법규 및 관련법규의 합리적 해석상 보호되는 개별·직접·구체적 이익**"으로 판단하고 있다.

### 3) 검토

취소소송을 주관소송으로 규정한 현행 행정소송법의 태도와 의회민주주의의 원칙상 "**법률상 보호이익구제설**"의 입장이 타당하다.

## 3. 사안의 검토(이하 특수쟁점)

---

# Ⅱ. 1유형(방어소송)의 원고적격

## 1. 불이익처분의 직접상대방의 경우

### (1) 직접상대방이론(원고적격의 인정)

불이익처분의 직접상대방은 관련법률의 사익보호성 여부에 대해 따질 필요가 없이, **헌법상 보장된 자유권적 기본권의 침해를 이유로 바로 취소소송의 원고적격을 갖는다**(이른바 직접상대방이론; Adressentheorie).

### (2) 판례

대법원은 "불이익처분의 상대방은 직접 개인적 이익의 침해를 받은 자로서 원고적격이 인정된다."고 하여 상대방이론을 받아들이고 있는 것으로 평가된다(정하중).

## 2. 불이익처분의 제3자 소송

### (1) 공동의 이해관계인(일반처분)의 경우

#### 1) 문제점

일반처분의 경우 공동의 이해관계인 중 1인이 제기한 소송의 경우 원고적격의 인정 여부가 문제된다.

#### 2) 원고적격의 인정 여부

① 대인적 일반처분의 경우 일반적으로 원고적격이 긍정되며, ② 대물적 일반처분의 경우에는 일반적으로 원고적격이 부정된다.

3) 판례

대법원은 ① 대인적 일반처분에 해당하는 **"약제상한금액고시"**와 **"청소년유해매체물결정고시"**에 대해 공동의 상대방 중 1인이 제기한 취소소송의 원고적격을 인정한 바 있고, ② 대물적 일반처분에 해당하는 **"지방경찰청장의 횡단보도설치행위"**에 대해 지하상가주민이 이를 취소소송을 제기한 경우와 사도폐지허가처분·국유도로의 공용폐지처분[13]에 대해 인근주민이 무효확인소송 및 취소소송을 제기한 경우에는 원고적격을 인정하지 않은 바 있다.

## (2) 부수적(간접적) 이해관계인의 경우

1) 문제점

주된 법적 지위를 갖는 자를 대신하여 불이익처분의 부차적 법적 지위에 있는 자가 소를 제기할 원고적격을 갖는지 여부가 문제된다.

2) 원고적격의 인정 여부

대법원은 ① 원칙적으로 **"사실상·간접적·경제적 이해관계인에 불과하므로 법률상 이익을 인정할 수 없다."**고 하여 원고적격을 인정하지 아니하지만, ② 예외적으로 **"채석허가취소처분에 대하여 수허가자의 지위를 양수한 자가 다툰 경우"**에는 원고적격을 인정한 바 있다.

---

**참조판례**  **채석허가취소처분취소소송사건**

【사실관계】 채석장 운영권을 양수하여 운영하려는 자(원고 甲)가 명의변경신고를 하지 않은 상황에서, 채석장을 양도하기로 한 수허가자인 양도인(소외인 乙)에게 채석허가 취소처분이 내려지자 이에 대해 甲이 이를 취소소송으로 다툰 사건

【판결요지】 산림법 제90조의2 제1항, 제118조 제1항, 같은 법 시행규칙 제95조의2 등 산림법령이 수허가자의 명의변경제도를 두고 있는 취지는, 채석허가가 일반적·상대적 금지를 해제하여 줌으로써 채석행위를 자유롭게 할 수 있는 자유를 회복시켜 주는 것일 뿐 권리를 설정하는 것이 아니어서 관할행정청과의 관계에서 수허가자의 지위의 승계를 직접 주장할 수는 없다 하더라도, 채석허가가 대물적 허가의 성질을 아울러 가지고 있고 수허가자의 지위가 사실상 양도·양수되는 점을 고려하여 수허가자의 지위를 사실상 양수한 양수인의 이익을 보호하고자 하는 데 있는 것으로 해석되므로, **수허가자의 지위를 양수받아 명의변경신고를 할 수 있는 양수인의 지위는 단순한 반사적 이익이나 사실상의 이익이 아니라 산림법령에 의하여 보호되는 직접적이고 구체적인 이익으로서 법률상 이익이라고 할 것이고**, 채석허가가 유효하게 존속하고 있다는 것이 양수인의 명의변경신고의 전제가 된다는 의미에서 관할행정청이 양도인에 대하여 채석허가를 취소하는 처분을 하였다면 이는 양수인의 지위에 대한 직접적 침해가 된다고 할 것이므로 양수인은 채석허가를 취소하는 처분의 취소를 구할 법률상 이익을 가진다(대법원 2003.7.11. 2001두6289).

---

## (3) 단체에 대한 불이익처분의 경우

1) 문제점

단체에 대한 침익적 처분을 구성원이 취소소송을 통해 다툴 원고적격을 갖는지 여부가 문제된다.[14]

2) 원고적격의 인정 여부

대법원은 ① 원칙적으로 대표이사가 이를 다투지 않는 한 단체의 구성원의 지위는 **"간접적·사실적·경제적 이해관계인"**으로서 원고적격이 부정된다고 보았고, ② 예외적으로 **"구성원인 주주의 지위에 중대한 영향을 초래함에도 불구하고 처분의 성질상 법인이 이를 다툴 것을 기대할 수 없고 주주의 지위를 구제할 다른 방법이 없을 경우"**에는 원고적격을 인정해야 한다고 본다.

---

13) [대법원 1992.9.22. 91누13212] 일반적으로 도로는 국가나 지방자치단체가 직접 공중의 통행에 제공하는 것으로서 일반국민은 이를 자유로이 이용할 수 있는 것이기는 하나, 그렇다고 하여 그 이용관계로부터 당연히 그 도로에 관하여 특정한 권리나 법령에 의하여 보호되는 이익이 개인에게 부여되는 것이라고까지는 말할 수 없으므로, 일반적인 시민생활에 있어 도로를 이용만 하는 사람은 그 용도폐지를 다툴 법률상의 이익이 있다고 말할 수 없다.

14) [대법원 1971.3.23. 70누164] 대법원은 이와는 반대로 단체의 구성원에 대한 처분을 법인이 직접 다투는 경우 "직접적이고 구체적인 법률상 이해관계를 갖는 자"에 해당되지 않아 원고적격을 부정해야 한다고 본다.

**대한생명보험 주식회사 사건**

**【사실관계】** 대한생명보험 주식회사의 주주가 금융감독위원회가 행한 ① 회사에 대한 부실금융기관결정, ② 예금보험공사가 신주를 인수하도록 하는 증자명령, ③ 기존 주식 전부를 무상 소각하는 감자명령을 취소소송으로 다툰 사건

**【판결요지】** [1] 일반적으로 법인의 주주는 당해 법인에 대한 행정처분에 관하여 사실상이나 간접적인 이해관계를 가질 뿐이어서 스스로 그 처분의 취소를 구할 원고적격이 없는 것이 원칙이라고 할 것이지만, 그 처분으로 인하여 궁극적으로 주식이 소각되거나 주주의 법인에 대한 권리가 소멸하는 등 주주의 지위에 중대한 영향을 초래하게 되는데도 그 처분의 성질상 당해 법인이 이를 다툴 것을 기대할 수 없고 달리 주주의 지위를 보전할 구제방법이 없는 경우에는 주주도 그 처분에 관하여 직접적이고 구체적인 법률상 이해관계를 가진다고 보아 그 취소를 구할 원고적격이 있다고 하여야 할 것이다.

[2] 이 사건 각 처분의 효력을 배제시키지 않고서는 이 사건 각 처분을 그대로 실행에 옮긴 위 신주발행 및 기존 주식 무상소각의 효력을 다툴 수 없으며 달리 구제방법을 찾을 수도 없으므로, 원고 회사의 주주들이었던 원고 등에게도 그 취소를 구할 원고적격이 인정되어야 한다(대법원 2004.12.23. 2000두2648).

## Ⅲ. 제3유형(제3자적 방어소송)의 경우(복효적 행정행위의 경우)

### 1. 인인소송(이웃소송)의 경우(환경소송)

**대표 기출문제**

**【2007년도 제48회 사법시험/ 사례형 50점】**
산업자원부장관은 중·저준위방사성폐기물 처분시설(이하 '처분시설'이라 한다)이 설치될 지역을 관할하는 지방자치단체의 지역(이하 '유치지역'이라 한다)에 대한 지원계획 및 유치지역지원시행 계획을 수립한 후 처분시설의 유치지역을 선정하고자 하였다. 이에 A시와 A시로부터 20킬로미터 밖에 위치한 B군, C군 등 3개 지역이 처분시설의 유치를 신청하였다. 산업자원부장관은 B군과 C군에 대하여는 중·저준위방사성폐기물 처분시설의 유치지역지원에 관한 특별법 제7조 제3항에 따른 설명회를 개최하였으나 A시에 대하여는 주민반대를 이유로 설명회나 토론회를 개최하지 아니하였다. 그 뒤 위 3개 지역에 대하여 주민투표를 실시한 결과 A시가 81.35%, B군이 55.24%, C군이 61.17%의 찬성을 얻게 되자 산업자원부장관은 자문을 거쳐 A시를 최종 유치지역으로 선정하였다.
(2) 유치지역선정에 반대하는 A시 주민 甲과 B군 주민 乙이 유치지역선정의 위법성을 소송상 다투고자 하는 경우 원고적격이 인정되는가? (15점)

**(1) 의의**
인인소송이란 "특정주민에 대한 수익적 처분이 이웃하는 주민에게 불이익하게 되는 경우 그 인근주민이 다투는 소송"을 말한다.

**(2) 처분의 근거법령이 공익만을 보호하고 있는 경우**(기본권에 근거한 원고적격의 인정 여부)

**논점 13** **기본권에 근거한 원고적격 ★★**

**1) 문제점**
처분의 근거법규가 오로지 객관적 공익만을 보호할 뿐 청구인의 사익을 보호하고 있지 않은 경우, 과연 헌법상 기본권에 근거하여 인근주민의 원고적격이 인정될 수 있는지에 대해 견해가 대립된다.

## 2) 학설

### ① 긍정설

다수설은 ㉠ 처분의 근거법규가 오로지 공익만을 보호하고 있어 근거법규에 의해 원고적격이 인정될 수 없음에도, ㉡ 개인의 기본권을 중대하게 침해하고 있는 경우에는 헌법 제12조(신체의 자유)에 근거하여 원고적격을 인정할 수 있다[15]고 본다.

### ② 부정설

헌법상 기본권은 "법률의 적용우위"에 따라 구체적 사건에 직접적용될 수 없음을 이유로 헌법에 근거하여 원고적격을 도출할 수는 없다고 보는 견해이다.

## 3) 판례

대법원은 새만금사건에서 "헌법상의 환경권에 근거하여 환경영향평가 대상지 밖의 주민은 공유수면매립 면허처분과 농지개량사업 시행인가처분의 무효확인을 구할 원고적격이 없다."고 판시한 바 있다.

## 4) 검토

헌법의 보충성원칙을 준수하면서도 국민의 기본권보장에 충실한 긍정설의 견해가 타당하다.

## (3) 처분의 근거법령이 공익뿐만 아니라 사익도 보호하고 있는 경우

### 1) 학설

근거법령이 보호하는 사익에 이웃주민의 환경·주거상 이익을 보호하는 경우에만 이웃주민의 원고적격을 인정해야 한다고 본다.

### 2) 판례

① 처분의 직접근거법령으로 한정하는 경우 → 건축법상 건축허가, 식품위생법상 영업허가 등

---

**참조판례** **청주시 연탄공장 사건**

【사실관계】 구 도시계획법상 주거지역으로 지정된 지역 안에는 구 도시계획법 제17조와 구 건축법 제32조 제1항에 따라 "원동기를 사용하는 일정규모의 공장"의 건축이 금지되어 있었다. 그럼에도 불구하고 이 주거지역 안에 위 기준을 초과하는 연탄공장건축이 허가되어 위 공장이 가동되자 공장과 불과 70cm 거리를 둔 주택에 사는 주민 甲은 일상적 대화에 지장이 있을 정도의 소음과 진동으로 피해를 입자, 甲이 위 건축허가처분의 취소를 구하는 소송을 제기한 사건

【판결요지】 주거지역 안에서는 도시계획법 제19조 제1항과 개정 전 건축법 제32조 제1항에 의하여 공익상 부득이하다고 인정될 경우를 제외하고는 거주의 안녕과 건전한 생활환경의 보호를 해치는 모든 건축이 금지되고 있을 뿐 아니라, … 이 법률들이 주거지역 내에서의 일정한 건축을 금지하고 또는 제한하고 있는 것은 도시계획법과 건축법이 추구하는 공공복리의 증진을 도모하고자 하는데 그 목적이 있는 동시에 한편으로는 주거지역 내에 거주하는 사람의 주거의 안녕과 생활환경을 보호하고자 하는데도 그 목적이 있는 것으로 해석된다. … 주거지역 내에 위 법조 소정 제한면적을 초과한 연탄공장 건축허가처분으로 불이익을 받고 있는 제3거주자는 비록 당해 행정처분의 상대자가 아니라 하더라도 그 행정처분으로 말미암아 위와 같은 법률에 의하여 보호되는 이익을 침해받고 있다면 당해 행정처분의 취소를 소구하여 그 당부의 판단을 받을 법률상의 자격이 있다(대법원 1975.5.13. 73누96).

---

15) 이에 대해 원용되는 기본권은 방어적 기본권인 자유권적 기본권이어야 한다는 것이 독일연방헌법재판소의 입장이나, 일본최고재판소는 헌법 제12조(신체의 자유)와 헌법 제35조(환경권)의 결합에 의해 원고적격이 인정될 수 있다는 입장이다.

② 관련실체법령으로 확대하여 인정한 경우 → 당감동화장장설치에 관한 도시계획처분사건

**당감동 화장장설치 사건**

【사실관계】 부산시 당감동 일대의 당감동 공설화장장이 폐쇄되어, 화장장 설치가 금지된 묘지공원에 화장장을 설치할 수 있게 하는 도시계획결정이 이루어지자 이에 대해 그 지역 부근주민들이 도시계획결정에 대해 취소소송을 제기한 사건

【판결요지】 도시계획법 제12조 제3항의 위임에 따라 제정된 도시계획시설기준에관한규칙 제125조 제1항이 화장장의 구조 및 설치에 관하여는 매장및묘지등에관한법률(현 장사등에관한법률)이 정하는 바에 의한다고 규정하고 있어, **도시계획의 내용이 화장장의 설치에 관한 것일 때에는 도시계획법 제12조뿐만 아니라 매장및묘지등에관한법률 및 같은법시행령 역시 그 근거법률이 된다고 보아야 할 것**이므로, 같은법시행령 제4조 제2호가 공설화장장은 20호 이상의 인가가 밀집한 지역, 학교 또는 공중이 수시 집합하는 시설 또는 장소로부터 1,000m 이상 떨어진 곳에 설치하도록 제한을 가하고, 같은법시행령 제9조가 국민보건상 위해를 끼칠 우려가 있는 지역, 도시계획법 제17조의 규정에 의한 주거지역, 상업지역, 공업지역 및 녹지지역 안의 풍치지구 등에의 공설화장장 설치를 금지함에 의하여 보호되는 부근 주민들의 이익은 위 도시계획결정처분의 근거법률에 의하여 보호되는 법률상 이익이다(대법원 1995.9.26. 94누14544).

③ (관련)절차법규(환경영향평가법)로의 확대

> **환경영향평가법 제1조(목적)**
> 이 법은 환경영향평가 대상사업의 사업계획을 수립·시행할 때 미리 그 사업이 환경에 미칠 영향을 평가·검토하여 친환경적이고 지속가능한 개발이 되도록 함으로써 쾌적하고 안전한 국민생활을 도모함을 목적으로 한다.
>
> **제14조(의견수렴 및 평가서초안의 작성)**
> ① 사업자는 평가서를 작성하려는 때에는 대통령령으로 정하는 바에 따라 설명회나 공청회 등을 개최하여 환경영향평가 대상사업의 시행으로 영향을 받게 되는 지역 주민(이하 "주민"이라 한다)의 의견을 듣고 이를 평가서의 내용에 포함시켜야 한다. 이 경우 대통령령으로 정하는 범위의 주민의 요구가 있으면 공청회를 개최하여야 한다.

㉠ 대법원은 새만금사건에서 환경영향평가법상 **환경영향평가대상지역 안의 주민과 대상지역 밖의 주민을 구별**하여 "ⓐ 환경영향평가대상지역안의 주민은 환경상 이익침해우려가 사실상 추정되어 별도의 입증 없이도 법률상 이익 긍정되나, ⓑ 대상지역 밖의 주민들은 전과 비교하여 수인한도를 넘는 환경침해 또는 우려를 입증하여야 법률상 이익을 긍정할 수 있다."고 판시하였다.

㉡ 최근 대법원판례에서는 **환경영향평가대상지역 안의 토지를 이용하는 자**의 원고적격과 관련하여 "**환경상 이익에 대한 침해 또는 침해 우려가 있는 것으로 사실상 추정되어 원고적격이 인정되는 사람**에는 ⓐ 환경상 침해를 받으리라고 예상되는 영향권 내의 주민들을 비롯하여, ⓑ 그 영향권 내에서 농작물을 경작하는 등 현실적으로 환경상 이익을 향유하는 사람도 포함된다. 그러나 ⓒ 단지 그 영향권 내의 건물·토지를 소유(환경영향평가대상지역 내의 토지를 소유할 뿐 방목지로서 사용하는 자)하거나, ⓓ 환경상 이익을 일시적으로 향유하는 데 그치는 사람(환경영향평가대상지역의 토지에서 무와 더덕을 식재하는 자)은 포함되지 않는다."고 판시하고 있다.

**개발사업승인취소 사건**

【사실관계】 제주특별자치도지사의 개발사업시행승인처분(풍력발전단지)에 대하여 환경영향평가대상지역 안에 있는 토지에 거주하는 주민 甲과 대상토지에서 방목과 무와 더덕을 식재하는 대상지역 밖의 주민 乙이 이에 대해 취소소송을 청구한 사건

【판결요지】 행정처분의 직접 상대방이 아닌 자로서 그 처분에 의하여 자신의 환경상 이익이 침해받거나 침해받을 우려가 있다는 이유로 취소나 무효확인을 구하는 제3자는, 자신의 환경상 이익이 그 처분의 근거 법규 또는 관련 법규에 의하여 개별적·직접적·구체적으로 보호되는 이익, 즉 법률상 보호되는 이익임을 입증하여야 원고적격이 인정된다고 할 것이며, 다만,

그 행정처분의 근거 법규 또는 관련 법규에 그 처분으로써 이루어지는 행위 등 사업으로 인하여 환경상 침해를 받으리라고 예상되는 영향권의 범위가 구체적으로 규정되어 있는 경우에는, 그 영향권 내의 주민들에 대하여는 당해 처분으로 인하여 직접적이고 중대한 환경피해를 입으리라고 예상할 수 있고, 이와 같은 환경상의 이익은 주민 개개인에 대하여 개별적으로 보호되는 직접적·구체적 이익으로서 그들에 대하여는 특단의 사정이 없는 한 환경상 이익에 대한 침해 또는 침해 우려가 있는 것으로 사실상 추정되어 법률상 보호되는 이익으로 인정됨으로써 원고적격이 인정된다고 할 것이며, 그 영향권 밖의 주민들은 당해 처분으로 인하여 그 처분 전과 비교하여 수인한도를 넘는 환경피해를 받거나 받을 우려가 있다는 자신의 환경상 이익에 대한 침해 또는 침해 우려가 있음을 입증하여야만 법률상 보호되는 이익으로 인정되어 원고적격이 인정된다고 볼 것이다. 그리고 환경상 이익에 대한 침해 또는 침해 우려가 있는 것으로 사실상 추정되어 원고적격이 인정되는 자는 환경상 침해를 받으리라고 예상되는 영향권 내의 주민들을 비롯하여 그 영향권 내에서 농작물을 경작하는 등 현실적으로 환경상 이익을 향유하는 자도 포함된다고 할 것이나, 단지 그 영향권 내의 건물·토지를 소유하거나 환경상 이익을 일시적으로 향유하는 데 그치는 자는 포함되지 않는다고 할 것이다(대법원 2009.9.24. 2009두2825).

④ 환경영향평가대상지역 안의 취수장으로부터 대상지역 밖에서 수돗물을 공급받는 주민의 원고적격을 인정한 예

**참조판례** 김해시 공장설립승인처분취소 사건

【사실관계】 甲을 비롯한 주식회사 등 4개 업체는 각각 피고인 김해시장에게 김해시 일대의 토지를 대상부지로 하는 공장설립 승인신청을 하여, 공장설립승인신청을 승인하였다. 그런데 위 공장입지 내에 위치하는 수돗물 취수장으로부터 수돗물을 공급받고 있는 부산시 및 양산시에 거주하는 주민이 원고적격을 갖는 지 여부가 문제된 사안

【판결요지】 [1] 공장설립승인처분의 근거 법규 및 관련 법규인 구 산업집적활성화 및 공장설립에 관한 법률(2006.3.3. 법률 제7861호로 개정되기 전의 것) 제8조 제4호가 산업자원부장관으로 하여금 관계 중앙행정기관의 장과 협의하여 '환경오염을 일으킬 수 있는 공장의 입지제한에 관한 사항'을 정하여 고시하도록 규정하고 있고, 이에 따른 산업자원부 장관의 공장입지기준고시(제2004-98호) 제5조 제1호가 '상수원 등 용수이용에 현저한 영향을 미치는 지역의 상류'를 환경오염을 일으킬 수 있는 공장의 입지제한지역으로 정할 수 있다고 규정하고, 국토의 계획 및 이용에 관한 법률 제58조 제3항의 위임에 따른 구 국토의 계획 및 이용에 관한 법률 시행령(2006.8.17. 대통령령 제19647호로 개정되기 전의 것) 제56조 제1항 [별표 1] 제1호 라목 (2)가 '개발행위로 인하여 당해 지역 및 그 주변 지역에 수질오염에 의한 환경오염이 발생할 우려가 없을 것'을 개발사업의 허가기준으로 규정하고 있는 취지는, 공장설립승인처분과 그 후속절차에 따라 공장이 설립되어 가동됨으로써 그 배출수 등으로 인한 수질오염 등으로 직접적이고도 중대한 환경상 피해를 입을 것으로 예상되는 주민들이 환경상 침해를 받지 아니한 채 물을 마시거나 용수를 이용하며 쾌적하고 안전하게 생활할 수 있는 개별적 이익까지도 구체적·직접적으로 보호하려는 데 있다. 따라서 수돗물을 공급받아 이를 마시거나 이용하는 주민들로서는 위 근거 법규 및 관련 법규가 환경상 이익의 침해를 받지 않은 채 깨끗한 수돗물을 마시거나 이용할 수 있는 자신들의 생활환경상의 개별적 이익을 직접적·구체적으로 보호하고 있음을 증명하여 원고적격을 인정받을 수 있다.
[2] 김해시장이 소감천을 통해 낙동강에 합류하는 하천수 주변의 토지에 구 산업집적활성화 및 공장설립에 관한 법률 제13조에 따라 공장설립을 승인하는 처분을 한 사안에서, 상수원인 물금취수장이 소감천이 흘러 내려 낙동강 본류와 합류하는 지점 근처에 위치하고 있는 점, 수돗물은 수도관 등 급수시설에 의해 공급되는 것이어서 거주지역이 물금취수장으로부터 다소 떨어진 곳이라고 하더라도 수돗물의 수질악화 등으로 주민들이 갖게 되는 환경상 이익의 침해나 그 우려는 그 수돗물을 공급하는 취수시설이 입게 되는 수질오염 등의 피해나 그 우려와 동일하게 평가될 수 있는 점 등에 비추어, 공장설립으로 수질오염 등이 발생할 우려가 있는 물금취수장에서 취수된 물을 공급받는 부산광역시 또는 양산시에 거주하는 주민들도 위 처분의 근거 법규 및 관련 법규에 의하여 개별적·구체적·직접적으로 보호되는 환경상 이익, 즉 법률상 보호되는 이익이 침해되거나 침해될 우려가 있는 주민으로서 원고적격이 인정된다.

## 2. 경쟁자소송 중 경업자소송의 경우[16] (경쟁자소송의 제1범주 – 경쟁자진입방법소송)

**대표 기출문제**

> **【1998년도 제40회 사법시험/ 사례형 – 50점】**
> 甲은 A시와 B시 간의 시외버스 운송사업을 하면서 그럭저럭 수지를 맞추고 있었다. 그런데 관할행정청은 乙에게 동일한 구간에 대해서 새로운 운송사업면허를 부여하였다.
> (1) 甲은 이에 대하여 행정소송을 제기하였는데 이 경우 법원은 어떠한 결정을 내려야 하는가.

### 논점 14  경업자소송에서의 원고적격 ★★

**(1) 의의**

경업자소송이란 "일정한 시장의 새로운 진입을 허용하는 신규면허에 대해 추가적 경쟁을 부담하게 되는 기존업자가 이러한 신규면허에 대해 제기하는 소송"을 말한다.

**(2) 원고적격의 판단기준**

이 경우 기존업자의 원고적격의 인정 여부는 기존업자가 누리는 영업상 이익이 근거법률에 의해 ① **법적으로** ② **독점적으로 보호되는 이익**인가에 따라 판단된다. 즉, ㉠ 독점적 보호이익이 아닌 **허가기업에 있어서는 기존업자의 이익은 반사적 이익**이며, ㉡ 독점적 경영권이 보장되는 **특허기업에 있어서는 법률상 이익**이 된다.

**(3) 판례**

대법원도 ① 강학상 허가에 해당하는 "**공중목욕장영업허가취소**(63누101), **물품수입허가에 대한 제조판매업자**(69누91), **식품제조업영업허가취소**(87누119), **석유판매업허가처분취소**(91누3079)." 등에서는 반사적 이익으로 보아 원고적격을 부인하였고, ② 강학상 특허에 해당하는 "**광업권설정에 대한 기존 광업권자의 취소소송, 선박운항사업면허처분, 직행버스정류장설치인가처분, 노선연장인가처분**" 등에 대해서는 "**법률상 이익**"으로 보아 원고적격을 긍정한 바 있다.

---

**참조판례** 담배소매인지정처분취소소송사건

**【사실관계】** 원고 甲이 기존에 군산시일대에서 담배 일반소매인 영업을 영위하여 왔고 이 사건 피고인 군산시장이 신규업자인 乙에 대하여 구 담배사업법령에서 정한 거리제한규정을 위배하여 새로운 담배 일반소매인 지정처분을 하자 이를 甲이 취소소송으로 다툰 사건

**【판결요지】** 구 담배사업법(2007.7.19. 법률 제8518호로 개정되기 전의 것)과 그 시행령 및 시행규칙의 관계규정을 종합해 보면, 담배 일반소매인의 지정기준으로서 일반소매인의 영업소 간에 일정한 거리제한을 두고 있는 것은 담배유통구조의 확립을 통하여 국민의 건강과 관련되고 국가 등의 주요 세원이 되는 담배산업 전반의 건전한 발전 도모 및 국민경제에의 이바지라는 공익목적을 달성하고자 함과 동시에 일반소매인 간의 과당경쟁으로 인한 불합리한 경영을 방지함으로써 일반소매인의 경영상 이익을 보호하는 데에도 그 목적이 있다고 보이므로, 일반소매인으로 지정되어 영업을 하고 있는 기존업자의 신규 일반소매인에 대한 이익은 단순한 사실상의 반사적 이익이 아니라 법률상 보호되는 이익이라고 해석함이 상당하다(대법원 2008.3.27. 2007두23811).

---

16) 이하의 내용은 독일의 경쟁자소송의 분류체계에 따라 그 유형을 4범주로 나누어 검토하는 이원우, "현대 행정법관계의 구조적 변화와 경쟁자소송의 요건", 경쟁법연구 제7권, 2001, 170면 이하를 요약한 것이다.

## 3. 경쟁자소송 중 경쟁자수익방어소송의 경우(경쟁자소송의 제2범주 → 동등조건하의 경쟁의 자유가 관건)

### 논점 15  경쟁자수익방어소송의 원고적격 ★

#### (1) 의의

경쟁자수익방어소송이란 "특정인에게 행정청이 한 수익적 처분으로 인해 경쟁관계에서 불리한 지위에 처하게 되는 다른 경쟁업자가 그 처분에 대해 제기하는 소송"을 말한다.

#### (2) 원고적격의 인정 여부에 관한 학설

**1) 부정설**(헌법상 기본권에 근거한 원고적격부인설)

"경제관련법령은 오로지 공익만 보호"하고 있으므로 원칙적으로 원고적격을 인정할 수 없다는 견해이다.

**2) 긍정설**(기본권원용긍정설)

이 견해는 헌법 제15조 직업선택의 자유에서 도출되는 "경쟁의 자유"라는 기본권에 근거하여 원고적격을 인정해야 한다는 견해이다[헌법재판소; 헌법 §15 직업선택의 자유 → 영업수행의 자유 → 경쟁의 자유(기본권) → 법률상 이익].

#### (3) 판례(헌법재판소)

**국세청장의 병마개지정처분에 대한 헌법소원사건**에서 "국세청장의 지정행위의 근거규범인 이 사건 조항들이 단지 공익만을 추구할 뿐 청구인 개인의 이익을 보호하려는 것이 아니라는 이유로 청구인에게 취소소송을 제기할 법률상 이익을 부정한다고 하더라도, **청구인의 기본권인 경쟁의 자유가 바로 행정청의 지정행위의 취소를 구할 법률상 이익이 된다**(헌법재판소 1998.4.30. 97헌마14)."고 하여 긍정설의 입장이다.

#### (4) 검토

기본권의 최대보장차원에서 헌법재판소와 유력설에 따라 원고적격을 긍정하는 견해가 타당하다.

---

## 4. 경쟁자소송 중 경쟁자평등규제소송의 경우(경쟁자소송의 제3범주 → 동등조건하의 경쟁의 자유가 관건)

#### (1) 의의

경쟁자평등규제소송이란 "행정청에 대하여 자신과 경쟁관계에 있는 경쟁업자에게 부담적 행정처분을 할 것을 요구하는 소송"을 말한다.

#### (2) 소송의 형식

이에 대한 소송은 의무이행소송이 가장 합리적이나, 의무이행소송이 인정되지 않는 현행법하에서는 부작위위법확인소송과 재결에 대한 취소소송의 형식으로 다투어지게 된다.

#### (3) 학설(원고적격긍정설)

이에 대해 학설은 경쟁업자의 동등한 조건하에서 경쟁할 수 있는 자유는 보장되어야 함을 이유로 **헌법 제15조 직업선택의 자유에서 도출되는 경쟁의 자유권에 근거하여 원고적격을 인정해야 한다**고 본다.

#### (4) 판례(부정설)

대법원은 장의사운송사업위반행위에 대한 과징금부과처분을 취소한 재결에 대해 취소소송을 제기한 사건에서 "사업구역위반으로 인한 과징금부과처분에 의하여 다른 사업구역의 동종업자의 영업이 보호되는 결과가 되더라도 그것은 **면허의 조건으로 부가되는 사업구역제도의 반사적 이익에 불과하다**(대법원 1992.12.8. 91누13700)."고 하여 원고적격을 부정하고 있다.

#### (5) 검토

동등한 규제하에서 자유로운 경쟁을 할 수 있도록 한 헌법 제119조의 헌법합치적 해석에 따라 원고적격을 긍정하는 학설의 태도가 타당하다.

## 5. 경쟁자소송 중 경원자소송의 경우(경쟁자소송의 제4범주)

**대표 기출문제**

【2008년도 제52회 행정고시/ 사례형 – 50점】

甲은 LPG 충전사업허가를 신청하였다. 이에 대하여 乙시장은 인근 주민들의 반대여론이 있고 甲의 사업장이 교통량이 많은 대로변에 있어서 교통사고 시 위험이 초래될 수 있다는 이유로 사업허가를 거부하였다. 한편, 乙시장은 丙이 신청한 LPG 충전사업에 대하여 허가를 하였다. 관련 법령에 의하면 乙시장의 관할구역에는 1개소의 LPG 충전사업만이 가능하고, 충전소의 외벽으로부터 100m 이내에 있는 건물주의 동의를 받도록 되어 있다. 그런데 丙은 이에 해당하는 건물주로부터 동의를 얻지 아니한 채 위의 허가신청을 하였다.
(1) 乙시장의 丙에 대한 허가처분에 대하여 甲은 취소소송을 제기할 수 있는가? (30점)

### 논점 16 　 경원자소송에서의 원고적격 ★★

#### (1) 의의

경원자소송이란 "인·허가 등에 있어서 서로 법규상 또는 성질상 양립할 수 없어 일방에 대한 허가가 타방에 대한 불허가로 귀결될 수밖에 없는 경우, 이러한 경원관계에서 면허 등의 수익적 처분을 받지 못한 자가 다른 경쟁업자에게 발해진 수익적 처분에 대해 제기하는 소송"을 말한다.

#### (2) 소송의 형식

경원자소송은 보통 ① 타방에 대한 수익적 처분(면허)에 대한 취소소송 + ② 자신에 대한 거부처분취소소송을 함께 병합제기함이 일반이다(행정소송법 제10조 제1항 제2호).

#### (3) 원고적격의 인정 여부(학설 및 판례)

##### 1) 학설

경원관계에서 수익적 처분을 받지 못한 제3자는 일반적으로 원고적격이 긍정된다고 본다.

##### 2) 판례

대법원도 "인·허가 등의 수익적 행정처분을 신청한 수인이 서로 경쟁관계에 있어서 일방에 대한 허가 등의 처분이 타방에 대한 불허가 등으로 귀결될 수밖에 없는 때 **허가 등의 처분을 받지 못한 자는 비록 경원자에 대하여 이루어진 허가 등 처분의 상대방이 아니라 하더라도 당해 처분의 취소를 구할 원고적격이 있다. 다만, 명백한 법적 장애로 인하여 원고 자신의 신청이 인용될 가능성이 처음부터 배제되어 있는 경우에는 당해 처분의 취소를 구할 정당한 이익이 없다.**"고 하여 일반적으로 원고적격을 긍정한다.[17]

#### (4) 검토

경원관계의 특질상 경원관계만 인정되면 원고적격을 인정함이 타당하다.

---

17) 그러나 대법원은 "하천부지점용허가등처분취소판결(대법원 1986.7.22. 86누97)."에서는 경원관계를 인정하면서도 그 원고적격을 부인하는 판결을 내린 바도 있다.

## Ⅳ. 단체소송의 경우

### 1. 의의

단체소송(Verbandsklage)이란 환경단체나 소비자단체와 같이 일정한 목적으로 설립된 단체가 일반적 공익 및 집단적 이익의 보호를 위하여 제기하는 소송을 말한다.

### 2. 원고적격

#### (1) 학설

특별법에 의해 단체소송을 인정하는 경우에는 이를 허용함에는 견해의 대립이 없다. 문제는 명문의 규정이 없는 경우에 단체소송을 인정할 수 있을 지에 대해 **다수설은 선진외국에서와 같이 공익단체의 정관에 정해진 단체의 존립목적이 침해된 경우에는 항고소송의 원고적격을 인정하는 것이 바람직하다고 본다.**

#### (2) 판례

대법원은 "대한의사협회는 의료법에 의하여 의사들을 회원으로 하여 설립된 사단법인으로서, 국민건강보험법상 요양급여행위, 요양급여비용의 청구 및 지급과 관련하여 **직접적인 법률관계를 갖지 않고 있으므로**, 보건복지부 고시인 '건강보험요양급여행위 및 그 상대가치점수 개정'으로 인하여 **자신의 법률상 이익을 침해 당하였다고 할 수 없다는 이유로 위 고시의 취소를 구할 원고적격이 없다**(대법원 2006.5.25. 2003두11988 【건강보험요양급여행위등처분취소】)."고 하여 단체소송을 인정하지 않고 있다.

#### (3) 검토

항고소송의 공익소송의 성질을 감안하여 명문의 규정이 없다 하더라도 일정한 요건하에서 단체소송을 허용하는 것이 타당하다고 보여 진다.

## Ⅴ. 지방자치단체 및 행정기관의 원고적격

### 1. 지방자치단체의 원고적격

#### (1) 지방자치단체의 당사자능력

당사자능력이란 "소송주체가 되어 당해 소송을 수행할 수 있는 능력"을 말한다. **행정소송법에서는 당사자능력에 관한 별도의 규정을 두고 있지 아니하므로 동법 제8조 제2항에 따라 민사소송법 제51조가 준용된다.** 따라서 민법 제34조 및 민사소송법 제51조에 따라 당사자능력이 인정되는 자는 자연인 또는 법인이므로 공법상 법인격이 인정되는 지방자치단체는 당사자능력이 인정된다.

#### (2) 원고적격

##### 1) 문제점

지방자치단체에 대한 침익적 처분에 대하여 헌법상 보장된 지방자치단체의 자치권에 근거하여 원고적격을 인정할 수 있을지에 대해 견해가 대립된다.

##### 2) 학설

이에 대해 학설은 ① **지방자치단체의 헌법상 보장된 자치권이 일종의 "법률상 이익"에 해당하므로 원고적격이 인정된다는** 원고적격긍정설과, ② **지방자치단체의 자치권을 "법률상 이익"으로 볼 수 없고 상급기관의 처분에 대해 불복하는 것은 행정조직법의 원리상 저촉되는 것임을 이유로 부정하는 원고적격부정설이** 대립된다.

### 3) 판례

> **참조판례** **지방자치단체의 원고적격**
>
> 【사실관계】 구 건축법 제29조 제1항에서 정한 건축협의의 취소가 처분에 해당하므로 지방자치단체 등이 건축물 소재지 관할 허가권자인 지방자치단체의 장을 상대로 건축협의취소의 취소를 구할 법률상 이익이 인정되는지 문제된 사안
>
> 【판결요지】 구 건축법(2011.5.30. 법률 제10755호로 개정되기 전의 것) 제29조 제1항·제2항, 제11조 제1항 등의 규정 내용에 의하면, 건축협의의 실질은 지방자치단체 등에 대한 건축허가와 다르지 않으므로, 지방자치단체 등이 건축물을 건축 하려는 경우 등에는 미리 건축물의 소재지를 관할하는 허가권자인 지방자치단체의 장과 건축협의를 하지 않으면, 지방자치 단체라 하더라도 건축물을 건축할 수 없다. 그리고 구 지방자치법 등 관련 법령을 살펴보아도 지방자치단체의 장이 다른 지방자치단체를 상대로 한 건축협의 취소에 관하여 다툼이 있는 경우에 법적 분쟁을 실효적으로 해결할 구제수단을 찾기도 어렵다. 따라서 건축협의 취소는 상대방이 다른 지방자치단체 등 행정주체라 하더라도 '행정청이 행하는 구체적 사실에 관 한 법집행으로서의 공권력 행사'로서 처분에 해당한다고 볼 수 있고, 지방자치단체인 원고가 이를 다툴 실효적 해결 수단이 없는 이상, 원고는 건축물 소재지 관할 허가권자인 지방자치단체의 장을 상대로 항고소송을 통해 건축협의 취소의 취소를 구할 수 있다(대법원 2014.2.27. 2012두22980).

### 4) 검토

생각건대, 헌법상 보장된 지방자치단체의 자치권을 보장하고 법치주의적 관점에서도 **지방자치단체가 처 분을 다툴 별도의 해결방법이 없는 경우에는 이를 다투는 항고소송의 원고적격을 긍정함이 타당하다.**

## 2. 국가기관의 당사자적격 및 원고적격

> **참조판례** **국가기관의 원고적격**
>
> 【사실관계】 국민권익위원회가 소방청장에게 인사와 관련하여 부당한 지시를 한 사실이 인정된다며 이를 취소할 것을 요구하 기로 의결하고 그 내용을 통지하자 소방청장이 국민권익위원회 조치요구의 취소를 구하는 소송을 제기한 경우, 소방청장의 당사자능력과 원고적격이 인정되는지 여부가 문제된 사안
>
> 【판결요지】 국가기관 등 행정기관(이하 '행정기관 등'이라 한다) 사이에 권한의 존부와 범위에 관하여 다툼이 있는 경우에 이는 통상 내부적 분쟁이라는 성격을 띠고 있어 상급관청의 결정에 따라 해결되거나 법령이 정하는 바에 따라 '기관소송'이나 '권한쟁의심판'으로 다루어진다. 그런데 법령이 특정한 행정기관 등으로 하여금 다른 행정기관을 상대로 제재적 조치를 취할 수 있도록 하면서, 그에 따르지 않으면 그 행정기관에 대하여 과태료를 부과하거나 형사처벌을 할 수 있도록 정하는 경우가 있다. 이러한 경우에는 단순히 국가기관이나 행정기관의 내부적 문제라거나 권한 분장에 관한 분쟁으로만 볼 수 없다. 행정 기관의 제재적 조치의 내용에 따라 '구체적 사실에 대한 법집행으로서 공권력의 행사'에 해당할 수 있고, 그러한 조치의 상대 방인 행정기관이 입게 될 불이익도 명확하다. 그런데도 그러한 제재적 조치를 기관소송이나 권한쟁의심판을 통하여 다툴 수 없다면, 제재적 조치는 그 성격상 단순히 행정기관 등 내부의 권한 행사에 머무는 것이 아니라 상대방에 대한 공권력 행사로서 항고소송을 통한 주관적 구제대상이 될 수 있다고 보아야 한다. 기관소송 법정주의를 취하면서 제한적으로만 이를 인정하고 있는 현행 법령의 체계에 비추어 보면, 이 경우 항고소송을 통한 구제의 길을 열어주는 것이 법치국가 원리에도 부합한다. 따라서 이러한 권리구제나 권리보호의 필요성이 인정된다면 예외적으로 그 제재적 조치의 상대방인 행정기관 등에 게 항고소송 원고로서의 당사자능력과 원고적격을 인정할 수 있다(대법원 2018.8.1. 2014두35379).[18]

---

18) [대법원 2013.7.25. 2011두1214] 국민권익위원회의 조치요구를 다툴 별다른 방법이 없는 점 등에 비추어 보면, 처분성이 인정되는 위 조치요구에 불복하고자 하는 乙로서는 조치요구의 취소를 구하는 항고소송을 제기하는 것이 유효·적절한 수단이므로 비록 乙이 국가기관이더라도 당사자능력 및 원고적격을 가진다고 보는 것이 타당하고, 乙이 위 조치요구 후 甲을 파면하였다고 하더라도 조 치요구가 곧바로 실효된다고 할 수 없고 乙은 여전히 조치요구를 따라야 할 의무를 부담하므로 乙에게는 위 조치요구의 취소를 구할 법률상 이익도 있다고 본 원심판단을 정당하다.

## VI. 노동관련 행정소송의 논점

### 1. 노동조합설립신고수리처분에 대한 사업주의 원고적격

**논점 17** 노동조합설립신고수리에 대한 사업자의 원고적격 ★★

#### (1) 문제점

노동조합에 대한 설립신고가 수리된 경우 이러한 처분에 대하여 사용자가 이를 다툴 "법률상 이익"을 갖는지 여부가 "노동조합 및 노동관계조정법"의 보호규범과 관련하여 문제된다.

#### (2) 학설

이에 대해 학설은 ① 사용자는 "노동조합 및 노동관계조정법"상 무자격조합이 생기지 아니할 이익을 갖고 이러한 이익은 개별적·구체적 이익으로서 원고적격을 갖는다는 원고적격긍정설과, ② 사용자의 이러한 이익은 "노동조합 및 노동관계조정법"상의 개별적·구체적 이익으로 볼 수 없다고 보아 원고적격을 부정하는 원고적격부정설이 대립된다.

#### (3) 판례의 태도

대법원은 "지방자치단체장이 노동조합의 설립신고를 수리한 것만으로는 당해 회사의 어떤 법률상의 이익이 침해되었다고 할 수 없으므로 노동조합 설립신고의 수리처분 그 자체만을 다툴 당사자 적격은 없다."고 판시하여 부정설의 입장이다(대법원 1997.10.14. 96누9829).

#### (4) 검토

생각건대, **"노동조합 및 노동관계조정법"의 취지상** 사용자는 신고증을 교부받은 노동조합이 부당노동행위 구제신청을 하는 등으로 법이 허용하는 절차에 구체적으로 참가한 경우에 그 절차에서 노동조합의 무자격을 주장하여 다툴 수 있다 할 것이므로, 별도로 **노동조합의 설립신고 수리처분에 대해서는 이를 다툴 구체적이고 개별적인 법률상 이익을 갖는다고 보기 어렵다고 볼 것이다.**

### 2. 근로복지공단의 보험급여결정에 대한 사용자의 원고적격

> **참조판례** 보험급여결정에 대한 사업주의 원고적격
>
> 【사실관계】 "산재법" 상 근로자에 대한 근로복지공단의 보험급여결정에 대하여 사업주가 취소소송을 제기한 사건
>
> 【판결요지】 피재해자에게 이루어진 요양승인처분에 대하여 사업주는 산재법상 보험료납부의무를 지는 직접적인 이해관계인으로서 피재해자가 재해 발생 당시 자신의 근로자가 아니라는 사정을 들어 보험급여액징수처분의 위법성을 주장할 수 있다(대법원 2008.7.24. 2006두20808).

### 3. 노동조합의 원고적격

#### (1) 근로자의 부당해고구제신청에 대한 재심판정의 경우

> **참조판례** 재심판정에 대한 노동조합의 원고적격
>
> 【사실관계】 취업규칙에 따라 형사사건으로 구속기소되어 휴직처리된 근로자를 대신하여 해당 근로자가 조합원으로 가입된 노동조합이 이에 대한 재심판정을 다툴 "법률상 이익"이 부정된다는 판례
>
> 【판결요지】 피사용자가 근로자에 대하여 정당한 이유 없이 해고·휴직·정직·전직·감봉 기타 징벌을 한 때에 근로기준법 제27조의3에 따라 노동위원회에 구제를 신청할 수 있는 자는 해고 등 불이익처분을 받은 "당해 근로자"뿐이고 노동조합은 이에 포함되지 않는다(대법원 1993.5.25. 92누12452).

## (2) 근로자의 부당노동행위에 대한 재심판정의 경우

> **참조판례** 재심판정에 대한 노동조합의 원고적격
>
> 【사실관계】 ○○제약주식회사의 무역부장인 甲 등이 근로자 乙(피고보조참가인)등에게 노조를 해체하도록 설득하였으나 거절되자 노동조합의 설립을 비난하면서 그 해체를 종용하였고 그럼에도 조합가입자가 늘어나자 원고인 ○○제약주식회사는 乙등의 해고를 결의한 사실을 인정하고 이에 노동종합이 부당노동행위구제신청을 하여 구제명령을 받게 되자 ○○제약주식회사가 이러한 구제명령의 재심판정의 취소를 구한 사건
>
> 【판결요지】 노동조합법 제40조 제1항에 의하면, 사용자의 부당노동행위로 인하여 그 권리를 침해당한 근로자 또는 노동조합은 노동위원회에 그 구제를 신청할 수 있도록 되어 있으므로 노동조합을 조직하려고 하였다는 것을 이유로 근로자에 대하여 한 부당노동행위에 대하여는 후에 설립된 노동조합도 독자적인 구제신청권을 가지고 있다고 보아야 할 것이다(대법원 1991.1.25. 90누4952).

## (3) 대학의 강제이사선임처분에 대한 교직원노동조합의 원고적격

> **참조판례** 교직원노동조합의 원고적격
>
> 【사실관계】 ○○사립대학교 교직원들로 적법하게 구성된 교직원노동조합은 교육부장관이 ○○사립대학교의 개방이사선임과정에서 빚어진 분쟁을 해결하기 위하여 사립학교법상 사학분쟁조정위원회의 심의를 거쳐 이사 8인과 임시이사 1인을 강제선임하자 이에 대하여 취소소송을 제기한 사건
>
> 【판결요지】 교육부장관이 사학분쟁조정위원회의 심의를 거쳐 ○○사립대학교를 설치·운영하는 학교법인의 이사 8인과 임시이사 1인을 선임한 데 대하여 ○○사립대학교 교수협의회와 총학생회 등이 이사선임처분의 취소를 구하는 소송을 제기한 사안에서, 임시이사제도의 취지, 교직원·학생 등의 학교운영에 참여할 기회를 부여하기 위한 개방이사 제도에 관한 법령의 규정 내용과 입법 취지 등을 종합하여 보면, 구 사립학교법과 구 사립학교법 시행령 및 학교법인 정관 규정은 헌법 제31조 제4항에 정한 교육의 자주성과 대학의 자율성에 근거한 ○○사립대학교 교수협의회와 총학생회의 학교운영참여권을 구체화하여 이를 보호하고 있다고 해석되므로, ○○사립대학교 대학교 교수협의회와 총학생회는 이사선임처분을 다툴 법률상 이익을 가지지만, 고등교육법령은 교육받을 권리나 학문의 자유를 실현하는 수단으로서 학생회나 교수회와는 달리 학교의 직원으로 구성된 노동조합의 성립을 예정하고 있지 아니하고, 노동조합은 근로자가 주체가 되어 자주적으로 단결하여 근로조건의 유지·개선 기타 근로자의 경제적·사회적 지위의 향상을 도모하기 위하여 조직된 단체인 점 등을 고려할 때, 학교의 직원으로 구성된 노동조합이 교육받을 권리나 학문의 자유를 실현하는 수단으로서 직접 기능한다고 볼 수는 없으므로, 개방이사에 관한 구 사립학교법과 구 사립학교법 시행령 및 학교법인 정관 규정이 학교직원들로 구성된 전국대학노동조합 乙 대학교지부의 법률상 이익까지 보호하고 있는 것으로 해석할 수는 없다(대법원 2015.7.23. 2012두19496).

---

2023년도 제32회 공인노무사 시험

【문제 1】 A시에서 여객자동차운송사업을 하고 있는 甲은 운송사업 중 일부 노선을 같은 지역 여객자동차운송사업자인 乙에게 양도하였고, A시의 시장 X는 위 양도·양수를 인가하였다. 이 노선에는 甲 이외에도 여객자동차운송사업자 丙이 일부 중복된 구간을 운영하고 있으며, 위 인가처분으로 해당 구간의 사업자는 甲, 乙, 丙으로 증가한다. 이에 丙은 기존의 경쟁 사업자 외에 乙이 동일한 운행경로를 포함한 운행계통을 가지게 되어 그 중복운행구간의 연고 있는 사업자 수가 증가하고, 그 결과 향후 운행횟수 증회, 운행계통 신설 및 변경 등에 있어 장래 기대이익이 줄어들 것을 우려한다. 그런데 위 인가처분으로 인해 甲이 운행하던 일부 노선에 관한 운행계통, 차량 및 부대시설 등이 일체로 乙에게 양도된 것이어서, 이로 인하여 종전 노선 및 운행계통이나 그에 따른 차량수 및 운행횟수 등에 변동이 있는 것은 아니다. 丙이 위 인가처분의 취소를 구하는 소송을 제기할 경우, 원고적격이 인정되는가? (25점)

**한장 답안**

## Ⅰ. 문제의 소재(기존업자인 丙이 여객자동차운수사업의 양도를 인가하는 처분에 대해 취소소송을 구할 원고적격이 인정되는지 여부가 경업자소송의 원고적격과 관련하여 문제된다.)

## Ⅱ. 취소소송의 원고적격

### 1. 원고적격의 의의

### 2. 법적 근거 및 인정취지

### 3. 원고적격의 인정범위

(1) 문제점

(2) 학설

1) 권리회복설

2) 법률상 보호되는 이익구제설

3) 보호가치있는 이익구제설

4) 적법성보장설

(3) 판례

(4) 검토

취소소송의 주관소송성과 의회민주주의원칙상 "법률상 보호되는 이익구제설"이 타당하다.

## Ⅳ. 경업자소송의 원고적격

### 1. 경업자소송의 의의

### 2. 원고적격의 판단기준

### 3. 관련 판례

대법원은 "자동차운송사업자가 운행계통 등 사업계획을 변경하거나 자동차운송사업을 양도·양수할 때에는 관할관청의 인가 등을 받도록 하고 있는데, 행정관청의 인가·면허 등의 처분 기준 및 절차를 규정한 자동차운수사업인·면허사무처리요령은 행정처분 등에 관한 사무처리기준과 처분절차를 정한 것으로서 그 규정의 형식 및 내용 등에 비추어 볼 때 행정조직 내부에 있어서의 행정명령의 성격을 지닐 뿐 대외적으로 국민이나 법원을 구속하는 힘이 없다 할 것이고, 위 사무처리요령에서 당해 운행계통에 대한 연고 등에 따라 운행횟수 증회, 운행계통 신설, 변경 등에 관한 인가나 면허를 하도록 규정하고 있다 하더라도 이러한 규정에 의하여 기존의 자동차운송사업자가 장래 운행횟수의 증회, 운행계통의 신설, 변경 등에 관하여 얻을 수 있는 기대이익은 법률상 보호되는 직접적이고 구체적인 이익이라고 볼 수 없다(대법원 1997.4.25. 96누14906)."고 판시하여 원고적격을 부정한 바 있다.

## Ⅴ. 사안의 해결

판례의 입장에 따라 丙은 특허사업자에 해당하지만, 丙이 받는 이익침해는 사실상, 경제적, 간접적 이익으로 원고적격을 부정함이 타당하다.

【문제 2】 甲은 乙이 대표이사로 있는 A운수주식회사에서 운전기사로 근무하고 있는데, A회사의 노사 간에 체결된 임금협정에는 운전기사의 법령위반행위로 회사에 과징금이 부과되면 추후에 당해 운전기사에 대한 상여금 지급시 그 과징금 상당액을 공제하는 내용이 포함되어 있다. 다음 물음에 답하시오.

물음 1) 甲의 법령위반행위로 인해 A회사에 과징금이 부과된 경우, A회사에 갈음하여 대표이사인 乙이 스스로 과징금부과처분에 대한 취소소송을 제기한다면 이 소송은 적법한가? 또한 乙이 甲의 법령위반행위로 인한 과징금의 액수가 과다하지만 그 액수만큼 甲의 상여금에서 공제할 수 있어 회사에 실질적인 손해가 없다고 생각하여 과징금부과처분에 대한 취소소송의 제기에 적극적인 태도를 보이지 않는 경우, 甲이 당해 과징금부과처분에 대한 취소소송을 제기한다면 이 소송은 적법한가? (30점)

**한장답안**

Ⅰ. 문제의 소재(A회사에 부과된 과징금부과처분에 대하여 A회사의 대표이사인 乙과 실질적인 손해를 받을 수 있는 근로자 甲이 취소소송을 제기할 원고적격을 갖는지 여부가 문제된다.)

Ⅱ. 취소소송의 제소요건

Ⅲ. 취소소송의 원고적격

1. 원고적격의 의의
2. 법적 근거 및 인정취지
3. 원고적격의 인정범위
   (1) 문제점
   (2) 학설
      1) 권리회복설
      2) 법률상 보호되는 이익구제설
      3) 보호가치있는 이익구제설
      4) 적법성보장설
   (3) 판례
   (4) 검토

취소소송의 주관소송성과 의회민주주의원칙상 "법률상 보호되는 이익구제설"이 타당하다.

Ⅳ. 사안의 경우

1. 대표이사 乙의 원고적격

법인의 대표자로서 乙은 법인을 대신하여 위 과징금부과처분을 다툴 "법률상 이익", 즉 원고적격이 인정된다.

2. 근로자 甲의 원고적격

   (1) 문제점
   (2) 판례

대법원은 특별한 사정이 없는 한 법인에 대한 불이익처분에 대하여 법인의 대표이사를 제외한 나머지 구성원들은 원칙적으로 "법률상 이익"이 인정될 수 없다고 보나, ① 구성원의 지위에 중대한 영향을 초래함에도 ② 처분의 성질상 법인 스스로 이를 다툴 것을 기대할 수 없고, ③ 다른 적절한 구제수단이 없는 경우에는 예외적으로 법인의 구성원도 원고적격이 인정될 수 있다고 본다.

   (3) 검토

생각건대, 근로자 甲의 상여금에서 과징금액을 공제하는 것이 근로자의 지위에 중대한 영향을 초래하는 것이라 보기 어렵고, 또한 사업주를 상대로 민사소송을 통해 공제된 상여금에 대한 지급청구소송을 통해 구제를 받을 수 있으므로 보충성요건도 충족한다고 보기 어렵다. 따라서 근로자 甲은 원고적격이 인정되지 않는다.

Ⅴ. 사안의 해결

乙은 법인의 대표자로서 원고적격이 인정되나, 근로자 甲은 원고적격이 인정되지 않는다.

# 행정소송법상 피고적격과 피고경정 ★★

〈목 차〉

# Ⅰ. 문제점

① 공익적 성격을 갖는 행정소송수행의 편의성과 ② 국민의 피고선정에 대한 수월성, ③ 판결의 효력부여의 관점(특히 기판력의 경우)에서 정당한 피고를 누구를 하여야 할 것인지 여부가 문제된다.

# Ⅱ. 항고소송의 경우 피고적격 – 행정청

> 행정소송법 제13조(피고적격)
> ① 취소소송은 다른 법률에 특별한 규정이 없는 한 그 처분등을 행한 행정청을 피고로 한다. 다만, 처분등이 있은 뒤에 그 처분등에 관계되는 권한이 다른 행정청에 승계된 때에는 이를 승계한 행정청을 피고로 한다.
> ② 제1항의 규정에 의한 행정청이 없게 된 때에는 그 처분등에 관한 사무가 귀속되는 국가 또는 공공단체를 피고로 한다.

## 1. 의의

취소소송(항고소송)의 피고는 "처분 등을 행한 행정청"이 된다(행정소송법 제13조). 그러나 처분 등을 행한 행정청이 아니면서 피고적격을 예외적으로 갖는 경우도 있다.

## 2. 규정의 취지

행정소송법은 ① 국민의 피고선택의 곤란함을 피하고, ② 행정소송수행의 편의를 고려하여 행정청을 피고로 정하고 있다.

## 3. 피고의 종류

### (1) 처분등을 행한 행정청

여기에서 행정청은 국가 또는 공공단체의 기관으로, 국가나 공공단체의 의사를 결정하여 외부에 표시할 수 있는 권한, 즉 처분권한을 가진 기관을 말한다. 그 예로는 각부의 **장관·공정거래위원회·근로복지공단·광역 및 기초자치단체장** 등이 있다. 처분 등을 행한 행정청이란 원처분을 행한 행정청과 행정심판위원회를 의미한다(행정소송법 제2조 제1항 참조).

### (2) 권한승계 및 처분청이 없어지게 된 경우

처분청이 처분을 한 뒤 처분등에 관한 권한이 다른 행정청에게 승계된 경우 이를 승계한 행정청이 피고가 되며, 처분청이 처분 후에 없어지게 된 경우에는 그 사무가 귀속되는 국가 또는 공공단체가 피고가 된다(행정소송법 제13조).

> **참조판례** 권한승계의 경우 피고적격
>
> 【사실관계】 근로복지공단은 고용보험 및 산업재해보상보험의 보험료징수 등에 관한 법률(이하 '보험료징수법'이라 한다) 제4조 등에 따라 고용노동부장관 乙로부터 고용보험료의 고지 및 수납, 보험료 등의 체납관리에 관한 업무를 위임을 받아 수행하는 기관이다. 이에 근로복지공단은 고용보험가입자인 甲지방자치단체에 대하여 고용보험료부과처분을 2013.2.1.하였다. 甲지방자치단체는 위 고용보험료부과처분에 하자가 있음을 발견하고 이에 대한 무효확인소송을 제기하였다. 그런데 위 '보험료징수법' 부칙 제5조가 개정되면서 근로복지공단이 수행하던 보험료의 고지 및 수납 등의 업무가 위 무효확인소송을 제기하기 이전에 국민건강보험공단으로 이전되어 그 피고적격이 문제된 사안
>
> 【판시사항】 [1] 항고소송은 원칙적으로 소송의 대상인 행정처분 등을 외부적으로 그의 명의로 행한 행정청을 피고로 하여야 하는 것으로서, 그 행정처분을 하게 된 연유가 상급행정청이나 타행정청의 지시나 통보에 의한 것이라 하여 다르지 않고, 권한의 위임이나 위탁을 받아 수임행정청이 자신의 명의로 한 처분에 관하여도 마찬가지이다. 그리고 위와 같은 지시나 통보, 권한의 위임이나 위탁은 행정기관 내부의 문제일 뿐 국민의 권리의무에 직접 영향을 미치는 것이 아니어서 항고소송의 대상이 되는 행정처분에 해당하지 않는다.

[2] 근로복지공단이 甲지방자치단체에 고용보험료 부과처분을 하자, 甲지방자치단체가 구 고용보험 및 산업재해보상보험의 보험료징수 등에 관한 법률(2010.1.27. 법률 제9989호로 개정되어 2011.1.1.부터 시행된 것)제4조 등에 따라 국민건강보험공단을 상대로 위 처분의 무효확인 및 취소를 구한 사안에서, 근로복지공단이 甲지방자치단체에 대하여 고용보험료를 부과·고지하는 처분을 한 후, 국민건강보험공단이 위 법 제4조 에 따라 종전 근로복지공단이 수행하던 보험료의 고지 및 수납 등의 업무를 수행하게 되었고, 위 법 부칙 제5조가 '위 법 시행 전에 종전의 규정에 따른 근로복지공단의 행위는 국민건강보험공단의 행위로 본다'고 규정하고 있어, 甲지방자치단체에대한 근로복지공단의 고용보험료 부과처분에 관계되는 권한 중 적어도 보험료의 고지에 관한 업무는 국민건강보험공단이 그 명의로 고용노동부장관의 위탁을 받아서 한 것으로 보아야 하므로, 위 처분의 무효확인 및 취소 소송의 피고는 국민건강보험공단이 되어야 함에도, 이와 달리 위 처분의 주체는 여전히 근로복지공단이라고 본 원심판결에 고용보험료 부과고지권자와 항고소송의 피고적격에 관한 법리를 오해한 위법이있다고 한 사례(대법원 2006.2.23. 2005부4).

## (3) 권한의 위임·위탁의 경우

1) 권한의 위임이 있는 경우에는 위임기관은 처분권한을 상실하며 수임기관이 **처분권한을 갖게 되므로 수임기관이 처분청**이 된다.

2) 권한의 위탁을 받은 공공단체 또는 사인도 그의 이름으로 처분을 한 경우에 처분청이 된다(예 공무원연금관리공단, 근로복지공단, 고속국도의 통행료징수권 및 체납통행료 부과를 위임받은 한국도로공사).

---

**참조판례** 권한위탁의 경우 피고적격

【사실관계】 국가가 한국도로공사에게 유료도로 통행료 징수권이 포함된 유료도로관리권을 출자한 경우, 체납통행료부과처분 무효확인 소의 피고는 한국도로공사라는 판례

【판시사항】 국가는 이 사건 구간이 포함되어 있는 경부고속도로를 비롯한 전국의 각종 고속도로에 관한 시설물과 그 관리권 등을 피고 공사에 출자한 사실을 알 수 있고, 한편 구법 제3조 제1항은 유료도로의 통행료 징수권은 그 도로관리청에 있다고 규정하고 있고, 고속국도법 제5조는 고속국도의 관리청을 피고 건설교통부장관으로 규정하고 있으며, 한국도로공사법 제6조 제1항은 국가는 유료도로관리권을 피고 공사에 출자할 수 있다고 규정하고 있고, 구법 제2조 제3항은 유료도로관리권이라 함은 유료도로를 유지·관리하고 유료도로를 통행하거나 이용하는 자로부터 통행료 또는 점용료 등을 징수하는 권리를 말한다고 규정하고 있는바, 위에서 본 사실 및 관계 법령의 규정을 종합하면, 한국도로공사는 국가로부터 유료도로 통행료 징수권이 포함된 유료도로관리권을 출자받아 이 사건 구간의 통행료 징수권을 행사할 권한을 적법하게 가지게 되었고, 이에 따라 한국도로공사가 이 사건 처분을 한 것이지 건설교통부장관이 이 사건 처분을 하였다고 볼 수 없다(대법원 2005.6.24. 2003두6641).

---

## (4) 권한의 내부위임의 경우

1) **원칙**

내부위임의 경우에는 처분권한이 이전되지 아니하므로, 위임청의 명의로 처분이 행해져야 하는 만큼 항고소송의 피고는 **처분청인 위임청**이 된다.

2) **예외**(수임청명의로 처분한 경우)

내부위임의 경우에 위법한 것이기는 하지만 수임기관자신의 명의로 처분을 한 경우에는 **실제로 처분을 한 행정청(수임청)을 피고로 하여야 한다.**

## (5) 권한의 대리의 경우

1) **일반론**

대리관계를 밝히고 처분을 한 경우 **피대리관청이 처분청으로 피고가 됨**이 원칙이다.

2) **대리권을 수여 받은 행정청이 대리관계를 표시함이 없이 자신 명의로 처분한 경우**

① 이 경우 **처분명의자인 당해 행정청이 항고소송의 피고가 되어야 하는 것이 원칙이다.**

② 그러나 비록 대리관계를 명시적으로 밝히지 아니하였다 하더라도 처분명의자가 피대리 행정청 산하의 행정기관으로서 실제로 피대리 행정청으로부터 대리권한을 수여받아 피대리 행정청을 대리한다는 의사로 행정처분을 하고 그 처분의 상대방도 대리관계임을 알고 이를 받아들인 경우 예외적으로 피대리 행정청이 피고가 된다.

> **참조판례** 권한대리의 경우 피고적격
>
> **【사실관계】** 근로복지공단의 이사장으로부터 보험료의 부과 등에 관한 대리권을 수여받은 지역본부장이 대리의 취지를 명시적으로 표시하지 않고서 甲에게 산재보험료 부과처분을 하였다. 그러나 甲은 산재보험료부과처분은 으레 지역본부장이 대리하여 처리해 온 것임을 알고 근로복지공단을 피고로 하여 위 부과처분에 대한 항고소송을 제기하였다.
>
> **【판시사항】** [1] 행정소송법 제14조에 의한 피고경정은 사실심 변론종결에 이르기까지 허용되는 것으로 해석하여야 할 것이고, 굳이 제1심 단계에서만 허용되는 것으로 해석할 근거는 없다.
>
> [2] 대리권을 수여받은 데 불과하여 그 자신의 명의로는 행정처분을 할 권한이 없는 행정청의 경우 대리관계를 밝힘이 없이 그 자신의 명의로 행정처분을 하였다면 그에 대하여는 처분명의자인 당해 행정청이 항고소송의 피고가 되어야 하는 것이 원칙이지만, 비록 대리관계를 명시적으로 밝히지는 아니하였다 하더라도 **처분명의자가 피대리 행정청 산하의 행정기관으로서 실제로 피대리 행정청으로부터 대리권한을 수여받아 피대리 행정청을 대리한다는 의사로 행정처분을 하였고 처분명의자는 물론 그 상대방도 그 행정처분이 피대리 행정청을 대리하여 한 것임을 알고서 이를 받아들인 예외적인 경우에는 피대리 행정청이 피고가 되어야 한다.**
>
> [3] 근로복지공단의 이사장으로부터 보험료의 부과 등에 관한 대리권을 수여받은 지역본부장이 대리의 취지를 명시적으로 표시하지 않고서 산재보험료 부과처분을 한 경우, 그러한 관행이 약 10년간 계속되어 왔고, 실무상 근로복지공단을 상대로 산재보험료 부과처분에 대한 항고소송을 제기하여 온 점 등에 비추어 지역본부장은 물론 그 상대방 등도 근로복지공단과 지역본부장의 대리관계를 알고 받아들였다는 이유로, 위 부과처분에 대한 항고소송의 피고적격이 근로복지공단에 있다고 한 사례.
>
> [4] 행정소송에서 피고경정신청이 이유 있다 하여 인용한 결정에 대하여는 종전 피고는 항고제기의 방법으로 불복신청할 수 없고, 행정소송법 제8조 제2항에 의하여 준용되는 민사소송법 제449조 소정의 특별항고가 허용될 뿐이다(대법원 2006.2.23. 2005부4).

### (6) 지방의회의 의결(징계, 불신임의결, 의장선거)

**징계의결·불신임의결·의장선거**의 취소소송 등에서는 **지방의회**가 행정청으로서 피고가 된다.

### (7) 처분적 조례의 경우

조례가 처분성이 인정되어 항고소송의 대상이 되는 경우에는 조례를 공포한 **지방자치단체의 장**이 피고가 되고, 교육·학예에 관한 조례는 시·도교육감이 피고가 된다.

### (8) 다른 법률에 특별한 규정이 있는 경우 처분을 행하지 않은 기관도 피고가 되는 경우

> 국가공무원법 제16조(행정소송과의 관계)
>
> ② 제1항에 따른 행정소송을 제기할 때에는 대통령의 처분 또는 부작위의 경우에는 소속 장관(대통령령으로 정하는 기관의 장을 포함한다. 이하 같다)을, 중앙선거관리위원회위원장의 처분 또는 부작위의 경우에는 중앙선거관리위원회사무총장을 각각 피고로 한다.

**공무원법상** ① 처분청이 대통령인 경우 → 소속장관이, ② 국회의장, 대법원장, 헌법재판소장이 행한 처분 → 국회사무총장, 법원행정처장, 헌법재판소사무처장이, ③ **중앙노동위원회의 재심판정의 경우 → 중앙노동위원회위원장**(노동위원회법 제27조 제1항)이 피고가 된다.

### (9) 처분청과 통지한 행정청이 다른 경우

처분청과 처분을 통지한 행정청이 다른 경우 대법원은 처분청이 피고가 된다는 입장이다.[19]

---

19) [대법원 2014.9.26. 2013두2518] 甲이 서훈취소 처분을 행한 행정청(대통령)이 아니라 국가보훈처장을 상대로 제기한 위 소는 피고를 잘못 지정한 경우에 해당하므로, 법원으로서는 석명권을 행사하여 정당한 피고로 경정하게 하여 소송을 진행해야 함에도 국가보훈처장이 서훈취소 처분을 한 것을 전제로 처분의 적법 여부를 판단한 원심판결에 법리오해 등의 잘못이 있다.

## Ⅲ. 공법상 당사자소송의 경우 - 권리주체

### 1. 국가 및 공공단체

> 행정소송법 제39조(피고적격)
> 당사자소송은 국가·공공단체 그 밖의 권리주체를 피고로 한다.

### 2. "그 밖의 권리주체"

여기서 말하는 "그 밖의 권리주체"란 공권력을 수여받은 행정주체인 사인, 즉 공무수탁사인을 칭한다고 본다.

## Ⅳ. 객관소송의 경우

### 1. 민중소송의 경우

(1) 선거에 관한 민중소송 → 선거관리위원회 위원장(공직선거법 제222조 제2항)

(2) 주민소송 → 지방자치단체장(지방자치법 제18조)

### 2. 기관소송의 경우

(1) 지방자치법 제120조 제3항 소송 → 지방의회

(2) 지방교육자치에 관한 법률 제28조 제3항 소송 → 시·도의회 또는 교육위원회

## Ⅴ. 피고경정

> 행정소송법 제14조(피고경정)
> ① 원고가 피고를 잘못 지정한 때에는 법원은 원고의 신청에 의하여 결정으로써 피고의 경정을 허가할 수 있다.
> ② 법원은 제1항의 규정에 의한 결정의 정본을 새로운 피고에게 송달하여야 한다.
> ③ 제1항의 규정에 의한 신청을 각하하는 결정에 대하여는 즉시항고할 수 있다.
> ④ 제1항의 규정에 의한 결정이 있은 때에는 새로운 피고에 대한 소송은 처음에 소를 제기한 때에 제기된 것으로 본다.
> ⑤ 제1항의 규정에 의한 결정이 있은 때에는 종전의 피고에 대한 소송은 취하된 것으로 본다.
> ⑥ 취소소송이 제기된 후에 제13조 제1항 단서 또는 제13조 제2항에 해당하는 사유가 생긴 때에는 법원은 당사자의 신청 또는 직권에 의하여 피고를 경정한다. 이 경우에는 제4항 및 제5항의 규정을 준용한다.

▶ 부록: 답안작성요령 <사례논점 05> **1** 참조

### 1. 의의

피고경정은 소송이 계속되는 경우 피고로 지정된 자를 올바른 피고로 변경하는 것을 말한다. 행정소송법은 피고경정제도를 규정하고 있다(제14조).

### 2. 인정취지

원고의 불측의 손해를 예방함과 동시에 불필요한 소송절차의 반복을 방지하여 신속한 권리구제를 도모하기 위하여 인정된다.

## 3. 피고경정이 허용되는 경우

| 구분 | 신청 · 직권 | 피고적격 |
|---|---|---|
| 피고의 잘못 지정<br>(§14①) | 신청 | 새로이 지정한 피고 |
| 처분 후 그 권한의 승계<br>(§13① 단서) | 신청 · 직권 | 처분권한을 승계한 행정청 |
| 처분 후 처분청이 없게 된 경우<br>(§13②) | | 처분에 관한 사무가 귀속되는 국가나 공공단체 |
| 소의 변경<br>(§21②④) | | • 항고소송으로 변경(처분청)<br>• 당사자소송으로 변경(행정주체) |

## 4. 피고경정의 요건

피고경정이 허용되기 위해서는 ① 피고적격의 문제를 제외하고는 변경전의 소가 적법한 것이어야 하고, ② 행정소송법 제14조의 피고경정의 사유(위 도표의 사유)에 해당하여야 하며, ③ 피고경정에 당사자의 신청이 필요한 경우에는 사실심 변론종결시 전까지 하여야 한다.[20] 원고의 고의 또는 중대한 과실이 없을 것은 요건으로 하지 않는다.

## 5. 피고경정의 절차 및 효력

### (1) 절차

피고경정의 요건충족 여부는 법원이 직권으로 조사하고, 심리의 결과 요건을 충족하였다고 판단되면 결정의 형식으로 피고의 변경을 허가할 수 있다(제14조 제1항). 이 결정은 서면으로 하여야 하며, 법원은 결정의 정본을 피고에게 송달하여야 한다(제14조 제2항). 원고의 신청을 각하하는 결정에 대해서는 즉시항고 할 수 있다(제14조 제3항).

### (2) 효과

피고경정의 허가결정이 있을 때에는 새로운 피고에 대한 소송은 처음에 소를 제기한 때에 제기한 것으로 보며(제14조 제4항), 아울러 종전의 피고에 대한 소송은 취하된 것으로 본다(제14조 제5항).

## 6. 불복

원고의 피고경정신청을 각하하는 결정에 대하여 원고는 법원에 즉시항고를 통해 불복할 수 있다(제14조 제3항). 반면, 피고경정이 이유 있다 하여 인용한 결정에 대하여 종전의 피고는 행정소송법에는 불복신청할 수 있는 조항은 없으나, 행정소송법 제8조 제2항에 의하여 준용되는 민사소송법 제449조의 특별항고가 허용될 수 있다(대법원 2006.2.23. 2005부4).

---

20) [항소심 도중에 피고경정의 신청을 할 수 있는지 여부]
  1) 문제점: 피고경정에 대한 원고의 신청이 언제까지 있어야 하는지에 대해 행정소송법은 명문의 규정이 없으므로 행정소송법 제8조 제2항의 규정에 따라 민사소송법 제260조 제1항이 준용됨에 따라 제1심계속중에만 피고경정의 신청이 허용되는지에 대해 견해가 대립된다.
  2) 학설: 이에 대해 학설은 ① 행정소송법 제8조 제2항에 따라 민사소송법 규정이 준용되므로 제1심계속중에만 피고경정은 허용되고 항소심 도중에는 인정될 수 없다는 소극설과, ② 행정소송법은 민사소송법과 달리 이에 관한 제약규정이 없으므로 항소심 도중에도 허용될 수 있다는 적극설이 대립된다.
  3) 판례: 대법원은 "행정소송법 제14조 제1항 소정의 피고경정은 사실심 변론종결시까지만 가능하고 상고심에서는 허용되지 않는다(대법원 1996.1.23. 95누1378)."고 판시하여 항소심 도중에도 이를 허용하고 있다.
  4) 검토: 항고소송과 민사소송은 그 본질을 달리하고, 행정소송법에서 별다른 제한규정을 두고 있지 않은 점에 비추어 적극설이 타당하다.

**참조판례** 당사자소송의 경우 피고경정

【사실관계】 건축주 甲(원고)은 근린생활시설 및 다세대주택을 신축하는 공사를 건축업자 乙(소외인)에게 도급을 주었다. 그런데 乙은 고용보험 및 산업재해보상보험의 보험료징수 등에 관한 법률에 따라 이 사건 사업장에 관한 사업주를 甲으로 기재한 원고 명의의 고용보험·산재보험관계성립신고서를 근로복지공단에 작성·제출하였다. 甲은 2014.1.2.부터 같은 해 7.10.까지 이 사건 사업장에 관한 고용보험료와 산재보험료 중 일부인 1,100만원을 납부하였고, 피고(국민건강보험공단)는 甲에게 나머지 고용보험료를 납부할 것을 독촉하였다. 甲은 이 사건 사업장의 사업주는 이 사건 공사의 수급인인 乙임에도 그가 원고 명의의 보험관계성립신고서를 위조하여 제출하였고, 근로복지공단은 본인확인절차를 거치지도 않았으며, 위와 같이 위조된 신고서에 기한 보험료 부과는 무효이므로, 이미 납부한 보험료는 부당이득으로서 반환을 구하고 피고가 납부를 독촉하는 보험료채무는 그 부존재확인을 구하는 이 사건 소를 인천지방법원에 제기하였다.

【판시사항】 [1] 고용보험 및 산업재해보상보험의 보험료징수 등에 관한 법률 제4조, 제16조의2, 제17조 , 제19조, 제23조의 각 규정에 의하면, 사업주가 당연가입자가 되는 고용보험 및 산재보험에서 보험료 납부의무 부존재확인의 소는 공법상의 법률관계 자체를 다투는 소송으로서 공법상 당사자소송이다.

[2] 甲에게서 주택 등 신축 공사를 수급한 乙이 사업주를 甲으로 기재한 甲 명의의 고용보험·산재보험관계성립신고서를 근로복지공단에 작성·제출하여 甲이 고용·산재보험료 일부를 납부하였고, 국민건강보험공단이 甲에게 나머지 보험료를 납부할 것을 독촉하였는데, 甲이 국민건강보험공단을 상대로 이미 납부한 보험료는 부당이득으로서 반환을 구하고 납부를 독촉하는 보험료채무는 부존재확인을 구하는 소를 제기한 사안에서, 이는 행정소송인 공법상 당사자소송과 행정소송법 제10조 제2항, 제44조 제2항에 규정된 관련청구소송으로서 부당이득반환을 구하는 민사소송이 병합하여 제기된 경우에 해당하므로, 원심법원인 인천지방법원 합의부는 항소심으로서 민사소송법 제34조 제1항, 법원조직법 제28조 제1호에 따라 사건을 관할법원인 서울고등법원에 이송했어야 옳다고 한 사례.

[3] 고용보험 및 산업재해보상보험의 보험료징수 등에 관한 법률 제4조는 고용보험법 및 산업재해보상보험법에 따른 보험 사업에 관하여 이 법에서 정한 사항은 고용노동부장관으로부터 위탁을 받아 근로복지공단이 수행하되, 보험료의 체납관리 등의 징수업무는 국민건강보험공단이 고용노동부장관으로부터 위탁을 받아 수행한다고 규정하고 있다. 따라서 고용·산재보험료의 귀속주체, 즉 사업주가 각 보험료 납부의무를 부담하는 상대방은 근로복지공단이고, 국민건강보험공단은 단지 각 보험료의 징수업무를 수행하는 데에 불과하므로, 고용·산재보험료 납부의무 부존재확인의 소는 근로복지공단을 피고로 하여 제기하여야 한다. 그리고 행정소송법상 당사자소송에서 원고가 피고를 잘못 지정한 때에는 법원은 원고의 신청에 의하여 결정으로써 피고의 경정을 허가할 수 있으므로(행정소송법 제44조 제1항 , 제14조), 원고가 피고를 잘못 지정한 것으로 보이는 경우 법원으로서는 마땅히 석명권을 행사하여 원고로 하여금 정당한 피고로 경정하게 하여 소송을 진행하도록 하여야 한다(대법원 2006.2.23. 2005부4).

# 권리보호의 필요(협의의 소익) ★★

**대표 기출문제**

【2022년도 제31회 공인노무사/ 사례형 – 25점】

甲은 교육사업을 영위하는 회사 乙과 기간의 정함이 없는 근로계약을 체결하고 근무하던 중 乙로부터 해고를 통보받았다. 이에 대해 甲은 서울지방노동위원회에 부당해고 구제를 신청하였고, 이후 원직에 복직하는 대신 금전보상명령을 구하는 것으로 신청취지를 변경하였다. 그러나 서울지방노동위원회에의 구제신청과 이어진 중앙노동위원회에의 재심신청이 각각 기각됨에 따라, 甲은 2022.7.22. 서울행정법원에 재심판정의 취소를 구하는 소를 제기하였다. 한편, 乙은 2022.7.19. 정당한 절차에 의해 취업규칙을 개정하였고, 이 규칙은 이 사건 소가 계속 중이던 2022.8.1.부터 시행되었다. 종전 취업규칙에는 정년에 관한 규정이 없었으나 '개정 취업규칙'에는 근로자가 만 60세에 도달하는 날을 정년으로 정하고 있으며, 甲은 이미 2022.4.15. 만 60세에 도달하였다. 甲이 중앙노동위원회의 재심판정을 다툴 협의의 소의 이익이 인정되는지를 설명하시오. (25점)

▶ 답안연습: 한장답안 기출문제 연습 【문제 1】 참조

【2020년도 제29회 공인노무사/ 사례형 – 50점】

甲은 2019.11.1.부터 A시 소재의 3층 건물의 1층에서 일반음식점을 운영해 왔는데, 관할 행정청인 A시의 시장 乙은 2019.12.26. 甲이 접대부를 고용하여 영업을 했다는 이유로 甲에 대하여 3월의 영업정지처분을 하였다. 이에 대하여 甲은 문제가 된 여성은 접대부가 아니라 일반 종업원이라는 점을 주장하면서 3월의 영업정지처분의 취소를 구하는 행정심판을 청구했다. 관할 행정심판위원회는 2020.3.6. 甲에 대한 3개월의 영업정지처분을 1월의 영업정지처분으로 변경하라는 일부인용재결을 하였고, 2020.3.10. 그 재결서 정본이 甲에게 도달하였다. 乙은 행정심판위원회의 재결내용에 따라 2020.3.17. 甲에 대하여 1월의 영업정지처분을 하였고, 향후 같은 위반사유로 제재처분을 받을 경우 식품위생법 시행규칙 별표의 행정처분기준에 따라 가중적 제재처분이 내려진다는 점까지 乙은 甲에게 안내했다. 행정심판을 통해서 구제를 받지 못했다고 생각한 甲은 2020.6.15. 취소소송을 제기하고자 한다. 다음 물음에 답하시오.

(2) 甲은 乙의 영업정지처분 1월이 경과한 후에도 그 처분의 취소를 구할 소의 이익이 있는지 논하시오. (20점)

【2017년도 제26회 공인노무사/ 사례형 – 30점】
건설회사에 근무하는 甲은 건설현장 불법행위 단속을 나온 공무원 乙의 중과실로 인하여 공사현장에 업무 중 골절 등 산재사고로 인한 상해를 입었고, 이를 이유로 2014년 2월 경 근로복지공단으로부터 휴업급여와 장해급여 등을 지급받았다. 그런데 이후 甲이 회사가 가입하고 있던 보험회사로부터 별도로 장해보상금을 지급받자 근로복지공단은 甲이 이중으로 보상받았음을 이유로 2016년 3월경 이미 지급된 급여의 일부에 대한 징수결정을 하고 이를 甲에게 고지하였다. 그러나 甲이 이 같은 징수결정에 대해서 민원을 제기하자 2016년 11월경 당초의 징수결정 금액의 일부를 감액하는 처분을 하였는데, 그 처분 고지서에는 "이의가 있는 경우 행정심판법 제27조의 규정에 의한 기간 내에 행정심판을 청구하거나 행정소송법 제20조의 규정에 의한 기간 내에 행정소송을 제기할 수 있습니다."라고 기재되어 있었다. 한편 공무원 乙은 공직기강확립 감찰기간 중 중과실로 甲에 대한 산재사고를 야기하였음을 이유로 해임처분을 받자 이에 대해서 소청심사를 거쳐 취소소송을 제기하였다. 다음 물음에 답하시오.

(2) 해임처분취소소송의 계속 중 乙이 정년에 이르게 된 경우, 乙에게 해임처분의 취소를 구할 법률상 이익이 인정되는지 여부를 검토하시오. (25점)

▶ 답안연습: 한장답안 기출문제 연습 【문제 3】 참조

─〈목 차〉─

# Ⅰ. 서설

행정소송법 제12조(원고적격)

취소소송은 처분등의 취소를 구할 법률상 이익이 있는 자가 제기할 수 있다. 처분등의 효과가 기간의 경과, 처분등의 집행 그 밖의 사유로 인하여 소멸된 뒤에도 그 처분등의 취소로 인하여 회복되는 법률상 이익이 있는 자의 경우에는 또한 같다.

## 1. 협의의 소익(권리보호필요)의 의의

협의의 소익이란 "원고의 소송상 청구에 대하여 ① 본안판결을 구하는 것을 정당화시킬 수 있는 ② 구체적 실익 내지 현실적 필요성"을 말한다.

## 2. 제도의 취지 및 문제점

협의의 소익은 "판결의 실효성 확보와 소송경제"를 위해 필요한 것이지만 국민의 재판청구권의 제한이라는 문제점도 동시에 발생한다.

# Ⅱ. 행정소송법 제12조 후단의 성질

## 1. 동조규정의 성질

동규정에 대하여 ① 행정소송법 제12조 제1문과 제2문 모두 원고적격에 관한 조항으로 해석하는 **원고적격설**(입법비과오설)과, ② 행정소송법 제12조 제1문은 원고적격에 관한 조항이고 제2문은 권리보호필요, 즉 **협의의 소익을 규정한 것으로 보는 협의소익규정설(입법과오설)**이 대립한다. 후설이 다수의 견해이다.

## 2. 행정소송법 제12조 후문의 취소소송의 성질

### (1) 문제점

행정소송법 제12조 제2문에 의한 실효한 행정처분에 대한 취소소송의 법적 성질을 확인소송으로 볼 것인지 형성소송으로 볼 것인지에 대하여 견해가 대립된다.

### (2) 학설

#### 1) 독일의 계속적 확인소송설(多)

독일 행정법원법(VwGO) 제113조 제1항 제4문에 따른 계속적 확인소송(Fortsetzungsfeststellungsklage)에 대응되는 소송으로서 **실효한 행정처분의 위법성의 확인을 구하는 소송으로 이해하는 견해(위법확인의 정당한 이익설)**이다.

#### 2) 소급적 취소목적의 형성소송설

제12조 전문에 의한 취소소송의 목적이 현존하는 위법한 행정처분의 **장래의 효력배제**에 있다면, 후단의 취소소송의 목적은 **장래의 불이익을 제거하기 위하여 이미 실효한 행정처분의 효력을 기왕에 소급하여 상실시키는 소송으로 이해해야 한다**는 견해이다.

### (3) 검토

행정소송법 제12조 제2문에 의한 실효한 행정처분에 대한 취소소송은 처분의 효력을 배제하기 위한 소송이 아닌 **위법성의 확인을 구하는 취소소송으로 새기는 계속적 확인소송설이 타당**하다.

# III. "회복되는 법률상 이익"의 인정범위

## 논점 18    협의의 소익의 인정범위 ★★★

### 1. 문제점

행정소송법 제12조 제2문의 '회복되는 법률상 이익'이란 취소소송을 통해 구제되는 법률상 이익뿐만 아니라 부수적 이익도 이에 포함된다. 문제는 여기서 부수적 이익에 어떠한 이익이 포함될지에 대하여 견해가 대립된다.

### 2. 학설

이에 대해 학설은 ① 명예·신용 등은 '회복되는 법률상 이익'에 포함되지 않는다고 보는 **재산상 이익설**(소극설), ② 명예·신용 등의 인격적 이익, 보수청구와 같은 재산적 이익 및 불이익제거와 같은 사회적 이익도 인정될 수 있다는 **명예·신용상 이익설**(적극설), ③ 독일 행정법원법 제113조 제1항이 규정하는 처분의 위법확인에 대한 정당한 이익으로 보아 법률상 이익보다 넓은 것으로서 원고의 경제적·정치적·사회적, 문화적 이익까지 포함하는 것으로 보는 **정당한 이익설**이 주장되고 있다.

### 3. 판례

판례는 "처분으로 인하여 명예, 신용 등 인격적인 이익이 침해되어 그 침해상태가 자격정지기간 경과 후까지 잔존한다 하더라도 이와 같은 불이익은 동 처분의 직접적인 결과라고 할 수 없다(대법원 1978.5.23. 78누72)."고 하여 기본적으로 ①설(재산상 이익설; 소극설)의 입장을 취하는 것으로 보인다.

### 4. 검토

행정소송법 제12조 제2문의 취소소송의 성질을 계속적 확인소송으로 보아 정당한 이익만 있으면 소의 이익을 인정하는 ③설의 입장이 타당하다.

---

> **참조판례** 소급하여 소멸한 처분의 협의의 소익
>
> **【사건개요】** 원고인 학교법인 문성학원은 창원전문대학을 운영하고 있고, 피고 보조참가인인 甲은 창원전문대학의 교수로 재직중이다. 원고 문성학원은 甲에 대하여 창원대 부학장 및 학장직무대행으로 재직하던 중 불법적인 인사권과 재정권 등을 행사하며 학내분규사태를 부추겨 장기화시켰다는 등의 사유를 징계사유로 삼아 참가인을 파면한다는 징계의결을 하고, 2007.2.12. 참가인 甲에게 위 징계처분 결과를 통지하였다. 참가인 甲은 피고인 교원소청심사위원회에 소청심사를 청구한 결과, 피고 교원소청심사위원회는 2007.4.23. 위 파면처분의 전제가 된 징계의결요구에 관한 원고 이사회의 결의에 중대한 절차상의 하자가 있다는 이유로 파면처분을 취소하는 결정을 하였다.
> 이에 대하여 원고 문성학원은 교원소청심사위원회를 상대로 교원소청심사결정의 취소를 구하는 재결취소소송을 제기하였는데, 이 사건 소송이 계속 중이던 2009.3.19. 문성학원 교원징계위원회는 참가인 甲에 대한 원래의 징계처분인 파면처분을 해임처분으로 변경하는 내용의 재징계의결을 하였다. 이러자 원래 교원소청심사결정의 취소를 구할 소의 이익이 문제된 사건
>
> **【판시사항】** 교원소청심사위원회의 파면처분 취소결정에 대한 취소소송 계속 중 학교법인이 교원에 대한 징계처분을 파면에서 해임으로 변경한 경우, 종전의 파면처분은 소급하여 실효되고 해임만 효력을 발생하므로, 소급하여 효력을 잃은 파면처분을 취소한다는 내용의 교원소청심사결정의 취소를 구하는 것은 법률상 이익이 없다(대법원 2010.2.25. 2008두20765).

**[참조판례]** 거부처분 취소재결의 협의의 소익

**【사건개요】** 건설사업자인 丙이 관할 행정청에게 주택건설사업계획변경승인신청을 하였으나 이를 반려하자, 소관 행정심판위원회에 거부처분 취소심판을 청구하여 취소재결을 받았다. 이에 경쟁 건설업자인 원고 甲이 이러한 거부처분 취소재결에 대하여 행정심판위원회를 상대로 취소소송을 제기한 경우 협의의 소익이 문제된 사건

**【판시사항】** 행정청이 한 처분 등의 취소를 구하는 소송은 그 처분에 의하여 발생한 위법 상태를 배제하여 원래 상태로 회복시키고 그 처분으로 침해된 권리나 이익을 구제하고자 하는 것이다. 따라서 해당 처분 등의 취소를 구하는 것보다 실효적이고 직접적인 구제수단이 있음에도 그 처분 등의 취소를 구하는 것은 특별한 사정이 없는 한 분쟁해결의 유효적절한 수단이라고 할 수 없어 법률상 이익이 있다고 할 수 없다. 그런데 당사자의 신청을 받아들이지 않은 거부처분이 재결에서 취소된 경우에 행정청은 종전 거부처분 또는 재결 후에 발생한 새로운 사유를 내세워 다시 거부처분을 할 수 있다. 그 재결의 취지에 따라 이전의 신청에 대하여 다시 어떠한 처분을 하여야 할지는 처분을 할 때의 법령과 사실을 기준으로 판단하여야 하기 때문이다. 또한 행정청이 재결에 따라 이전의 신청을 받아들이는 후속처분을 하였더라도 그 후속처분이 위법한 경우에는 재결에 대한 취소소송을 제기하지 않고도 곧바로 후속처분에 대한 항고소송을 제기하여 다툴 수 있다. 나아가 거부처분을 취소하는 재결이 있더라도 그에 따른 후속처분이 있기까지는 제3자의 권리나 이익에 변동이 있다고 볼 수 없고 후속처분 시에 비로소 제3자의 권리나 이익에 변동이 발생하며, 재결에 대한 항고소송을 제기하여 재결을 취소하는 판결이 확정되더라도 그와 별도로 후속처분이 취소되지 않는 이상 후속처분으로 인한 제3자의 권리나 이익에 대한 침해 상태는 여전히 유지된다. 이러한 점들을 종합하여 보면, 거부처분이 재결에서 취소된 경우 재결에 따른 후속처분이 아니라 그 재결의 취소를 구하는 것은 실효적이고 직접적인 권리구제수단이 될 수 없어 분쟁해결의 유효적절한 수단이라고 할 수 없으므로 법률상 이익이 없다(대법원 2017.10.31. 2015두45045).

## Ⅳ. 관련문제(처분의 효력이 장래를 향하여 실효된 경우 협의의 소익)

### 1. 원칙

대법원은 "행정처분에 그 효력기간이 정하여져 있는 경우, 그 처분의 효력 또는 집행이 정지된바 없다면 위 기간의 경과로 그 행정처분의 효력은 상실되므로 그 기간 경과 후에는 그 처분이 외형상 잔존함으로 인하여 어떠한 법률상 이익이 침해되고 있다고 볼만한 별다른 사정이 없는 한 그 처분의 취소를 구할 법률상의 이익이 없다."고 하여 **원칙적으로 소의 이익을 부정**한다.

### 2. 법령에서 장래의 가중적 제재처분의 요건규정을 두고 있는 경우

### (1) 법률 또는 법규명령에 규정을 둔 경우

대법원은 ① 영업정지처분이나 업무정지처분의 존재가 장래 불이익하게 취급되는 것으로 법령에 규정되어 있는 경우에는 이들 처분의 효과가 소멸된 뒤에도 협의의 소익이 인정된다. ② 그러나 **이 경우에도 기간의 경과로 인하여 실제로 가중적 제재처분의 요건을 충족시킬 가능성이 해소된 경우에는 이들 처분의 취소를 구할 협의의 소익이 인정되지 아니한다.**[21]

---

21) [대법원 2000.4.21. 98두10080] 업무정지처분을 받은 후 새로운 업무정지처분을 받음이 없이 1년이 경과하여 실제로 가중된 제재처분을 받을 우려가 없어졌다면, 위 처분에서 정한 정지기간이 경과한 이상 특별한 사정이 없는 한 그 처분의 취소를 구할 법률상 이익이 없다.

## (2) 법규명령형식의 행정규칙인 [별표]에 규정된 경우

### 1) 문제점

장래의 가중적 제재처분의 요건이 법적 성질이 문제되는 법규명령형식의 행정규칙에 규정된 경우 장래의 제재적 처분을 받을 위험을 이유로 기간이 경과한 행정처분의 취소를 구할 소의 이익을 인정할 수 있는지 여부가 문제된다.

### 2) 학설

이에 대해 학설은 ① 법규명령형식의 행정규칙의 법규성여하에 따라 판단되어야 한다는 견해[22]와, ② 법규명령형식의 행정규칙의 법규성 여하와 관계없이 현실적으로 장래에 불이익한 가중적 제재처분을 받을 위험만 존재한다면 소의 이익을 인정해야 한다는 견해로 나뉘어 있다.

### 3) 판례

대법원은 과거 "행정명령에 불과한 각종 규칙상의 행정처분 기준에 관한 규정에서 위반 횟수에 따라 가중처분하게 되어 있다 하여 법률상의 이익이 있는 것으로 볼 수는 없다."고 하여 ①의 입장에서 협의의 소익을 부정하였으나, 최근 전원합의체판결을 통해 "규칙이 정한 바에 따라 **선행처분을 받은 상대방이 그 처분의 존재로 인하여 장래에 받을 불이익, 즉 후행처분의 위험은 구체적이고 현실적인 것이므로, 상대방에게는 선행처분의 취소소송을 통하여 그 불이익을 제거할 필요가 있다.**"고 하여 ②의 입장에서 협의의 소익을 긍정하였다.[23]

### 4) 검토

협의의 소익의 본질상 법규명령형식의 행정규칙의 성질 여하와 관계없이 현실적인 불이익처분을 제거할 필요성으로 판단함이 타당하다. 따라서 ②설의 입장이 옳다.

---

22) [대법원 1995.10.17. 94누14148 전원합의체] 변경 전 대법원판례의 입장이다. 따라서 대법원은 ① 법규명령 중 대통령령형식의 가중적 제재처분의 경우에는 법규명령으로 보아 협의의 소익을 긍정하고, ② 부령형식인 경우에는 행정규칙으로 보아 협의의 소익을 부정하였다(→ 행정명령에 불과한 각종 규칙상의 행정처분 기준에 관한 규정에서 위반 횟수에 따라 가중처분하게 되어 있다 하여 법률상의 이익이 있는 것으로 볼 수는 없다).

23) [대법원 2006.6.22. 2003두1684 전원합의체] 변경된 현재의 대법원판례의 입장이다. "제재적 행정처분이 그 처분에서 정한 제재기간의 경과로 인하여 그 효과가 소멸되었으나, 부령인 시행규칙 또는 지방자치단체의 규칙(이하 이들을 '규칙'이라고 한다)의 형식으로 정한 처분기준에서 제재적 행정처분(이하 '선행처분'이라고 한다)을 받은 것을 가중사유나 전제요건으로 삼아 장래의 제재적 행정처분(이하 '후행처분'이라고 한다)을 하도록 정하고 있는 경우, 제재적 행정처분의 가중사유나 전제요건에 관한 규정이 법령이 아니라 규칙의 형식으로 되어 있다고 하더라도, 그러한 규칙이 법령에 근거를 두고 있는 이상 그 법적 성질이 대외적·일반적 구속력을 갖는 법규명령인지 여부와는 상관없이, 관할 행정청이나 담당공무원은 이를 준수할 의무가 있으므로 이들이 그 규칙에 정해진 바에 따라 행정작용을 할 것이 당연히 예견되고, 그 결과 행정작용의 상대방인 국민으로서는 그 규칙의 영향을 받을 수밖에 없다. 따라서 그러한 규칙이 정한 바에 따라 선행처분을 받은 상대방이 그 처분의 존재로 인하여 장래에 받을 불이익, 즉 후행처분의 위험은 구체적이고 현실적인 것이므로, 상대방에게는 선행처분의 취소소송을 통하여 그 불이익을 제거할 필요가 있다. 또한, 나중에 후행처분에 대한 취소소송에서 선행처분의 사실관계나 위법 등을 다툴 수 있는 여지가 남아 있다고 하더라도, 이러한 사정은 후행처분이 이루어지기 전에 이를 방지하기 위하여 직접 선행처분의 위법을 다투는 취소소송을 제기할 필요성을 부정할 이유가 되지 못한다. 그러한 쟁송방법을 막는 것은 여러 가지 불합리한 결과를 초래하여 권리구제의 실효성을 저해할 수 있기 때문이다. 오히려 앞서 본 바와 같이 행정청으로서는 선행처분이 적법함을 전제로 후행처분을 할 것이 당연히 예견되므로, 이러한 선행처분으로 인한 불이익을 선행처분 자체에 대한 소송에서 사전에 제거할 수 있도록 해 주는 것이 상대방의 법률상 지위에 대한 불안을 해소하는 데 가장 유효적절한 수단이 된다고 할 것이고, 또한 그 소송을 통하여 선행처분의 사실관계 및 위법 여부가 조속히 확정됨으로써 이와 관련된 장래의 행정작용의 적법성을 보장함과 동시에 국민생활의 안정을 도모할 수 있다. 이상의 여러 사정과 아울러, 국민의 재판청구권을 보장한 헌법 제27조 제1항의 취지와 행정처분으로 인한 권익침해를 효과적으로 구제하려는 행정소송법의 목적 등에 비추어 행정처분의 존재로 인하여 국민의 권익이 실제로 침해되고 있는 경우는 물론이고 권익침해의 구체적·현실적 위험이 있는 경우에도 이를 구제하는 소송이 허용되어야 한다는 요청을 고려하면, 규칙이 정한 바에 따라 선행처분을 가중사유 또는 전제요건으로 하는 후행처분을 받을 우려가 현실적으로 존재하는 경우에는, 선행처분을 받은 상대방은 비록 그 처분에서 정한 제재기간이 경과하였다 하더라도 그 처분의 취소소송을 통하여 그러한 불이익을 제거할 권리보호의 필요성이 충분히 인정된다고 할 것이므로, 선행처분의 취소를 구할 법률상 이익이 있다고 보아야 한다."

## 3. 직위해제처분이 실효된 경우

### (1) 인사규정 등에서 직위해제처분에 따른 승진·승급에 제한을 가하는 경우

> **참조판례** 실효한 직위해제처분의 협의의 소익
>
> 【사건개요】 원고인 甲은 A공단 소속 근로자로서 노동조합 인터넷 게시판에 A공단 이사장을 모욕하는 내용의 글을 게시하였고, A공단은 甲이 인사규정상 직원의 의무를 위반하고 품위를 손상하였다는 사유로 甲에 대하여 직위해제처분을 한 후 동일한 사유로 해임처분을 하였다. A공단의 인사규정은 직위해제기간을 승진소요 최저연수 및 승급소요 최저근무기간에 산입하지 않도록 하여 직위해제처분이 있는 경우 승진에 제한을 가하고 있고, A공단의 보수규정은 직위해제기간 동안 보수의 2할을 감액하도록 규정하고 있다. 甲은 중앙노동위원회에 직위해제처분 및 해임처분에 대해 부당해고 재심판정을 구하였으나 기각되었다. 이후 甲은 직위해제처분에 관한 재심판정의 취소를 구하는 행정소송을 제기한 사건
>
> 【판시사항】 직위해제처분은 근로자로서의 지위를 그대로 존속시키면서 다만, 그 직위만을 부여하지 아니하는 처분이므로 만일 어떤 사유에 기하여 근로자를 직위해제한 후 그 직위해제 사유와 동일한 사유를 이유로 징계처분을 하였다면 뒤에 이루어진 징계처분에 의하여 그 전에 있었던 직위해제처분은 그 효력을 상실한다. 여기서 직위해제처분이 효력을 상실한다는 것은 직위해제처분이 소급적으로 소멸하여 처음부터 직위해제처분이 없었던 것과 같은 상태로 되는 것이 아니라 사후적으로 그 효력이 소멸한다는 의미이다. 따라서 직위해제처분에 기하여 발생한 효과는 당해 직위해제처분이 실효되더라도 소급하여 소멸하는 것이 아니므로, 인사규정 등에서 직위해제처분에 따른 효과로 승진·승급에 제한을 가하는 등의 법률상 불이익을 규정하고 있는 경우에는 직위해제 처분을 받은 근로자는 이러한 법률상 불이익을 제거하기 위하여 그 실효된 직위해제 처분에 대한 구제를 신청할 이익이 있다(대법원 2010.7.29. 2007두18406).

### (2) 인사규정 등에서 직위해제처분에 따른 승진·승급에 제한을 가하지 않는 경우

이 경우 대법원은 "직위해제 처분은 그 근로자로서의 지위를 그대로 존속시키면서 다만, 그 직위만을 부여하지 아니하는 처분이므로 만일 어떤 사유에 기하여 근로자를 직위해제한 후 그 직위해제 사유와 동일한 사유를 이유로 징계처분을 하였다면 뒤에 이루어진 징계처분에 의하여 그 전에 있었던 직위해제 처분은 그 효력을 상실한다고 할 것이고, 이와 같이 **직위해제 처분이 효력을 상실한 경우에는, 인사규정 등에 의하여 승진·승급에 제한이 가하여지는 등의 특별한 사정이 없는 한, 그 무효확인을 구할 이익은 없다**고 할 것이다(대법원 2007.12.28. 2006다33999)."고 판시하여 협의의 소익을 부정한다.

# V. 노동관련 행정소송의 경우

## 1. 근로자가 중앙노동위원회의 재심판정을 다투는 경우 이후 근로관계가 종결된 경우

### (1) 종전 대법원의 입장

종래 대법원은 "근로자가 부당해고구제신청을 하여 해고의 효력을 다투던 중 근로계약기간의 만료로 근로관계가 종료하였다면 근로자로서는 비록 이미 지급받은 해고기간 중의 임금을 부당이득으로 반환하여야 하는 의무를 면하기 위한 필요가 있거나 퇴직금 산정 시 재직기간에 해고기간을 합산할 실익이 있다고 하여도, 그러한 이익은 민사소송절차를 통하여 해결될 수 있어 더 이상 구제절차를 유지할 필요가 없게 되었으므로 구제이익은 소멸한다고 보아야 한다."고 판시하여 원칙적으로 협의의 소익을 부정한 바 있다(대법원 2009.12.10. 2008두22136).

### (2) 변경된 대법원의 입장

그러나 최근 대법원 전원합의체판결을 통해 "부당해고 구제명령제도에 관한 근로기준법의 규정 내용과 목적 및 취지, 임금상당액 구제명령의 의의 및 법적 효과 등을 종합적으로 고려하면, **근로자가 부당해고 구제신청을 하여 해고의 효력을 다투던 중 정년에 이르거나 근로계약기간이 만료하는 등의 사유로 원직에 복직하는 것이 불가능하게 된 경우에도 해고기간 중의 임금 상당액을 지급받을 필요가 있다면 임금 상당액 지급의 구제명령을 받을 이익이 유지되므로 구제신청을 기각한 중앙노동위원회의 재심판정을 다툴 소의 이익이 있다**고 보아야 한다."고 판시하여 협의의 소익을 인정한 바 있다.

**【사실관계】** 근로자(원고)는 사업주와 기간의 정함이 없는 근로계약을 체결하고 근무하던 중 2016.12.경 사업주로부터 해고를 통보받았다. 근로자는 이에 대해 서울지방노동위원회에 부당해고 구제신청을 하였으나 기각되자, 중앙노동위원회도 같은 이유로 재심신청을 하여 또 다시 기각되었다. 이에 근로자는 2017.9.22. 이 사건 재심판정의 취소를 구하는 소를 제기하였는데, 사업주는 2017.9.19. 근로자 과반수의 동의를 얻어 취업규칙을 개정하여 이 사건 소가 제1심법원에 계속 중이던 2017.10.1.부터 시행하였다. 이러한 개정 취업규칙에서는 정년 규정이 없던 개정 전 취업규칙과 달리 근로자가 만 60세에 도달하는 날을 정년으로 하고, 정년 규정은 개정 취업규칙 시행일 이전에 입사한 직원에게도 적용되는 것으로 정하였다. 원심법원은 원고가 개정 취업규칙 시행일인 2017.10.1. 정년이 되어 당연퇴직함에 따라 이 사건 재심판정의 취소를 구할 소의 이익이 소멸하였다고 보았다.

**【판시사항】** 부당해고 구제명령제도에 관한 근로기준법의 규정 내용과 목적 및 취지, 임금상당액 구제명령의 의의 및 법적 효과 등을 종합적으로 고려하면, 근로자가 부당해고 구제신청을 하여 해고의 효력을 다투던 중 정년에 이르거나 근로계약기간이 만료하는 등의 사유로 원직에 복직하는 것이 불가능하게 된 경우에도 해고기간 중의 임금 상당액을 지급받을 필요가 있다면 임금 상당액 지급의 구제명령을 받을 이익이 유지되므로 구제신청을 기각한 중앙노동위원회의 재심판정을 다툴 소의 이익이 있다고 보아야 한다. 상세한 이유는 다음과 같다.

① 부당해고 구제명령제도는 부당한 해고를 당한 근로자에 대한 원상회복, 즉 근로자가 부당해고를 당하지 않았다면 향유할 법적 지위와 이익의 회복을 위해 도입된 제도로서, 근로자 지위의 회복만을 목적으로 하는 것이 아니다. **해고를 당한 근로자가 원직에 복직하는 것이 불가능하더라도, 부당한 해고라는 사실을 확인하여 해고기간 중의 임금 상당액을 지급받도록 하는 것도 부당해고 구제명령제도의 목적에 포함된다.**

② 부당한 해고를 당한 근로자를 원직에 복직하도록 하는 것과, 해고기간 중의 임금상당액을 지급받도록 하는 것 중 어느 것이 더 우월한 구제방법이라고 말할 수 없다. 근로자를 원직에 복직하도록 하는 것은 장래의 근로관계에 대한 조치이고, 해고기간 중의 임금 상당액을 지급받도록 하는 것은 근로자가 부당한 해고의 효력을 다투고 있던 기간 중의 근로관계의 불확실성에 따른 법률관계를 정리하기 위한 것으로 서로 목적과 효과가 다르기 때문에 원직복직이 가능한 근로자에 한정하여 임금 상당액을 지급받도록 할 것은 아니다.

③ 근로자가 구제명령을 통해 유효한 집행권원을 획득하는 것은 아니지만, **해고기간 중의 미지급 임금과 관련하여 강제력 있는 구제명령을 얻을 이익이 있으므로 이를 위해 재심판정의 취소를 구할 이익도 인정된다고 봄이 타당하다.**

④ 해고기간 중의 임금 상당액을 지급받기 위하여 민사소송을 제기할 수 있다는 사정이 소의 이익을 부정할 이유가 되지는 않는다.

⑤ 종래 대법원이 근로자가 구제명령을 얻는다고 하더라도 객관적으로 보아 원직에 복직하는 것이 불가능하고, 해고기간에 지급받지 못한 임금을 지급받기 위한 필요가 있더라도 민사소송절차를 통하여 해결할 수 있다는 등의 이유를 들어 소의 이익을 부정하여 왔던 판결들은 금품지급명령을 도입한 근로기준법 개정 취지에 맞지 않고, 기간제근로자의 실효적이고 직접적인 권리구제를 사실상 부정하는 결과가 되어 부당하다(대법원 2020.2.20. 2019두52386 전원합의체).

## 2. 사업주가 근로자에 대한 부당직위해제(대기발령)에 대한 구제명령을 다투는 경우

**【사실관계】** ① 원고 회사가 1990.1.1. 입사한 소외 이광열(이하 소외인이라 한다)을 총무과장에 보하여 근무하게 하다가 1991.7.23. 총무과로부터 분리 신설된 자재과 과장으로 전보시켜 근무하게 하였는데, 1992.1.31. 경영합리화조치의 일환으로 자재과를 다시 없애고 총무과에 통폐합하면서 소외인을 자재과장에서 보직해임하고 본사 대기를 명하였고, ② 이에 소외인이 원고 회사의 보직해임 및 대기발령이 부당인사라고 주장하며 1992.3.26. 경상북도지방노동위원회에 부당대기발령 구제신청을 하였으나, 같은 위원회는 같은 해 4.22. 위 구제신청을 기각하였고, ③ 소외인이 위 결정에 불복하여 피고에게 재심신청을 하자, 피고는 1992.6.17. 소외인에 대한 보직해임 및 대기발령이 부당인사임을 인정하고 대기발령일인 1992.1.31.부터 과장대우 보직을 받은 같은 해 4.16.까지 부당대기발령중에 받을 수 있었던 직무수당 등 임금차액 전액을 지급하며, 동 대기발령과 관련하여 승급누락 등 불이익조치를 하여서는 아니된다는 내용의 구제명령을 발하는 취지의 재심판정을 하였는데, ④ 원고 회사는 위와 같이 구제명령을 한 피고의 재심판정에 불복하여 그 취소를 구하는 이 사건 행정소송을 제기하였고, ⑤ 한편 원고 회사가 1992.7.13. 피고로부터 위 구제명령을 송달받자, 소외인의 직무수당 등 임금차액을 청산하여 주었고, 소외인이 그 직후인 같은 달 16. 원고 회사에 사직원을 제출하여 같은 달 31. 자로 퇴직한 사안

【판시사항】[1] 피고의 구제명령 중 과장보직해임 및 대기발령이 부당인사에 해당함을 인정하고 승급누락 등 불이익조치를 금지한 부분에 관하여는 소외인이 자진 퇴사하여 그 내용이 무의미하여졌고, 장차 원고 회사의 인사나 다른 기업에 영향을 미친다거나 대표이사의 명예회복을 위하여 필요가 있다는 등의 사유는 사실적, 경제적 이유에 불과하여 그들 사유로서는 소를 유지할 법률상 이익이 있는 경우에 해당하지 아니하고, 또한 대기발령기간중의 직무수당 등 임금차액의 지급을 명한 구제조치부분은 원고의 임의변제로 처분의 집행이 종료된 것과 같아 처분의 효과가 소멸되었으므로 처분을 취소한다 하여 회복되는 법률상 이익이 없고, 지급금의 반환 등의 문제는 궁극적으로 민사소송절차에 의하여 확정되어야 할 것이며, 부당 대기발령 등의 구제신청에 대한 피고의 재심판정에 대한 적법 여부를 가리는 이 소송에서 임금차액의 지급을 명한 구제조치 부분에 대하여 독립하여 다툴 수 없다는 등의 이유를 들어 원고의 이 사건 소는 결국 그 법률상 이익이 없어 부적법하다고 판단하고 있다.

[2] 원심이 확정한 바와 같이 피고의 구제명령 중 과장보직해임 및 대기발령이 부당인사로 인정되어 승급누락 등 불이익조치를 금지한 부분이 소외인의 자진퇴직이란 사정변경으로 인하여 더 이상 원고에 대한 구속력이 없어져 무의미한 것으로 되었다 하더라도, 대기발령기간중의 직무수당 등 임금차액의 지급을 명한 구제조치에 대하여는 그 임금차액이 이미 지급되었지만 이 사건 소송에서 그 구제명령이 취소된다면 원고가 소외인에게 지불한 임금상당액은 법적 근거가 없게 되어 부당이득이 되고, 원고는 소외인에 대하여 그 반환을 청구할 수 있게 되는 것이기 때문에 그 한도에서 원고는 이 사건 구제명령의 취소를 구할 법률상 이익이 있다고 보아야 할 것이다(원심은 구제명령의 이행으로서 지급된 임금의 반환 여부는 별도의 부당이득반환을 구하는 민사소송에서 확정될 것이라고 하여 민사소송에 미루고 있지만, 위 명령이 취소되지 아니하는 경우에는 사용자가 사후에 별도로 제기한 민사소송에서 이 사건 대기발령의 적법함이 입증되더라도 공정력 있는 위 구제명령에 따라 지급된 임금상당액은 그 명령이 당연무효가 아닌 한 법률상 원인 없이 지급된 것이 아니어서 부당이득반환을 받을 수 없게 될 것이므로 원심의 위와 같은 설시는 부당하다).

## 3. 근로자에 대한 해고처분에 대해 부당해고구제신청과 부당노동행위구제신청을 동시에 청구한 경우 하나의 인용판정으로 인해 다른 하나의 청구에 대한 기각판정을 다툴 필요가 없게 되는지 여부

참조판례 **부당해고구제와 부당노동행위구제 간의 관계**

【사실관계】경신공업 주식회사(사용자)에 입사하여 근무하면서 노동조합 활동을 하여 왔던 원고 甲은 위 회사로부터 징계해고되었다. 이에 원고 甲은 위 해고처분이 부당노동행위 및 부당해고에 해당한다고 주장하면서 인천광역시지방노동위원회에 부당노동행위구제 및 부당해고구제 신청을 하였으나 위 지방노동위원회는 원고의 신청을 모두 기각하는 판정을 하였다. 원고가 이에 불복하여 중앙노동위원회에 재심판정을 신청하자, 중앙노동위원회는 위 지방노동위원회 판정 중 부당해고구제신청 부분에 관하여는 이를 원고를 복직시킬 것의 재심판정을 하였고, 부당노동행위구제신청 부분에 관하여는 증거 불충분의 이유로 원고의 재심신청을 기각하는 판정을 하였다. 이에 원고 甲은 위 부당노동행위구제신청에 관한 재심신청을 기각한 피고의 판정에 대한 취소를 구하고 있는 이 사건 재심판정취소의 소를 제기한 사건

【판시사항】구 노동조합법 제39조 제1호에 의하면 '근로자가 노동조합에 가입 또는 가입하려고 하였거나 노동조합을 조직하려고 하였거나 기타 노동조합의 업무를 위한 정당한 행위를 한 것을 이유로 그 근로자를 해고하거나 그 근로자에게 불이익을 주는 행위' 등을 부당노동행위로 규정하고, 같은 법 제40조 내지 제44조에서 이와 같은 부당노동행위에 대하여 노동위원회에 구제를 신청할 수 있도록 함과 아울러 그 신청 및 심사의 절차와 구제명령의 효력 등에 관하여 규정하고 있으며, 같은 법 제46조에서 확정된 기각결정 또는 재심판정에 따르지 않은 자를 처벌할 수 있도록 규정하고 있다. 한편 구 근로기준법 제27조의3 제1항에 의하면 "사용자가 근로자에 대하여 정당한 이유 없이 해고·휴직·정직·전직·감봉 기타 징벌을 한 때에는 당해 근로자는 노동위원회에 그 구제를 신청할 수 있다"고 규정하고, 같은 조 제2항에서 구제신청과 심사절차 등에는 구 노동조합법 제40조 내지 제44조의 규정을 준용하도록 규정하고 있다. 이 두 개의 제도 중 구 노동조합법에 의한 부당노동행위구제제도는 집단적 노사관계질서를 파괴하는 사용자의 행위를 예방·제거함으로써 근로자의 단결권·단체교섭권 및 단체행동권을 확보하여 노사관계의 질서를 신속하게 정상화하고자 함에 그 목적이 있음에 비하여, 구 근로기준법에 의한 부당해고등구제제도는 개별적 근로계약관계에 있어서 근로자에 대한 권리침해를 구제하기 위함에 그 목적이 있는 것으로, 이는 그 목적과 요건에 있어서 뿐만 아니라 그 구제명령의 내용 및 효력 등에 있어서도 서로 다른 별개의 제도라고 할 것이다. 그러므로 사용자로부터 해고된 근로자는 그 해고처분이 구 노동조합법상 부당노동행위에 해당됨을 이유로

같은 법에 의한 부당노동행위구제신청을 하면서 그와는 별도로 그 해고처분이 구 근로기준법상 부당해고에 해당됨을 이유로 같은 법에 의한 부당해고구제신청을 할 수 있는 것이고, 근로자가 이와 같은 두 개의 구제신청을 모두 한 경우에 부당해고구제절차에서 부당해고에 해당함을 이유로 구제명령이 발하여졌다고 하여도 그 구제명령은 근로자에 대한 해고처분이 부당노동행위에 해당함을 전제로 이루어진 것이라고 할 수 없으므로, 그와 같은 부당해고에 대한 구제명령이 있었다는 사정만으로 부당노동행위구제신청에 대한 구제이익 또는 그 구제신청을 받아들이지 않은 중앙노동위원회의 재심판정에 대한 취소소송에서의 소의 이익마저도 없게 되었다고 할 수 없다. 구 근로기준법 제27조의3 제2항, 구 노동조합법 제44조가 부당해고등구제신청에 따른 구제명령의 효력이 중앙노동위원회에의 재심신청이나 행정소송의 제기에 의하여 정지되지 아니한다고 규정하고 있다고 하여 달리 볼 것이 아니다."고 판시하여 권리보호의 필요를 긍정한 바 있다(대법원 1998.5.8. 97누7448【부당노동행위구제재심판정취소】).

## 4. 단체교섭에 응하여 임금협상이 타결되었음을 이유로 재심판정의 취소를 구할 협의의 소익이 상실되는지 여부

> **참조판례** 단체교섭의 타결

**【사실관계】** 에너지관리공단의 근로자로 구성된 에너지관리공단노동조합은 1993년 임금협상을 공단에게 요청하여 단체교섭을 진행하던 중 공단으로 부터 "당분간 교섭에 응할 수 없다."는 내용의 회신을 받았다. 이에 위 노동조합은 정당한 이유 없이 단체교섭을 거부하였음을 이유로 관할 지방노동위원회에 부당노동행위구제 신청을 한 결과, 이에 대해 동 위원회는 단체교섭에 응하라는 내용의 구제명령을 하였다. 이에 공단은 부당노동행위 구제명령에 대하여 중앙노동위원회에 재심판정을 청구하였다. 동 위원회는 노동조합 및 노동관계조정법(이하 '노조법'이라 한다) 제30조 제2항의 "정당한 이유"가 있는 거부임을 이유로 지방노동위원회의 구제명령을 취소하는 재심판정을 하였다. 이에 중앙노동위원회의 구제명령을 취소하는 재심판정에 대해 에너지관리공단노동조합이 취소소송을 제기하였으나, 소송도중 공단이 단체교섭에 응하여 1993년도 임금협상이 타결된 경우

**【판시사항】** 부당노동행위구제신청에 따른 구제명령을 얻는다고 하더라도 객관적으로 보아 그 실현이 불능인 경우와 구제를 구하는 사항이 다른 방법에 의하여 이미 실현되어 구제신청이 이미 목적을 달성한 경우 등에는 중앙노동위원회 판정의 취소를 구할 소의 이익은 없다고 보아야 하므로, 특정사항에 관한 단체교섭의 거부를 이유로 한 부당노동행위구제신청에 대한 각하결정의 취소를 구하는 소송 중 그에 관한 단체교섭이 타결된 경우에는 그 구제신청은 이미 목적을 달성한 경우로서 위 결정의 취소를 구하는 소송은 소의 이익이 없어 부적법하다(대법원 1995.4.7. 94누3209).

# VI. 문제유형별 답안작성요령

## 1. 계쟁처분의 실효 ①(가중적 제재처분에 관한 요건규정이 없는 경우)

▶ 부록: 답안작성요령 <사례논점 05> **2** 참조

> **참조판례** 행정상 공표의 직권취소와 협의의 소익

**【사실관계】** ① 병무청장은 병역법에 의거하여 병역의무 기피자의 인적사항 등을 병무청 홈페이지를 통해 널리 대중에게 공표하였다. ② 원고들은 '여호와의 증인' 신도로서 현역 입영 또는 소집 통지를 받고도 병역법 제88조에서 정한 기간 이내에 입영하지 아니하거나 소집에 응하지 아니한 사람들이다. ③ 이러한 원고들은 병무청 인터넷 홈페이지에 공개 대상자의 인적사항 등이 게시되는 경우 그의 명예가 훼손되므로, 이러한 공표결정을 취소해 줄 것을 구하는 행정소송을 관할 법원에 제기하였다. ④ 그런데 소송도중 대법원이 이른바 양심적 병역거부가 병역법 제88조 제1항에서 정한 병역의무 불이행의 '정당한 사유'에 해당할 수 있다는 취지로 판례를 변경하자(대법원 2018.11.1. 2016도10912 전원합의체 참조), 병무청장은 위 대법원 판례변경의 취지를 존중하여 원고들에 대한 공개결정을 직권으로 취소하고, 그 사실을 원고들에게 개별적으로 통보하고 병무청 인터넷 홈페이지에서 게시물을 삭제하였다.

【판시사항】구 행정처분의 무효확인 또는 취소를 구하는 소가 제소 당시에는 소의 이익이 있어 적법하였더라도, 소송 계속 중 처분청이 다툼의 대상이 되는 행정처분을 직권으로 취소하면 그 처분은 효력을 상실하여 더 이상 존재하지 않는 것이므로, 존재하지 않는 그 처분을 대상으로 한 항고소송은 원칙적으로 소의 이익이 소멸하여 부적법하다고 보아야 한다(대법원 2006.9.28. 2004두5317 참조). 다만, 처분청의 직권취소에도 불구하고 완전한 원상회복이 이루어지지 않아 무효확인 또는 취소로써 회복할 수 있는 다른 권리나 이익이 남아 있거나 또는 동일한 소송 당사자 사이에서 그 행정처분과 동일한 사유로 위법한 처분이 반복될 위험성이 있어 행정처분의 위법성 확인 내지 불분명한 법률문제에 대한 해명이 필요한 경우 행정의 적법성 확보와 그에 대한 사법통제, 국민의 권리구제의 확대 등의 측면에서 예외적으로 그 처분의 취소를 구할 소의 이익을 인정할 수 있을 뿐이다(대법원 2007.7.19. 2006두19297 전원합의체 ; 대법원 2016.6.10. 2013두1638 참조).

따라서 이 사건 소는 이미 소멸하고 없는 처분의 무효확인 또는 취소를 구하는 것으로서 원칙적으로 소의 이익이 소멸하였다고 보아야 한다. 또한, 피고가 양심적 병역거부자인 '여호와의 증인' 신도들에 대하여 대법원의 판례변경의 취지를 존중하여 당초 처분을 직권취소한 것이므로, 동일한 소송 당사자 사이에서 당초 처분과 동일한 사유로 위법한 처분이 반복될 위험성이 있어 행정처분의 위법성 확인이나 불분명한 법률문제에 대한 해명이 필요한 경우도 아니어서, 소의 이익을 예외적으로 인정할 필요도 없다. 결국 이 사건 소는 부적법하다고 판단된다(대법원 2019.6.27. 2018두49130).

## 2. 계쟁처분의 실효 ②(가중적 제재처분에 관한 요건규정이 있는 경우)

▶ 부록: 답안작성요령 <사례논점 05> ③ 참조

## 3. 처분 후 기타 사정변경으로 인해 협의의 소익이 문제되는 경우

▶ 부록: 답안작성요령 <사례논점 05> ④ 참조

**개념정리 취소소송에서의 협의의 소익에 관한 판례정리**

| 구분 | | 대법원 판시사항 |
|---|---|---|
| Ⅰ. 원칙 (부정) | | 행정처분에 그 효력기간이 정하여져 있는 경우, 그 처분의 효력 또는 집행이 정지된바 없다면 위 기간의 경과로 그 행정처분의 효력은 상실되므로 그 기간 경과 후에는 그 처분이 외형상 잔존함으로 인하여 어떠한 법률상 이익이 침해되고 있다고 볼만한 별다른 사정이 없는 한 그 처분의 취소를 구할 법률상의 이익이 없다(대법원 2004.7.8. 2002두1946). |
| [1] 처분이 실효된 경우 | Ⅱ. 예외 | 1. 가중적 제재처분의 요건이 법률 및 법규명령에 규정된 경우<br>2. 위법한 처분이 장래에 다시 반복될 위험성이 존재하는 경우<br>① 수형자의 영치품에 대한 사용신청 불허처분 후 수형자가 다른 교토소로 이송된 경우 영치품 사용신청 불허처분의 취소를 구할 법률상 이익이 있다는 판례: 행정처분의 취소를 구하는 소는 그 처분에 의하여 발생한 위법상태를 배제하여 원상으로 회복시키고 그 처분으로 침해되거나 방해받은 권리와 이익을 보호·구제하고자 하는 소송이므로, 비록 처분을 취소한다 하더라도 원상회복이 불가능한 경우에는 그 처분의 취소를 구할 이익이 없는 것이 원칙이지만, 원상회복이 불가능하다고 보이는 경우라 하더라도, 동일한 소송 당사자 사이에서 그 행정처분과 동일한 사유로 위법한 처분이 반복될 위험성이 있어 행정처분의 위법성 확인 내지 불분명한 법률문제에 대한 해명이 필요하다고 판단되는 경우 등에는 행정의 적법성 확보와 그에 대한 사법통제, 국민의 권리구제의 확대 등의 측면에서 여전히 그 처분의 취소를 구할 이익이 있다(대법원 2008.2.14. 2007두13203).<br>② 학교법인 임원취임승인의 취소처분 후 그 임원의 임기가 만료되고, 임원결격사유기간마저 경과한 경우 또는 임시이사가 교체되어 새로운 임시이사가 선임된 경우, 이사승인취소처분 및 당초의 임시이사선임처분의 취소를 구할 소의 이익이 있는지 여부: 제소 당시에는 권리보호의 이익을 갖추었는데 제소 후 취소 대상 행정처분이 기간의 경과 등으로 그 효과가 소멸한 때, 동일한 소송 당사자 사이에서 동일한 사유로 위법한 처분이 반복될 위험성이 있어 행정처분의 위법성 확인 내지 불분명한 법률문제에 대한 해명이 필요하다고 판단되는 경우, 그리고 선행처분과 후행처분이 단계적인 일련의 절차로 연속하여 행하여져 후행처분이 선행처분의 적법함을 전제로 이루어짐에 따라 선행처분의 하자가 후행처분에 승계된다고 볼 수 있어 이미 소를 제기하여 다투고 있는 선행처분의 위법성을 확인하여 줄 필요가 있는 경우 등에는 행정의 적법성 확보와 그에 대한 사법통제, 국민의 권리구제의 확대 등의 측면에서 여전히 그 처분의 취소를 구할 법률상 이익이 있다. 임시이사 선임처분에 대하여 취소를 구하는 소송의 계속중 임기만료 등의 사유로 새로운 임시이사들로 교체된 경우, 선행 임시이사 선임처분의 효과가 소멸하였다는 이유로 그 취소를 구할 법률상 이익이 없다고 보게 되면, 원래의 정식이사들로서는 계속중인 소를 취하하고 후행 임시이사 선임처분을 별개의 소로 다툴 수밖에 없게 되며, 그 별소 진행 도중 다시 임시이사가 교체되면 또 새로운 별소를 제기하여야 하는 등 무익한 처분과 소송이 반복될 가능성이 있으므로, 이러한 경우 법원이 선행 임시이사 선임처분의 취소를 구할 법률상 이익을 긍정하여 그 위법성 내지 하자의 존재를 판결로 명확히 해명하고 확인하여 준다면 위와 같은 구체적인 침해의 반복 위험을 방지할 수 있을 뿐 아니라, 후행 임시이사 선임처분의 |

효력을 다투는 소송에서 기판력에 의하여 최초 내지 선행 임시이사 선임처분의 위법성을 다투지 못하게 함으로써 그 선임처분을 전제로 이루어진 후행 임시이사 선임처분의 효력을 쉽게 배제할 수 있어 국민의 권리구제에 도움이 된다. 그러므로 취임승인이 취소된 학교법인의 정식이사들로서는 그 취임승인취소처분 및 임시이사 선임처분에 대한 각 취소를 구할 법률상 이익이 있고, 나아가 선행 임시이사 선임처분의 취소를 구하는 소송 도중에 선행 임시이사가 후행 임시이사로 교체되었다고 하더라도 여전히 선행 임시이사 선임처분의 취소를 구할 법률상 이익이 있다(대법원 2007.7.19. 2006두19297 전원합의체).

| | | |
|---|---|---|
| | Ⅰ. 원칙<br>(부정) | 처분의 효력이 처분의 집행등으로 인하여 원상회복이 불가능한 경우: 협의의 소익이 원칙적으로 부정됨(① 대집행이 실행된 경우, ② 건축공사가 완료된 이후 건축허가처분을 다투는 경우) |
| [2]<br>원상<br>회복의<br>불능 | Ⅱ. 예외<br>(긍정) | ① 징계처분 후 당연퇴직된 경우라도 파면처분의 취소를 구한 경우: 파면처분취소소송의 사실심변론종결전에 당연퇴직되어 그 공무원의 신문을 상실하고, 당연퇴직이나 파면이 퇴직급여에 관한 불이익의 점에 있어 동일하다 하더라도 **최소한도 이 사건 파면처분이 있은 때부터 위 법규정에 의한 당연퇴직일자까지의 기간에 있어서는 파면처분의 취소를 구하여 그로 인해 박탈당한 이익의 회복을 구할 소의 이익이 있다 할 것이다**(대법원 1985.6.25. 85누39).<br>② 공무원이 징계사유에 해당하여 감봉처분을 받고 자진사퇴한 후 감봉처분에 대한 취소소송을 제기한 경우<br>③ 현역입영대상자로서는 현실적으로 입영을 하였다고 하더라도, 입영 이후의 법률관계에 영향을 미치고 있는 현역병입영통지처분 등을 한 관할지방병무청장을 상대로 위법을 주장하여 그 취소를 구할 소송상의 이익이 있다(대법원 2003.12.26. 2003두1875).<br>④ 건축허가취소처분을 받은 건축물 소유자가 건축물 완공 후에도 취소처분의 취소를 구할 법률상 이익: 건축허가를 받아 건축물을 완공하였더라도 건축허가가 취소되면 그 건축물은 철거 등 시정명령의 대상이 되고 이를 이행하지 않은 건축주 등은 건축법 제80조에 따른 이행강제금 부과처분이나 행정대집행법 제2조에 따른 행정대집행을 받게 되며, 나아가 건축법 제79조 제2항에 의하여 다른 법령상의 인·허가 등을 받지 못하게 되는 등의 불이익을 입게 된다. 따라서 **건축허가취소처분을 받은 건축물 소유자는 그 건축물이 완공된 후에도 여전히 위 취소처분의 취소를 구할 법률상 이익을 가진다고 보아야 한다**(대법원 2015.11.12. 2015두47195). |
| [3]<br>사정변<br>경<br>및<br>목적<br>실현의<br>경우 | Ⅰ. 원칙<br>(부정) | ① 사법시험1차시험불합격처분취소소송 중 다음연도 1차시험 합격한 경우<br>② 공익근무요원 소집해제신청거부처분 취소소송 계속 중에 소집해제처분이 있는 경우(위 거부처분의 취소를 구한 경우)<br>③ 계쟁처분의 직권취소 또는 철회된 경우(당초처분 후 증액경정처분) |
| | Ⅱ. 예외<br>(긍정) | ① 지방의회 의원에 대한 제명의결 취소소송 계속중 임기가 만료되어 제명의결의 취소로 의원의 지위를 회복할 수 없는 경우에도 그 제명의결의 취소를 구할 법률상 이익이 있다는 판례: 임기만료일까지의 기간에 대해 월정수당의 지급을 구할 수 있는 등 여전히 그 제명의결의 취소를 구할 법률상 이익은 남아 있다고 보아야 한다(대법원 2009.1.30. 2007두13487). |

② 국립학교퇴학처분에 대한 취소소송도중 검정고시시험에 합격한 경우: 검정고시에 합격하였다 하여 고등학교 학생으로서의 신분과 명예가 회복될 수 없는 것이니 퇴학처분을 받은 자로서는 퇴학처분의 위법을 주장하여 그 취소를 구할 소송상의 이익이 있다(대법원 1992.7.14. 91누4737).

③ 공장설립승인처분이 쟁송취소된 이후 이러한 처분에 기초한 공장건축허가처분을 다툰 경우: [2] 행정소송법 제12조 후문은 '처분 등의 효과가 기간의 경과, 처분 등의 집행 그 밖의 사유로 인하여 소멸된 뒤에도 그 처분 등의 취소로 인하여 회복되는 법률상 이익이 있는 자의 경우에는' 취소소송을 제기할 수 있다고 규정하여, 이미 효과가 소멸된 행정처분에 대해서도 권리보호의 필요성이 인정되는 경우에는 취소소송의 제기를 허용하고 있다. 구체적인 사안에서 권리보호의 필요성 유무를 판단할 때에는 국민의 재판청구권을 보장한 헌법 제27조 제1항의 취지와 행정처분으로 인한 권익침해를 효과적으로 구제하려는 행정소송법의 목적 등에 비추어 행정처분의 존재로 인하여 국민의 권익이 실제로 침해되고 있는 경우는 물론이고 권익침해의 구체적·현실적 위험이 있는 경우에도 이를 구제하는 소송이 허용되어야 한다는 요청을 고려하여야 한다. 따라서 처분이 유효하게 존속하는 경우에는 특별한 사정이 없는 한 그 처분의 존재로 인하여 실제로 침해되고 있거나 침해될 수 있는 현실적인 위험을 제거하기 위해 취소소송을 제기할 권리보호의 필요성이 인정된다고 보아야 한다.

[3] 구 산업집적활성화 및 공장설립에 관한 법률 제13조 제1항, 제13조의2 제1항 제16호, 제14조, 제50조, 제13조의5 제4호의 규정을 종합하면, 공장설립승인처분이 있고 난 뒤에 또는 그와 동시에 공장건축허가처분을 하는 것이 허용되므로, 공장설립승인처분이 취소된 경우에는 그 승인처분을 기초로 한 공장건축허가처분 역시 취소되어야 하고, 공장설립승인처분에 근거하여 토지의 형질변경이 이루어진 경우에는 원상회복을 해야 함이 원칙이다. 따라서 개발제한구역 안에서의 공장설립을 승인한 처분이 위법하다는 이유로 쟁송취소되었다고 하더라도 그 승인처분에 기초한 공장건축허가처분이 잔존하는 이상, 공장설립승인처분이 취소되었다는 사정만으로 인근 주민들의 환경상 이익이 침해되는 상태나 침해될 위험이 종료되었다거나 이를 시정할 수 있는 단계가 지나버렸다고 단정할 수는 없고, 인근 주민들은 여전히 공장건축허가처분의 취소를 구할 법률상 이익이 있다고 보아야 한다(대법원 2018.7.12. 2015두3485).

**개념정리 중노위의 재심판정에 대한 취소소송에서의 협의의 소익**

| 근로자가 재심판정에 대한 취소소송을 제기한 경우 | 사용자가 재심판정에 대한 취소소송을 제기한 경우 |
|---|---|
| • 사직서제출 등 근로관계의 종결 → 부정에서 긍정으로 판례변경<br>부당해고 구제명령제도에 관한 근로기준법의 규정 내용과 목적 및 취지, 임금상당액 구제명령의 의의 및 법적 효과 등을 종합적으로 고려하면, 근로자가 부당해고 구제신청을 하여 해고의 효력을 다투던 중 정년에 이르거나 근로계약기간이 만료하는 등의 사유로 원직에 복직하는 것이 불가능하게 된 경우에도 해고기간 중의 임금 상당액을 지급받을 필요가 있다면 임금 상당액 지급의 구제명령을 받을 이익이 유지되므로 구제신청을 기각한 중앙노동위원회의 재심판정을 다툴 소의 이익이 있다고 보아야 한다(대법원 2020.2.20. 2019두52386 전원합의체).<br>• 회사가 소멸된 경우 → 부정<br>근로자를 징계해고한 회사가 해산등기 이후 청산절차가 종료되어 청산절차 종결등기를 마친 경우, 위 근로자는 부당해고구제신청에 따른 구제명령을 얻는다고 하더라도 위 회사와의 근로관계 회복이 객관적으로 불가능하게 되었고, 그 외 법령 등에서 재취업의 기회를 제한하는 규정을 두고 있는 등의 특별한 사정이 없고 위 회사에 분배되지 아니한 잔여재산이 남아 있지 않다면 해고 이후 복직이 가능하였던 기간 중의 임금 상당액도 변제받을 수 없게 되었다고 할 것이므로 부당해고구제재심판정의 취소를 구할 소의 이익이 없다(대법원 2000.8.22. 99두6910). | • 자진사직의 경우 → 긍정<br>중앙노동위원회의 구제명령 중 보직해임 및 대기발령이 부당 인사로 인정되어 승급 누락 등 불이익 조치를 금지한 부분이 근로자의 자진퇴직이란 사정변경으로 인하여 더 이상 구속력이 없어져 무의미한 것으로 되었다 하더라도, 대기발령 기간 중의 직무수당 등 임금 차액의 지급을 명한 구제조치에 대하여는 그 임금 차액이 이미 지급되었지만 그 구제명령이 취소된다면 근로자에게 지불한 임금 상당액은 법적 근거가 없게 되어 부당이득이 되고, 근로자에 대하여 반환을 청구할 수 있게 되는 것이기 때문에 그 한도에서 구제명령의 취소를 구할 법률상 이익이 있다(대법원 1993.9.14. 93누1268).<br>• 근로계약기간이 만료된 경우 → 긍정<br>중앙노동위원회의 원직복귀명령 및 임금지급명령에 관한 재심결정 중 원직복귀명령이 사정변경으로 인하여 근로계약 종료일 이후부터 효력이 없게 되는 경우 해고 다음날부터 복직명령이 이행가능하였던 근로계약종료시까지의 기간 동안에 임금지급명령에 기하여 발생한 구체적인 임금지급의무는 사정변경으로 복직명령이 실효되더라도 소급하여 소멸하는 것이 아니므로 사용자는 사업장이 폐쇄되어 근로계약이 종료한 이후에도 임금 상당액의 지급명령을 포함하는 노동위원회의 결정에 따를 공법상의 의무를 부담하고 있어서 사용자로서는 그 의무를 면하기 위하여 재심판정의 취소를 구할 법률상의 이익이 있다(대법원 1993.4.27. 92누13196).<br>• 사업장이 폐쇄된 경우 → 긍정<br>사용자가 행한 해고처분에 대하여 이를 부당해고로 인정하면서 해고된 근로자를 원직에 복직시키고 해고기간 동안 임금상당액의 지급을 명하는 내용의 노동위원회의 구제명령에 관한 재심판정 후에 사업장이 폐쇄되어도 해고 다음날부터 복직명령의 이행이 가능하였던 사업장 폐쇄시까지의 기간 동안의 임금상당액의 지급의무는 소급하여 소멸하는 것이 아니므로, 사용자로서는 위 임금상당액의 지급명령을 포함하는 노동위원회의 결정에 따를 공법상의 의무를 부담하고 있는 상태라 할 것이니, 그 의무를 면하기 위하여 재심판정의 취소를 구할 법률상 이익이 있다(대법원 1994.4.29. 93누16680). |

# 한장답안 기출문제 연습

> ### 2022년도 제31회 공인노무사 시험
>
> **【문제 1】** 甲은 교육사업을 영위하는 회사 乙과 기간의 정함이 없는 근로계약을 체결하고 근무하던 중 乙로부터 해고를 통보받았다. 이에 대해 甲은 서울지방노동위원회에 부당해고 구제를 신청하였고, 이후 원직에 복직하는 대신 금전보상명령을 구하는 것으로 신청취지를 변경하였다. 그러나 서울지방노동위원회에의 구제신청과 이어진 중앙노동위원회에의 재심신청이 각각 기각됨에 따라, 甲은 2022.7.22. 서울행정법원에 재심판정의 취소를 구하는 소를 제기하였다. 한편, 乙은 2022.7.19. 정당한 절차에 의해 취업규칙을 개정하였고, 이 규칙은 이 사건 소가 계속 중이던 2022.8.1.부터 시행되었다. 종전 취업규칙에는 정년에 관한 규정이 없었으나 '개정 취업규칙'에는 근로자가 만 60세에 도달하는 날을 정년으로 정하고 있으며, 甲은 이미 2022.4.15. 만 60세에 도달하였다. 甲이 중앙노동위원회의 재심판정을 다툴 협의의 소의 이익이 인정되는지를 설명하시오. (25점)

**한장 답안**

**Ⅰ. 문제의 소재**(설문에서는 중앙노동위원회의 재심판정 처분취소소송의 계속 중 근로자 甲이 정년에 이르게 되어 근 로관계가 종결된 경우에도 이에 관한 취소소송을 제기할 협의의 소익이 부정되는지 여부가 문제된다.)

**Ⅱ. 행정소송법 제12조 제2문의 "법률상 이익"의 인정 여부**

**1. 협의의 소익의 의의 및 인정취지**

**2. 행정소송법 제12조 제2문의 성질과 해석론**

**3. "회복되는 법률상 이익"의 인정범위**

(1) 문제점

(2) 학설: ① 경제적(재산상) 이익설, ② 명예·신용상 이익설, ③ 정당한 이익설

(3) 판례

(4) 검토

**4. 사안의 경우 판례의 태도**

(1) 종전 판례의 태도

(2) 변경된 대법원 판례의 태도

　　대법원 2020.2.20. 2019두52386 전원합의체 판결을 통해 협의의 소익을 인정하게 되었다.

**Ⅳ. 사안의 해결**

　　변경된 대법원 판례의 입장에 따라 甲이 제기한 재심판정 취소소송에 대한 협의의 소익을 인정함이 타당하다.

2005년도 제16회 감정평가사 시험

【문제 2】 감정평가사 甲은 감정평가를 함에 있어 감정평가준칙을 준수하지 아니하였음을 이유로 건설교통부장관으로부터 2월의 업무정지처분을 받았다. 이에 甲은 처분의 효력발생일로부터 2월이 경과한 후 제소기간 내에 건설교통부장관을 상대로 업무정지처분취소소송을 제기하였다. 甲에게 소의 이익이 있는지의 여부를 판례의 태도에 비추어 설명하시오(※ "현 부동산가격공시 및 감정평가에 관한 법률" 시행령 제77조 제2항은 업무정지처분을 받은 감정평가사가 1년 이내에 다시 업무정지의 사유에 해당하는 위반행위를 한 때에는 가중하여 제재처분을 할 수 있도록 규정하고 있다)

**한장 답안**

## Ⅰ. 문제의 소재(설문에서는 업무정지처분의 기간이 경과하여 취소소송의 대상인 처분의 효력이 실효한 경우에도 취소판결을 하여야 할 협의의 소익이 인정될 수 있는지 여부가 문제된다.)

## Ⅱ. 취소소송에서의 협의의 소익

### 1. 협의의 소익의 의의 및 인정취지

### 2. 행정소송법 제12조 제2문의 성질과 해석론

### 3. "회복되는 법률상 이익"의 인정범위

(1) 문제점

(2) 학설: ① 경제적(재산상) 이익설, ② 명예·신용상 이익설, ③ 정당한 이익설

(3) 판례

(4) 검토

## Ⅲ. 실효한 행정처분에 대한 협의의 소익

### 1. 원칙

특별한 사정이 없는 한 협의의 소익이 인정될 수 없다.

### 2. 장래의 가중적 제재처분에 관한 규정이 있는 경우

(1) 법률 또는 법규명령에 규정을 두고 있는 경우

현재에는 존재하지 않지만 과거에 존재하였던 처분의 존재로 말미암아 장래에 가중된 제재처분을 받을 불이익이 현실적으로 존재하므로 소의 이익이 인정된다. 그러나 가중적 제재처분의 규정은 업무정지처분을 받은 날로부터 1년 내에 동일한 위반사유가 발생해야 하므로, 만약 "동일한 법위반 사실 없이 1년이 경과하여 실제로 가중적 제재처분을 받을 우려가 없어졌다면 협의의 소익은 인정될 수 없다." 판례도 마찬가지의 입장이다.

(2) 법규명령형식의 행정규칙에 규정을 두고 있는 경우

1) 문제점

2) 학설

① 법규명령형식의 행정규칙의 법적 성질여하로 검토하는 견해, ② 현실적인 불이익의 여하로 검토하는 견해

3) 판례

4) 검토

변경된 대법원판례의 입장에 따라 ②설이 타당하다.

## Ⅳ. 사안의 해결

앞서 살펴본 판례의 입장에 따라 ① 2월의 업무정지처분을 받은 날로부터 1년이 경과하지 않은 경우 甲이 제기한 취소소송은 소의 이익이 인정되나, ② 2월의 업무정지처분을 받은 날로부터 1년이 경과한 경우에는 소의 이익이 인정되지 아니한다.

2017년도 제26회 공인노무사 시험

**【문제 3】** 건설회사에 근무하는 甲은 건설현장 불법행위 단속을 나온 공무원 乙의 중과실로
인하여 공사현장에 업무 중 골절 등 산재사고로 인한 상해를 입었고, 이를 이유로
2014년 2월경 근로복지공단으로부터 휴업급여와 장해급여 등을 지급받았다. 그런
데 이 후 甲이 회사가 가입하고 있던 보험회사로부터 별도로 장해보상금을 지급받
자 근로복지공단은 甲이 이중으로 보상받았음을 이유로 2016년 3월경 이미 지급
된 급여의 일부에 대한 징수결정을 하고 이를 甲에게 고지하였다. 그러나 甲이 이
같은 징수결정에 대해서 민원을 제기하자 2016년 11월경 당초의 징수결정 금액의
일부를 감액하는 처분을 하였는데, 그 처분 고지서에는 "이의가 있는 경우 행정심
판법 제27조의 규정에 의한 기간 내에 행정심판을 청구하거나 행정소송법 제20조
의 규정에 의한 기간 내에 행정소송을 제기할 수 있습니다."라고 기재되어 있었다.
한편 공무원 乙은 공직기강확립 감찰기간 중 중과실로 甲에 대한 산재사고를 야기
하였음을 이유로 해임처분을 받자 이에 대해서 소청심사를 거쳐 취소소송을 제기
하였다. 다음 물음에 답하시오.

**물음 2)** 해임처분취소소송의 계속 중 乙이 정년에 이르게 된 경우, 乙에게 해임처분의 취
소를 구할 법률상 이익이 인정되는지 여부를 검토하시오. (25점)

**한장답안**

**Ⅰ. 문제의 소재**(설문에서는 해임처분취소소송의 계속 중 공무원 乙이 정년에 이르게 된 경우 원상회복의 불능을 이유로 협의의 소익이 부정되는지 여부가 문제된다.)

**Ⅱ. 행정소송법 제12조 제1문의 "법률상 이익"의 인정 여부**

**1. 원고적격의 의의**

**2. 사안의 경우**

공무원 乙은 해임처분(불이익처분)의 직접 당사자로서 근거법률의 보호목적과 관계없이 헌법상 공무담임권, 직업선택의 자유 등의 침해를 이유로 법률상 이익이 인정된다.

**Ⅲ. 행정소송법 제12조 제2문의 "법률상 이익"의 인정 여부**

**1. 협의의 소익의 의의 및 인정취지**

**2. 행정소송법 제12조 제2문의 성질과 해석론**

**3. "회복되는 법률상 이익"의 인정범위**

(1) 문제점

(2) 학설: ① 경제적(재산상) 이익설, ② 명예·신용상 이익설, ③ 정당한 이익설

(3) 판례

(4) 검토

**4. 사안의 경우**

(1) 판례의 태도

파면처분취소소송의 사실심 변론종결 전에 당연퇴직되어 그 공무원의 신분을 상실하고, 당연퇴직이나 파면이 퇴직급여에 관한 불이익의 점에 있어 동일하다 하더라도 최소한 이 사건 파면처분이 있은 때부터 위 법규정에 의한 당연퇴직일자까지의 기간에 있어서는 파면처분의 취소를 구하여 그로 인해 박탈당한 이익의 회복을 구할 소의 이익이 있다 할 것이다.

(2) 검토

공무원의 지위를 회복하기 위하여 해임처분을 다툴 협의의 소익은 없으나, 판례와 마찬가지로 해임처분시부터 정년까지 받을 수 있었던 보수 및 연금 등의 부수적 이익이 구제될 수 있으므로 협의의 소익이 긍정된다.

**Ⅳ. 사안의 해결**

앞서 살펴본 내용에 따라 공무원 乙은 해임처분취소소송 도중 정년이 도래되었다 할지라도 "법률상 이익"을 갖는다.

# 취소소송의 제소기간 ★★★

대표
기출문제

**【2003년도 제12회 공인노무사/ 약술형 – 25점】**
행정소송의 제소기간에 대하여 약술하라.

---

### 〈목 차〉

---

# I. 서설

> 행정소송법 제20조(제소기간)
> ① 취소소송은 처분등이 있음을 안 날부터 90일 이내에 제기하여야한다. 다만, 제18조 제1항 단서에 규정한 경우와
> 그 밖에 행정심판청구를 할 수 있는 경우 또는 행정청이 행정심판청구를 할 수 있다고 잘못 알린 경우에 행정심판
> 청구가 있은 때의 기간은 재결서의 정본을 송달받은 날부터 기산한다.
> ② 취소소송은 처분등이 있은 날부터 1년(제1항 단서의 경우는 재결이 있은 날부터 1년)을 경과하면 이를 제기하지
> 못한다. 다만, 정당한 사유가 있는 때에는 그러하지 아니하다.
> ③ 제1항의 규정에 의한 기간은 불변기간으로 한다.

## 1. 제소기간의 의의

제소기간이란 "처분의 상대방등이 소송을 제기할 수 있는 시간적 간격"을 말한다.

## 2. 제소기간의 인정취지

처분 등의 효력을 오랫동안 불안정한 상태에 두게 될 때 야기되는 행정법관계의 불안정성을 없애기 위해, 행정소송법 제20조는 취소소송에서 제소기간을 규정하고 있고, 기타 개별법에서도 제소기간에 대한 특별규정을 두고 있다.

## 3. 결여 시 효과

제소기간의 준수 여부는 소송요건으로서 직권심리사항에 속한다. 제소기간이 경과되어 소제기가 이루어진 경우에는 소송판결로서 각하판결을 한다.

## Ⅱ. 취소소송의 제소기간

## 1. 행정심판의 재결을 거치지 않은 경우

### (1) 처분이 있음을 안 날로부터 90일

#### 1) 처분이 송달된 경우

행정심판을 거치지 않고 바로 취소소송을 제기하는 경우에는 처분이 있음을 안 날로부터 90일 이내에 제기해야 한다(행정소송법 제20조 제1항 본문). 여기에서 처분 등이 있음을 안 날이란 "당해 처분이 있었다는 사실을 현실적으로 안 날"을 말한다(대법원 1991.6.28. 90누6521). 처분이 있음을 안 날은 처분의 통지가 상대방에게 도달한 때에 처분이 알았다고 추정하게 된다. 이 기간은 불변기간이다(제20조 제3항).

#### 2) 처분이 고시 또는 공고된 경우

① 불특정 다수인에게 공고한 경우

이 경우 학설은 ㉠ 법적 안정성을 위해 상대방이 현실적으로 알았는지와 상관없이 고시 또는 공고가 효력을 발생하는 날 알았다고 보아야 한다는 견해(앎의 간주설)와, ㉡ 상대방의 충분한 쟁송기간을 보장하기 위하여 앎을 간주할 수 없어 현실적으로 안 날을 안 날로 보아야 한다는 견해가 대립된다. 대법원은 이해관계를 가진 자가 현실적으로 고시 또는 공고사실을 현실적으로 알았는지와 상관없이 **통상 고시 또는 공고가 효력을 발생하는 날에 처분이 있음을 알았다고 보아야 한다**고 본다(대법원은 사무관리규정 제8조 제2항에 따라 특별한 사정이 없는 한 **공고일로부터 5일이 경과한 날**에 처분의 효력이 발생한다고 본다).[24]

② 특정인에 대한 처분을 주소불명 등의 이유로 송달할 수 없어 공고한 경우

이 경우 대법원은 공고가 효력을 발생하는 날이 아니라 상대방이 **처분이 있었다는 사실을 현실적으로 안 날에 처분이 있음을 알았다고 보아야 한다**는 입장이다.[25]

---

24) [대법원 2007.6.14. 2004두619] 통상 고시 또는 공고에 의하여 행정처분을 하는 경우에는 그 처분의 상대방이 불특정 다수인이고 그 처분의 효력이 불특정 다수인에게 일률적으로 적용되는 것이므로, 그 행정처분에 이해관계를 갖는 자가 고시 또는 공고가 있었다는 사실을 현실적으로 알았는지 여부에 관계없이 고시가 효력을 발생하는 날 행정처분이 있음을 알았다고 보아야 한다.

25) [대법원 2006.4.28. 2005두14851] 행정소송법 제20조 제1항 소정의 제소기간 기산점인 '처분이 있음을 안 날'이라 함은 당사자가 통지, 공고 기타의 방법에 의하여 당해 처분이 있었다는 사실을 현실적으로 안 날을 의미하는바, 특정인에 대한 행정처분을 주소불명 등의 이유로 송달할 수 없어 관보·공보·게시판·일간신문 등에 공고한 경우에는, 공고가 효력을 발생하는 날에 상대방이 그 행정처분이 있음을 알았다고 볼 수는 없고, 상대방이 당해 처분이 있었다는 사실을 현실적으로 안 날에 그 처분이 있음을 알았다고 보아야 한다.

## (2) 처분이 있은 날로 부터 1년(처분이 있음을 알지 못한 경우)

### 1) 원칙

처분이 있음을 알지 못한 경우에는 처분이 있은 날로부터 1년을 경과하면 취소소송을 제기하지 못한다. 여기에서 처분이 있은 날이라 함은 **"처분이 효력을 발생한 날"**을 의미한다.

### 2) 예외

**"정당한 사유"**가 있는 경우에는 1년이 경과하더라도 소송을 제기할 수 있는 바, 이 때 정당한 사유란 **"제소기간 내에 소를 제기하지 못함을 정당화할 만한 객관적인 사유"**를 의미한다. 정당한 사유의 존부판단은 개별·구체적으로 사회통념에 따라 판단하여야 한다고 본다. 이 개념은 행정심판법 제27조 제2항의 **"천재·지변·사변 그 밖에 불가항력적인 사유"** 보다는 넓은 개념이라고 풀이된다.

## (3) 안 날과 있은 날의 관계

이 두 기간은 선택적인 것이 아니라 둘 중 어느 한 기간이 경과하면 제소기간이 만료된다.

## 2. (본래적) 이의신청을 거쳐 취소소송을 제기하는 경우
## (1) 개별법률에 제소기간에 관한 명문의 규정이 있는 경우

> 공익사업을 위한 토지 등의 취득 및 보상에 관한 법률 제85조(행정소송의 제기)
>
> ① 사업시행자, 토지소유자 또는 관계인은 제34조에 따른 재결에 불복할 때에는 재결서를 받은 날부터 90일 이내에, 이의신청을 거쳤을 때에는 이의신청에 대한 재결서를 받은 날부터 60일 이내에 각각 행정소송을 제기할 수 있다. 이 경우 사업시행자는 행정소송을 제기하기 전에 제84조에 따라 늘어난 보상금을 공탁하여야 하며, 보상금을 받을 자는 공탁된 보상금을 소송이 종결될 때까지 수령할 수 없다.

이의신청을 거쳐 취소소송을 제기하는 경우 근거법률에 행정소송의 제기기간에 관한 규정을 별도로 규정하는 경우에는 이에 따른다.

> **[참조판례]** 이의신청의 제기 후 취소소송을 제기하는 경우의 제소기간
>
> **【사실관계】** 甲광역시 교육감이 공공감사에 관한 법률(이하 '공공감사법'이라 한다) 등에 따라 乙학교법인이 운영하는 丙고등학교에 대한 특정감사를 실시한 후 丙학교의 학교장과 직원에 대하여 징계(해임)를 요구하는 처분을 하였는데, 乙법인이 위 처분에 대한 이의신청을 하였다가 기각되자 위 처분의 취소를 구하는 소를 제기한 사안
>
> **【판시사항】** [1] 행정소송법 제20조 제1항에 따르면, 취소소송은 처분 등이 있음을 안 날부터 90일 이내에 제기하여야 하는데, 행정심판청구를 할 수 있는 경우에 행정심판청구가 있은 때의 기간은 재결서의 정본을 송달받은 날부터 기산한다. 이처럼 취소소송의 제소기간을 제한함으로써 처분 등을 둘러싼 법률관계의 안정과 신속한 확정을 도모하려는 입법 취지에 비추어 볼 때, 여기서 말하는 '행정심판'은 행정심판법에 따른 일반행정심판과 이에 대한 특례로서 다른 법률에서 사안의 전문성과 특수성을 살리기 위하여 특히 필요하여 일반행정심판을 갈음하는 특별한 행정불복절차를 정한 경우의 특별행정심판(행정심판법 제4조)을 뜻한다.
>
> [2] 피고가 공공감사에 관한 법률(이하 '공공감사법'이라고 한다)과 그 시행에 필요한 사항을 규정하고 있는 구 광주광역시 교육청 행정감사규정(2012.4.1. 광주광역시교육감 교육훈령 제113호로 개정되기 전의 것, 이하 '이 사건 감사규정'이라고 한다)에 따라 원고가 운영하는 ○○고등학교에 대한 특정감사를 실시한 후, 2011.9.7. 원고에 대하여 위 학교의 학교장과 직원에 대한 각 징계(해임)를 요구하는 등의 이 사건 처분을 한 사실, 원고는 2011.9.8. 이 사건 처분서를 송달받고 2011.10.6. 이에 불복하여 피고에게 이 사건 처분에 대한 이의신청을 하였는데, 피고가 2011.12.23. 이를 기각하자 그후 2012.1.9. 이 사건 처분의 취소를 구하는 이 사건 소를 제기한 사실 등을 인정한 다음, 공공감사법상의 재심의신청 및 이 사건 감사규정상의 이의신청은 자체감사를 실시한 중앙행정기관 등의 장으로 하여금 감사결과나 그에 따른 요구사항의 적법·타당 여부를 스스로 다시 심사하도록 한 절차로서 행정심판을 거친 경우의 제소기간의 특례가 적용된다고 할 수 없다고 보고, 이의신청에 대한 결과통지일이 아니라 원고가 이 사건 처분이 있음을 알았다고 인정되는 2011.9.8.부터 제소기간을 기산하여 이 사건 소가 그 기간의 도과로 부적법하다고 판단하였다. 앞서 본 법리와 공공감사법상의 재심의신청과 이 사건 감사규정상의 이의신청에 관한 관련 규정에 비추어 보면, 이러한 원심판단은 정당하고, 거기에 상고이유로 주장한 것과 같은 법리를 오해한 위법이 없다(대법원 2014.4.24. 2013두10809).

## (2) 개별법률에 제소기간에 관한 명문의 규정이 없는 경우

> **행정기본법 제36조(처분에 대한 이의신청)**
> ④ 이의신청에 대한 결과를 통지받은 후 행정심판 또는 행정소송을 제기하려는 자는 그 결과를 통지받은 날(제2항에 따른 통지기간 내에 결과를 통지받지 못한 경우에는 같은 항에 따른 통지기간이 만료되는 날의 다음 날을 말한다)부터 90일 이내에 행정심판 또는 행정소송을 제기할 수 있다.
> ⑤ 다른 법률에서 이의신청과 이에 준하는 절차에 대하여 정하고 있는 경우에도 그 법률에서 규정하지 아니한 사항에 관하여는 이 조에서 정하는 바에 따른다.

이의신청을 거쳐 취소소송을 제기하는 경우 근거법률에 행정소송의 제기기간에 관한 규정을 별도로 규정하고 있지 않는 경우에는 현행 행정기본법에 따라 이의신청의 결과를 통지받은 날(통지기간 내에 결과를 통지받지 못한 경우에는 같은 항에 따른 통지기간이 만료되는 날의 다음 날을 말한다)부터 90일 이내에 취소소송을 제기할 수 있다.

## (3) 이의신청에서 재조사결정이 통보된 경우

> **참조판례** 이의신청에서 재조사결정의 통보된 경우의 제소기간
>
> **【사건개요】** 피고인 양천세무서장은 2005.4.1.원고 甲에 대하여 매출신고 누락을 이유로 부가가치세를 부과처분을 하였다. 이에 원고가 이에 불복하여 2005.6.29. 양천세무서장에게 이의신청을 하였고 이에 대하여 세무서장은 2005.7.27. 원고의 주장이 이유 있는 것으로 판단되어 실지거래 여부를 재조사하여 그 결과에 따라 과세표준 및 세액을 경정하도록 한다는 취지의 결정을 하고(이하 '이 사건 재조사결정'이라 한다), 이를 금천세무서장에게 통보하였고, 2005.7.29. 원고에게 그 결정서가 도달하였다. 한편 금천세무서장은 피고의 재조사결정 통보에 따라 2005.9.6.부터 2005.10.21.까지 재조사를 하고서 당초 결정이 정당한 것으로 판단하고 2005.10.18. 이를 피고에게 통지하였고, 피고는 2005.10.24. 원고에게 당초 결정이 정당하다는 재조사결과를 통보하였다. 이에 원고 甲은 2005.10.28. 국세청에 심사청구를 제기하였는데, 국세청은 원고의 심사청구는 원고가 이 사건 재조사결정을 통보받은 2005.7.29.로부터 심사청구기간인 90일을 도과하여 제기된 것으로서 부적법하다는 이유로 2005.12.29. 청구를 각하하는 결정을 하였다. 이에 원고는 2006.3.20. 이 사건 소를 제기하였다.
>
> **【판결요지】** [다수의견] 이의신청 등에 대한 결정의 한 유형으로 실무상 행해지고 있는 재조사결정은 처분청으로 하여금 하나의 과세단위의 전부 또는 일부에 관하여 당해 결정에서 지적된 사항을 재조사하여 그 결과에 따라 과세표준과 세액을 경정하거나 당초 처분을 유지하는 등의 후속 처분을 하도록 하는 형식을 취하고 있다. 이에 따라 재조사결정을 통지받은 이의신청인 등은 그에 따른 후속 처분의 통지를 받은 후에야 비로소 다음 단계의 쟁송절차에서 불복할 대상과 범위를 구체적으로 특정할 수 있게 된다. 이와 같은 재조사결정의 형식과 취지, 그리고 행정심판제도의 자율적 행정통제기능 및 복잡하고 전문적·기술적 성격을 갖는 조세법률관계의 특수성 등을 감안하면, 재조사결정은 당해 결정에서 지적된 사항에 관해서는 처분청의 재조사결과를 기다려 그에 따른 후속 처분의 내용을 이의신청 등에 대한 결정의 일부분으로 삼겠다는 의사가 내포된 변형결정에 해당한다고 볼 수밖에 없다. 그렇다면 재조사결정은 처분청의 후속 처분에 의하여 그 내용이 보완됨으로써 이의신청 등에 대한 결정으로서의 효력이 발생한다고 할 것이므로, 재조사결정에 따른 심사청구기간이나 심판청구기간 또는 행정소송의 제소기간은 이의신청인 등이 후속 처분의 통지를 받은 날부터 기산된다고 봄이 타당하다.
> [대법관 김영란, 대법관 양승태, 대법관 안대희의 별개의견] 재조사결정은 단지 효율적인 사건의 심리를 위하여 처분청에 재조사를 지시하는 사실상의 내부적 명령에 불과하다고 보아야 할 것이므로 그로써 이의신청 등에 대한 결정이 있었다고 할 수 없고, 후속 처분에 의하여 그 효력이 발생한다고 의제할 수도 없다. 따라서 이의신청인 등에게 재조사결정이나 후속 처분이 통지되었다고 하더라도 그 후 다시 재결청이 국세기본법에 규정된 유형의 결정을 하여 이의신청인 등에게 이를 통지할 때까지는 심사청구기간 등이 진행하지 않는다고 보아야 한다(대법원 2010.6.25. 2007두12514 전원합의체).

## 3. 행정심판의 재결을 거친 경우

### (1) 재결서의 정본을 송달받은 경우

행정심판을 제기한 경우에는 재결서의 정본을 송달받은 날로부터 90일이 제소기간이 된다. 이 기간은 불변기간이다(제20조 제3항). 그러나 이 경우 **행정심판의 제기는 청구기간 내에 청구된 적법한 행정심판에 한정된다.**

---

**참조판례**

【사건개요】피고인 국민건강보험공단장 乙은 국민건강보험법상 요양기관인 K약국을 운영하고 있는 甲에게 "甲은 K약국을 운영하면서 2001.8.1. ~ 2002.1.29.까지 실제로는 그 때 그 때 사정에 따라 약사 2인 또는 3인이 근무하였으나 항상 약사 3인 이상이 근무한 것으로 신고하여 부당하게 요양급여를 지급받았다."는 이유로 국민건강보험법 제85조의2 제1항에 근거하여 과징금부과처분을 하였다. 甲은 이러한 내용의 처분통지서를 2009.9.4.에 송달받았다. 이에 甲은 이를 전액납부하였으나, 나중에 위 과징금부과처분에 하자가 있다는 사실을 알게 되었다. 이에 甲은 중앙행정심판위원회에 2009.12.15.에 위 과징금부과처분에 대한 취소심판을 청구하였으나, 동 행정심판위원회는 취소심판청구의 기간도과를 이유로 각하재결을 하였고, 이러한 내용의 재결서정본을 2010.3.16.에 송달받았다. 이에 다시 甲은 불복하여 위 과징금부과처분에 대하여 2010.6.15.에 취소소송을 제기한 사건

【판결요지】[1] 행정소송법 제18조 제1항, 제20조 제1항, 구 행정심판법(2010.1.25. 법률 제9968호로 전부 개정되기 전의 것) 제18조 제1항을 종합해 보면, 행정처분이 있음을 알고 처분에 대하여 곧바로 취소소송을 제기하는 방법을 선택한 때에는 처분이 있음을 안 날부터 90일 이내에 취소소송을 제기하여야 하고, 행정심판을 청구하는 방법을 선택한 때에는 처분이 있음을 안 날부터 90일 이내에 행정심판을 청구하고 행정심판의 재결서를 송달받은 날부터 90일 이내에 취소소송을 제기하여야 한다. 따라서 처분이 있음을 안 날부터 90일 이내에 행정심판을 청구하지도 않고 취소소송을 제기하지도 않은 경우에는 그 후 제기된 취소소송은 제소기간을 경과한 것으로서 부적법하고, 처분이 있음을 안 날부터 90일을 넘겨 청구한 부적법한 행정심판청구에 대한 재결이 있은 후 재결서를 송달받은 날부터 90일 이내에 원래의 처분에 대하여 취소소송을 제기하였다고 하여 취소소송이 다시 제소기간을 준수한 것으로 되는 것은 아니다.

[2] 국민건강보험공단이 2009.9.2.국민건강보험법 제85조의2 제1항에 따라 甲에게 과징금을 부과하는 처분을 하여 2009.9.7. 甲의 동료가 이를 수령하였는데, 甲이 그때부터 90일을 넘겨 국무총리행정심판위원회에 행정심판을 청구하여 청구기간 경과를 이유로 각하재결을 받았고, 그 후 재결서를 송달받은 때부터 90일 이내에 원처분에 대하여 취소소송을 제기한 사안에서, 행정심판은 甲이 처분이 있음을 안 날부터 90일을 넘겨 청구한 것으로서 부적법하고, 행정심판의 재결이 있은 후에 비로소 제기된 과징금 부과처분에 대한 취소소송 또한 제소기간이 경과한 후에 제기된 것으로서 부적법하다는 이유로 이를 각하한 원심판결을 정당하다고 한 사례(대법원 2011.11.24. 2011두18786).

---

### (2) 재결서의 정본을 송달받지 못한 경우

#### 1) 문제점

재결서 정본이 당사자에게 송달되지 아니한 경우 취소소송의 제기기간이 문제된다.

#### 2) 학설

학설은 행정소송법 제20조 제2항을 적용하여 재결이 있은 날로부터 1년의 기간이 적용된다고 본다.

#### 3) 판례

대법원은 "**수용재결서가 수용시기 이전에 피수용자에게 적법하게 송달되지 아니한 경우 이의신청기간은 진행하지 않고,** 수용재결서의 정본이 적법하게 송달된 날로부터 수용재결에 대한 이의신청기간이 진행된다(대법원 1995.6.13. 94누9085)."고 판시하고 있다.

#### 4) 검토

법적 안정성을 위해 행정소송법 제20조 제2항을 준용하여 재결이 있은 날로부터 1년 이내에 취소소송을 제기하여야 한다고 해석함이 타당하다.

# Ⅲ. 적용범위

## 1. 상대방 및 제3자

제소기간에 관한 행정소송법 제20조는 처분의 상대방뿐만 아니라 제3자가 소송을 제기하는 경우에도 적용된다.

## 2. 무효등확인소송의 경우

### (1) 원칙

무효등확인소송의 경우에는 처분의 하자가 중대하고 명백하여 누구든지 언제든지 어떤 방법으로든지 무효를 주장할 수 있고, 행정법관계의 조속한 안정이 필요하더라도 당연무효인 경우까지 효력을 다툴 수 없다고 하면 법치행정의 원칙에 반한다. 따라서 무효등확인소송은 제소기간의 제한이 없이 언제든지 다툴 수 있다.

### (2) 무효선언적 의미의 취소소송의 경우

#### 1) 문제점

무효선언적 의미의 취소소송의 경우나 취소를 구하는 의미에서의 무효확인소송에서도 제소기간의 준수가 제소요건으로 요구되는지에 대해 견해가 대립된다.

#### 2) 학설

이에 대해 ① 제소기간의 준수 등의 요건을 구비해야 한다는 **적용긍정설**과, ② 요구되지 않는다는 **적용부정설**이 대립된다.

#### 3) 판례

대법원은 "**처분의 당연무효를 선언하는 의미에서의 취소를 구하는 행정소송을 제기한 경우에도 제소기간의 준수 등 제소요건을 갖추어야 한다.**"고 판시하여 긍정설의 입장이다.

#### 4) 소결

이 경우 제소기간의 준수 등 요건을 요구하지 않게 되는 경우 제소기간을 잠탈할 우려가 있다는 점에서 무효선언적 의미의 취소소송이나 취소사유에 대한 무효확인소송에서도 제소기간의 준수는 요구된다고 보아야 한다.

2017년도 제26회 공인노무사 시험

【문제 1】 건설회사에 근무하는 甲은 건설현장 불법행위 단속을 나온 공무원 乙의 중과실로 인하여 공사현장에 업무 중 골절 등 산재사고로 인한 상해를 입었고, 이를 이유로 2014년 2월경 근로복지공단으로부터 휴업급여와 장해급여 등을 지급받았다. 그런데 이 후 甲이 회사가 가입하고 있던 보험회사로부터 별도로 장해보상금을 지급받자 근로복지공단은 甲이 이중으로 보상받았음을 이유로 2016년 3월경 이미 지급된 급여의 일부에 대한 징수결정을 하고 이를 甲에게 고지하였다. 그러나 甲이 이 같은 징수결정에 대해서 민원을 제기하자 2016년 11월경 당초의 징수결정 금액의 일부를 감액하는 처분을 하였는데, 그 처분 고지서에는 "이의가 있는 경우 행정심판법 제27조의 규정에 의한 기간 내에 행정심판을 청구하거나 행정소송법 제20조의 규정에 의한 기간 내에 행정소송을 제기할 수 있습니다."라고 기재되어 있었다. 한편 공무원 乙은 공직기강확립 감찰기간 중 중과실로 甲에 대한 산재사고를 야기하였음을 이유로 해임처분을 받자 이에 대해서 소청심사를 거쳐 취소소송을 제기하였다. 다음 물음에 답하시오.

물음 1) 甲은 감액처분에 불복하여 행정심판을 청구하였고, 각하재결을 받은 후 재결서를 송달받은 즉시 2017년 5월경 근로복지공단을 상대로 위 감액처분의 취소를 구하는 행정소송을 제기하였다. 이 경우 당해 취소소송의 적법 여부를 검토하시오.

**Ⅰ. 문제의 소재**(설문에서는 취소소송의 적법 여부와 관련하여 ① 부당이득징수결정이 감액된 경우의 취소소송의 대상과 ② 이 경우 취소소송의 제소기간의 산정이 문제된다.)

**Ⅱ. 취소소송의 일반적 제소요건**

**Ⅲ. 감액경정처분의 경우 취소소송의 대상**

  **1. 문제점**

  **2. 학설**

    (1) 흡수설, (2) 역흡수설, (3) 병존설

  **3. 판례의 태도**

    (1) 증액경정처분의 경우(흡수설)

    (2) 감액경정처분의 경우(역흡수설)

  **4. 검토 및 사안의 해결**

    사안의 경우 대법원 판례에 따르면 감액된 범위내의 당초 징수결정(역흡수설)이 소의 대상이므로 甲이 제기한 취소소송은 부적법하다. 그러나 학설(병존설)에 따르면 감액처분도 취소소송의 대상이 될 수 있으므로 제소기간의 검토가 필요하다.

**Ⅳ. 제소기간의 준수 여부**

  **1. 취소소송의 경우 제소기간**

    (1) 처분에 관한 통지가 있은 경우 제소기간

    (2) 행정심판의 재결을 거친 경우의 제소기간

  **2. 사안의 경우**

    **(1) 판례(역흡수설)에 따를 경우**

    대법원은 "행정심판의 청구당시 이미 불가쟁력이 발생하여 더 이상 불복청구를 할 수 없는 처분에 대하여 행정청의 잘못된 안내가 있었다고 하여 처분 상대방의 불복청구 권리가 새로이 생겨나거나 부활한다고 볼 수 없다(대법원 2012.9.27. 2011두27247)."고 보아 행정소송법 제20조 제1항 본문에 따라 제소기간이 도과된 것으로 본다.

    **(2) 학설(병존설 또는 흡수설)에 따를 경우**

    산재법상 부당이득징수결정은 "심사청구 및 재심사청구"의 대상이므로 행정심판법상 행정심판을 제기할 수 없다. 따라서 감액처분에 대한 행정심판의 청구는 부적법하므로 부적법한 행정심판의 경우에는 행정소송법 제20조 제1항 단서가 적용되지 아니한다. 따라서 어느 견해에 따르건 확실히 제소기간의 도과로 취소소송의 제기는 부적법하다.

# 행정심판전치주의 ★

대표
기출문제

【1992년도 제4회 공인노무사/ 논술형 – 50점】
행정심판전치주의에 대하여 논하라.

【2008년도 제17회 공인노무사/ 약술형 – 25점】
행정심판전치주의에 대하여 약술하라.

## Ⅰ. 행정심판임의주의의 원칙

행정소송법 제18조(행정심판과의 관계)
 ① 취소소송은 법령의 규정에 의하여 당해 처분에 대한 행정심판을 제기할 수 있는 경우에도 이를 거치지 아니하고 제기할 수 있다. 다만, 다른 법률에 당해 처분에 대한 행정심판의 재결을 거치지 아니하면 취소소송을 제기할 수 없다는 규정이 있는 때에는 그러하지 아니하다.

② 제1항 단서의 경우에도 다음 각호의 1에 해당하는 사유가 있는 때에는 행정심판의 재결을 거치지 아니하고 취소소송을 제기할 수 있다.

1. 행정심판청구가 있은 날로부터 60일이 지나도 재결이 없는 때
2. 처분의 집행 또는 절차의 속행으로 생길 중대한 손해를 예방하여야 할 긴급한 필요가 있는 때
3. 법령의 규정에 의한 행정심판기관이 의결 또는 재결을 하지 못할 사유가 있는 때
4. 그 밖의 정당한 사유가 있는 때

③ 제1항 단서의 경우에 다음 각호의 1에 해당하는 사유가 있는 때에는 행정심판을 제기함이 없이 취소소송을 제기할 수 있다.

1. 동종사건에 관하여 이미 행정심판의 기각재결이 있은 때
2. 서로 내용상 관련되는 처분 또는 같은 목적을 위하여 단계적으로 진행되는 처분중 어느 하나가 이미 행정심판의 재결을 거친 때
3. 행정청이 사실심의 변론종결후 소송의 대상인 처분을 변경하여 당해 변경된 처분에 관하여 소를 제기하는 때
4. 처분을 행한 행정청이 행정심판을 거칠 필요가 없다고 잘못 알린 때

④ 제2항 및 제3항의 규정에 의한 사유는 이를 소명하여야 한다.

## 1. 행정심판임의주의의 의의

행정소송을 제기함에 있어 행정심판을 거치지 않고도 행정소송을 제기할 수 있는 제도를 말한다.

## 2. 행정소송법의 채택

우리 행정소송법은 과거 필수적 행정심판전치주의를 취하여 왔으나, 1998년 3월 1일부터 "처분의 상대방이 법원에 의해 보다 신속하게 구제를 받을 수 있도록 하기 위하여[26]" 임의적 행정심판전치주의(동법 제18조 제1항 본문)를 채택하여 시행 중에 있다. 따라서 원고는 행정심판을 거쳐 취소소송을 제기할 수도 있고, 곧바로 취소소송을 제기할 수도 있다.

# II. 행정심판임의주의의 예외(필수적 행정심판전치주의)

## 1. 의의

행정소송법 제18조 제1항 단서에서는 "다른 법률에 당해 처분에 대한 행정심판의 재결을 거치지 아니하면 취소소송을 제기할 수 없다는 규정이 있는 때에는 그러하지 아니하다."고 하여 **예외적으로 필수적 행정심판전치주의를 규정**하고 있다.

## 2. 규정의 취지

이 규정은 ① 행정의 자율적 통제기회를 제공하고, ② 행정의 전문지식을 활용하며, ③ 법원의 부담을 경감함에 그 취지가 있다.

## 3. 다른 법률의 예

현재 ① 국가공무원법과 지방공무원법상의 **공무원에 대한 징계 및 기타 불이익처분의 경우**(국가공무원법 제16조), ② 국세기본법상 **국세에 대한 과세부과처분**의 경우(국세기본법 제56조 제2항), ③ 도로교통법상 **운전면허정지 및 취소처분**의 경우(도로교통법 제142조), ④ 노조법상 지방노동위원회의 구제명령의 경우(근로기준법 제31조)에 예외적 행정심판전치를 규정하고 있다.

---

26) 대법원, 사법제도개혁 법률안 설명자료, 1994, 172면

## 4. 행정심판전치의 요건

### (1) 심판청구의 적법성

전치를 요하는 행정심판은 적법하게 제기되어 본안에 대하여 재결을 받을 수 있어야 한다.

#### 1) 부적법한 심판청구를 각하하지 않고 본안에 대한 재결을 한 경우

이 경우 전치의 요건을 충족한 것으로 볼 것인가에 대하여 **부정하는 것이 통설·판례의 입장**이다.

#### 2) 적법한 심판청구가 부적법한 것으로 각하된 경

이 경우에는 행정심판전치주의의 근본취지가 행정청에게 자기반성의 기회를 제공하는데 있음을 고려할 때에 **전치의 요건을 충족하였다고 보는 것이 통설과 판례의 입장**이다.

### (2) 인적 관련성

행정심판전치주의의 취지는 당해 행정처분에 대하여 행정청에 의한 재심사를 구하는데 있으므로, 행정심판의 청구인과 행정소송의 원고가 동일인일 필요는 없다고 본다.

### (3) 사물적 관련성

행정심판의 대상으로서의 행정처분과 행정소송의 대상으로서의 행정처분은 원칙적으로 동일한 것이어야 한다.

### (4) 주장사유의 관련성

행정심판에서의 청구인의 주장사유와 행정소송에서 원고의 주장사유는 행정심판에서 주장하지 않은 사항도 기본적인 점에서 부합되는 것이면 **행정소송에서 주장할 수 있다는 것이 판례의 태도**이다.

### (5) 전치요건충족의 시기

행정심판전치는 행정소송 제기 시에 충족되어야 함이 원칙이다. 그러나 **판례는 비록 행정소송을 제기하는 당시에 전치요건을 구비하지 못한 위법이 있더라도 사실심 변론종결시까지 그 전치요건을 갖추었다면 흠이 치유된다고** 판시하고 있다.

## Ⅲ. 필수적 행정심판전치주의의 적용범위

### 1. 항고소송의 종류와 적용범위

행정소송법상 예외적 행정심판전치주의는 취소소송과 부작위위법확인소송에만 인정된다. 따라서 무효등확인소송과 당사자소송에는 행정심판전치주의가 적용되지 않는다.

### 2. 무효선언적 의미의 취소소송 등의 경우

### (1) 문제점

무효선언적 의미의 취소소송의 경우나 취소를 구하는 의미에서의 무효확인소송에서도 예외적 행정심판전치주의가 제소요건으로 요구되는지에 대해 견해가 대립된다.

### (2) 학설

이에 대해 ① 소송의 형식이 취소소송을 취하는 한 적용된다는 **적용긍정설**과 ② 적용되지 않는다는 **적용부정설**이 대립된다.

### (3) 판례

대법원은 "처분의 당연무효를 선언하는 의미에서의 취소를 구하는 행정소송을 제기한 경우에도 심판전치주의가 적용된다."고 판시하여 긍정설의 입장이다.

### (4) 소결

이 경우 무효선언적 의미의 취소소송이나 취소사유에 대한 무효확인소송에서도 예외적 행정심판전치주의가 요구된다고 봄이 타당하다.

## 3. 2단계 이상의 행정심판절차가 규정되어 있는 경우

관계법령이 하나의 처분에 대해 2단계 이상의 행정심판절차를 규정하고 있는 경우(예) 하나의 처분에 대하여 이의신청과 심사청구 등과 같이 둘 이상의 행정심판절차를 규정한 경우)에 당해 절차를 모두 거치게 한다면 제소자에게 과도한 부담을 초래할 수 있으므로, 그 중의 하나만 거치면 심판전치주의의 요건은 충족된다고 보는 것이 다수의 견해이다.

## 4. 제3자효 행정행위의 경우

처분의 직접 상대방이 아닌 제3자가 취소소송을 제기하는 경우에도 행정심판전치주의가 적용되는지에 대해 견해가 대립되나, **대법원은 예외적 행정심판전치주의가 적용된다는 입장이다.**

## Ⅳ. 필수적 행정심판전치주의의 적용예외

## 1. 행정심판제기는 하되 재결을 거칠 필요가 없는 경우

(1) 행정심판청구가 있는 날로부터 60일이 지나도 재결이 없는 때

(2) 처분의 집행 또는 절차의 속행으로 생길 중대한 손해를 예방하여야 할 긴급한 필요가 있는 때

(3) 법령의 규정에 의한 행정심판기관이 의결 또는 재결을 하지 못할 사유가 있는 때

(4) 그 밖의 정당한 사유가 있는 때[27)

## 2. 행정심판을 제기함이 없이 취소소송을 제기할 수 있는 경우

(1) 동종사건에 관하여 이미 행정심판의 기각재결이 있은 때

(2) 서로 내용상 관련되는 처분 또는 같은 목적을 위하여 단계적으로 진행되는 처분 중 어느 하나가 이미 행정심판의 재결을 거친 때[28)

(3) 행정청이 사실심의 변론종결후 소송의 대상인 처분을 변경하여 당해 변경된 처분에 관하여 소를 제기하는 때

(4) 처분을 행한 행정청이 행정심판을 거칠 필요가 없다고 잘못 알린 때

---

27) 여기서의 "정당한 사유"란 앞선 세 가지 경우 이외의 재결을 기다리지 못할 모든 사유를 포괄하는 개념이다. 대법원은 "시기 기타 사유로 인하여 행정심판을 경유함으로써는 그 청구의 목적을 달성치 못하겠거나 또는 현저히 그 목적을 달성키 곤란한 경우를 말한다(대법원 1953.4.15. 4285행사1)."고 판시하고 있다.

28) [대법원 1994.11.22. 93누11050] [1] 행정소송법 제18조 제3항 제2호에서, 선·후 수개의 행정처분 중 그 선행정처분과 후행정처분이 서로 내용상 관련되어 일련의 발전적 과정에서 이루어진 것이라든가 후행정처분이 그 선행정처분의 필연적 결과로서 이루어진 경우에 있어 그 선행정처분에 대한 행정심판의 재결을 거친 때에는 후행정처분에 대하여 별도의 행정심판을 거치지 아니하고도 소를 제기할 수 있도록 한 취지는, 비록 형식적으로는 별개의 행정처분이라 하더라도 그 별개의 행정처분에 깔려 있는 분쟁사유가 공통성을 내포하고 있어서 그 선행정처분에 대한 전치절차의 경유만으로도 이미 그 처분행정청으로 하여금 스스로 재고, 시정할 수 있는 기회를 부여한 것으로 볼 수 있어 후행정처분에 대하여는 다시 전치요건을 갖추지 아니하고서도 행정소송을 제기할 수 있도록 함으로써 무용한 절차의 반복을 피하고 행정구제제도의 취지를 살리기 위한 것이다.
[2] 교사해임처분에 대한 전치절차를 거쳤더라도 해임처분을 기초로 한 현역병입영처분에 대하여는 별도의 전치절차를 거쳐야 한다고 한 사례.

# 행정소송의 관할법원 ★

대표
기출문제

**【2006년도 제15회 공인노무사/ 약술형 - 25점】**
취소소송의 재판관할

─〈목 차〉─

# Ⅰ. 서설

행정소송법 제9조(재판관할)
  ① 취소소송의 제1심관할법원은 피고의 소재지를 관할하는 행정법원으로 한다.
  ② 제1항에도 불구하고 다음 각 호의 어느 하나에 해당하는 피고에 대하여 취소소송을 제기하는 경우에는 대법원 소재지를 관할하는 행정법원에 제기할 수 있다.
  1. 중앙행정기관, 중앙행정기관의 부속기관과 합의제행정기관 또는 그 장
  2. 국가의 사무를 위임 또는 위탁받은 공공단체 또는 그 장
  ③ 토지의 수용 기타 부동산 또는 특정의 장소에 관계되는 처분등에 대한 취소소송은 그 부동산 또는 장소의 소재지를 관할하는 행정법원에 이를 제기할 수 있다.

법원조직법 제40조의4(심판권)
  행정법원은 행정소송법에서 정한 행정사건과 다른 법률에 의하여 행정법원의 권한에 속하는 사건을 제1심으로 심판한다.

## 1. 재판관할의 의의

재판관할이란 "각 법원 간에 배분된 재판권의 분장 범위"를 말한다.

## 2. 행정국가형과 사법국가형

행정사건에 대하여 일반 사법법원과 독립적 지위가 인정되는 행정법원을 별도로 설치하여 행정재판을 관장할 것인가에 대해서 ① 행정사건도 일반 사법법원의 관할로 하는 국가를 **사법국가**(예 영미법계의 국가)라 하며, ② 별도의 독립된 지위를 갖는 행정법원에서 행정사건을 관장하는 국가를 **행정국가**(예 독일과 프랑스와 같은 대륙법계의 국가)라 한다.

### 3. 우리나라의 경우

현행 법원조직법은 "행정사건에 관한 제1심관할법원은 행정법원의 권한으로 한다(법원조직법 제40조의4)."고 하여 별도의 행정법원을 두고 있는 점에서 행정국가형에 가깝다고 할 수 있으나, 행정사건의 최종심은 일반 사건과 마찬가지로 대법원에게 주고 있는 점에서 사법국가형과 유사한 점도 있다. 따라서 **우리나라는 양 제도의 절충형 또는 혼합형이라고 볼 수 있다.**

## Ⅱ. 행정소송의 재판관할

### 1. 항고소송의 관할법원

#### (1) 일반관할적

1) 취소소송의 제1심관할법원은 피고의 소재지를 관할하는 행정법원으로 한다(행정소송법 제9조 제1항). 다만, ① 중앙행정기관, 중앙행정기관의 부속기관과 합의제행정기관 또는 그 장, ② 국가의 사무를 위임 또는 위탁받은 공공단체 또는 그 장이 피고인 경우의 관할법원은 대법원소재지의 행정법원으로 **할 수 있다.**

2) 현행 행정소송법은 세종시로 다수의 행정부처가 이동하였음에도 여전히 대법원소재지인 서울에서만 재판을 받도록 하는 것은 합리적이지 못하므로, **중앙행정기관 등이 피고인 경우에는 대법원소재지 또는 해당 중앙행정기관 등의 소재지를 관할하는 행정법원에서 재판을 받을 수 있도록 하였다.**

#### (2) 특별관할적

토지의 수용 기타 부동산 또는 특정의 장소에 관계되는 처분등에 대한 취소소송은 그 부동산 또는 장소의 소재지를 관할하는 행정법원에 이를 제기할 수 있다(행정소송법 제9조 제3항). 이는 행정소송 제1심 재판관할이 지방법원급의 행정법원으로 변경된 취지를 살리며 당사자 편의 및 사건해결능률을 고려함이다.

#### (3) 행정법원의 설치

현재 행정법원은 서울에만 설치되어 있을 뿐이다. 따라서 행정법원이 설치되지 않은 지역(서울 이외의 지역)에서는 행정법원이 설치될 때까지는 해당 지방법원 본원이 제1심관할법원이 된다(법원조직법 부칙 제2조).

#### (4) 예외

그러나 독점규제 및 공정거래에 관한 법률에 의한 공정거래위원회의 처분에 대해 불복하는 항고소송은 공정거래위원회의 소재지를 관할하는 서울고등법원의 전속관할이다(독점규제 및 공정거래에 관한 법률 제55조).

### 2. 당사자소송의 관할법원

당사자소송의 관할법원은 취소소송의 경우와 같다. 다만, 국가 또는 공공단체가 피고인 경우에는 관계행정청의 소재지를 피고의 소재지로 본다(행정소송법 제40조). 여기서 **'관계행정청'**이라 함은 형식적 당사자소송의 경우에는 당해 법률관계의 원인이 되는 처분을 한 행정청을 말하고, 실질적 당사자소송에서는 당해 공법상 법률관계에 대하여 직접적인 관계가 있는 행정청을 말한다.

### 3. 객관소송의 관할법원

민중소송 및 기관소송과 같은 객관소송은 개별법률에 정한 바에 따라 관할법원이 결정된다(행정소송법 제45조).

## Ⅲ. 관할위반의 효과

행정소송법은 관할위반으로 인한 이송에 관한 민사소송법 제34조 제1항의 규정이 원고의 고의 또는 중대한 과실없이 행정소송이 심급을 달리 하는 법원에 잘못 제기된 경우에도 적용된다는 것을 명문으로 규정하고 있다(행정소송법 제7조). 현행 행정소송법은 종래 대법원이 관할위반으로 인한 사건의 이송을 인정하지 않음(대법원 1980.3.11. 79다293)에 따라 선의의 제소자를 보호할 수 없는 문제점을 시정하기 위하여 이 같은 관할 이송을 인정한 것이다.

# 행정소송의 소송참가 ★

## Ⅰ. 서설

### 1. 소송참가의 의의

소송참가란 "소송의 당사자 외의 제3자나 다른 행정청을 소송 계속중에 소송에 참여시키는 것"을 말한다. 행정소송법은 ① 제3자의 소송참가와, ② 행정청의 소송참가를 규정하고 있다.

### 2. 인정취지

소송참가제도는 ① 소송에 참여하지 못하는 제3자의 권익을 보호하고, ② 분쟁에 대한 모순된 판결을 방지하는데도 그 인정취지가 인정된다.

### 3. 소송참가의 시기

소송참가는 판결선고 전까지 가능하며, 소송의 취하가 있거나 재판상 화해가 있은 후에는 참가시킬 수 없다.

## Ⅱ. 제3자의 소송참가

> 행정소송법 제16조(제3자의 소송참가)
> ① 법원은 소송의 결과에 따라 권리 또는 이익의 침해를 받을 제3자가 있는 경우에는 당사자 또는 제3자의 신청 또는 직권에 의하여 결정으로써 그 제3자를 소송에 참가시킬 수 있다.
> ② 법원이 제1항의 규정에 의한 결정을 하고자 할 때에는 미리 당사자 및 제3자의 의견을 들어야 한다.
> ③ 제1항의 규정에 의한 신청을 한 제3자는 그 신청을 각하한 결정에 대하여 즉시항고할 수 있다.
> ④ 제1항의 규정에 의하여 소송에 참가한 제3자에 대하여는 민사소송법 제67조의 규정을 준용한다.

### 1. 의의

법원은 소송의 결과에 따라 권리 또는 이익의 침해를 받을 제3자가 있는 경우에는, 당사자 또는 제3자의 신청 또는 직권에 의하여 결정으로써 제3자를 소송에 참가시킬 수 있다(행정소송법 제16조 제1항). 이를 제3자의 소송참가라 한다.

### 2. 소송참가의 요건

#### (1) 타인간의 소송이 계속중일 것

적법한 소송이 계속중인 경우이면 족하고, 소송이 어느 심급에 있는가는 불문한다.

#### (2) 소송의 결과에 따라 권익침해를 받을 제3자일 것

##### 1) 제3자의 의미

제3자란 당해 소송당사자 이외의 자를 말하는 것으로, 국가 및 공공단체는 이에 포함되나 행정청은 해당되지 않는다.

##### 2) 소송의 결과에 따른 권리 또는 이익의 침해

① 여기에서 말한 소송의 결과란 판결주문에 있어서의 소송물 자체에 대한 판단을 말하며, 단순히 이유 중의 판단은 이에 해당되지 않는다.

② 또한 여기서 말하는 "권리 또는 이익"이란 그 문언에도 불구하고 행정소송법 **제12조의 취지에 비추어 "법률상 이익"을 의미하고 단순한 사실상 이익은 포함되지 않는다.**

③ 권리 또는 이익의 "침해를 받는다는 것"은 판결의 형성력에 의해 권익을 박탈당하는 것뿐만 아니라 판결의 기속력에 의해 행정청의 새로운 처분에 의해 권익을 침해받는 경우를 포함한다.

### 3. 소송참가의 절차

제3자의 소송참가는 당사자 또는 제3자의 신청 또는 직권에 의한다.

#### (1) 참가신청이 있는 경우

참가신청이 있으면 법원은 결정으로써 허가 또는 각하의 재판을 하고, 법원이 제3자의 참가를 허가하기 전에 미리 당사자 및 제3자의 의견을 들어야 한다.

#### (2) 직권에 의하는 경우

직권소송참가의 경우에는 법원은 결정으로써 제3자에게 참가를 명한다. 법원은 참가를 명하는 결정을 하고자 할 때에는 미리 당사자 및 제3자의 의견을 들어야 한다.

#### (3) 제3자의 불복

참가신청을 한 제3자는 그 신청을 각하한 결정에 대하여 즉시항고를 할 수 있다.

## 4. 참가인의 지위

### (1) 공동소송적 보조참가인

제3자를 소송에 참가시키는 결정이 있으면, 그 제3자는 참가인의 지위를 획득한다. 따라서 참가인은 피참가인과 필요적 공동소송에 있어서의 공동소송인에 준하는 지위에 있다고 할 것이나, 참가인이 당사자로서 독자적인 청구를 하는 것은 아니므로 **공동소송적 보조참가와 비슷하다는 것이** 통설이다.

### (2) 참가인이 피참가인의 행위와 저촉되는 행위를 할 수 있는지 여부

제3자 소송참가의 경우 민사소송법 제67조의 규정이 준용됨에 따라 참가인은 자신에게 유리한 한도 내에서 피참가인의 소송행위와 어긋나는 행위를 할 수 있다. 따라서 참가인이 상소를 제기한 경우에 피참가인이 상소권포기나 상소취하를 하여도 상소의 효력은 지속된다.

---

**참조판례**

【사건개요】① 피고보조참가인(이하 '참가인')은 이 사건 1심 소송계속 중인 2014.6.18. 보조참가 신청을 한 사실, ② 같은 날 1심 법원이 원고에게 참가인의 보조참가신청에 대한 의견제출요청서를 송부하여 그 다음 날 원고가 이를 수령하였음에도, 원고는 참가인의 보조참가신청에 대한 이의신청 없이 2014.6.26. 열린 1심 제1회 변론기일에서 변론한 사실, ③ 이에 1심 법원은 참가인의 보조참가신청에 대하여 명시적인 허부 결정을 하지 않은 채 참가인으로 하여금 피고보조참가인으로서 이 사건 소송에서 소송행위를 하도록 하였고, 그때부터 참가인은 계속 피고보조참가인으로서 소송행위를 하여 온 사실, ④ 참가인은 상고기간 내인 2015.1.19. 상고하였으나, 피고는 2015.1.21. 상고포기서를 제출한 사실 등을 알 수 있다. 이 사안에서 참가인의 상고가 적법한지 문제된 사안

【판결요지】[1] 행정소송 사건에서 참가인이 한 보조참가가 행정소송법 제16조가 규정한 제3자의 소송참가에 해당하지 않는 경우에도, 판결의 효력이 참가인에게까지 미치는 점 등 행정소송의 성질에 비추어 보면 그 참가는 민사소송법 제78조에 규정된 공동소송적 보조참가라고 볼 수 있다. 민사소송법 제78조의 공동소송적 보조참가에는 필수적 공동소송에 관한 민사소송법 제67조 제1항, 즉 "소송목적이 공동소송인 모두에게 합일적으로 확정되어야 할 공동소송의 경우에 공동소송인 가운데 한 사람의 소송행위는 모두의 이익을 위하여서만 효력을 가진다."라고 한 규정이 준용되므로, **피참가인의 소송행위는 모두의 이익을 위하여서만 효력을 가지고, 공동소송적 보조참가인에게 불이익이 되는 것은 효력이 없으므로, 참가인이 상소를 할 경우에 피참가인이 상소취하나 상소포기를 할 수는 없다.**[29]
[2] 한편 민사소송법상 보조참가신청에 대하여 당사자가 이의를 신청한 때에는 수소법원은 참가를 허가할 것인지 여부를 결정하여야 하지만, 당사자가 이의를 신청하지 아니한 채 변론하거나 변론준비기일에서 진술을 한 경우에는 이의를 신청할 권리를 잃게 되고(민사소송법 제73조 제1항, 제74조) 수소법원의 보조참가 허가 결정 없이도 계속 소송행위를 할 수 있다 (대법원 2017.10.12. 2015두36836).

---

### (3) 참가인이 재심청구를 할 수 있는지 여부

소송에 참가한 제3자는 확정된 종국판결에 대하여 행정소송법 제31조에 따른 재심청구를 할 수는 없다. 왜냐하면 재심청구는 제3자에게 책임 없는 사유로 소송에 참가하지 못하고 확정판결이 내려진 경우에 구제수단이기 때문이다.

---

29) [대법원 2013.3.28. 2011두13729] 공동소송적 보조참가는 그 성질상 필수적 공동소송 중에서는 이른바 유사필수적 공동소송에 준한다 할 것인데, 유사필수적 공동소송에서는 원고들 중 일부가 소를 취하하는 경우에 다른 공동소송인의 동의를 받을 필요가 없다. 또한 소취하는 판결이 확정될 때까지 할 수 있고 취하된 부분에 대해서는 소가 처음부터 계속되지 아니한 것으로 간주되며(민사소송법 제267조), 본안에 관한 종국판결이 선고된 경우에도 그 판결 역시 처음부터 존재하지 아니한 것으로 간주되므로, 이는 재판의 효력과는 직접적인 관련이 없는 소송행위로서 공동소송적 보조참가인에게 불이익이 된다고 할 것도 아니다. 따라서 피참가인이 공동소송적 보조참가인의 동의 없이 소를 취하하였다 하더라도 이는 유효하다. 그리고 이러한 법리는 행정소송법 제16조에 의한 제3자 참가가 아니라 민사소송법의 준용에 의하여 보조참가를 한 경우에도 마찬가지로 적용된다.

## Ⅲ. 행정청의 소송참가

> 행정소송법 제17조(행정청의 소송참가)
> ① 법원은 다른 행정청을 소송에 참가시킬 필요가 있다고 인정할 때에는 당사자 또는 당해 행정청의 신청 또는 직권에 의하여 결정으로써 그 행정청을 소송에 참가시킬 수 있다.
> ② 법원은 제1항의 규정에 의한 결정을 하고자 할 때에는 당사자 및 당해 행정청의 의견을 들어야 한다.
> ③ 제1항의 규정에 의하여 소송에 참가한 행정청에 대하여는 민사소송법 제76조의 규정을 준용한다.

### 1. 의의

법원은 다른 행정청을 소송에 참가시킬 필요가 있다고 인정할 때에는 당사자 또는 당해 행정청의 신청 또는 직권에 의하여 결정으로써 그 행정청을 소송에 참가시킬 수 있다(행정소송법 제17조 제1항).

### 2. 소송참가의 요건

#### (1) 타인간의 취소소송이 계속되고 있을 것

적법한 소송이 계속중인 경우이면 족하고, 소송이 어느 심급에 있는가는 불문한다.

#### (2) 처분이나 재결에 관계된 다른 행정청일 것

피고 행정청 이외의 행정청으로서 계쟁처분이나 재결에 관계가 있는 행정청이어야 한다.

#### (3) 참가시킬 필요가 인정될 것

참가의 필요에 대한 판단은 법원의 고유권한이지만, 제도의 취지에 비추어 보아 다른 행정청을 소송에 참가시킴으로써, 사건의 적정한 심리 · 재판을 실현하기 위하여 필요한 경우여야 한다.

### 3. 소송참가의 절차

당사자나 당해 행정청의 신청 또는 직권에 의한다. 소송참가의 인정을 결정하기 전에는 미리 당사자 및 당해 행정청의 의견을 들어야 한다(행정소송법 제17조 제2항). 그 결정에 대해서는 불복할 수 없다고 한다.

### 4. 소송참가행정청의 지위

행정청을 소송에 참가시키는 법원의 결정이 있으면, 그 참가하는 행정청은 보조참가인에 준하는 지위에서 소송을 하게 된다. 이 때 민사소송법 제76조의 규정이 준용됨에 따라 참가행정청은 소송정도에 따라서 공격 · 방어, 이의, 상소 기타 모든 소송행위를 할 수 있으나, 이러한 소송행위가 피참가인의 소송행위와 저촉되는 때에는 효력을 상실하게 된다.

대표
기출문제

【2010년도 제19회 공인노무사/ 약술형 - 25점】
관련청구소송의 병합에 대하여 설명하라.

【2018년도 제27회 공인노무사/ 준사례형 - 25점】
사업자 甲은 위법을 이유로 행정청으로부터 2개월 영업정지처분을 받았다. 이에 대한 甲의 처분취소소송과 그 처분으로 인한 영업, 손해에 대한 국가배상청구소송이 병합될 수 있는지 설명하시오.

【2021년도 제30회 공인노무사/ 사례형 - 50점】
중기계를 생산하는 제조회사에 근무하는 甲은 골절 등의 업무상 사고로 인하여 상해를 입었음을 이유로 근로복지공단으로부터 휴업급여와 장해급여 등의 지급결정을 받았다. 그 후 근로복지공단은 甲이 실제 상해를 입지 않았음에도 허위로 지급신청서를 작성하여 급여지급결정을 받은 사실을 들어 甲에 대한 급여지급결정을 취소하였고, 甲은 급여지급결정의 취소처분서를 2021.1.7. 직접 수령하였다. 이와 함께 근로복지공단은 이미 甲에게 지급된 급여액에 해당하는 금액을 부당이득으로 징수하였다. 한편, 甲은 위 급여지급결정 취소처분이 위법함을 이유로 2021.5.7. 급여지급결정 취소처분에 대한 무효확인소송을 제기하였다. 다음 물음에 답하시오.
(2) 위 무효확인소송의 계속 중 甲은 추가적으로 급여지급결정 취소처분의 취소를 구하는 소를 병합하여 제기할 수 있는가? (20점)
▶ 답안연습: 한장답안 기출문제 연습 【문제 1】 참조

──────────〈목 차〉──────────

Ⅰ. 서설
　1. 의의
　2. 제도의 취지
Ⅱ. 관련청구소송의 범위
　1. 당해 처분이나 재결과 관련되는 손해배상·부당이득반환·원상회복 등 청구소송
　2. 당해 처분이나 재결과 관련되는 취소소송
Ⅲ. 관련청구소송의 이송
　1. 의의
　2. 준용의 범위
　3. 이송의 요건
　　(1) 취소소송과 관련청구소송이 각각 다른 법원에 계속중일 것

　(2) 이송의 상당성
　(3) 당사자의 신청 또는 직권에 의한 결정
　4. 이송결정의 효과
Ⅳ. 관련청구소송의 병합
　1. 관련청구병합의 의의
　2. 법적 근거
　3. 관련청구소송의 병합요건
　　(1) 취소소송 등에 병합할 것
　　(2) 각 청구소송이 적법할 것
　　(3) 관련청구소송이 병합될 것
　　(4) 원고의 병합청구가 사실심 변론종결시전까지 있을 것(후발적 병합의 경우)
　4. 병합요건의 조사
　5. 병합된 관련청구소송의 판결

# Ⅰ. 서설

행정소송법 제10조(관련청구소송의 이송·병합)

① 취소소송과 다음 각호의 1에 해당하는 소송(이하 '관련청구소송'이라 한다)이 각각 다른 법원에 계속되고 있는 경우에 관련청구소송이 계속된 법원이 상당하다고 인정하는 때에는 당사자의 신청 또는 직권에 의하여 이를 취소소송이 계속된 법원으로 이송할 수 있다.

1. 당해 처분등과 관련되는 손해배상·부당이득반환·원상회복등 청구소송

2. 당해 처분등과 관련되는 취소소송

② 취소소송에는 사실심의 변론종결시까지 관련청구소송을 병합하거나 피고외의 자를 상대로 한 관련청구소송을 취소소송이 계속된 법원에 병합하여 제기할 수 있다.

## 1. 의의

관련청구소송의 이송과 병합이란 "서로 관련된 수 개의 청구가 각각 다른 법원에 계속된 때 법원이 당사자의 신청 또는 직권에 의해 하나의 소송절차에서 통일적으로 재판하게 하는 것"을 말한다.

## 2. 제도의 취지

관련청구소송의 이송과 병합은 ① 판결의 모순과 저촉을 방지하여 분쟁의 일회적 해결을 도모하며, ② 당사자의 신속한 재판을 받을 권리를 보장하고, ③ 법원의 심리·재판의 부담을 덜어 소송경제에 기여하는 데 의의가 있다.

# Ⅱ. 관련청구소송의 범위

## 1. 당해 처분이나 재결과 관련되는 손해배상·부당이득반환·원상회복 등 청구소송

여기에서 당해 처분이나 재결과 관련되었다는 것은 ① 처분이나 재결이 원인이 되어 발생한 청구 또는 ② 그 처분이나 재결의 취소·변경을 선결문제로 하는 청구를 말한다.

## 2. 당해 처분이나 재결과 관련되는 취소소송

여기에는 ① 당해 처분과 함께 하나의 절차를 구성하는 다른 처분의 취소를 구하는 소송, ② 처분과 당해 처분에 대한 재결에 대한 취소소송, ③ 당해 처분이나 재결의 취소·변경을 구하는 다른 사람의 취소소송 등이 포함된다.

# Ⅲ. 관련청구소송의 이송

## 1. 의의

취소소송과 위의 관련청구소송이 각각 다른 법원에 계속되고 있는 경우에 관련청구소송이 계속된 법원은 당사자의 신청 또는 직권에 의하여 이를 취소소송이 계속된 법원으로 이송할 수 있다(행정소송법 제10조 제1항).

## 2. 준용의 범위

이 조항은 다른 항고소송은 물론 당사자소송, 민중소송, 그리고 기관소송에도 준용된다.

## 3. 이송의 요건

### (1) 취소소송과 관련청구소송이 각각 다른 법원에 계속중일 것

취소소송과 그에 이송·병합할 관련청구소송이 서로 다른 법원에 계속되어 있어야 한다.

### (2) 이송의 상당성

관련청구소송이면 당연히 이송되는 것이 아니라 관련청구소송이 계속된 법원이 당해 소송을 취소소송이 계속된 법원에 이송하여 병합·심리하는 것이 상당하다고 인정하는 경우에 한하여 이송이 가능하다.

### (3) 당사자의 신청 또는 직권에 의한 결정

관련청구소송의 이송은 당사자의 신청에 의하거나 법원의 직권으로 할 수 있다. 이 경우 이송신청을 할 수 있는 자에는 당해 관련청구소송의 원고·피고는 물론 참가인도 포함된다.

## 4. 이송결정의 효과

**(1)** 이송결정은 당해 관련청구소송을 이송받은 법원을 기속하며, 따라서 이송받은 법원은 당해 소송을 다른 법원에 이송하지 못한다.

**(2)** 이송결정과 이송신청의 각하결정에 대하여는 즉시항고를 할 수 있다.

**(3)** 이송결정이 확정되면 당해 소송은 처음부터 이송받은 법원에 계속된 것으로 본다.

# Ⅳ. 관련청구소송의 병합

## 1. 관련청구병합의 의의

관련청구의 병합이란 하나의 소송절차에서 ① 같은 원고가 같은 피고에 대하여 수개의 청구를 하는 경우(소의 객관적 병합)와 ② 소송의 당사자가 다수가 되는 경우(소의 주관적 병합)를 말한다.

## 2. 법적 근거

행정소송법 제10조 제2항은 이러한 소의 주관적 병합과 소의 객관적 병합을 모두 인정하고 있다.

| 개념정리 병합의 형태 | | |
|---|---|---|
| 구분 | 종류 | 내용 |
| 사건을 기준 | 객관적 병합 | 하나의 소송절차에서 수개의 청구를 병합하는 것 |
| | 주관적 병합 | 하나의 소송절차에서 다수인의 당사자가 병합되는 것 |
| 시간을 기준 | 원시적 병합 | 취소소송 제기시 병합하여 제기하는 경우 |
| | 추가적 병합 | 취소소송 계속 중 후발적 병합하는 경우 |
| 순위를 기준 | 선택적 병합 | 순위를 매기지 않고 단순히 병합하여 제기하는 경우 |
| | 주위적·예비적 병합 | 서로 양립할 수 없는 여러 개의 청구에 대해 주위적 청구가 인용되지 않는 경우를 대비해 예비적 청구를 병합하는 것 |

## 3. 관련청구소송의 병합요건

### (1) 취소소송 등에 병합할 것

취소소송 등과 취소소송 등이 아닌 관련청구소송의 병합은 취소소송 등에 병합하여야 한다. 취소소송 등이 주된 소송이 된다. 취소소송 등 간의 병합은 어느 쪽에든지 병합할 수 있다.

### (2) 각 청구소송이 적법할 것

주된 취소소송 등과 관련청구소송은 각각 소송요건을 갖춘 적법한 것이어야 한다.[30]

### (3) 관련청구소송이 병합될 것

병합되는 원고의 청구가 행정소송법 제10조 제1항에서 정하는 관련청구이어야 한다. 행정소송법 제10조가 규정하고 있는 관련청구소송에서 '관련'이란 청구의 내용 또는 원인이 법률상 또는 사실상 공통되는 것이거나 병합되는 청구가 당해 행정처분으로 인한 것인 경우 또는 당해 행정처분의 취소·변경을 선결문제로 하는 경우를 뜻한다.

### (4) 원고의 병합청구가 사실심 변론종결시 전까지 있을 것(후발적 병합의 경우)

주된 취소소송이 사실심변론종결 전까지 원고의 병합청구가 있어야 한다.

## 4. 병합요건의 조사

병합요건은 법원의 직권조사사항이다. 병합요건이 충족되지 않은 경우에는 변론을 분리하여 별도의 소로 분리심판하여야 한다.

## 5. 병합된 관련청구소송의 판결

대법원은 금전부과처분취소소송과 부당이득반환청구소송은 선결관계로서 관련청구소송에 해당하는데, 이 경우 금전부과처분의 취소가 확정되어야 법원은 부당이득반환청구를 인용할 수 있는지가 문제되는데, 대법원은 당해 법원이 과징금부과처분을 취소하면서 바로 부당이득반환청구를 인용할 수 있다는 입장이다.[31]

---

30) [대법원 2011.9.29. 2009두10963] 행정소송법 제44조, 제10조에 의한 관련청구소송 병합은 본래의 당사자소송이 적법할 것을 요건으로 하는 것이어서 본래의 당사자소송이 부적법하여 각하되면 그에 병합된 관련청구소송도 소송요건을 흠결하여 부적합하므로 각하되어야 한다.

31) [대법원 2009.4.9. 2008두23153] [1] 행정소송법 제10조는 처분의 취소를 구하는 취소소송에 당해 처분과 관련되는 부당이득반환소송을 관련 청구로 병합할 수 있다고 규정하고 있는바, 이 조항을 둔 취지에 비추어 보면, 취소소송에 병합할 수 있는 당해 처분과 관련되는 부당이득반환소송에는 당해 처분의 취소를 선결문제로 하는 부당이득반환청구가 포함되고, 이러한 부당이득반환청구가 인용되기 위해서는 그 소송절차에서 판결에 의해 당해 처분이 취소되면 충분하고 그 처분의 취소가 확정되어야 하는 것은 아니라고 보아야 한다.

[2] 보험료부과처분에 대한 취소소송에서 90,946,000원의 보험료부과처분 중 67,194,980원의 보험료부과처분을 취소하면서도, 관련 청구로 병합된 부당이득반환소송에서는 그 처분의 취소를 전제로 인용 여부를 판단하지 않고 처분의 취소가 확정되지 않았다는 이유로 기각한 것은 위법하다고 한 사례.

# 한장답안 기출문제 연습

【문제 1】 중기계를 생산하는 제조회사에 근무하는 甲은 골절 등의 업무상 사고로 인하여 상해를 입었음을 이유로 근로복지공단으로부터 휴업급여와 장해급여 등의 지급결정을 받았다. 그 후 근로복지공단은 甲이 실제 상해를 입지 않았음에도 허위로 지급신청서를 작성하여 급여지급결정을 받은 사실을 들어 甲에 대한 급여지급결정을 취소하였고, 甲은 급여지급결정의 취소처분서를 2021.1.7. 직접 수령하였다. 이와 함께 근로복지공단은 이미 甲에게 지급된 급여액에 해당하는 금액을 부당이득으로 징수하였다. 한편, 甲은 위 급여지급결정 취소처분이 위법함을 이유로 2021.5.7. 급여지급결정 취소처분에 대한 무효확인소송을 제기하였다. 다음 물음에 답하시오.

물음 2) 위 무효확인소송의 계속 중 甲은 추가적으로 급여지급결정 취소처분의 취소를 구하는 소를 병합하여 제기할 수 있는 가? (20점)

**한장
답안**

I. **문제의 소재**(설문에서는 무효확인소송의 계속 중 후발적 병합으로 취소청구를 관련청구로 병합
할 수 있는지 여부가 행정소송법 제10조 관련청구의 병합과 관련하여 문제된다.)

II. **관련청구의 병합**

  1. 관련청구병합의 의의

  2. 법적 근거(행정소송법 제10조)

  3. 관련청구병합의 종류

  4. 관련청구병합의 요건

    (1) 취소소송 등에 병합할 것

    (2) 각 청구소송이 적법한 소일 것

    (3) 관련청구소송의 병합일 것

    (4) 원고의 병합청구가 사실심 변론종결시전까지 있을 것

  5. 병합요건의 조사

  6. 사안의 경우

III. **병합되는 취소청구가 소송요건을 갖춘 적법한 청구인지 여부**

  1. 취소소송의 제소요건

  2. 취소소송의 제소기간의 준수여부

  3. 사안의 검토

  급여지급결정 취소처분에 대한 취소소송과 무효확인소송은 관련청구로 볼 수 있으나 후발적으로 병
  합되는 취소청구는 제소기간의 준수를 요구하는데 사안의 경우에는 무효확인소송의 제기 당시 제소
  기간을 도과하였으므로 청구병합이 허용되지 않는다.

## 개념체계

### 행정소송의 소변경

행정소송 ⇄ 행정소송의 변경
(행정소송법상 소변경)

　→　소송물(청구)변경이 원인 → 행소법 §21 소변경

　→　(계쟁)처분변경이 원인 → 행소법 §22 소변경

행정소송 ⇄ 민사소송의 변경
(민사소송법상 소변경)
→ 행소법 §8② → 민소법 §262준용 → 동조의 요건충족여부가 쟁점

# Ⅰ. 서설

## 1. 의의

**행정소송의 변경이란** "행정소송의 계속 도중에 원고가 심판의 대상인 청구를 변경하는 것(원고의 청구변경 이라고 하기도 한다)."을 말한다.

## 2. 제도의 취지

행정소송은 그 종류가 다양할 뿐 아니라, 소송요건이 다르기 때문에 ① **원고의 권리와 이익의 보장**과 ② **신속한 재판을 받을 권리의 보장** 및 ③ **분쟁의 일회적 해결**을 위해 인정된다.

# Ⅱ. 행정소송법 제21조에 의한 소종류(소송물)의 변경

> **행정소송법 제21조(소의 변경)**
> ① 법원은 취소소송을 당해 처분등에 관계되는 사무가 귀속하는 국가 또는 공공단체에 대한 당사자소송 또는 취소소송외의 항고소송으로 변경하는 것이 상당하다고 인정할 때에는 청구의 기초에 변경이 없는 한 사실심의 변론종결시까지 원고의 신청에 의하여 결정으로써 소의 변경을 허가할 수 있다.
> ② 제1항의 규정에 의한 허가를 하는 경우 피고를 달리하게 될 때에는 법원은 새로이 피고로 될 자의 의견을 들어야 한다.
> ③ 제1항의 규정에 의한 허가결정에 대하여는 즉시항고할 수 있다.
> ④ 제1항의 규정에 의한 허가결정에 대하여는 제14조 제2항·제4항 및 제5항의 규정을 준용한다.

## 1. 의의

행정소송법 제21조에서는 "행정소송 도중 원고가 청구의 기초에 변경이 없는 한 사실심 변론종결시까지 신청에 의하여 결정으로써 소의 변경을 허가할 수 있다."고 하여 소의 종류변경을 인정하고 있다.

## 2. 종류(동조 제1항)

행정소송의 소변경은 ① **항고소송 간의 변경**, ② **항고소송과 당사자소송 간의 변경**이 인정되고 있다.

## 3. 요건 및 절차

### (1) 취소소송이 계류중에 있을 것

소변경의 기초가 되는 취소소송이 계속되어 있어야 하는 것은 당연한 요건이다.

### (2) 사실심 변론종결시까지 원고의 청구가 있을 것

따라서 상고심에서의 소변경은 허용되지 않는다.

### (3) 취소소송은 '당해 처분에 관계되는 사무가 귀속하는 국가 또는 공공단체에 대한 당사자소송 또는 취소소송 외의 항고소송'으로 변경하는 것일 것

여기서의 '사무의 귀속'이란 조직법상의 사무귀속자를 말하는 것이 아니라 처분등의 효과의 귀속을 말한다. 또한 항고소송을 당사자소송으로 변경하는 경우에는 당사자의 변경이 수반되므로 민사소송법상의 소변경에 대한 특례라 할 수 있다.

**(4) 청구기초에 변경이 없을 것(기본적 사실관계의 동일성으로 판단)**

청구기초의 동일성에 관한 판단기준에 대해 ① 원고의 권리구제의 이익의 동일성을 의미한다는 **이익설**과, ② 신·구청구 간의 기본적 사실관계의 동일성이 유지되는 한도라는 **사실설(기본적 사실관계공통설)** 등이 대립된다.

그러나 판례와 마찬가지로 **원고의 권익과 그 원인된 사실관계 및 회복이익에 있어 동일성을 지니는 경우를 의미**한다고 봄이 타당하다(대법원 1987.7.7. 87다카225).

**(5) 변경되는 신소가 적법한 제소요건을 갖출 것**

변경되는 신소는 청구취지를 변경하여 구소를 취하하고 새로운 소를 제기하는 것이므로 **새로운 소에 대한 적법 여부는 원칙적으로 소의 변경이 있은 때를 기준으로 하여야 한다**(대법원 2004.11.25. 2004두7023). 그러나 행정소송법 제14조 제4항이 준용됨에 따라 **청구변경으로 인한 소변경의 경우에는 신소의 적법 여부는 소변경시가 아니라 전소의 제기 당시를 기준으로 하여야 한다**(행정소송법 제21조 제4항).

### 4. 절차

① 법원은 소의 변경을 허가함에 있어 피고를 변경하는 경우에는 새로이 피고로 될 자의 의견을 들어야 하며, ② 허가결정이 있게 되면 결정의 정본을 새로운 피고에게 송달하여야 한다(동법 제21조 제4항).

### 5. 효과

소의 변경을 허가하는 결정이 확정되면 새로운 소는 변경된 소를 처음에 제기한 때에 제기된 것으로 보며, 변경된 **구소는 취하**된 것으로 본다. 따라서 구소에 대하여 취하된 종전의 소송절차는 **신소에 유효하게 승계**된다(동법 제21조 제4항).

### 6. 불복방법

소의 변경을 허가하는 법원의 결정에 대하여는 **신소의 피고와 종전의 피고는 즉시항고할 수 있다**(동법 제21조 제3항).

## Ⅲ. 처분변경으로 인한 소변경

> **행정소송법 제22조(처분변경으로 인한 소변경)**
> ① 법원은 행정청이 소송의 대상인 처분을 소가 제기된 후 변경한 때에는 원고의 신청에 의하여 결정으로써 청구의 취지 또는 원인의 변경을 허가할 수 있다.
> ② 제1항의 규정에 의한 신청은 처분의 변경이 있음을 안 날로부터 60일 이내에 하여야 한다.
> ③ 제1항의 규정에 의하여 변경되는 청구는 제18조 제1항 단서의 규정에 의한 요건을 갖춘 것으로 본다.

### 1. 의의

행정소송법 제22조에서는 "법원은 행정청이 소송의 대상인 처분을 소가 제기된 후에 변경한 때에는, 원고의 신청에 의하여 결정으로써 청구의 취지 또는 원인의 변경을 허가할 수 있다."고 하여 처분변경을 원인으로 한 소변경을 인정하고 있다.

### 2. 요건

**(1) 처분의 변경이 있을 것**

당해 소송의 대상인 처분이 소가 제기된 후 행정청에 의하여 변경되어야 한다. 이 경우 처분청의 변경이건 상급감독청의 변경이건 가리지 않으며, 처분의 소극적 변경(일부취소)뿐만 아니라 적극적 변경도 포함된다.

### (2) 취소소송이 계류중에 있을 것

소변경의 기초가 되는 취소소송이 계속되어 있어야 하는 것은 당연한 요건이다.

### (3) 처분의 변경이 있음을 안 날로부터 60일 이내에 신청할 것

원고는 처분의 변경이 있음을 안 날로부터 60일 이내에 신청하여야 한다(동조 제2항).

### (4) 변경되는 신소가 적법할 것

변경되는 신소는 적법하여야 한다. 별도의 전심절차는 거칠 필요가 없다. 그러나 이 경우 행정소송법 제21조 제4항과 같이 새로운 소송이 언제 제기된 것으로 볼 것인가에 대한 규정이 없다. 이 경우 판례는 새로운 소에 대한 적법 여부는 원칙에 따라 소의 변경이 있은 때를 기준으로 하여야 한다고 본다(대법원 2004.11.25. 2004두7023).

### (5) 청구의 기초에 변경이 없을 것을 요하는지 여부

행정소송법 제21조의 소변경과 같이 청구의 기초에 변경이 없을 것을 요하는지 여부가 문제되나, 이를 요하는 명문의 규정이 없으므로 이는 요건이 아니라고 봄이 타당하다.

## 4. 절차 및 효과

법원은 원고의 신청이 있은 때에 결정으로써 청구의 취지 또는 원인의 변경을 허가할 수 있다. 소의 변경을 허가하는 결정이 확정되면 구소는 신소에 유효하게 승계되며, 변경된 **구소는 취하**된 것으로 본다.

## Ⅳ. 행정소송과 민사소송 간의 소의 변경

> 민사소송법 제262조(청구의 변경)
> ① 원고는 청구의 기초가 바뀌지 아니하는 한도안에서 변론을 종결할 때(변론 없이 한 판결의 경우에는 판결을 선고할 때)까지 청구의 취지 또는 원인을 바꿀 수 있다. 다만, 소송절차를 현저히 지연시키는 경우에는 그러하지 아니하다.
> ② 청구취지의 변경은 서면으로 신청하여야 한다.

**논점 19** **행정소송과 민사소송 간의 소변경의 가능성 ★★**

## 1. 문제점

행정소송을 민사소송으로, 또는 민사소송을 행정소송으로 변경하는 것이 허용되는지와 관련하여 행정소송법에서는 이에 관한 명문의 규정을 두고 있지 않으므로, **행정소송법 제8조 제2항에 의거 민사소송법상 소변경에 관한 규정 제262조에 의해 성립되는지 여부가 문제된다.**

## 2. 학설

### (1) 긍정설

항고소송과 민사소송은 피고와 관할법원을 달리 하지만, 이는 실질적으로 동일성이 유지되는 범주 내에 있는 것이므로 민사소송법상 소병합의 일반요건을 충족하여 항고소송을 처분을 원인으로 하는 민사소송으로 변경하는 것은 가능하다고 보는 견해이다.

### (2) 부정설

행정소송과 민사소송은 처분청과 국가로 그 피고를 달리하고, 관할 제1심 수소법원도 달리하므로 법원과 당사자의 동일성을 유지할 수 없어 민사소송을 행정소송으로 변경하는 것이나 행정소송을 민사소송으로 변경하는 것은 허용되지 않는다고 보는 견해이다.

### 3. 판례

판례는 "원고가 고의 또는 중대한 과실 없이 행정소송으로 제기하여야 할 사건을 민사소송으로 잘못 제기한 경우 수소법원으로서는 만약 그 행정소송에 대한 관할도 동시에 가지고 있는 경우라면, 행정소송으로서의 전심절차 및 제소기간을 도과하였거나 행정소송의 대상이 되는 처분 등이 존재하지도 아니한 상태에 있는 등 행정소송으로서의 소송요건을 결하고 있음이 명백하여 행정소송으로 제기되었더라도 어차피 부적법하게 되는 경우가 아닌 이상, 원고로 하여금 항고소송으로 소 변경을 하도록 하여 그 1심법원으로 심리·판단하여야 한다."고 하여 **민사소송에서 항고소송(거부처분취소소송)으로의 소변경**을 인정하는 듯하다.

### 4. 검토

당사자의 신속한 재판을 받을 권리의 보장과 소송경제적 측면에서 행정소송과 민사소송간의 소변경을 인정하는 긍정설이 일응 타당하다. 따라서 사안의 경우 민사소송법 제262조에 근거한 소변경을 할 수 있다고 할 것이다.

## V. 답안작성요령

### 1. 항고소송과 처분으로 인한 국가배상청구소송 및 부당이득반환청구소송간의 소변경의 경우

▶ 부록: 답안작성요령 <사례논점 06> **1** 참조

### 2. 부작위위법확인소송과 거부처분취소소송간의 소변경의 경우

▶ 부록: 답안작성요령 <사례논점 06> **2** 참조

## UNIT 20 처분사유의 추가·변경 ★★★

### 대표 기출문제

**【2007년도 제16회 공인노무사/ 준사례형 – 25점】**

관할 행정청 甲은 乙에게 A라는 이유를 제시하여 처분을 하였으나, 취소소송의 계속 중 B라는 이유를 추가하였다. 행정소송법상 쟁점에 대해서 논하시오.

**【2011년도 제20회 공인노무사/ 준사례형 – 25점】**

甲은 정당한 이유 없이 계약을 이행하지 않았음을 이유로 입찰 참가자격 제한처분을 받았다. 이에 대해 甲이 취소소송으로 다투던 중 처분청은 당초 처분사유 외에 위 계약 당시 관계 공무원에게 뇌물을 준 사실을 처분사유로 추가하였다. 처분청의 행위는 소송상 허용되는가?

**【2015년도 제26회 공인노무사/ 사례형 – 50점】**

甲은 2015.1.16. 주택신축을 위하여 개발행위허가를 신청하였다. 이에 관할 행정청은 乙은 국토의 계획 및 이용에 관한 법률의 규정에 의거하여 "해당 개발행위에 따른 기반시설의 설치나 그에 필요한 용지의 확보계획이 적절하지 않다."라는 사유로 2015.1.22. 개발행위 불허가처분을 하였고, 그 다음 날 甲은 그 사실을 알게 되었다. 그런데 乙은 위 불허가 처분을 하면서 甲에게 그 처분에 대하여 행정심판을 청구할 수 있는지 여부와 행정심판을 청구하는 경우의 심판청구 절차 및 심판청구기간을 알리지 아니하였다. 甲은 개발행위 불허가 처분에 불복하여 2015.5.7. 행정심판위원회에 취소심판을 청구하였다. 아울러 甲은 적법한 제소요건을 갖추어 취소소송도 제기하였다.

(2) 乙은 취소소송의 계속 중 "국토 및 자연의 유지와 환경보전 등 중대한 공익상의 필요가 있고 주변 환경이나 경관과 조화를 이루지 못 한다."라는 처분사유를 새로이 추가할 수 있는가? (30점)

▶ 답안연습: 한장답안 기출문제 연습【문제 1】참조

**【2019년도 제30회 공인노무사/ 사례형 – 50점】**

사용자인 乙주식회사는 소속 근로자인 甲에 대해 유인물 배포 등 행위와 성명서 발표 및 기사 게재로 인한 乙주식회사에 대한 명예훼손행위를 근거로 감봉 3월의 징계처분을 하였다. 甲과 A노동조합은 2018.9.7. B지방노동위원회에 위 징계처분이 부당징계 및 부당노동행위에 해당한다고 주장하면서 구제신청을 하였다. 그러나 B지방노동위원회는 2018.11.6. 위 구제신청을 모두 기각하였다. 甲과 A노동조합은 B지방노동위원회의 기각결정에 불복하여 2018. 12.20. 중앙노동위원회에 재심을 신청하였다. 중앙노동위원회는 2019.3.5. 유인물 배포 등 행위가 징계사유에 해당할 뿐만 아니라 징계 양정이 적정하고, 노동조합 및 노동관계조정법 제81조 제1호의 부당노동행위에 해당하지 않는다는 이유로 재심신청을 모두 기각하였다. 이에 甲은 중앙노동위원회의 재심에 불복하여 취소소송을 제기하려고 한다. 甲은 중앙노동위원회가 재심판정을 하면서 관계 법령상 개의 및 의결 정족수를 충족하지 않았다고 주장한다. 다음 물음에 답하시오.

(2) 중앙노동위원회는 이 소송의 계속 중에 甲과 A노동조합의 유인물 배포행위가 정당하지 않은 노동조합행위에 해당하여 징계사유에 해당한다고 추가적으로 주장한다. 이러한 중앙노동위원회의 주장이 타당한지를 논하시오. (25점)

▶ 답안연습: 한장답안 기출문제 연습【문제 2】참조

국가공무원 甲은 업무시간 중 민원인으로부터 골프접대 등 뇌물을 수수하였다는 이유로 징계권자로부터 해임의 징계처분을 받고, 그 징계처분에 대하여 소청심사를 거쳐 취소소송을 제기하였다. 피고 행정청은 취소소송의 계속 중 甲이 뇌물수수뿐만 아니라 업무시간 중 골프접대를 받는 직무를 태만히 한 것도 징계사유의 하나라고 소송절차에서 주장하였다. 이러한 피고의 주장이 허용되는지 설명하시오. (25점)

# Ⅰ. 서설

## 1. 의의

처분사유의 추가·변경이란 "행정청이 처분시에 처분의 사유를 밝힌 후 행정소송의 계속 중에 그 대상처분의 적법성을 유지하기 위하여 그 사유를 추가하거나 잘못 제시된 사실상의 근거를 변경하는 것"을 말한다.[32]

## 2. 구별개념

처분사유의 추가·변경은 ① 처분시에 이유가 제시되었으나 그 이유가 계쟁처분의 내용상 적법성을 지지할 수 없는 경우 이를 소송절차 도중 추가·변경하는 것이라는 관점에서 절차상 적법성을 회복하기 위한 이유 부기의 하자치유와 구별되며, ② 처분의 동일성을 유지하며 사유만을 변경한다는 점에서 다른 행정행위(처분)로 바꾸는 행정행위의 전환과도 구별된다.

---

[32] 대법원은 처분 당시에 적시한 구체적 사실을 변경하지 않고 단지 그 처분의 근거법령만을 추가·변경하는 것은 처분사유의 추가·변경으로 보지 않는다. "행정처분의 취소를 구하는 항고소송에 있어 처분청은 당초 처분의 근거로 삼은 사유와 기본적 사실관계가 동일성이 있다고 인정되는 한도 내에서는 다른 사유를 추가하거나 변경할 수도 있으나 기본적 사실관계가 동일하다는 것은 처분사유를 법률적으로 평가하기 이전의 구체적인 사실에 착안하여 그 기초인 사회적 사실관계가 기본적인 점에서 동일한 것을 말하며, 처분청이 처분 당시에 적시한 구체적 사실을 변경하지 아니하는 범위 내에서 단지 그 처분의 근거법령만을 추가·변경하거나 당초의 처분사유를 구체적으로 표시하는 것에 불과한 경우에는 새로운 처분사유를 추가하거나 변경하는 것이라고 볼 수 없다 (대법원 2007.2.8. 2006두4899)."

# Ⅱ. 허용 여부

## 논점 20　처분사유의 추가변경의 허부 ★★★

### 1. 문제점

현행 행정소송법상 처분사유의 추가·변경에 관한 조문은 없다. 따라서 **"소송경제 및 분쟁의 일회적 해결과 및 원고의 공격방어권보장"** 관점에서 처분사유의 추가·변경의 인정 여부가 문제된다.

### 2. 학설

#### (1) 긍정설

① 분쟁의 일회적 해결과 ② 소송경제를 위하여 처분사유의 추가·변경을 일반적으로 긍정해야 한다는 견해이다.

#### (2) 부정설

① 실질적 법치주의 관점에서 원고의 신뢰보호침해우려와 공격방어권침해, ② 재판의 심리지연에 따른 폐해를 고려하여 처분사유의 추가·변경을 일반적으로 부정해야 한다는 견해이다.

#### (3) 제한적 긍정설(다수설 및 판례)

원고의 공격방어권을 침해하지 않는 범위 내에서 허용된다고 보는 견해이다.

### 3. 판례

#### (1) 행정소송 및 행정심판의 경우

대법원은 행정처분의 취소를 구하는 소송에 있어서는 실질적 법치주의와 행정처분의 상대방인 국민에 대한 신뢰보호라는 견지에서 처분청은 **"당초의 처분사유와 기본적 사실관계에 있어서 동일성이 인정되는 한도"** 내에서만 새로운 처분사유를 추가하거나 변경할 수 있다고 하여 제한적 긍정설의 입장이다.

#### (2) 본래적 이의신청의 경우

대법원은 처분청 스스로의 내부적 시정절차인 이의신청에서는 **"당초처분의 근거로 삼은 사유와 기본적 사실관계의 동일성이 인정되지 않는 사유라고 하더라도 이를 처분의 적법성과 합목적성을 뒷받침하는 처분사유로 추가·변경할 수 있다고 보는 것이 타당하다."**고 판시하여 긍정설의 태도이다.

### 4. 검토

분쟁의 일회적 해결과 소송당사자의 공격·방어권을 동시에 고려하는 제한적 긍정설의 입장이 타당하다.

# Ⅲ. 허용범위 및 한계

## 1. 당초 처분사유의 기본적 사실관계의 동일성이 인정될 것

① 판례는 **"당초의 처분의 근거로 삼은 사유와 기본적 사실관계에 있어서 동일성이 인정되는 한도 내에서만"** 새로운 처분사유의 추가나 변경을 허용하고, ② 기본적 사실관계의 동일성 유무는 **"처분사유를 구체적인 사실에 착안하여 그 기초가 되는 사회적 사실관계가 기본적인 점에서 동일한지의 여부에 따라 결정해야 하는데, 이는 시간적·장소적 근접성, 행위의 태양·결과 등의 제반사정을 종합적으로 고려하여 판단"**하여야 한다고 한다(대법원 2004.11.26. 2004두4482).

## 2. 동일한 소송물의 범위 내일 것(↔ 소의 변경)

다수 견해에 따르면 취소소송의 소송물이 위법성 일반임을 고려할 때, 소송물의 동일성을 해하지 않는 범위에서 처분사유의 추가·변경은 인정될 수 있다.

## 3. 처분시에 존재하였던 사유일 것(위법판단의 기준시)

취소소송의 대상이 되는 처분의 기준시점과 관련하여 처분시기준설(통설, 판례)로 본다. 문제는 거부처분의 경우인데, 이에 대해 ① 처분시기준설, ② 판결시기준설, ③ 절충설(위법판단·판결시구별설)과 판결시기준설이 대립된다.

## 4. 사실심 변론종결시까지 처분사유를 추가·변경할 것

이는 사실심 변론종결시까지만 허용된다.

# IV. 적용범위

## 1. 행정심판절차에서의 적용 여부

> **참조판례** 행정심판에서 처분사유의 추가·변경
>
> 【사실관계】 부천시장(피고)은 원고의 시장정비사업시행구역으로 추천해 달라는 이 사건 신청을 하였고, 이에 부천시장은 그 사업추진계획의 승인에 관한 안건을 심의한 결과 '① 재래시장 및 상점가 육성을 위한 특별법 적용에 무리가 있으며 상가 활성화계획이 미흡, ② 임차상인 보상 미흡 및 건축 시 재래시장활성화로 성공하는 시장으로 판단불가, ③ 도시계획사업으로 지구단위계획에 의거하여 사업을 진행하는 것이 바람직함, ④ 시장기능약화로 인한 일반주거지역 내 주택재건축사업으로 시행 필요'를 사유('당초 처분사유')로 들어 부결통보를 원고에게 하였다. 원고는 중앙행정심판위원회에 이 사건 처분의 취소를 구하는 행정심판 청구를 하였는데, 피고가 '당초 처분사유' 이외에 개정 재래시장법에서 신설된 조항에 따라 국·공유지 면적도 확보하지 못하였다는 사유를 추가하려한 사건
>
> 【판시사항】 [1] 행정처분의 취소를 구하는 항고소송에서 처분청은 당초 처분의 근거로 삼은 사유와 기본적 사실관계가 동일성이 있다고 인정되는 한도 내에서만 다른 사유를 추가 또는 변경할 수 있고, 이러한 기본적 사실관계의 동일성 유무는 처분사유를 법률적으로 평가하기 이전의 구체적 사실에 착안하여 그 기초인 사회적 사실관계가 기본적인 점에서 동일한지에 따라 결정되므로, 추가 또는 변경된 사유가 처분 당시에 이미 존재하고 있었다거나 당사자가 그 사실을 알고 있었다고 하여 당초의 처분사유와 동일성이 있다고 할 수 없다. 그리고 이러한 법리는 행정심판 단계에서도 그대로 적용된다.
> [2] 이 사건의 처분의 이유로 제시된 당초 처분사유는 시장정비사업계획의 적정성 여부에 관한 것인 반면, 추가 처분사유는 사업지역인 원종시장의 국·공유지 면적 요건의 구비 여부에 관한 것으로서 양자는 기본적 사실관계가 동일하다고 볼 수 없다. 따라서 피고는 당초 처분사유와 기본적 사실관계가 동일하지 아니한 추가 처분사유를 이 사건 처분의 이유로 행정심판에서 추가·변경할 수 없다(대법원 2014.5.16. 2013두26118).

## 2. 본래적 이의신청(심사청구)에서의 적용 여부

> **참조판례** 심사청구에서 처분사유의 추가·변경
>
> 【사실관계】 근로복지공단이 '우측 감각신경성 난청'으로 장해보상청구를 한 근로자 甲에 대하여 소멸시효 완성을 이유로 장해보상급 여부지급결정을 하였다가, 甲이 불복하여 심사청구를 하자 甲의 상병이 ① 업무상 재해인 소음성 난청으로 보기 어렵다는 처분사유를 추가하여 심사청구를 기각한 사안에서, ② 甲의 상병과 업무 사이의 상당인과관계 부존재를 처분사유 중 하나로 추가할 수 있는지 여부가 문제된 사건
>
> 【판시사항】 [1] 산업재해보상보험법 규정의 내용·형식 및 취지 등에 비추어 보면, 산업재해보상보험법상 심사청구에 관한 절차는 보험급여 등에 관한 처분을 한 근로복지공단으로 하여금 스스로의 심사를 통하여 당해 처분의 적법성과 합목적성을 확보하도록 하는 근로복지공단 내부의 시정절차에 해당한다고 보아야 한다. 따라서 처분청이 스스로 당해 처분의 적법성과 합목적성을 확보하고자 행하는 자신의 내부 시정절차에서는 당초처분의 근거로 삼은 사유와 기본적 사실관계의 동일성이 인정되지 않는 사유라고 하더라도 이를 처분의 적법성과 합목적성을 뒷받침하는 처분사유로 추가·변경할 수 있다고 보는 것이 타당하다.

[2] 근로복지공단이 '우측 감각신경성 난청'으로 장해보상청구를 한 근로자 甲에 대하여 소멸시효 완성을 이유로 장해보상급 여부지급결정을 하였다가, 甲이 불복하여 심사청구를 하자 甲의 상병이 업무상 재해인 소음성 난청으로 보기 어렵다는 처분사유를 추가하여 심사청구를 기각한 사안에서, 근로복지공단이 산업재해보상보험법상 심사청구에 대한 자신의 심리·결정 절차에서 추가한 사유인 '甲의 상병과 업무 사이의 상당인과관계 부존재'는 당초 처분의 근거로 삼은 사유인 '소멸시효 완성'과 기본적 사실관계의 동일성이 인정되는지와 상관없이 처분의 적법성의 근거가 되는 것으로서 취소소송에서 처음부터 판단대상이 되는 처분사유에 해당한다는 이유로, 甲의 상병과 업무사이의 상당인과관계 부존재를 처분사유 중 하나로 본 원심판단을 정당하고 한 사례(대법원 2012.9.13. 2012두3859).

## Ⅴ. 답안작성요령

### 1. 처분사유의 추가·변경

▶ 부록: 답안작성요령 <사례논점 07> ▣ 참조

### 개념정리 처분사유의 추가·변경에 관한 판례정리

| 긍정한 판례 | 부정한 판례 |
|---|---|
| ① "토지형질변경 불허가처분의 당초의 처분사유인 국립공원에 인접한 미개발지역의 합리적인 이용대책시까지 그 허가를 유보한다는 사유"와 "국립공원 주변의 환경·풍치·미관 등을 크게 손상시킬 우려가 있으므로 공공목적상 원형유지의 필요가 있는 곳으로서 형질변경허가 금지대상이라는 사유" | ① "허가신청서의 구비서류 미비라는 처분의 형식적 사유"와 "당해 사안이 그 고유목적에 부합되지 아니한다는 처분의 실체적 사유" |
| ② "사업예정지에 폐기물처리시설을 설치할 경우 인근 농지의 농업경영과 농어촌 생활환경 유지에 피해를 줄 것이 예상된다는 사유"와 "사업예정지에 폐기물처리시설을 설치할 경우 인근 주민의 생활이나 주변 농업활동에 피해를 줄 것이 예상되어 이 사건 사업예정지가 폐기물처리시설의 부지로서 적절하지 아니하다는 사유" | ② "이주대책대상의 사업지구대상자가 아니라는 사유"와 "이주대책 실시기간을 도과하였다는 사유" |
| ③ "준농림지역에서의 행위제한이라는 사유"와 나중에 거부처분의 근거로 추가한 "자연경관 및 생태계의 교란, 국토 및 자연의 유지와 환경보전 등 중대한 공익상의 필요라는 사유" | ③ "입찰참가자격을 제한시킨 당초의 처분 사유인 정당한 이유 없이 계약을 이행하지 않은 사실"과 "항고소송에서 새로 주장한 계약의 이행과 관련하여 관계공무원에게 뇌물을 준 사실" |
| ④ "허가기준에 맞지 않는다는 이유"와 "이격거리 기준위배를 반려사유" | ④ "인근주민들의 동의서를 제출하지 아니하였다는 사실"과 "토석채취를 하게 되면 자연경관이 심히 훼손되는 등 공익에 미치는 영향이 지대하고 이는 산림내토석채취사무취급요령 제11조 소정의 제한사유에도 해당된다는 사실" |
| | ⑤ "각 광구가 도시계획지구 등에 해당하여 광물을 채굴함이 공익을 해하므로 광업법 제29조에 의하여 원고의 이 사건 광업권설정출원을 불허가 하였다는 당초의 처분사유"와 원고가 "이 사건 출원당시 불석을 채굴하고 있지 아니하였으며, 이 사건광구에는 이미 소외인들에 의하여 광업권설정등록이 필요져 있어서 광업법 규정상 원고에 대하여 새로운 광업권의 설정을 허가할 수 없다는 불허가사유" |
| | ⑥ "주택건설사업계획승인신청반려처분을 하면서 당초 처분사유인 46필지 전체를 개발하지 아니한 채 이 사건 토지만을 개발하는 것은 도시미관과 지역여건을 고려하지 아니한 불합리한 계획으로 지역의 균형개발을 저해한다는 사유"와 "이 사건 처분 이후에 새로이 이 사건 토지가 제1종 일반주거지역으로 지정되었다는 사유" |

# 한장답안 기출문제 연습

【문제 1】甲은 2015.1.16. 주택신축을 위하여 개발행위허가를 신청하였다. 이에 관할 행정청은 乙은 국토의 계획 및 이용에 관한 법률의 규정에 의거하여 "해당 개발행위에 따른 기반시설의 설치나 그에 필요한 용지의 확보계획이 적절하지 않다."라는 사유로 2015.1.22. 개발행위 불허가처분을 하였고, 그 다음 날 甲은 그 사실을 알게 되었다. 그런데 乙은 위 불허가 처분을 하면서 甲에게 그 처분에 대하여 행정심판을 청구할 수 있는지 여부와 행정심판을 청구하는 경우의 심판청구 절차 및 심판청구 기간을 알리지 아니하였다. 甲은 개발행위 불허가 처분에 불복하여 2015.5.7. 행정심판위원회에 취소심판을 청구하였다. 아울러 甲은 적법한 제소요건을 갖추어 취소소송도 제기하였다.

물음 2) 乙은 취소소송의 계속 중 "국토 및 자연의 유지와 환경보전 등 중대한 공익상의 필요가 있고 주변 환경이나 경관과 조화를 이루지 못한다."라는 처분사유를 새로이 추가할 수 있는가? (30점)

**한장
답안**

## Ⅰ. 문제의 소재(<small>설문에서는 불허가처분에 대한 취소소송 도중 처분청이 당초제시한 처분사유인 "용지의 확보계획이 적절하지 않다."에 "중대한 공익상의 필요와 주변환경과 조화를 이루지 못함"을 처분사유로 추가할 수 있는지 여부가 처분사유의 추가·변경의 인정 여부와 그 허용범위와 관련하여 문제된다.</small>)

## Ⅱ. 처분사유의 추가 · 변경의 의의

## Ⅲ. 인정 여부

### 1. 문제점

### 2. 학설

(1) 긍정설

(2) 부정설

(3) 제한적 긍정설

### 3. 판례

### 4. 검토

소송경제 및 분쟁의 일회적 해결과 소송당사자의 공격 · 방어권을 동시에 고려하는 제한적 긍정설이
타당하다. 따라서 이하에서는 제한적 긍정설에 따른 처분사유의 추가 · 변경의 허용범위를 검토한다.

## Ⅳ. 처분사유의 추가 · 변경의 허용범위

### 1. 동일한 소송물의 범위내일 것

### 2. 사실심 변론종결시까지 추가 및 변경할 것

### 3. 처분당시에 존재하였던 사유일 것

### 4. 당초처분의 사유와 기본적 사실관계의 동일성이 있을 것

## Ⅳ. 사안의 검토

처분사유의 추가 · 변경의 허용범위로서 기본적 사실관계의 동일성은 "법률적으로 평가하기 이전에 구체
적인 사실관계에 착안하여 그 기초가 되는 사회적 사실관계의 동일성을 기준으로 하며, 판단은 시간적 ·
장소적 근접성, 행위 태양 · 결과 등의 제반사정을 종합적으로 고려하여 판단하여야 한다." 사안의 경우
당초처분사유인 "용지의 확보계획에 적절하지 않다."는 사유와 추가하고자 하는 새로운 사유인 "중대한
공익상 필요와 주변환경과 조화를 이루지 못한다."는 사유는 그 행위 태양 및 결과 등 제반사정상 전혀
다른 사유로 보이므로 처분사유의 추가는 인정될 수 없다고 보인다. 대법원 판례도 마찬가지 입장이다.

2019년도 제28회 공인노무사 시험

【문제 2】 사용자인 乙주식회사는 소속 근로자인 甲에 대해 유인물 배포 등 행위와 성명서 발표 및 기사 게재로 인한 乙주식회사에 대한 명예훼손행위를 근거로 감봉 3월의 징계처분을 하였다. 甲과 A노동조합은 2018.9.7. B지방노동위원회에 위 징계처분이 부당징계 및 부당노동행위에 해당한다고 주장하면서 구제신청을 하였다. 그러나 B지방노동위원회는 2018.11.6. 위 구제신청을 모두 기각하였다. 甲과 A노동조합은 B지방노동위원회의 기각결정에 불복하여 2018.12.20. 중앙노동위원회에 재심을 신청하였다. 중앙노동위원회는 2019.3.5. 유인물 배포 등 행위가 징계사유에 해당할 뿐만 아니라 징계 양정이 적정하고, 노동조합 및 노동관계조정법 제81조 제1호의 부당노동행위에 해당하지 않는다는 이유로 재심신청을 모두 기각하였다.

이에 甲은 중앙노동위원회의 재심에 불복하여 취소소송을 제기하려고 한다. 甲은 중앙노동위원회가 재심판정을 하면서 관계 법령상 개의 및 의결 정족수를 충족하지 않았다고 주장한다. 다음 물음에 답하시오. (단, 행정쟁송법과 무관한 노동법적인 쟁점에 대해서는 서술하지 말 것)

물음 2) 중앙노동위원회는 이 소송의 계속 중에 甲과 A노동조합의 유인물 배포행위가 정당하지 않은 노동조합행위에 해당하여 징계사유에 해당한다고 추가적으로 주장한다. 이러한 중앙노동위원회의 주장이 타당한지를 논하시오. (25점)

**한장
답안**

Ⅰ. **문제의 소재**(설문에서는 재심판정에 대한 취소소송 도중 처분청이 당초제시한 처분사유인 "유인물 배포 등 행위가 징계사유에 해당한다."에 "유인물 배포행위가 정당하지 않은 노동조합행위에 해당한다."라는 처분사유로 추가할 수 있는지 여부가 처분사유의 추가·변경의 인정 여부와 그 허용범위와 관련하여 문제된다.)

Ⅱ. **처분사유의 추가·변경의 의의**

Ⅲ. **인정 여부**

1. 문제점
2. 학설
   (1) 긍정설
   (2) 부정설
   (3) 제한적 긍정설
3. 판례
4. 검토

소송경제 및 분쟁의 일회적 해결과 소송당사자의 공격·방어권을 동시에 고려하는 제한적 긍정설이 타당하다. 따라서 이하에서는 제한적 긍정설에 따른 처분사유의 추가·변경의 허용범위를 검토한다.

Ⅳ. **처분사유의 추가·변경의 허용범위**

1. 동일한 소송물의 범위내일 것
2. 사실심 변론종결시까지 추가 및 변경할 것
3. 처분당시에 존재하였던 사유일 것
4. 당초처분의 사유와 기본적 사실관계의 동일성이 있을 것

Ⅳ. **사안의 검토**

처분사유의 추가·변경의 허용범위로서 기본적 사실관계의 동일성은 "법률적으로 평가하기 이전에 구체적인 사실관계에 착안하여 그 기초가 되는 사회적 사실관계의 동일성을 기준으로 하며, 판단은 시간적·장소적 근접성, 행위 태양·결과 등의 제반사정을 종합적으로 고려하여 판단하여야 한다." 사안의 경우 당초처분사유인 "유인물 배포행위는 징계사유에 해당한다."는 사유와 추가하고자 하는 새로운 사유인 "유인물 배포행위는 정당한 노동조합의 행위가 아니다."라는 사유는 법적 평가와 그 판단에 대한 주장사유만 바뀐 것인지 그 전제가 되는 행위의 태양 및 결과 등 제반사정은 "유인물 배포해위"를 하였다는 점은 전혀 다르지 아니하므로 처분사유의 추가는 인정될 수 있다고 보인다.

# 집행정지제도 ★★

## 개념체계

### 행정소송의 4단계 = 가구제(보전청구)

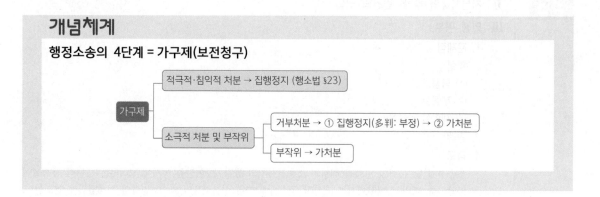

가구제
- 적극적·침익적 처분 → 집행정지 (행소법 §23)
- 소극적 처분 및 부작위
  - 거부처분 → ① 집행정지(多判: 부정) → ② 가처분
  - 부작위 → 가처분

---

**대표 기출문제**

【1992년도 제4회 공인노무사/ 논술형 – 50점】
행정소송에 있어서 가구제 제도를 약술하시오.

【2012년도 제21회 공인노무사/ 약술형 – 25점】
행정쟁송법상 집행정지의 요건을 설명하시오.

【2012년도 제23회 감정평가사/ 준사례형 – 20점】
20년 이상 감정평가업에 종사하고 있는 감정평가사 甲은 2년 전에 국토해양부장관 乙의 인가를 받아 50명 이상의 종업원을 고용하는 감정평가법인을 설립하였다. 그 후 乙은 甲이 정관을 거짓으로 작성하는 등 부정한 방법으로 감정평가법인의 설립인가를 받았다는 이유로 부동산 가격공시 및 감정평가에 관한 법률 제38조 제1항 제6호에 따라 설립인가를 취소하였다. 甲은 乙의 인가취소가 잘못된 사실관계에 기초한 위법한 처분이라는 이유로 취소소송을 제기하면서 집행정지신청을 하였다. 甲의 집행정지신청의 인용 여부를 논하시오.
▶ 답안연습: 한장답안 기출문제 연습【문제 1】참조

【2004년도 제45회 사법시험/ 준사례형 – 30점】
사행행위 영업의 하나인 투전기영업허가를 받은 甲은 3년의 허가유효기간이 얼마 남지 아니하여 허가관청에 대하여 허가갱신신청을 하였으나 거부당하였다. 이에 甲은 허가갱신거부처분 취소소송을 제기함과 동시에 허가갱신거부처분의 집행정지결정을 신청하였다. 甲의 집행정지 주장의 당부와 그 논거를 제시하시오.

# Ⅰ. 서설

행정소송법 제23조(집행정지)
① 취소소송의 제기는 처분등의 효력이나 그 집행 또는 절차의 속행에 영향을 주지 아니한다.
② 취소소송이 제기된 경우에 처분등이나 그 집행 또는 절차의 속행으로 인하여 생길 회복하기 어려운 손해를 예방하기 위하여 긴급한 필요가 있다고 인정할 때에는 본안이 계속되고 있는 법원은 당사자의 신청 또는 직권에 의하여 처분등의 효력이나 그 집행 또는 절차의 속행의 전부 또는 일부의 정지(이하 '집행정지'라 한다)를 결정할 수 있다. 다만, 처분의 효력정지는 처분등의 집행 또는 절차의 속행을 정지함으로써 목적을 달성할 수 있는 경우에는 허용되지 아니한다.
③ 집행정지는 공공복리에 중대한 영향을 미칠 우려가 있을 때에는 허용되지 아니한다.
④ 제2항의 규정에 의한 집행정지의 결정을 신청함에 있어서는 그 이유에 대한 소명이 있어야 한다.
⑤ 제2항의 규정에 의한 집행정지의 결정 또는 기각의 결정에 대하여는 즉시항고할 수 있다. 이 경우 집행정지의 결정에 대한 즉시항고에는 결정의 집행을 정지하는 효력이 없다.
⑥ 제30조 제1항의 규정은 제2항의 규정에 의한 집행정지의 결정에 이를 준용한다.

## 1. 집행정지의 의의

집행정지란 "취소소송이 제기된 처분 등이나 그 집행 또는 절차의 속행으로 인하여 생길 회복하기 어려운 손해를 예방하기 위하여 긴급한 필요가 있다고 인정할 때 법원이 당사자의 신청 또는 직권에 의해 그 집행을 잠정적으로 정지하도록 결정하는 것"을 말한다(행정소송법 제23조 제2항).

## 2. 집행정지의 성질

집행정지결정은 원고의 권리보전을 도모하기 위하여 법원이 계쟁처분의 집행을 잠정적으로 정지하는 것이므로 형식상 내용상 사법작용에 해당하며 소극적인 가구제제도에 속한다.

# Ⅱ. 집행정지의 인정요건

**논점 21**  집행정지의 인정요건 ★★

## 1. 적극적 요건(행정소송법 제23조 제2항; 원고의 주장·소명책임)
### (1) 집행정지대상인 처분등의 존재

집행정지결정의 대상이 처분등이 존재하여야 한다(① 거부처분; 견해대립, ② 처분의 소멸 ×, ③ 무효처분 ○ / 부작위의 경우 ×).

### (2) 본안소송의 계속

적법한 본안소송이 수소법원에 계속중이어야 한다.

### (3) 회복하기 어려운 손해발생의 가능성

회복하기 어려운 손해란 "① 금전배상이 불가능한 경우와, ② 사회통념상 원상회복이나 금전배상이 가능하더라도 금전배상만으로 수인할 수 없거나 수인하기 어려운 유형 무형의 손해를 의미"한다는 것이 판례의 입장이다.

### (4) 긴급한 필요의 존재

시간적으로 본안판결을 기다릴 여유가 없어야 한다.

### (5) 원고의 신청의 이익이 있을 것(판례; 처분의 완료, 거부처분의 경우)

집행정지결정을 받는 것이 원고의 권리구제에 보탬이 되어야 한다.

## 2. 소극적 요건(행정소송법 제23조 제3항; 피고 행정청의 주장·소명책임)
### (1) 공공복리에 대한 중대한 영향을 미칠 우려가 없을 것

이는 당사자의 권리보호보다 공익을 우선하는 것으로서, 이때에는 공익을 우선해야 할 사정과 당사자의 권리보호의 필요성의 정도를 상호 엄격히 비교형량 하여야 한다.[33] 이에 대한 소명책임은 피신청인에게 있다.

### (2) 본안소송의 승소가능성(원고의 청구가 이유 없음이 명백하지 아니할 것)
#### 1) 문제점

본안의 승소가능성이 명문의 규정이 없음에도 불구하고 집행정지결정의 요건에 해당되는지 여부에 대해 견해가 대립된다.

---

33) 1) 공공복리에 중대한 영향을 미칠 우려가 있다고 본 판례: ① 공설화장장 이전설치 처분에 대한 집행정지, ② 신설 시외버스운송사업면허내인가처분에 대한 기존 버스업자의 집행정지 신청, ③ 외부감사인이 감사보고서 및 감사조서를 제출할 것을 요구하는 처분에 대한 집행정지, ④ 출입국관리법상의 강제퇴거명령의 집행을 위한 보호명령에 대한 집행정지
2) 공공복리에 중대한 영향을 미칠 우려가 없다고 본 판례: ① 광역시장의 시내버스운송사업계획변경 인가처분에 대한 집행정지, ② 산업기능요원 편입 당시 지정업체의 해당 분야에 종사하지 아니하였음을 이유로 한 산업기능요원편입취소처분에 대한 집행정지

2) 학설

이에 대해 학설은 ① 본안판단의 승소가능성은 본안 전 판단요소인 집행정지결정의 요건이 될 수 없다는 부정설과, ② 원고의 청구가 이유 없음이 명백함에도 불구하고 집행정지를 인용함은 가혹한 부담이며, 소송경제를 위하여 이를 고려하여야 한다는 긍정설이 대립된다.

3) 판례

대법원은 "효력정지나 집행정지사건 자체에 의하여도 신청인의 본안 청구가 이유 없음이 명백하지 않아야 한다는 것도 효력정지나 집행정지의 요건에 포함시켜야 한다."고 하여 긍정설의 입장이다.

4) 검토

부당한 집행정지결정을 방지하고, 소송경제를 고려하는 긍정설의 태도가 타당하다.

**(3) 처분등의 집행정지 또는 절차정지로 목적달성이 곤란할 것**(효력정지의 경우만)

행정소송법 제23조 제2항 단서규정에 따라 집행정지 중 효력정지는 집행정지 또는 절차정지로 목적달성이 곤란한 경우에만 적용된다.

---

**참조판례** **해임처분의 집행정지**

**【사건개요】** 한국문화예술위원회 위원장인 원고 甲은 자신의 해임처분에 대한 문화체육관광부장관을 피고로 하여 무효확인을 구하는 무효확인청구소송을 제기함과 동시에 해임처분의 효력을 정지하는 효력정지신청을 하였다. 그런데 피고인 문화체육관광부장관은 이미 약 1년여의 기간 사이에 이 사건 위원회에서 원고의 후임 위원장을 임명하여 새로운 위원장이 2009.2.12. 이후 이 사건 위원회의 위원장 업무를 수행하고 있는데, 이러한 상황에서 이 사건 해임처분의 효력이 정지되면 신청인이 위원장의 지위를 회복하게 됨에도 불구하고 집행정지(효력정지)신청을 인용결정하여야 하는지 여부가 문제된 사안

**【판결요지】** [1] 행정소송법 제23조 제2항에서 정하고 있는 집행정지 요건인 '회복하기 어려운 손해'란 특별한 사정이 없는 한 금전으로 보상할 수 없는 손해로서 이는 금전보상이 불능인 경우 내지는 금전보상으로는 사회관념상 행정처분을 받은 당사자가 참고 견딜 수 없거나 또는 참고 견디기가 현저히 곤란한 경우의 유형, 무형의 손해를 일컫는다 할 것이고, '처분 등이나 그 집행 또는 절차의 속행으로 인하여 생길 회복하기 어려운 손해를 예방하기 위하여 긴급한 필요'가 있는지 여부는 처분의 성질과 태양 및 내용, 처분상대방이 입는 손해의 성질·내용 및 정도, 원상회복·금전배상의 방법 및 난이 등은 물론 본안청구의 승소가능성의 정도 등을 종합적으로 고려하여 구체적·개별적으로 판단하여야 한다.
[2] 행정소송법 제23조 제3항이 집행정지의 요건으로 '공공복리에 중대한 영향을 미칠 우려가 없을 것'을 규정하고 있는 취지는, 집행정지 여부를 결정하는 경우 신청인의 손해뿐만 아니라 공공복리에 미칠 영향을 아울러 고려하여야 한다는데 있고, 따라서 **공공복리에 미칠 영향이 중대한지의 여부는 절대적 기준에 의하여 판단할 것이 아니라, 신청인의 '회복하기 어려운 손해'와 '공공복리' 양자를 비교·교량하여, 전자를 희생하더라도 후자를 옹호하여야 할 필요가 있는지 여부에 따라 상대적·개별적으로 판단하여야 한다.**
[3] 한국문화예술위원회 위원장이 자신의 해임처분의 무효확인을 구하는 소송을 제기한 후 다시 해임처분의 집행정지 신청을 한 사안에서, 해임처분의 경과 및 그 성질과 내용, 처분상대방인 신청인이 그로 인하여 입는 손해의 성질·내용 및 정도, 효력정지 이외의 구제수단으로 상정될 수 있는 원상회복·금전배상의 방법 및 난이, 해임처분의 효력이 정지되면 신청인이 위원장의 지위를 회복하게 됨에 따라 새로 임명된 위원장과 신청인 중 어느 사람이 위 위원회를 대표하고 그 업무를 총괄하여야 할 것인지 현실적으로 해결하기 어려운 문제가 야기됨으로써 위 위원회의 대내외적 법률관계에서 예측가능성과 법적 안정성을 확보할 수 없게 되고, 그 결과 위 위원회가 목적 사업을 원활하게 수행하는 데 지장을 초래할 가능성이 큰 점 등에 비추어, 해임처분으로 신청인에게 회복하기 어려운 손해가 발생할 우려가 있어 이를 예방하기 위하여 긴급한 필요가 있다고 인정되지 않을 뿐 아니라 위 해임처분의 효력을 정지할 경우 공공복리에 중대한 영향을 미칠 우려가 있다는 이유로, 위 효력정지 신청을 기각한 원심의 판단을 긍정한 사례(대법원 2010.5.14. 2010무48).

## 3. 관련쟁점(거부처분의 집행정지)

### (1) 문제점

거부처분이 집행정지의 대상이 되는지 여부가 집행정지의 성질과 집행정지의 요건과 관련하여 문제된다.

### (2) 학설

#### 1) 부정설

집행정지는 처분이 없었던 것과 같은 상태를 만드는 것을 의미하며, 그 이상으로 **행정청에게 처분을 명하는 등 적극적인 상태를 만드는 것이 아니므로 거부처분은 집행정지의 대상이 될 수 없다**는 견해이다.

#### 2) 긍정설

집행정지결정으로 행정청이 사실상 구속력을 갖게 된다는 점에서 집행정지의 대상된다는 견해이다.

#### 3) 제한적 긍정설(절충설)

원칙적으로 거부처분의 집행정지는 허용될 수 없으나 갱신신청의 거부처분은 집행정지의 대상이 될 수 있으므로, 구체적 사안에 따라 판단함이 타당하다고 보는 견해이다.

### (3) 판례

대법원은 "허가신청에 대한 거부처분은 그 효력이 정지되더라도 그 처분이 없었던 것과 같은 상태를 만드는 것에 지나지 아니하는 것이고 그 이상으로 행정청에 대하여 어떠한 처분을 명하는 등 적극적인 상태를 만들어 내는 경우를 포함하지 아니하는 것이므로,접견허가거부처분에 의하여 생길 회복할 수 없는 손해를 피하는 데 아무런 보탬도 되지 아니하니 접견허가거부처분의 효력을 정지할 필요성이 없다."고 하여 신청의 거부는 신청의 이익이 없어 집행정지를 받아들일 수 없다는 입장이다.

### (4) 소결

가구제인 집행정지는 본안판결의 내용을 초과할 수 없으므로 거부처분에 대한 집행정지는 원칙적으로 허용될 수 없으나 갱신신청에 대한 거부처분의 경우에는 종전의 처분의 효력을 유지하는 것에 지나지 아니하므로 허용함이 타당하다. 따라서 제한적 긍정설의 입장이 타당하다.

---

**개념정리 회복하기 어려운 손해에 대한 판례**

| 긍정한 판례 | 부정한 판례 |
| --- | --- |
| ① 현역병입영처분의 효력이 정지되지 아니하면 다시 현역병으로 복무하지 않을 수 없는 경우 | ① 과세처분의 납부로 인하여 입은 손해 |
| ② 상고심에 계속중인 형사피고인을 안양교도소로부터 진주교도소로 이송하는 경우 | ② 영업허가취소처분의 효력이 정지되지 않는다면 업소경영에 타격을 입게 되는 사정 |
| ③ 예산회계법에 의한 부정사업자 입찰자격정지 처분으로 인해 본안소송이 종결될 때까지 국가기관 등의 입찰에 참가하지 못하게 됨으로 인하여 입은 손해 | ③ 수용재결처분으로 인한 손해 |
| ④ 시의회로부터 제명을 당한 시의원이 제명의결에 대한 효력정지신청을 한 경우 | ④ 면허취소처분의 집행으로 인하여 면허취소된 택시의 운행수입의 감소에 따라 택시 운송업자가 입게 될 손해 |
| ⑤ 과징금납부명령으로 인해 사업자가 중대한 경영상의 위기를 맞게 될 것으로 보이는 경우 | ⑤ 유흥접객영업허가의 취소처분으로 5,000여 만 원의 시설비를 회수하지 못하게 된다면 생계까지 위협받게 되는 결과가 초래될 수 있다는 등의 사정 의 경우 |

**절차 및 내용**

## 1. 절차

본안이 계속된 법원에 당사자의 신청 또는 직권으로 소명하여야 한다.

## 2. 내용

**논점 23** **집행정지결정의 내용 ★**

### (1) 처분의 효력정지

효력정지라 함은 처분의 효력을 존재하지 않는 상태에 놓이게 하는 것을 말한다. 처분의 효력정지는 처분 등의 집행 또는 절차의 속행을 정지함으로써 목적을 달성할 수 있는 경우에는 허용되지 아니한다(행정소송 법 제23조 제2항 단서).

### (2) 처분의 집행정지

이는 계쟁처분의 집행정지결정이 있게 되면 처분의 집행을 위한 행위들이 금지되는 효력을 말한다.

### (3) 처분의 절차정지

이는 집행정지된 처분의 유효를 전제로 한 후속 절차가 진행되지 못함을 의미한다.

---

**참조판례** **효력정지결정의 보충성**

【사실관계】 서울지방병무청장의 산업기능요원편입취소처분에 대한 취소소송을 제기하면서 산업기능요원편입취소처분에 따른 현역병입영처분을 막기 위하여 산업기능요원편입취소처분에 대한 효력정지를 구한 사건

【판시사항】 산업기능요원편입 당시 지정업체의 해당 분야에 종사하지 아니하였음을 이유로 산업기능요원의 편입이 취소된 사람은 편입되기 전의 신분으로 복귀하여 현역병으로 입영하게 하거나 공익근무요원으로 소집하여야 하는 것으로 되어 있는데, 그 취소처분에 의하여 생기는 손해로서 그 동안의 근무실적이 산업기능요원으로서 종사한 것으로 인정받지 못하게 된 손해부분은 본안소송에서 그 처분이 위법하다고 하여 취소하게 되면 그 취소판결의 소급효만으로 그대로 소멸되게 되므로, 그 부분은 그 처분으로 인하여 생기는 회복할 수 없는 손해에 해당한다고 할 수가 없고, 결국 그 취소처분으로 인하여 입게 될 회복할 수 없는 손해는 그 처분에 의하여 산업기능요원 편입이 취소됨으로써 편입 이전의 신분으로 복귀하여 현역병으로 입영하게 되거나 혹은 공익근무요원으로 소집되는 부분이라고 할 것이며, 이러한 손해에 대한 예방은 그 처분의 효력을 정지하지 아니하더라도 그 후속절차로 이루어지는 현역병 입영처분이나 공익근무요원 소집처분절차의 속행을 정지함으로써 달성할 수가 있으므로, 산업기능요원 편입취소처분에 대한 집행정지로서는 그 후속절차의 속행정지만이 가능하고 그 처분 자체에 대한 효력정지는 허용되지 아니한다(대법원 2000.1.8. 2000무35).

---

## Ⅳ. 집행정지결정의 효력(행정소송법 제23조 제6항에서 제30조를 준용)

**논점 24** **집행정지결정의 효력 ★**

## 1. 형성력

집행정지의 효력정지는 처분청의 별도의 의사표시를 매개하지 아니하여도 처분의 효력을 잠정적으로 상실 시키는 효력을 발생시킨다. 효력정지는 장래에 향하여 효력을 가지며 소급효가 없음이 원칙이다.

## 2. 기속력

집행정지결정은 취소판결의 기속력에 준하여 당해 사건에 관하여 당사자인 행정청과 관계행정청을 기속한다.[34]

---

34) [대구지방법원 2006.5.24. 2006구단298] 행정소송법 제30조 제1항 및 제23조 제6항에 의하면 행정처분에 대한 집행정지결정은 그 사건에 관하여 당사자인 행정청과 관계행정청을 기속하므로, 집행정지결정의 효력이 존속되는 동안에는 행정청은 동일한 내용으

## 3. 시간적 효력

집행정지결정의 효력은 집행정지결정의 주문에 정한 시기까지 발생하며, 종기의 정함이 없으면 본안판결확정시까지 정지의 효력이 존속한다.

---

> **참조판례** 집행정지결정의 효력에 대한 판례

**【사건개요】** 공정거래위원회는 甲(한국가스공사)에게, 甲이 독점규제 및 공정거래에 관한 법률(제23조 제1항)을 위반하였다는 등의 이유로 공정거래법 제24조의2의 규정에 따라 전자의 행위에 대하여 과징금 6억원, 후자의 행위에 대하여 과징금 4억 원 합계 10억원을 2000년 8월 3일까지 납부하라는 내용의 과징금부과처분을 하고, 이에 甲은 공정거래위원회를 상대로 서울행정법원에 위 과징금부과처분에 대한 취소소송을 제기하는 한편 같은 법원에 위 과징금부과처분의 효력정지신청을 하여 2000년 7월 5일 같은 법원으로부터 이 사건 과징금부과처분의 집행을 본안소송의 판결선고시까지 정지한다는 내용의 결정을 받았다. 그런데 서울행정법원은 2001.6.21. 본안소송에서 이 사건 과징금부과처분이 적법하다는 이유로 원고의 청구를 기각하는 판결을 선고하고, 그 판결은 같은 해 7.19. 그대로 확정되었다. 이에 공정거래위원회가 2001.6.26. 원고에게 공정거래법 제55조의5 제1항 및 공정거래법시행령 제61조의2 제3항, 체납과징금에 대한 가산금요율고시에 따라 과징금 10억원과 그에 대한 2000.8.4.부터 2001.6.26.까지의 가산금 3,000만 원을 납부하라는 가산금징수처분을 하자, 이에 甲은 같은 날 공정거래위원회에 위 각 금원을 납부하였다.
그러나 甲은 과징금부과처분에 대한 법원의 집행정지결정 이후 비록 기각판결이 확정되었다 하여도 공정거래위원회가 이 사건 집행정지기간 중 과징금의 납부기한이 도과되었음을 이유로 하여 자신에게 한 가산금징수처분은 위법하다고 주장하며 공정거래위원회는 자신에게 부당이득으로서 위 가산금 상당의 금원을 반환할 의무가 있다고 주장하며 민사소송으로써 부당이득반환청구소송을 제기하기에 이르렀다.

**【판시사항】** [1] 행정소송법 제23조에 정해져 있는 처분에 대한 집행정지는 행정처분의 집행으로 인하여 회복하기 어려운 손해를 예방하기 위하여 긴급한 필요가 있고 달리 공공복리에 중대한 영향을 미치지 아니할 것을 요건으로 하여 본안판결이 있을 때까지 당해 행정처분의 집행을 잠정적으로 정지함으로써 위와 같은 손해를 예방하고자 함에 그 취지가 있고, 그 집행정지의 효력 또한 당해 결정의 주문에 표시된 시기까지 존속하다가 그 시기의 도래와 동시에 당연히 소멸하는 것이라 할 것이며, 특히 과징금부과처분에 대한 법원의 집행정지결정에도 불구하고 당초의 과징금부과처분에서 정한 기한의 도과로서 가산금이 발생한다고 보게 되면 이는 과징금납부의무자로 하여금 그 의무의 이행을 간접적으로 강제하는 결과가 된다고 할 것이어서 집행정지결정의 의미가 거의 없게 된다고 할 것인데, 이러한 취지 등을 감안하여 볼 때, **일정한 납부기한을 정한 과징금부과처분에 대하여 법원이 소명자료를 검토한 끝에 '회복하기 어려운 손해'를 예방하기 위하여 긴급한 필요가 있고 달리 공공복리에 중대한 영향을 미치지 아니한다는 이유로 그에 대한 집행정지결정을 하였다면 행정청에 의하여 과징금부과처분이 집행되거나 행정청·관계 행정청 또는 제3자에 의하여 과징금부과처분의 실현을 위한 조치가 행하여져서는 아니되며, 따라서 부수적인 결과인 가산금 등은 발생되지 아니한다고 보아야 할 것이다.**
[2] 그리고 과징금부과처분에 대한 집행정지결정에 따라 그 집행정지기간 동안은 과징금부과처분에서 정한 납부기간이 더 이상 진행하지 아니함으로 인하여 원고가 얻는 기한의 유예 및 그에 따른 가산금 면제의 이득은 집행정지제도를 채택한 데 따른 반사적 효과에 불과하고, 과징금부과처분에 대한 집행정지는 행정소송법 제23조에 정해진 엄격한 요건에 해당하는 경우에 한하여 허용된다는 관점에서 보면, 실질적으로 과징금납부의무를 유예받기 위하여 집행정지제도를 남용할 우려가 크다거나 그로 인하여 행정처분의 공정력과 집행력이 특별히 훼손된다고 할 수도 없다고 할 것이다.
위에서 본 여러 가지 사정들을 종합적으로 고려해 보면, 일정한 납부기한을 정한 과징금부과처분에 대하여 '회복하기 어려운 손해'를 예방하기 위하여 긴급한 필요가 있고 달리 공공복리에 중대한 영향을 미치지 아니한다는 이유로 집행정지결정이 내려졌다면 그 집행정지기간 동안은 과징금부과처분에서 정한 과징금의 납부기간은 더 이상 진행되지 아니하고 집행정지결정이 당해 결정의 주문에 표시된 시기의 도래로 인하여 실효되면 그 때부터 당초의 과징금부과처분에서 정한 기간(집행정지결정 당시 이미 일부 진행되었다면 그 나머지 기간)이 다시 진행하는 것으로 보아야 할 것이다.
[3] 이러한 법리를 원심이 적법하게 확정한 사실관계에 비추어 보면, 원고는 1999.5.27. 같은 해 8.3.까지를 납부기한으로 한 이 사건 과징금부과처분을 받고, 같은 해 5.31. 이를 고지받았으나 서울고등법원으로부터 1999.7.2. 이 사건 과징금부과처분에 대하여 본안소송의 판결선고시까지 집행을 정지한다는 내용의 집행정지결정을 받았으므로 과징금의 납부기간은 더 이상 진행하지 아니하고, 본안소송에서 패소한 2001.6.21. 이 사건 집행정지결정의 효력이 상실되어 그 때부터 이 사건 과징금부과처분에서 정한 기간 중 이미 진행된 기간을 제외한 그 나머지 기간이 다시 진행하므로 같은 해 6.26.에 한 이 사건 과징금의 납부는 납부기한 내에 납부한 것이 되어 가산금이 발생하지 아니하였으므로 가산금이 발생하였음을 전제로 한 이 사건 징수처분은 그 하자가 중대하고도 명백한 것이어서 무효라 할 것이다(대법원 2003.7.11. 2002다48023).

---

로 다시 새로운 행정처분을 하거나 또는 그에 관련된 처분을 할 수 없으며, 이에 위반되는 행정처분은 당연무효이다.

**참조판례** 법외노조통보에 대한 효력정지를 청구한 사건

**【사실관계】** 국교직원노동조합 노동조합설립신고를 필하고 약 6만명의 조합원을 보유하고 약 14년 동안 "노조법"상 노동조합으로 활동하여 온 전국최대규모의 교직원노동조합이다. 그런데 고용노동부장관 乙은 甲의 "부당해고된 교원은 조합원이 될 수 있다."는 등의 일부규약이 노동관련 법령을 위반하였음을 이유로 "노조법 시행령" 제9조 제2항에 근거하여 30일 이내에 위 일부규약을 시정할 것을 명하였으나, 전교조가 이를 이행하지 아니하자 법외조합 통보를 하자 이에 대한 효력정지를 신청한 사안

**【판결요지】** [1] 회복하기 어려운 손해 발생의 우려 및 긴급한 필요

기록에 의하여 인정되는 다음과 같은 사정, 즉 이 사건 처분의 효력이 계속 유지되는 경우, ① 신청인은 노동위원회에 노동쟁의의 조정 및 부당노동행위의 구제를 신청할 수 없고(노조법 제7조 제1항), 노동조합의 명칭을 사용할 수 없는 점(노조법 제7조 제3항), ② 신청인의 노동조합 전임자가 노동조합의 업무에만 종사하기 어려워지는 점(교원노조법 제5조), ③ 교원노조법에 의하여 설립된 노동조합에게 인정되는 단체교섭 및 단체협약 체결 권한을 실질적으로 인정받지 못하게 될 우려가 있는 점(교원노조법 제6조), ④ 교원노조법에 따라 적용이 배제되는 노동운동 금지규정인 국가공무원법 제66조 제1항과 사립학교법 제55조가 적용되어 실질적인 노동조합 활동에 제약을 받을 수 있는 점(교원노조법 제1조, 국가공무원법 제66조 제1항, 사립학교법 제55조), ⑤ 신청인의 교육·연수 사업, 교육과 관련된 각종 위원회 참여 등의 활동이 제한될 수 있는 점 등에 비추어 보면, 신청인은 이 사건 처분의 효력이 계속 유지되는 경우 실질적으로 교원노조법 등에 따른 노동조합 활동이 상당히 제한될 수밖에 없는 손해를 입게 되고, 이러한 손해는 그 범위를 확정하기가 쉽지 아니하므로 행정소송법 제23조 제2항의 '회복하기 어려운 손해'에 해당한다. 그리고 신청인의 위와 같은 손해를 예방하기 위하여는 이 사건 처분의 효력을 정지하는 것 외에는 다른 적당한 방법이 없으므로 그 집행을 정지할 긴급한 필요도 있다.

[2] 본안 청구의 승소가능성

신청인은 노조법 제2조의 취지에 비추어 신청인이 교원이 아닌 자의 가입을 허용하여 노조법 제2조 제4호 라목에 해당하더라도 실질적으로 자주성을 갖추고 있는 이상 법외노조로 볼 수 없다고 주장한다. 이에 대하여 피신청인은 노조법 제2조 제4호 라목에 해당하면 노조법 제2조 제4호 단서 에 따라 법외노조로 보아야 할 뿐만 아니라 교원의 노동조합에 대하여는 특별법인 교원노조법이 노조법에 우선하여 적용되므로 노조법에 관한 신청인의 위와 같은 해석이 그대로 적용될 수 없다고 주장한다. 살피건대, 피신청인이 2010.3.31. 신청인에게 이 사건 규정을 시정할 것을 명하는 시정명령을 한 사실, 신청인이 위 시정명령의 취소를 구하는 소를 제기하였으나 위 시정명령이 적법하다는 판결이 선고되어 확정된 사실, 피신청인이 위 2010.3.31. 자 시정명령과 같은 이유로 이 사건 규정의 시정을 명하는 이 사건 시정명령을 한 사실은 앞서 본 바와 같으므로, 이 사건 시정명령이 적법함에는 의문이 없다. 그러나 이 사건 시정명령을 이행하지 않는 경우 노조법 제2조 제4호 단서 에 따라 법외노조로 보는 효과가 발생하는지는 위 2010.3.31. 자 시정명령의 적법성에 관한 위 판결에서 명백히 확정되었다고 단정할 수는 없다. 따라서 이와 같은 사정 등을 고려하면 본안 청구가 이유 없음이 명백한 경우에 해당한다고 단정할 수 없다(서울행정법원 2014.6.19. 2013구합26309).

## V. 집행정지결정의 취소

행정소송법 제24조(집행정지의 취소)
① 집행정지의 결정이 확정된 후 집행정지가 공공복리에 중대한 영향을 미치거나 그 정지사유가 없어진 때에는 당사자의 신청 또는 직권에 의하여 결정으로써 집행정지의 결정을 취소할 수 있다.
② 제1항의 규정에 의한 집행정지결정의 취소결정과 이에 대한 불복의 경우에는 제23조 제4항 및 제5항의 규정을 준용한다.

## VI. 집행정지결정에 대한 불복(즉시항고)

행정소송법 제23조(집행정지)
⑤ 제2항의 규정에 의한 집행정지의 결정 또는 기각의 결정에 대하여는 즉시항고할 수 있다. 이 경우 집행정지의 결정에 대한 즉시항고에는 결정의 집행을 정지하는 효력이 없다.

# 한장답안 기출문제 연습

**【문제 1】** 20년 이상 감정평가업에 종사하고 있는 감정평가사 甲은 2년 전에 국토해양부장관 乙의 인가를 받아 50명 이상의 종업원을 고용하는 감정평가법인을 설립하였다. 그 후 乙은 甲이 정관을 거짓으로 작성하는 등 부정한 방법으로 감정평가법인의 설립인가를 받았다는 이유로 부동산 가격공시 및 감정평가에 관한 법률 제38조 제1항 제6호에 따라 설립인가를 취소하였다. 甲은 乙의 인가취소가 잘못된 사실관계에 기초한 위법한 처분이라는 이유로 취소소송을 제기하면서 집행정지신청을 하였다. 甲의 집행정지신청의 인용 여부를 논하시오. (20점)

**한장
답안**

## Ⅰ. 문제의 소재(설문은 감정평가법인에 대한 설립인가취소처분에 대한 취소소송에서 甲이 신청한 위 처분에 대한
집행정지신청의 인용 여부와 관련하여 집행정지의 요건을 검토하여 그 가부를 검토하여 본다.)

## Ⅱ. 행정소송법상 집행정지의의 의의 및 성질

### 1. 집행정지의 의의

### 2. 집행정지결정의 법적 성질

## Ⅲ. 집행정지의 요건

### 1. 적극적 요건

(1) 집행정지의 대상이 처분등의 존재

(2) 적법한 본안소송이 수소법원에 계속중 일 것

(3) 회복하기 어려운 손해발생의 가능성

(4) 본안판결을 기다릴 시간적 여유가 없을 것(긴급한 필요)

(5) 원고의 신청의 이익이 있을 것

### 2. 소극적 요건

(1) 공공복리에 중대한 영향을 미칠 우려가 없을 것(행정소송법 제23조 제3항)

(2) 원고의 청구가 이유없음이 명백하지 아니할 것

## Ⅳ. 사안의 해결

甲의 설립인가취소처분에 대한 취소소송의 제기는 적법하다고 보이고, 집행정지의 요건도 모두 충족된다
고 보이므로 甲의 집행정지신청은 인용될 것으로 보인다.

# UNIT 22 행정소송법상 가처분의 허부 ★★

## Ⅰ. 서설

### 1. 의의

가처분이란 "① 금전급부 이외의 청구권의 집행보전과, ② 계쟁법률관계에 관해 임시의 지위를 보전하는 것을 내용으로 하는 **가구제제도**"를 말한다.

### 2. 관련법규

### (1) 민사집행법 제300조

> 민사집행법 제300조(가처분)
> ① 다툼의 대상에 관한 가처분은 현상이 바뀌면 당사자가 권리를 실행하지 못하거나 이를 실행하는 것이 매우 곤란할 염려가 있을 경우에 한다.
> ② 가처분은 다툼이 있는 권리관계에 대하여 임시의 지위를 정하기 위하여도 할 수 있다. 이 경우 가처분은 특히 계속하는 권리관계에 끼칠 현저한 손해를 피하거나 급박한 위험을 막기 위하여, 또는 그 밖의 필요한 이유가 있을 경우에 하여야 한다.

### (2) 행정소송법

현행 행정소송법은 일본의 입법례와 달리 가처분에 관한 규정을 두고 있지 않고 있어 민사집행법 제300조의 준용 여부가 문제된다.

> 행정소송법 제8조(법적용예)
> ① 행정소송에 대하여는 다른 법률에 특별한 규정이 있는 경우를 제외하고는 이 법이 정하는 바에 의한다.
> ② 행정소송에 관하여 이 법에 특별한 규정이 없는 사항에 대하여는 법원조직법과 민사소송법 및 민사집행법의 규정을 준용한다.

## Ⅱ. 항고소송에서 가처분의 인정 여부

### 1. 문제점

항고소송에 대한 집행정지규정(행정소송법 제23조)에도 불구하고 행정소송법 제8조 제2항에 따라 민사집행법상 가처분규정을 항고소송에도 준용하여 이를 인정할 수 있는지 여부가 문제된다.

### 2. 학설

#### (1) 부정설(다수설, 판례)

① 행정소송법상 집행정지는 가처분의 특칙이며, ② 권력분립원칙상 법원은 적극적 의무를 명하는 판결을 할 수 없음(의무이행소송의 불인정)을 이유로 항고소송에서 가처분을 인정할 수 없다는 견해이다.

#### (2) 긍정설

① 국민의 실효적인 권리구제와 ② 행정소송법상 가처분규정의 준용을 배제하는 특칙이 없다는 점에서 항고소송에서 가처분을 인정할 수 있다는 견해이다.

#### (3) 제한적 긍정설(절충설)

① 원칙적으로 민사집행법상 가처분규정을 준용할 수는 없으나, ② 집행정지를 통하여서는 실효적인 가구제가 되지 않는 경우(예 거부처분에 대한 항고소송과 부작위위법확인소송, 무명항고소송을 인정하는 경우)에는 가처분에 관한 민사집행법의 규정을 준용할 수 있다는 견해이다.

### 3. 판례(부정설)

대법원은 "항고소송의 대상이 되는 행정처분의 효력이나 집행 혹은 절차속행 등의 정지를 구하는 신청은 행정소송법상 집행정지신청의 방법으로서만 가능할 뿐 민사소송법상 가처분의 방법으로는 허용될 수 없다(대법원 2009.11.2. 2009마596)."고 하여 부정설의 입장을 취하고 있다.

## Ⅲ. 결어

### 1. 해석론

항고소송에서 가처분을 허용하게 되면 본안소송에 의하여 얻을 수 있는 권리범위를 초과하는 부당한 결과를 초래하기 때문에 현행 행정소송법의 해석상 부정함이 타당하다.

### 2. 입법론

국민의 실효적인 권리구제를 위하여 행정소송법개정안에서와 같이 의무이행소송의 신설과 더불어 가처분규정의 신설이 요망된다.

## Ⅳ. 답안작성요령

### 1. 작위처분에 대한 가구제의 경우

▶ 부록: 답안작성요령 <사례논점 08> ➊ 참조

### 2. 거부처분에 대한 가구제의 경우

▶ 부록: 답안작성요령 <사례논점 08> ➋ 참조

### 3. 부작위에 대한 가구제의 경우

▶ 부록: 답안작성요령 <사례논점 08> ➌ 참조

### 4. 중앙노동위원회의 재심판정에 대한 집행정지의 경우

▶ 부록: 답안작성요령 <사례논점 08> ➍ 참조

---

2016년도 제25회 공인노무사 시험

---

【문제 1】 다음 질문에 답하시오.

물음 1) A회사에 근무하는 근로자 甲은 사용자와의 임금인상에 관한 문제를 해결하고 근로조건의 개선을 도모하고자 A회사의 노동조합을 조직하고 관할시장 乙에게 설립신고서를 제출하였다. 이에 관할시장 乙은 A회사 노동조합설립신고서에는 'A회사로부터 해고되어 노동위원회에 부당노동행위의 구제신청을 하고 중앙노동위원회의 재심판정이 있기 전의 자'를 조합원으로 가입시킬 수 있다고 명시되어 있고, 이는 노동조합 및 노동관계조정법 제2조 제4호 라목의 근로자가 아닌 자의 가입을 허용하는 경우에 해당한다는 이유로 甲의 설립신고서를 반려하였다. 관할시장 乙의 설립신고서 반려행위에 대하여, 취소소송을 통한 권리구제방안을 논하시오. (35점)

**한장
답안**

**Ⅰ. 문제의 소재**(거부처분에 대한 취소소송을 통한 권리구제방안으로 ① 인용판결을 받기 이전에는 거부처분에 대한 집행정지와 가처분의 허용 여부가(권리구제방안으로 문제되고, ② 인용판결을 받은 이후에는 행정소송법 제34조에 의한 간집강제에 의한 권리구제방안이 각각 문제된다.)

**Ⅱ. 노동조합설립신고수리의 반려행위에 대한 취소소송의 제기가 적법한지 여부**

**1. 취소소송의 제소요건**

**2. 노동조합설립신고수리의 반려행위가 거부처분인지 여부**

⑴ 거부처분의 의의

⑵ 반려행위가 거부처분이 되기 위한 요건

⑶ 설문의 경우

**3. 소결**

신청인의 법규상·조리상 신청권이 긍정되고, 위 노동조합설립신고는 수리를 요하는 신고로서 그 반려행위로 인해 법률상 지위의 변동이 초래하는 등 노동조합설립신고의 반려행위는 거부처분에 해당한다. 따라서 甲이 제기한 취소소송의 제기는 적법하다.

**Ⅲ. 인용판결이전의 권리구제방안**

**1. 집행정지의 가능성**

⑴ 집행정지의 의의

⑵ 법적 근거 및 성질

⑶ 집행정지신청의 인용요건

　1) 적극적 요건

　2) 소극적 요건

⑷ 설문의 경우(거부처분에 대한 집행정지의 가능성)

　1) 문제점

　2) 학설: ① 부정설, ② 제한적 긍정설

　3) 판례: 부정설

　4) 검토

**2. 가처분의 인정 여부**

⑴ 문제점

⑵ 학설: ① 부정설, ② 긍정설, ③ 절충설

⑶ 판례: 부정설

⑷ 검토

**Ⅳ. 인용판결이후의 권리구제방안**

**1. 간접강제의 의의 및 취지**

**2. 인정요건**

**3. 효과**

**4. 소결**

# 행정소송의 심리원칙 ★★

## 개념체계

**행정소송의 5단계 = 원고의 청구의 이유유무심리**

- 공개심리주의 (헌법 제109조)
- 구두변론주의 → 행정소송의 심리원칙
- 직권탐지주의와 변론주의 → 행정소송법 제26조의 해석
- 처분권주의와 직권주의 → 행정소송상 화해의 인정 여부
- 자유심증주의 및 직접심리주의

**대표 기출문제**

**【2003년도 제12회 공인노무사/ 논술형 – 50점】**
행정소송법상의 심리에 대하여 논하라.

## Ⅰ. 서설

### 1. 소송심리의 의의

소송의 심리란 "판결을 하기 위하여 그 기초가 되는 소송자료를 수집하는 절차"를 말한다.

### 2. 행정소송의 심리원칙

### (1) 소송의 심리에 관한 기본원칙

소송의 심리에 관한 원칙으로 ① 소송주도권을 당사자에게 부여하는 **당사자주의**와 ② 법원에게 부여하는 **직권주의**로 나눌 수 있다. 민사소송은 당사자주의를 기본원칙으로 하고 직권주의는 예외적으로 인정되고 있다.

## (2) 행정소송의 심리원칙

행정소송도 원칙적으로 당사자주의를 취하고 있으나, 민사소송에 비해 광범위한 공익성이 인정되는 까닭에 보충적으로 직권주의를 가미하고 있다. 행정소송법 제26조에서도 직권심리주의를 보충적 소송원칙으로 인정하고 있다.

# Ⅱ. 행정소송의 심리원칙

## 1. 민사소송법상 심리절차의 준용

### (1) 의의

행정소송사건의 심리절차에 관하여 행정소송법 제8조 제2항은 행정소송법의 특별한 규정이 없는 경우 민사소송법을 준용하게 되는데, 행정소송법 제26조의 직권심리와 제25조의 행정심판기록의 제출명령을 제외하고는 특별한 규정이 없으므로 민사소송법상 심리원칙이 행정소송에도 준용된다.

### (2) 공개심리주의

공개심리주의란 "재판의 심리와 판결의 선고를 일반인이 방청할 수 있는 상태에서 행하는 소송원칙"을 말한다. 이는 **헌법 제109조**에 근거한다. 다만, 국가의 안전보장·안녕질서 또는 선량한 풍속을 해할 염려가 있을 때에는 결정으로 공개를 정지할 수 있다(법원조직법 제57조).

### (3) 쌍방심리주의

쌍방심리주의란 "소송의 심리에 있어서 당사자 쌍방에게 평등하게 진술할 기회를 주는 소송의 원칙"으로 **당사자평등의 원칙** 또는 **무기평등의 원칙**이라고도 한다.

### (4) 구술심리주의

구술심리주의란 "소송심리에 있어서 당사자 및 법원의 소송행위, 특히 변론 및 증거조사를 구술로 하는 원칙"으로서 서면심리주의에 대응한 것이다. 구술심리주의는 사실상태와 법적 판단에 대해 법원과 소송당사자의 대화의 가능성을 열어줌으로써, 신속한 재판진행과 판결에 대한 당사자의 수용가능성을 높여 준다.

### (5) 변론주의

변론주의란 "법원의 판결의 기초가 되는 소송자료의 수집·제출의 책임을 당사자에게 일임하고, 당사자가 수집·제출한 소송자료만을 재판의 기초로 삼는 원칙"을 말하는 것으로 직권탐지주의에 대응하는 것이다. 다만, 행정소송법 제26조는 행정소송의 공익관련성을 고려하여 직권탐지주의도 함께 인정하고 있는바 양자의 적용범위에 대해 견해가 대립된다. 이하에서 검토한다.

## 2. 행정소송법상 특수한 심리원칙

### (1) 직권탐지주의

> **행정소송법 제26조(직권심리)**
> 법원은 필요하다고 인정할 때에는 직권으로 증거조사를 할 수 있고, 당사자가 주장하지 아니한 사실에 대하여도 판단할 수 있다.

#### 1) 의의

직권탐지주의란 "법원의 판결의 기초가 되는 소송자료의 수집·제출을 법원이 직권으로 할 수 있는 원칙"을 말한다.

2) 적용범위

① 문제의 소재

행정소송법 제26조에서는 "법원은 필요하다고 인정할 때에는 … 당사자가 주장하지 아니한 사실에 대하여도 판단할 수 있다."고 규정하고 있어, 행정소송법이 변론주의를 원칙으로 하는 것인지, 직권탐지주의를 원칙으로 하는 지에 대해 견해가 대립되어 있다.

② 학설

㉠ 변론주의보충설

이 설은 행정소송법 제26조의 취지를 당사자의 주장이나 주장하는 사실에 대한 입증활동이 충분하지 않는 경우에 법관이 직권으로 증거조사를 할 수 있다는 정도로 새긴다.

㉡ 직권탐지주의설

이 설은 행정소송법 제26조에 있어서의 "당사자가 주장하지 아니한 사실에 대하여도 판단할 수 있다."라는 규정에 대해 좀더 적극적인 의미를 부여하여 행정소송에서 법원의 심리는 직권탐지주의가 원칙이라는 견해이다.

③ 판례

판례는 "행정소송법 제26조에 '법원은 필요하다고 인정할 때에는 직권으로 증거조사를 할 수 있고 당사자가 주장하지 아니한 사실에 대하여도 판단할 수 있다'고 규정되어 있다 하여 법원은 아무런 제한 없이 당사자가 주장하지도 않은 사실을 판단할 수 있는 것은 아니고 **일건 기록상 현출되어 있는 사항에 관하여서만 이를 직권으로 심리조사하고 이를 기초로 하여 판단할 수 있을 따름이다**(대법원 1988.4.27. 87누1182)."라고 판시하여 변론주의보충설을 취하고 있다.

④ 검토

생각건대, 행정소송의 제26조는 당사자주의와 처분권주의를 그 원칙으로 하는 행정소송에 있어 공익성을 고려한 보충규정으로 이해함이 타당하다. 따라서 **변론주의보충설이 타당하다고 본다.**

## (2) 행정심판기록제출명령

> 행정소송법 제25조(행정심판기록의 제출명령)
> ① 법원은 당사자의 신청이 있는 때에는 결정으로써 재결을 행한 행정청에 대하여 행정심판에 관한 기록의 제출을 명할 수 있다.
> ② 제1항의 규정에 의한 제출명령을 받은 행정청은 지체없이 당해 행정심판에 관한 기록을 법원에 제출하여야 한다.

행정심판법 제25조는 원고의 입증방법의 확보를 위하여 행정심판기록제출명령제도를 규정하고 있다. 행정심판의 기록제출명령은 당사자의 신청에 의해 법원이 재결을 행한 행정청에 대하여 결정으로써 행해진다(제25조 제1항). 제출명령을 받은 재결청은 지체 없이 당해 행정심판에 관한 기록을 법원에 제출하여야 한다. 이러한 행정심판의 기록제출명령은 공법상 당사자소송에도 준용된다(제44조 제1항).

## Ⅲ. 결어 및 입법론

행정소송에서 쌍방심리주의를 실질적으로 보장하기 위해서는 행정소송의 입증자료에 관한 실질적 평등을 실현해야 한다. 즉, **행정소송의 입증자료가 행정청에 편중되어 있는 것이 현실임을 고려할 때, 원고에게 관계 행정청에 대한 자료의 열람 및 등사청구권을 인정하도록 법을 개정하는 것이 필요하다.** 또한 입법예고된 행정소송법개정안(2013, 법무부)과 같이 행정심판의 기록제출명령을 법원의 직권에 의해서도 가능하도록 개정해야 할 것이며, 행정심판자료뿐만 아니라 당사자 및 관계 행정청에 대한 자료제출요구권도 신설해야 한다.

# UNIT 24 행정소송에서의 주장책임과 입증책임 ★

**대표 기출문제**

**【1999년도 제8회 공인노무사/ 약술형 – 25점】**
취소소송에 있어서의 입증책임을 약술하시오.

**【2021년도 제30회 공인노무사/ 사례형 – 50점】**
중기계를 생산하는 제조회사에 근무하는 甲은 골절 등의 업무상 사고로 인하여 상해를 입었음을 이유로 근로복지공단으로부터 휴업급여와 장해급여 등의 지급결정을 받았다. 그 후 근로복지공단은 甲이 실제 상해를 입지 않았음에도 허위로 지급신청서를 작성하여 급여지급결정을 받은 사실을 들어 甲에 대한 급여지급결정을 취소하였고, 甲은 급여지급결정의 취소처분서를 2021.1.7. 직접 수령하였다. 이와 함께 근로복지공단은 이미 甲에게 지급된 급여액에 해당하는 금액을 부당이득으로 징수하였다. 한편, 甲은 위 급여지급결정 취소처분이 위법함을 이유로 2021.5.7. 급여지급결정 취소처분에 대한 무효확인소송을 제기하였다. 다음 물음에 답하시오.
(1) 위 무효확인소송에서 급여지급결정 취소처분이 무효라는 점에 대한 입증책임은 누가 부담하는가? (10점)

---

### 〈목 차〉

# Ⅰ. 서설

## 1. 주장책임의 의의

주장책임이란 "당사자가 소송에 관한 주요사실을 주장하지 않으면 자신에게 유리한 법률효과의 발생되지 않는 부담"을 말한다. 이는 행정소송에서도 변론주의가 원칙적으로 적용되는 까닭에 법원은 당사자가 주장하지 아니한 경우 그에 관한 판단을 할 수 없기 때문이다. 이러한 주장책임의 범위 및 분배는 이하에서의 입증책임과 일치하는 것으로 보고 있다.

## 2. 입증책임의 의의

입증책임이란 "소송상 일정한 사실의 존부가 확정되지 않은 경우에 불리한 법적 판단을 받게 되는 일방당사자의 부담"을 말한다. 이는 사실관계가 명확하지 않음을 이유로 재판이 불가능해지는 것을 방지하려는 법기술적 고려와 공평의 이념에 바탕을 두고 있다.

## 3. 입증책임의 분배문제

입증책임의 주된 문제는 어떠한 사실에 대하여 어느 당사자가 입증책임을 질 것인가 하는 것이다. 이를 "입증책임의 분배"라고 한다.

# Ⅱ. 취소소송에서 입증책임의 분배

## 1. 입증책임분배의 원칙

### (1) 문제점

입증책임의 분배를 어떠한 기준으로 할 것인가에 대하여 행정소송법에서는 아무런 규정을 두고 있지 않기 때문에 이에 대해 견해가 대립되고 있다.

### (2) 학설

#### 1) 원고책임설

행정행위에는 공정력이 있어서 처분의 적법성이 추정되므로 입증책임은 원고에게 있다는 견해이다.

#### 2) 피고책임설

법치행정의 원리상 피고인 행정청에게 입증책임이 있다는 견해이다.

#### 3) 법률요건분배설

당사자는 각각 자기에게 유리한 요건 사실의 존재에 대하여 입증책임을 부담한다는 민사소송상의 입증책임분배에 따라야 한다는 견해이다.

#### 4) 행정소송법독자분배설

행정소송과 민사소송은 성질상 차이가 있으므로 민사소송과 달리 의무제한은 행정청이, 권리·이익확장은 원고가 부담한다는 견해이다.

### (3) 판례

판례는 "민사소송법의 규정이 준용되는 행정소송에 있어서 입증책임은 원칙적으로 민사소송의 일반원칙에 따라 당사자 간에 분배되고 항고소송의 경우에는 그 특성에 따라 당해 처분의 적법을 주장하는 피고에게 그 적법사유에 대한 입증책임이 있다 할 것인바 피고가 주장하는 당해 처분의 적법성이 합리적으로 수긍할 수 있는 일응의 입증이 있는 경우에는 그 처분은 정당하다 할 것이며 이와 상반되는 주장과 입증은 그 상대방인 원고에게 그 책임이 돌아간다."고 판시하여 **민사소송의 일반원칙에 따라 입증책임을 분배하되 항고소송의 특성도 함께 고려해야 한다는 입장**이다.

### (4) 검토

행정소송법독자분배설은 그 내용에 있어 입증책임분배설과 실질적인 면에서 차이가 없으므로 별도로 논의할 필요가 없다. 따라서 취소소송에 관한 입증책임분배에 대하여는 법률요건분배설에 따르는 것이 타당하다.

## 2. 구체적 검토

### (1) 소송요건

소송요건은 직권조사사항이지만 존부가 불분명한 경우에는 원고가 불이익을 받게 되므로 **원고에게 입증책임이 있다.**

### (2) 권한근거규정의 요건사실

적극적 처분에 있어서는 피고가 입증책임을 지며, 소극적 처분(거부처분)에 있어서는 원고가 권한근거규정의 요건사실의 입증책임을 진다.

### (3) 권한장애규정의 요건사실

적극적 처분에 있어서는 원고가 권한장애규정의 요건사실의 입증책임을 진다. 소극적 처분에 있어서는 피고가 권한장애규정의 요건사실의 입증책임을 진다.

## Ⅲ. 무효확인소송에서의 입증책임의 분배

### 1. 문제점

무효확인소송에서 처분의 하자가 중대·명백하다는 사실은 누가 입증해야 하는지에 대해 견해가 대립된다.

### 2. 학설

### (1) 원고책임설

무효확인소송에서 하자의 중대·명백성은 취소소송에서는 인정되지 않는 특별한 사유에 해당한다고 보아 취소소송의 경우와 달리 원고가 무효원인사실에 대한 입증책임을 진다는 견해이다.

### (2) 취소소송의 경우와 같다는 설

취소소송의 경우와 마찬가지로 입증책임을 분배해야 한다는 견해이다.

### 3. 판례 → 원고책임설

대법원은 "처분의 당연무효를 구하는 소송에 있어서는 **그 무효를 구하는 사람(원고)에게 그 처분에 존재하는 하자가 중대하고 명백하다는 것을 주장·입증할 책임이 있다.**"고 하여 원고책임설의 입장이다.

### 4. 검토

입증책임분배상 원고책임설이 타당하다.

## Ⅳ. 부작위위법확인소송에서의 입증책임

### 1. 원고입증책임

원고는 신청사실 및 신청권의 존재가 소송요건에 해당하므로 이를 입증해야 한다.

### 2. 피고입증책임

상당한 기간이 경과하였음에도 신청에 따른 처분을 하지 못한 것을 정당화하는 사유에 대하여 행정청이 주장·입증책임을 진다.

## Ⅴ. 기타 당사자소송 등의 경우

기타 당사자소송 등의 경우에는 행정소송법 제8조에 따라 민사소송법이 준용되므로 민사소송법상의 법률요건분류설에 따라 입증책임이 정해진다.

## 개념체계

**행정소송의 5단계 = 본안에서 계쟁처분의 위법판단 기준시**

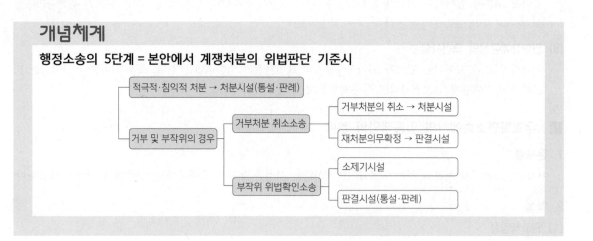

**대표**
**기출문제**

【1995년도 제5회 공인노무사/ 약술형 – 25점】
행정소송의 판결의 기준시

【2009년도 제53회 행정고시(재경)/ 사례형 – 40점】
A국 국적의 외국인인 甲은 자국 정부로부터 정치적 박해를 받고 있었다. 甲은 2018.11.20. 인천국제공항에 도착하여 입국 심사 과정에서 난민신청의사를 밝히고 난민법상 출입국항에서의 난민인정신청을 하였다. 인천국제공항 출입국관리공무원은 2018.11.20. 甲에 대하여 입국목적이 사증에 부합함을 증명하지 못하였다는 이유로 입국불허결정을 하고, 甲이 타고 온 외국항공사에 대하여 甲을 국외로 송환하라는 송환지시서를 발부하였다. 이에 甲은 출입국 당국의 결정에 불만을 표시하며 자신을 난민으로 인정해 달라고 요청하였고, 당국은 甲에게 난민심사를 위하여 일단 인천공항 내 송환대기실에 대기할 것을 명하였다. 인천공항 송환대기실은 입국이 불허된 외국인들이 국외송환에 앞서 임시로 머무는 곳인데, 이 곳은 외부와의 출입이 통제되는 곳으로 甲이 자신의 의사에 따라 대기실 밖으로 나갈 수 없는 구조로 되어 있었다. 출입국 당국은 2018.11.26. 甲에 대하여 난민 인정 거부처분을 하였고, 甲은 이에 불복하여 2018.11.28. 난민 인정 거부처분 취소의 소를 제기하는 한편, 2018.12.19. 자신에 대한 수용을 해제할 것을 요구하는 인신보호청구의 소를 제기하였다. 한편 난민 전문 변호사로 활동하고 있는 乙은 甲의 변호인으로 선임된 후, 2019.4.1. 송환대기실에서 생활 중이던 甲에 대한 접견을 당국에 신청하였으나, 당국은 송환대기실 내 수용된 입국불허자에게 접견권을 인정할 법적 근거가 없다는 이유로 이를 거부하였다. 실제로 송환대기실 수용자의 접견에 관한 관련법상 조항은 없다.

(1) 위 난민 인정 거부처분 후 甲의 국적국인 A국의 정치적 상황이 변화하였다. 이와 같이 변화된 A국의 정치적 상황을 이유로 하여, 법원이 난민 인정 거부처분의 적법 여부를 달리 판단할 수 있는지에 대하여 검토하시오. (15점)

**【2021년도 제30회 공인노무사/ 사례형 – 50점】**

甲은 산업입지 및 개발에 관한 법령 등에 따라 관할 행정청 도지사 乙에 의해 지정된 산업단지 내에서 산업단지개발계획상 녹지용지로 되어있던 토지의 소유자이다. 甲은 해당 토지에서 폐기물처리사업을 하기 위하여 乙에게 사업부지에 관한 개발계획을 당초 녹지용지에서 폐기물처리시설 용지로 변경해 달라는 내용의 신청을 하였다. 당시 위 법령에 따르면 폐기물처리시설용지로의 변경이 불가능하게 되어 있었다. 이에 따라 乙은 위 변경신청을 거부하는 처분을 하였고, 甲은 이에 대하여 취소소송을 제기하였다. 그런데 거부처분 이후 폐기물처리시설용지로의 변경이 가능하도록 법령의 개정이 있었다고 할 때, 법원이 어느 시점을 기준으로 위법성을 판단하여야 하는지에 관하여 설명하시오. (25점)

〈목 차〉

I. 적극적 행정처분에서 위법판단의 기준시
  1. 문제점
  2. 학설
    (1) 처분시설(다수설 및 판례)
    (2) 판결시설
    (3) 절충설
  3. 판례
  4. 결어

II. 거부처분취소소송에서 위법판단의 기준시
  1. 문제점
  2. 학설
    (1) 판결시설
    (2) 처분시설(다수설 및 판례)
    (3) 절충설(위법판단시·판결시 구별설)
  3. 판례
  4. 결어

# I. 적극적 행정처분에서 위법판단의 기준시

## 1. 문제점

처분은 그 당시의 사실상태 및 법률상태를 기초로 하여 행해지게 되는데, **처분 후 이러한 사실상태 및 법률상태가 변경된 경우** 법원이 본안심리의 처분의 위법 여부를 판단함에 있어서 **어느 시점을 기준으로 하여야 할 것인지 여부**가 문제된다.

## 2. 학설

### (1) 처분시설(다수설 및 판례)

취소소송에 있어서 당해 처분 등의 위법 여부의 판단은 "**처분 당시**"의 법령 및 사실상태를 기준으로 한다는 견해이다.

### (2) 판결시설

취소소송의 본질은 처분으로 인하여 형성된 위법상태를 배제하는데 있으므로 판결시의 법 및 사실상태를 기준으로 판결하여야 한다는 것이 근거로 당해 처분 등의 위법 여부의 판단은 "**판결시**"의 법령 및 사실상태를 기준으로 한다는 견해이다.

### (3) 절충설

행정청의 제1차적 판단권의 존중이라는 측면에서 원칙적으로 처분시설이 타당하나, 계속적 효과를 지닌 처분의 경우에는 예외적으로 판결시설이 타당하다는 입장이다.

### 3. 판례

판례는 **처분시설**을 취한다.

### 4. 결어

취소소송은 행정청이 내린 처분을 다투어 취소를 구하는 소송이므로 처분의 위법판단의 기준시를 원칙상 처분시로 보아야 한다.

## Ⅱ. 거부처분취소소송에서 위법판단의 기준시

### 1. 문제점

거부처분 취소소송에서 위법판단의 기준시를 앞선 통설·판례의 입장에 따라 처분시로 보게 되면, 그 후 법률적·사실적 변동을 고려할 수 없다는 점에서 위법판단의 기준시가 문제가 된다.

### 2. 학설

### (1) 판결시설(정하중)

처분시설의 앞서 지적한 문제점에 따라 거부처분 취소소송에서는 그 거부처분을 취소하는 경우에 그것이 행정소송법 제30조 제2항에 의해 판결이유의 취지대로 하라는 의무부과적 효력을 갖고 있고, 그 의무부과적인 성격에 따라 판결시가 위법판단의 판단기준시로 되어야 한다는 견해이다.

### (2) 처분시설(다수설 및 판례)

판례와 종래의 통설은 적극적 처분에 대한 취소소송과 소극적 거부처분 취소소송의 경우를 가리지 않고 그 위법판단의 기준시를 일률적으로 처분시로 새기고 있다.

### (3) 절충설(위법판단시·판결시 구별설)

거부처분의 위법판단의 기준시는 처분시를 기준으로 판단하되, 인용판결의 기준시는 판결시로 보아야 한다는 견해이다.

### 3. 판례

판례는 **주택건설사업계획승인신청반려처분취소소송**에서 "무릇 행정처분의 취소를 구하는 항고소송에 있어서 그 처분의 위법 여부는 처분 당시를 기준으로 판단하여야 하는 것"이라 하여 처분시설을 취하였다.

### 4. 결어

**의무이행소송을 도입하여 입법적으로 이 문제를 종식시키는 것이 타당하겠으나**, 그 이전까지는 위법판단시·판결시구별설이 항고소송을 통한 위법한 처분의 통제 및 국민의 권리구제라는 항고소송의 기능에 합치한다는 점에서 타당하다.

# 일부인용(일부취소)판결의 가능성 ★

## 개념체계

### 취소판결의 종류

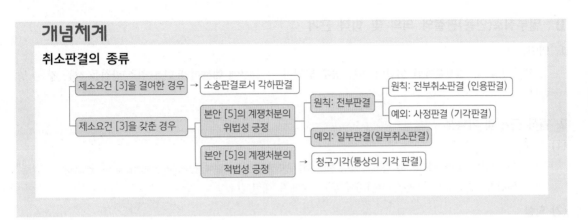

---

**대표 기출문제**

【2013년도 제22회 공인노무사/ 사례형 – 50점】

甲은 乙이 대표이사로 있는 A운수주식회사에서 운전기사로 근무하고 있는데, A회사의 노사 간에 체결된 임금협정에는 운전기사의 법령위반행위로 회사에 과징금이 부과되면 추후 당해 운전기사에 대한 상여금 지급 시 그 과징금 상당액을 공제하기로 하는 내용이 포함되어 있다. 다음 물음에 답하시오.

(2) 과징금부과처분에 대한 취소소송에서 법원이 A회사에 대한 과징금의 금액이 지나치게 과다하다고 판단할 경우, 법원은 적정하다고 판단하는 한도 내에서 과징금부과처분의 일부를 취소할 수 있는가? (20점)

▶ 답안연습: 한장답안 기출문제 연습【문제 1】참조

---

〈목 차〉

# Ⅰ. 문제점

행정소송법에서는 취소소송에서의 일부취소판결을 허용하는 명문의 규정이 없다. 그러나 동법 제4조 제1호에서는 취소소송에 대해 "행정청의 위법한 처분등을 취소 또는 변경하는 소송"으로 정의하고 있는바, 이러한 취소소송에서 법원이 처분의 일부에 대한 위법을 인정하여 일부취소판결을 할 수 있는지 여부가 동법상 "변경"의 의미와 관련하여 문제된다.

# Ⅱ. 일부취소(인용)판결의 의의 및 법적 근거

## 1. 의의

"원고의 청구 중 일부분에만 위법이 있는 경우 법원이 그 일부에 대하여만 인용(취소)판결을 하는 것"을 말한다.

## 2. 법적 근거 및 가능성

### (1) 문제점

다수설은 행정소송법 제4조 제1항의 "변경"에서 일부취소판결의 법적 근거를 찾는바, 과연 동조항의 "변경"이 일부취소판결만을 의미하는 것인지에 대해 견해가 대립된다.

### (2) 학설

#### 1) 적극적 형성판결설

권력분립주의를 실질적으로 이해하여 법원이 위법한 처분을 취소하고 새로운 처분을 내용으로 하는 판결을 하는 것도 가능하다는 견해이다.

#### 2) 소극적 일부취소판결설(다수설, 판례)

적극적 형성판결은 권력분립의 관점과 행정소송법이 의무이행소송을 규정하고 있지 않다는 점에서 소극적 변경으로서 일부취소만을 "변경"의 의미로 파악하는 견해이다.

### (3) 판례

대법원은 "처분의 내용을 적극적으로 변경하는 것을 구하는 내용의 행정소송은 현행 행정소송법상 인정할 수 없다."고 판시하여 소극적 변경으로서 일부취소판결만을 긍정하고 있다.

### (4) 검토

어느 견해에 의하건 행정소송법 제4조 제1호의 "변경"에 근거하여 소극적 변경으로서 일부취소판결은 포함된다고 보는바, 동 조항이 일부취소판결의 법적 근거가 된다고 할 것이다.

## 3. 판결주문의 형식

"원고의 청구 중 인용되는 일부분이 특정되어 표시되어야 한다."

# Ⅲ. 일부취소판결의 요건

법원이 당사의 취소청구에 대해 일부취소판결을 하기 위해서는 ① 소의 대상이 되는 처분이 분리가능하고 일부취소의 대상에만 위법이 존재해야만 하며(일부특정성), ② 잔존하는 처분만으로도 의미가 있어야 하며, ③ 처분청의 의사에 명백히 반하여서는 아니 된다.

## Ⅳ. 구체적 검토 - 판례의 인정사례

### 1. 금전부과처분의 경우

**(1) 원칙** → 전부취소판결

과징금 부과처분이 법이 정한 한도액을 초과하여 위법할 경우 법원으로서는 그 전부를 취소할 수밖에 없고, 그 한도액을 초과한 부분이나 법원이 적정하다고 인정되는 부분을 초과한 부분만을 취소할 수는 없다(대법원 1993.7.27. 93누1077).

**(2) 예외** → 일부취소판결

사실심 변론종결시까지 객관적인 조세채무액을 뒷받침하는 주장과 자료를 제출할 수 있고, 이러한 자료에 의하여 적법하게 부과될 정당한 세액이 산출되는 때에는 그 정당한 세액을 초과하는 부분만 취소하여야 할 것이고 그 전부를 취소할 것이 아니다(대법원 2001.6.12. 99두8930).

### 2. 재량처분(영업정지처분)의 경우 → 전부취소판결

대법원은 "영업정지처분중 적정한 영업정지 기간을 초과하는 부분만 취소하지 아니하고 전부를 취소하는 것은 이유모순이라는 논지도 받아들일 수 없다."고 하여 영업정지처분은 일부취소판결을 할 수 없다는 입장이다.

### 3. 복수운전면허에 대한 전부취소의 경우

행정행위의 철회를 참조한다.

### 4. 정보공개청구에 대한 비공개결정의 경우

**(1) 부분공개가능 정보가 포함된 경우**(분리가능성이 있는 경우) → 일부취소판결

공개청구의 취지에 어긋나지 아니하는 범위 안에서 두 부분을 분리할 수 있음을 인정할 수 있을 때에는, 위 정보 중 공개가 가능한 부분을 특정하고 판결의 주문에 행정청의 위 거부처분 중 공개가 가능한 정보에 관한 부분만을 취소한다고 표시하여야 한다(대법원 2003.3.11. 2001두6425).

**(2) 분리가능성이 없는 경우**

분리가능성이 없는 경우에는 전부취소판결하여야 한다.

2013년도 제22회 공인노무사 시험

【문제 1】 甲은 乙이 대표이사로 있는 A운수주식회사에서 운전기사로 근무하고 있는데, A회사의 노사 간에 체결된 임금협정에는 운전기사의 법령위반행위로 회사에 과징금이 부과되면 추후 당해 운전기사에 대한 상여금 지급시 그 과징금 상당액을 공제하기로 하는 내용이 포함되어 있다. 다음 물음에 답하시오.

물음 2) 과징금부과처분에 대한 취소소송에서 법원이 A회사에 대한 과징금의 금액이 지나치게 과다하다고 판단할 경우, 법원은 적정하다고 판단하는 한도 내에서 과징금부과처분의 일부를 취소할 수 있는가? (20점)

**한장답안**

## Ⅰ. 문제의 소재(현행 행정소송법상 일부취소판결에 관한 명문의 규정이 없음에도 불구하고 이러한 법원의 판결형태를 인정할 수 있을지 여부와 인정된다면 어떠한 요건하에서 가능한지를 검토하여 과징금부과처분에 대한 일부취소판결의 가능성을 검토한다.)

## Ⅱ. 일부취소판결의 의의 및 법적 근거

### 1. 일부취소판결의 의의

### 2. 법적 근거 및 허용 여부

(1) 문제점

(2) 학설

(3) 판례

(4) 검토

현행 행정소송법 제4조 제1호의 "변경"에 근거하여 일부취소판결은 허용된다고 볼 것이다.

## Ⅲ. 일부취소판결의 허용요건

### 1. 소의 대상이 되는 처분이 분리가능하고 일부취소의 대상에만 위법이 존재할 것(일부특정성)

### 2. 잔존하는 처분만으로도 의미가 있을 것

### 3. 처분청의 의사에 명백히 반하지 아니할 것

## Ⅳ. 과징금부과처분의 경우와 판례

### 1. 원칙(과징금부과처분이 재량인 경우)

"과징금 부과처분이 법이 정한 한도액을 초과하여 위법할 경우 법원으로서는 그 전부를 취소할 수밖에 없고, 그 한도액을 초과한 부분이나 법원이 적정하다고 인정되는 부분을 초과한 부분만을 취소할 수는 없다(대법원 1993.7.27. 93누1077)."고 하여 원칙적으로 판례는 부정한다.

### 2. 예외(기속행위인 경우)

그러나 판례는 "사실심 변론종결시까지 객관적인 조세채무액을 뒷받침하는 주장과 자료를 제출할 수 있고, 이러한 자료에 의하여 적법하게 부과될 정당한 세액이 산출되는 때"에는 그 초과하는 한도 내에서 일부취소판결을 할 수 있다고 한다.

## Ⅴ. 설문의 해결

금전부과처분의 경우 법령상 한도액을 초과하는 위법이 있다 하여도 행정청이 다시 처분할 경우 그 금액에 대해 법원이 행정청의 판단을 대신할 수는 없으므로 원칙적으로 일부취소판결을 할 수 없다고 봄이 타당하다. 그러나 판례의 판시대로 법령상 정당한 금전납부액을 객관적으로 확정할 수 있을 때에는 예외적으로 그 초과하는 한도에 대한 일부취소판결이 가능하다고 볼 것이다.

# UNIT 27 사정판결 ★★

**【1992년도 제4회 공인노무사/ 약술형 - 25점】**

사정판결을 약술하시오.

**【2015년도 제26회 공인노무사/ 약술형 - 25점】**

항고소송에 있어서의 사정판결에 관하여 설명하시오.

**【2009년도 제53회 행정고시(재경)/ 사례형 - 40점】**

A시와 B시 구간의 시외버스 운송사업을 하고 있는 甲은 최근 자가용 이용의 급증 등으로 시외버스 운송사업을 하는데 상당한 어려움에 처해 있다. 그런데 관할행정청 X는 甲이 운영하는 노선에 대해 인근에서 대규모 운송사업을 하고 있는 乙에게 새로이 시외버스 운송사업면허를 하였다.

(2) 법원은 X의 乙에 대한 시외버스 운송사업면허처분에 위법사유가 발견되어 甲의 행정소송을 인용하고 乙에 대한 시외버스 운송사업면허처분을 취소하고자 한다. 그러나 이미 많은 시민들이 乙이 운영하는 버스를 이용하고 있다는 이유로 면허취소판결을 하지 아니할 수 있는가? (20점)

---

〈목 차〉

# I. 서설

## 1. 의의

사정판결이란 "취소소송의 본안심리 결과, 원고의 청구가 이유있다고 인정되는 경우 공공복리를 위하여 원고의 청구를 기각하는 판결"을 말한다(행정소송법 제28조 제1항).

## 2. 제도의 취지

사정판결은 법치행정원리에 반하는 제도임에도 불구하고 행정소송법에서 특별하게 인정하는 이유는 **행정소송의 공익성을 보장하기 위함**이다. 대법원도 "사정판결제도가 위법한 처분으로 법률상 이익을 침해당한 자의 기본권을 침해하고, 법치행정에 반하는 위헌적인 제도라고 할 것은 아니다(대법원 2009.12.10. 2009두8359)."고 판시하고 있다. 따라서 사정판결의 요건은 매우 엄격하게 판단되어야 한다.

# II. 사정판결의 요건

## 1. 원고의 청구가 이유있다고 인정될 것

원고의 청구가 이유 있기 위해서는 계쟁처분이 위법하여야 하고 원고의 법률상 이익을 침해해야 한다.

## 2. 처분등의 취소가 현저히 공공복리에 적합하지 아니할 것

### (1) 의의

처분등을 취소하는 것이 엄격한 공·사익의 비교형량 관점에서 원고의 권익을 구제해 주어야 할 필요성 보다 그로인한 공공복리의 침해가 훨씬 더 커야 한다.

### (2) 판단기준

판례는 이 요건을 판단할 때에는 "위법·부당한 행정처분을 취소·변경하여야 할 필요와 그 취소·변경으로 발생할 수 있는 공공복리에 반하는 사태 등을 비교·교량하여 그 적용 여부를 판단하여야 한다."고 판시하여 엄격히 제한적으로 해석하여야 한다고 보고 있다.

### (3) 판단시점

이러한 공공복리에 반하는 지 여부는 판결시, 즉 **사실심 변론종결시를 기준으로 판단**하여야 한다.

## 3. 피고인 행정기관의 신청이 있을 것

피고 행정청의 신청이 있어야 하나, 판례는 "행정소송법 제26조 해석에 따라 소송상 일건기록에 현출된 한도 내에서는 법원의 직권에 의한 사정판결 가능하다."고 본다.

## 4. 행정청이 주장 및 입증책임을 할 것

이와 같은 요건들은 피고 행정청이 주장 및 입증책임을 지게 된다.

**개념정리 공공복리 적합성에 관한 판례정리**

| 처분 등의 취소가 현저히 공공복리에 적합하지 않다고 본 판례 | 처분 등의 취소가 현저히 공공복리에 적합하다고 본 판례 |
|---|---|
| ① 원고에 대한 환지예정지 지정처분을 위법하다 하여 이를 취소하고 새로운 환지예정지를 지정하기 위하여 환지계획을 변경할 경우 위 처분에 불복하지 않고 기왕의 처분에 의하여 이미 사실관계를 형성하여 온 다수의 다른 이해관계인들에 대한 환지예정지 지정처분까지도 변경되어 기존의 사실관계가 뒤엎어지고 새로운 사실관계가 형성되어 혼란이 생길 수 있게 되는 경우<br>② 재개발조합설립 및 사업시행인가처분이 처분 당시 법정요건인 토지 및 건축물 소유자 총수의 각 3분의 2 이상의 동의를 얻지 못하여 위법하나, 그 후 90% 이상의 소유자가 재개발사업의 속행을 바라고 있는 경우<br>③ 조선대학교가 전남대학교에 대해서 내려진 법학전문대학원 설치예비인가처분에 대하여 취소소송을 제기한 사건에서 사실심변론종결 당시 120명의 입학생을 받아 이미 교육을 하고 있는 경우 | ① 폐기물처리업에 대한 불허가처분의 취소<br>② 면직처분취소사건에서 징계면직된 검사의 복직이 검찰조직의 안정과 인화를 저해할 우려가 있다는 등의 사정이 있는 경우<br>③ 관리처분계획취소사건에서 관리처분계획의 수정을 위한 조합원총회의 재결의를 위하여 시간과 비용이 많이 소요된다는 등의 사정이 있는 경우<br>④ 시외버스운송사업계획변경인가처분의 취소로 인하여 연장노선이용 승객들의 불편이 예상되지만 그러한 불편은 피고가 취할 수 있는 여러 대응조치 등으로 일시적 현상에 그칠 것으로 예상되는 경우<br>⑤ 과세처분취소소송에서 과세처분을 취소하더라도 어차피 원고가 세금을 납부할 의무가 있으므로 무용한 과세처분을 되풀이 함으로써 경제적, 시간적, 정신적 낭비만을 초래한다는 사정이 있는 경우 |

## Ⅲ. 적용영역

### 1. 취소소송

견해의 대립 없이 인정된다.

### 2. 무효등확인소송에서의 적용가부

**논점 26  무효확인소송에서 사정판결의 가능성 ★★**

#### (1) 문제점

무효확인소송은 행정소송법 제28조를 준용하고 있지 않음에도 불구하고 무효확인소송에서 사정판결을 할 수 있는 지 여부가 **사정판결의 본질과 관련하여 문제**된다.

#### (2) 학설

1) 적용부정설(다수설, 판례; 법치행정원리)

① 사정판결에 준용규정이 없고, ② 존치시킬 처분의 효력이 없음을 이유로 적용될 수 없다는 견해이다.

2) 적용가능설(소수설)

처분을 기초로 한 **기성사실의 원상회복**이 현저히 공공복리에 반하는 경우에는 예외적으로 사정판결이 가능하다는 견해이다.

**(3) 판례**

대법원은 "존속시킬 행정행위가 없으므로 사정판결을 할 수 없다."고 하여 무효등확인소송에서 사정판결의 가능성을 부정한다.

**(4) 검토**

법치주의의 원칙상 무효인 하자의 효력유지는 부정되어야 하므로 적용부정설이 타당하다.

## Ⅳ. 사정판결의 효과 등

### 1. 사정조사

법원은 사정판결을 함에 있어서는 미리 원고가 그로 인하여 입게 될 손해의 정도와 배상방법 그 밖의 사정을 조사하여야 한다(행정소송법 제28조 제2항).

### 2. 효과

**(1) 기각판결 및 판결의 주문에 위법성 명기**

사정판결은 원고의 청구를 기각하는 판결이므로 취소소송의 대상인 처분 등은 그 효력을 유지한다. 그러나 **판결의 주문에는 처분의 위법성이 명시되어야 하므로 이 경우 위법성이 인정되어 기판력이 발생한다**(행정소송법 제28조 제1항 단서).

**(2) 원고의 권익구제**

원고는 피고인 행정청이 속하는 국가 또는 공공단체를 상대로 손해배상, 재해시설의 설치 그 밖에 적당한 구제방법의 청구를 당해 취소소송 등이 계속된 법원에 병합하여 제기할 수 있다(행정소송법 제28조 제3항).

**(3) 소송비용의 피고부담**

원고는 공익을 위하여 인용판결을 받지 못한 것이므로 소송에 관한 비용은 피고가 부담한다.

## Ⅴ. 답안작성요령

### 1. 사정판결

▶ 부록: 답안작성요령 <사례논점 09> **1** 참조

# 취소판결의 기판력 ★

## 개념체계

### 행정소송의 7단계: 취소판결의 효력

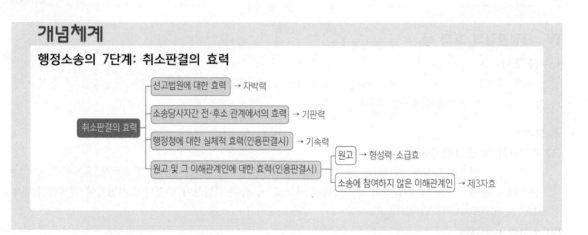

**대표
기출문제**

【2021년도 제30회 공인노무사/ 사례형 – 50점】

중기계를 생산하는 제조회사에 근무하는 甲은 골절 등의 업무상 사고로 인하여 상해를 입었음을 이유로 근로복지공단으로부터 휴업급여와 장해급여 등의 지급결정을 받았다. 그 후 근로복지공단은 甲이 실제 상해를 입지 않았음에도 허위로 지급신청서를 작성하여 급여지급결정을 받은 사실을 들어 甲에 대한 급여지급결정을 취소하였고, 甲은 급여지급결정의 취소처분서를 2021.1.7. 직접 수령하였다. 이와 함께 근로복지공단은 이미 甲에게 지급된 급여액에 해당하는 금액을 부당이득으로 징수하였다. 한편, 甲은 위 급여지급결정 취소처분이 위법함을 이유로 2021.5.7. 급여지급결정 취소처분에 대한 무효확인소송을 제기하였다. 다음 물음에 답하시오.

(3) 위 무효확인소송에서 기각판결이 확정된 후 甲이 급여지급결정 취소처분의 '법령위반'을 이유로 국가배상청구소송을 제기한 경우, 무효확인소송의 기각판결의 효력과 관련하여 국가배상청구소송의 수소법원은 급여지급결정 취소처분의 '법령위반'을 인정할 수 있는가? (20점)

▶ 답안연습: 한장답안 기출문제 연습【문제 1】참조

# I. 서설

## 1. 기판력의 의의

취소판결의 기판력이란 "형식적 확정력이 발생된 법원의 판결에 대해서 법원은 동일한 소송물 범위내에서 종전의 판단과 모순 저촉된 판단을 할 수 없으며, 소송당사자도 그에 반하는 주장을 할 수 없는 소송상 구속력"을 말한다.

## 2. 법적 근거

행정소송법에 이에 관한 규정이 존재하지 아니하므로, 동법 제8조 제2항에 따라 민사소송법 제216조와 제218조가 준용되어 인정된다.

## 3. 인정이유

기판력은 소송절차의 반복과 모순된 재판의 방지라는 **법적 안정성의 요청에 따라 인정되는 효력**이다. 이 효력은 판결의 내용이 갖는 효력이라는 점에서 형식적 확정력의 존재를 전제로 하는 것이며, 아울러 형식적 확정력을 내용적으로 보장하는 것이다.

# II. 기판력의 인정범위

## 1. 주관적 범위

### (1) 소송당사자

기판력은 당해 소송당사자인 원고와 피고에게만 미치는 것이 원칙이다. 기판력의 주관적 범위를 소송의 당사자로 한정하는 것은 그렇지 않은 경우에 헌법상 보장되는 제3자의 재판청구권을 침해할 수 있기 때문이다.

제2편 행정소송법II | 해커스노무사 조현 행정쟁송법 기본서

### (2) 보조참가인

행정소송에 있어서의 보조참가는 그 참가유형이 통상의 보조참가가 아니라 공동소송적 보조참가의 성격을 갖는 것이므로, 보조참가인에게도 기판력이 미친다고 보아야 할 것이다. 대법원도 **"행정소송에 있어서 판결의 기판력은 보조참가인에 대한 관계에 있어서도 발생한다."**는 입장이다. 한편 취소소송의 피고는 행정청이므로, 그 판결의 기판력은 피고인 처분행정청이 속하는 국가나 공공단체에도 미친다.

## 2. 시간적 범위

취소판결의 기판력은 사실심 변론종결시 이전의 사실에까지 미친다.

## 3. 객관적 범위(동일 소송물[35])

취소판결의 기판력은 **판결주문에 표시된 처분의 위법성 및 적법성 일반**에 대해 미친다. 그러므로 판결이유 중에서 판단된 사실인정, 선결적 법률관계, 항변 또는 법규의 해석적용에 대해서는 기판력이 미치지 않음이 원칙이다.

# **Ⅲ. 기판력의 특수문제(취소소송과 국가배상청구소송)**

### 논점 27  취소소송과 국가배상청구소송의 기판력 ★★

## 1. 문제점

처분의 취소를 구하는 취소소송이 전소로서 제기되어 판결이 확정된 후에 동일 처분에 대한 국가배상청구소송이 후소로써 제기된 경우, **취소소송판결의 기판력이 후소인 국가배상청구소송에 미치는가의 문제가 국가배상의 위법개념과 취소소송의 위법개념과 일치하는 것인지로** 논의된다.

## 2. 학설

### (1) 전부기판력부정설(상대적 위법성설 · 결과불법설)

**국가배상법상의 법령위반과 항고소송의 위법개념은 그 본질과 판단기준을 달리하는 것이므로,** 전소인 취소소송판결의 기판력은 후소인 국가배상청구소송에 미치지 않는다고 보는 견해이다.

### (2) 제한적 기판력긍정설(광의의 행위불법설)

국가배상법상의 법령위반이 취소소송의 소송물로서 위법개념을 포함하므로, **전소인 취소소송이 청구인용판결이라면 그 기판력이 후소인 국가배상청구소송에 미치게 되나 청구기각판결의 경우에는 후소인 국가배상청구소송에 그 기판력이 미치지 않는다고 보는 견해이다.**

### (3) 전부기판력긍정설(협의의 행위불법설)

분쟁의 일회적 해결을 위해 **전소인 취소소송판결의 기판력이 후소인 국가배상청구소송에 미친다고 보는 견**해이다.

---

35) [취소소송의 소송물논의] 소송물이란 일반적으로 "소송상 분쟁의 대상물"을 말한다. 취소소송의 소송물에 대해서는 ① 처분의 위법성일반으로 보는 견해, ② 처분의 위법사유마다 소송물이 각각 다르다는 견해, ③ 처분을 통해 자신의 권리가 침해되었다는 원고의 권리주장으로 보는 견해, ④ 처분의 위법과 이를 근거로 한 처분 등의 취소를 구하는 원고의 법적 권리주장으로 보는 견해 등이 대립되나, 통설과 판례에 따라 취소소송의 소송물은 "계쟁처분의 위법성일반"으로 파악된다.

## 3. 판례

대법원은 상대적 위법성설의 입장에서 "**어떠한 행정처분이 후에 항고소송에서 취소되었다고 할지라도 그 기판력에 의하여 당해 행정처분이 곧바로 공무원의 고의 또는 과실로 인한 것으로서 불법행위를 구성한다고 단정할 수는 없다.**"고 하여 전부기판력부정설의 입장이다.

## 4. 검토

분쟁의 일회적 해결이라는 이념을 따르면서도 국민의 권익구제에 만전을 기할 수 있는 제한적 기판력긍정설이 타당하다.

---

# IV. 취소소송과 무효확인소송간의 기판력

## 1. 취소소송(전소)의 (확정)기각판결 → 무효확인소송(후소)의 경우

전소인 취소소송에서 기각판결이 선고되어 확정되었다면, 당해 처분이 적법하다는 점에 대해 후소인 무효등확인소송에도 미치게 되므로 후소인 무효확인소송에서는 기판력이 미쳐 인용판결을 할 수 없다.[36]

## 2. 무효확인소송(전소)의 (확정)기각판결 → 취소소송(후소)의 경우

그러나 전소인 무효등확인소송에서의 기각판결이 선고되어 확정되었더라도, 이는 처분이 무효가 아니라는 점, 즉 유효하다는 점에 대해서만 기판력이 발생하므로 당해 처분에 대한 취소를 구하는 소송을 다시 제기할 수 있다.

# V. 기판력문제의 답안작성요령

▶ 부록: 답안작성요령 <사례논점 10> **1** 참조

---

**참조판례** 기판력과 기속력에 관한 판례

【사실관계】 원고 신미운수 주식회사는 기재 차량 23대를 포함하여 101대의 택시를 각 보유하여 일반택시운송사업을 하고 있다. 피고 서울특별시장은 2008.5.22. 관련법령의 위반을 이유로 원고에게 48대 위 각 택시에 대하여 감차명령(이하 '종전처분'이라고 한다)을 하였다. 이에 원고들은 서울행정법원 2008구합22549호로 종전 처분의 취소를 구하는 소를 제기하였고, 위 법원은 원고들의 택시 48대 운영행위가 명의이용행위에 해당한다고 보기 어렵다는 사유로 종전 처분을 취소하는 내용의 원고들 승소판결을 선고하여 동 판결은 확정되었다(이하 확정된 위 원고들 승소판결을 '이 사건 확정판결'이라고 한다). 그 후 피고는 2013.3.22. 원고에 대하여 여객자동차 운수사업법 제12조 제1항, 제85조 제1항 제13호 등에 의하여 별지 1, 2 목록 기재 각 차량에 대하여 감차명령(이하 '이 사건 처분'이라고 한다)을 하였다.

【판결요지】 [1] 행정소송법 제30조 제1항은 "처분 등을 취소하는 확정판결은 그 사건에 관하여 당사자인 행정청과 그 밖의 관계행정청을 기속한다."라고 규정하고 있다. 이러한 취소 확정판결의 '기속력'은 취소 청구가 인용된 판결에서 인정되는 것으로서 당사자인 행정청과 그 밖의 관계행정청에게 확정판결의 취지에 따라 행동하여야 할 의무를 지우는 작용을 한다. 이에 비하여 행정소송법 제8조 제2항에 의하여 행정소송에 준용되는 민사소송법 제216조, 제218조가 규정하고 있는 '기판력'이란 기판력 있는 전소 판결의 소송물과 동일한 후소를 허용하지 않음과 동시에, 후소의 소송물이 전소의 소송물과 동일하지는 않더라도 전소의 소송물에 관한 판단이 후소의 선결문제가 되거나 모순관계에 있을 때에는 후소에서 전소 판결의 판단과 다른 주장을 하는 것을 허용하지 않는 작용을 한다.

---

36) [대법원 2003.5.16. 2002두3669] 과세처분의 취소소송은 당해 과세처분의 적부가 심리의 대상이 되는 것이며, 과세처분 취소청구를 기각하는 판결이 확정되면 그 처분이 적법하다는 점에 관하여 기판력이 생기고 그 후 원고가 이를 무효라 하여 무효확인을 소구할 수 없는 것이어서 과세처분의 취소소송에서 청구가 기각된 확정판결의 기판력은 그 과세처분의 무효확인을 구하는 소송에도 미친다.

[2] 취소 확정판결의 기속력은 판결의 주문 및 전제가 되는 처분 등의 구체적 위법사유에 관한 판단에도 미치나, 종전 처분이 판결에 의하여 취소되었더라도 종전 처분과 다른 사유를 들어서 새로이 처분을 하는 것은 기속력에 저촉되지 않는다. 여기에서 동일 사유인지 다른 사유인지는 확정판결에서 위법한 것으로 판단된 종전 처분사유와 기본적 사실관계에서 동일성이 인정되는지 여부에 따라 판단되어야 하고, 기본적 사실관계의 동일성 유무는 처분사유를 법률적으로 평가하기 이전의 구체적인 사실에 착안하여 그 기초인 사회적 사실관계가 기본적인 점에서 동일한지에 따라 결정된다. 또한 행정처분의 위법 여부는 행정처분이 행하여진 때의 법령과 사실을 기준으로 판단하므로, 확정판결의 당사자인 처분 행정청은 종전 처분 후에 발생한 새로운 사유를 내세워 다시 처분을 할 수 있고, 새로운 처분의 처분사유가 종전 처분의 처분사유와 기본적 사실관계에서 동일하지 않은 다른 사유에 해당하는 이상, 처분사유가 종전 처분 당시 이미 존재하고 있었고 당사자가 이를 알고 있었더라도 이를 내세워 새로이 처분을 하는 것은 확정판결의 기속력에 저촉되지 않는다(대법원 2016.3.24. 2015두48235).

## 개념정리 국가배상법상 법령위반의 학설 비교분석

| 판례 및 학설 | | 항고소송의 위법성과 관계 | 내용 | 전소(항고소송)의 기판력이 후소(국배)에 미치는지 여부 |
|---|---|---|---|---|
| 행위 불법설 | 협의 | 국배 = 항고소송 | 국배 = 항고소송 = 행위의 법령위반 | 전부기판력긍정설 |
| | 광의 | 국배 > 항고소송 ∴ 판단기준은 동일 | 국배 = 행위의 법령위반 + 손해발생방지의무위반 | 제한적 기판력긍정설 ① 인용: ○ ② 기각: × |
| 결과불법설 | | 국배 ≠ 항고소송 ∴ 판단기준이 다름 | 시민법상 수인한도를 넘는 침해의 결과 | 전부기판력부정설 |
| 상대적 위법성설 | | | 침해행위와 피침해이익간의 객관적 정당성결여 | |
| 직무의무위반설 | | | 공무원의 법령상 내포된 직무의무의 위반 | |
| 판례 | | ① 결과불법설은 아님 → 행위불법설에 입각한 판례 ② 그러나 주류적 입장은 상대적 위법성설 | | |

**개념정리 기판력과 기속력의 비교**

| 구분 | 기판력 | 기속력 |
|---|---|---|
| 의의 | 형식적 확정력이 발생된 법원의 판결에 대해서 법원은 동일한 소송물 범위 내에서 종전의 판단과 모순 저촉된 판단을 할 수 없으며, 소송당사자도 그에 반하는 주장을 하지 못함 | 소송당사자인 행정청과 관계행정청이 판결의 내용에 따라 행동해야 하는 실체법상의 의무를 발생시키는 효력 |
| 근거 | 법적 안정성 | 법적 안정성 VS. 법률적합성담보 |
| 성질 | 소송법상 구속력 | ① 기판력설(판례, 실무)<br>② 특수효력설 → (실체법상 구속력) |
| 인정범위 | 인용 및 기각판결 모두에 인용 | 인용판결에만 인용 |
| 법적근거 | 없음(민사소송법 제216조와 제218조 준용) | 행정소송법 제30조 |
| 범위 | ① **주관적 범위**: 소송당사자 및 그 승계인(보조참가인 → 포함설이 다수설 + 판례)<br>② **객관적 범위**: 판결주문에 표시된 계쟁처분의 위법 또는 적법성 일반<br>③ **시적 범위**: 사실심 변론종결시 | ① 당사자인 행정청 + 관계행정청<br>② 판결주문과 판결이유 중에 설시된 개개의 위법사유<br>③ 처분시(거부처분취소소송의 경우에는 견해가 대립됨) |
| 내용 | "소송 당사자는 저촉된 주장을 할 수 없고, 법원은 이에 저촉되는 판단을 할 수 없다(대법원)." | ① 반복금지효(동일내용의 처분금지의무)<br>② 재처분의무 → 처분청(제30조 제2항)<br>③ **원상회복의무(결과제거의무)**: 통설 |
| 위반효과 | 재심청구사유 | 무효설(통설, 판례) VS. 취소설 |

2021년도 제30회 공인노무사 시험

【문제 1】 중기계를 생산하는 제조회사에 근무하는 甲은 골절 등의 업무상 사고로 인하여 상해를 입었음을 이유로 근로복지공단으로부터 휴업급여와 장해급여 등의 지급결정을 받았다. 그 후 근로복지공단은 甲이 실제 상해를 입지 않았음에도 허위로 지급신청서를 작성하여 급여지급결정을 받은 사실을 들어 甲에 대한 급여지급결정을 취소하였고, 甲은 급여지급결정의 취소처분서를 2021.1.7. 직접 수령하였다. 이와 함께 근로복지공단은 이미 甲에게 지급된 급여액에 해당하는 금액을 부당이득으로 징수하였다. 한편, 甲은 위 급여지급결정 취소처분이 위법함을 이유로 2021.5.7. 급여지급결정 취소처분에 대한 무효확인소송을 제기하였다. 다음 물음에 답하시오.

물음 3) 위 무효확인소송에서 기각판결이 확정된 후 甲이 급여지급결정 취소처분의 '법령위반'을 이유로 국가배상청구소송을 제기한 경우, 무효확인소송의 기각판결의 효력과 관련하여 국가배상청구소송의 수소법원은 급여지급결정 취소처분의 '법령위반'을 인정할 수 있는가? (20점)

**한장 답안**

Ⅰ. 문제의 소재(설문에서는 전소인 무효확인소송의 기각판결의 기판력이 후소인 국가배상 청구소송에 미치는지 여부가 무효확인소송의 기판력과 관련하여 문제된다.)

Ⅱ. 기판력의 의의 및 법적 근거

　　1. 기판력의 의의

　　2. 법적 근거

　　3. 인정이유

Ⅲ. 기판력의 인정범위

　　1. 주관적 범위

　　2. 객관적 범위

　　3. 시간적 범위

Ⅳ. 무효확인소송과 국가배상청구소송간의 기판력이 인정되는지 여부

　　급여지급결정 취소처분에 대한 무효확인소송에서 기각판결이 확정된 경우, 당해 처분이 무효가 아니라는 점, 즉 당해 처분이 유효하다는 점에만 기판력이 미치는 것이지 당해 처분의 "법령위반", 즉 위법여부에 대한 기판력이 미치는 것이 아니므로 전소인 무효확인소송의 기각판결의 기판력은 후소인 국가배상청구 소송에 미치지 아니한다. 따라서 국가배상청구소송의 수소법원은 무효확인소송의 기각판결에도 불구하고 급여지급결정 취소처분의 '법령위반'을 인정할 수 있다.

대표
**기출문제**

【2002년도 제11회 공인노무사/ 논술형 – 50점】
행정소송의 판결의 효력에 관하여 논하시오.

【2005년도 제14회 공인노무사/ 약술형 – 25점】
취소판결의 기속력을 설명하시오.

【2007년도 제16회 공인노무사/ 약술형 – 25점】
행정심판재결의 행정청 및 그 밖의 관계 행정청에 대한 기속력을 설명하시오.

【2010년도 제19회 공인노무사/ 준사례형 – 50점】
수익적 처분의 발령을 신청한 甲에 대하여 관할 행정청 A는 이를 거부하였다. 甲은 거부처분취소소송을 제기하여 인용판결을 받았고, A의 항소 포기로 동 판결은 확정되었다. 위 확정판결에도 불구하고 A가 재차 거부처분을 할 수 있는 경우들을 논하시오.

【2012년도 제21회 공인노무사/ 사례형 – 50점】
다음 질문에 답하시오(단, 행정쟁송법과 무관한 노동법적인 쟁점에 대해서는 서술하지 말 것).
(2) 위 취소소송의 관할법원은 "구직 중에 있는 자도 노동조합 및 노동관계조정법상 근로자의 지위를 가지고 노동조합에 가입할 수 있다."는 이유로 乙시장의 설립신고 반려를 취소하였고 그 판결은 확정되었다. 그러나 乙시장은 또다시 설립신고서를 반려하면서, 甲노동조합이 "주로 정치운동을 목적으로 하는 경우(노동조합 및 노동관계조정법 제2조 제4호 마목)."에 해당함을 그 사유로 제시하였다. 이에 甲노동조합은 다시 취소소송을 제기하고자 하는 바, 그 청구는 본안에서 인용될 수 있는가?
▶ 답안연습: 한장답안 기출문제 연습 【문제 1】 참조

【2018년도 제27회 공인노무사/ 사례형 – 50점】
甲은 A국 국적으로 대한민국에서 취업하고자 관련법령에 따라 2009년 4월경 취업비자를 받아 대한민국에 입국하였고, 2010년 4월 체류기간이 만료되었다. 乙은 같은 A국 출신으로, 대한민국 국적 남성과 혼인하고 2015년 12월 귀화하였으나, 2016년 10월 협의이혼 하였다. 이후 甲은 2017년 7월 乙과 혼인신고를 하고, 2017년 8월 관할행정청인 X에게 대한민국 국민의 배우자(F-6-1)자격으로 체류자격 변경허가 신청을 하였다. 그러나 甲은 당시 7년여의 '불법체류'를 하고 있음이 적발되었고, 이는 관련법령 및 사무처리지침(이하 '지침 등'이라 함)상 허가요건 중 하나인 '국내합법체류자' 요건을 결여하게 되어 X는 2017년 8월 甲의 신청을 반려하는 처분을 하였다. 한편 甲과 乙은 최근 자녀를 출산하였다. 甲은 위 허가를 받지 못하면 당장 A국으로 출국하여야 하고, 자녀 양육에 어려움을 겪는 등 가정이 파탄될 위험이 생기므로 위 반려처분은 위법하다고 주장한다. (50점)
(2) 위 반려처분에 대하여 甲이 취소소송을 제기하여 승소판결이 확정되었다. 그러나 X는 위 '지침 등'에 따른 체류자격 변경허가를 위한 또 다른 요건 중의 하나인 '배우자가 국적을 취득한 후 3년 이상일 것'을 충족하지 못한다는 것을 이유로 다시 체류자격 변경허가를 거부하고자 한다. 이 거부처분이 적법한지에 관하여 논하시오. (30점)

## 【2019년도 제28회 공인노무사/ 사례형 – 50점】

사용자인 乙주식회사는 소속 근로자인 甲에 대해 유인물 배포 등 행위와 성명서 발표 및 기사 게재로 인한 乙주식회사에 대한 명예훼손행위를 근거로 감봉 3월의 징계처분을 하였다. 甲과 A노동조합은 2018.9.7. B지방노동위원회에 위 징계처분이 부당징계 및 부당노동행위에 해당한다고 주장하면서 구제신청을 하였다. 그러나 B지방노동위원회는 2018.11.6. 위 구제신청을 모두 기각하였다. 甲과 A노동조합은 B지방노동위원회의 기각결정에 불복하여 2018. 12.20. 중앙노동위원회에 재심을 신청하였다. 중앙노동위원회는 2019.3.5. 유인물 배포 등 행위가 징계사유에 해당할 뿐만 아니라 징계 양정이 적정하고, 노동조합 및 노동관계조정법 제81조 제1호의 부당노동행위에 해당하지 않는다는 이유로 재심신청을 모두 기각하였다. 이에 甲은 중앙노동위원회의 재심에 불복하여 취소소송을 제기하려고 한다. 甲은 중앙노동위원회가 재심판정을 하면서 관계 법령상 개의 및 의결 정족수를 충족하지 않았다고 주장한다. 다음 물음에 답하시오.

(1) 중앙노동위원회의 재심판정에 절차상 하자가 있음을 이유로 이를 취소하는 판결이 확정되었다. 중앙노동위원회가 이러한 확정판결에 기속되는 경우에 어떠한 의무를 부담하는지를 논하시오. (25점)

▶ 답안연습: 한장답안 기출문제 연습【문제 2】참조

## 【2023년도 제32회 공인노무사/ 사례형 – 50점】

A시는 택지개발예정지구 지정 공람공고가 이루어진 P사업지구에서 택지개발사업을 시행하고 있으며, 甲은 P사업지구에 주택을 소유하고 있는 자이다. A시는 택지개발사업과 관련한 이주대책을 수립·공고하였는데, 이에 의하면 이주대책 대상자 요건을 '택지개발예정지구 지정 공람공고일 1년 이전부터 보상계약체결일 또는 수용재결일까지 계속하여 P사업지구 내 주택을 소유하고 계속 거주한 자로, A시로부터 그 주택에 대한 보상을 받고 이주하는 자'로 정하고 있다. 甲은 A시에 이주대책 대상자 선정 신청을 하였으나, A시는 '기준일 이후 주택 취득'을 이유로 甲을 이주대책 대상에서 제외하는 결정을 하였고, 이 결정은 2023.6.28. 甲에게 통보되었다(이하 '1차 결정'이라 함). 이에 甲은 A시에 이의신청을 하면서, 이의신청서에 이주대책 대상자 선정요건을 충족함을 증명할 수 있는 마을주민확인서, 수도개설 사용, 전력 개통사용자 확인 등 증빙서류를 새롭게 추가로 첨부하여 제출하였다. 그러나 A시는 추가된 증빙자료만으로 법적 소유관계를 확인할 수 없다는 이유로 甲의 이의신청을 기각하고 甲을 이주대책 대상에서 제외한다는 결정을 하였으며, 이 결정은 2023.8.31. 甲에게 통보되었다(이하 '2차 결정'이라 함). 다음 각 물음에 답하시오.

(2) 甲이 1차 결정에 대해 무효확인소송을 제기하였고, 甲이 기준일 이전에 주택을 취득한 것이 인정되어 청구를 인용하는 법원의 판결이 확정되었다. A시는 甲을 이주대책 대상자로 선정하여야 하는지 여부 및 A시가 아무런 조치를 하지 않는 경우 행정소송법상 강제수단에 대하여 설명하시오. (25점)

# Ⅰ. 서설

## 1. 기속력의 의의 및 취지

판결의 기속력이란 **"처분등을 취소하는 확정판결이 있는 경우 소송당사자인 행정청과 관계행정청이 그 판결의 내용에 따라 행동할 의무를 지우는 효력"**을 말한다. 기속력은 행정의 법률적합성원칙(법치행정의 원칙)을 담보하기 위해서 인정된 판결의 효력이다.

## 2. 기속력에 관한 행정소송법상 규정

> 행정소송법 제30조(취소판결등의 기속력)
> ① 처분등을 취소하는 확정판결은 그 사건에 관하여 당사자인 행정청과 그 밖의 관계행정청을 기속한다.
> ② 판결에 의하여 취소되는 처분이 당사자의 신청을 거부하는 것을 내용으로 하는 경우에는 그 처분을 행한 행정청은 판결의 취지에 따라 다시 이전의 신청에 대한 처분을 하여야 한다.
> ③ 제2항의 규정은 신청에 따른 처분이 절차의 위법을 이유로 취소되는 경우에 준용한다.

## 3. 기속력의 법적 성질

### (1) 문제점

기속력을 기판력과 동일한 성질로 파악할 것인지에 대해 견해가 대립되어 있다.

### (2) 학설

기속력의 성질에 대해 ① 기속력을 기판력의 부수적 효력에 지나지 않는다고 보는 **기판력설**과 ② 판결의 실효성을 담보하기 위하여 행정소송법에 의해 인정된 특수한 효력으로 보는 **특수효력설**이 대립된다.

### (3) 판례

대법원은 과거 기속력을 기판력과 구별하는 지에 대해 불분명하였으나, 최근 기속력과 기판력은 법적 근거 및 객관적 범위 등과 관련하여 엄격히 구별된다고 판시하고 있어 양자를 구별하고 있는 것으로 보인다(대법원 2016.3.24. 2015두48235).

### (4) 검토

기속력은 인용판결(취소판결)의 경우에만 인정되므로 기각판결에도 인정되는 기판력과 동일하다고 볼 수 없다. 따라서 특수효력설이 타당하다.

## Ⅱ. 기속력의 효력범위

### 1. 주관적 범위

특수효력설에 따르는 한, 판결의 기속력은 당사자인 피고 행정청뿐만 아니라 그 밖의 모든 관계 행정청에 미친다.

### 2. 객관적 범위[37]

기속력은 **판결의 주문 및 그 전제가 되는 요건사실의 인정과 효과의 판단에 미치고** 판결의 결론과 직접 관계없는 간접사실의 판단에는 미치지 않는다.

이와 같은 기속력의 객관적 범위에 대해 종래에는 ① **"판결의 주문과 이유에서 획정된 개개의 위법사유에 한정"**하여 미친다고 보는 판례와, ② **기속력은 처분사유의 추가변경과 표리에 관계에 있다는 점을 이유로 이에 설시된 개개의 위법사유와 기본적 사실관계의 동일성**"이 인정되는 범위까지 확장된다는 학설의 입장이 대립하였으나, 현재에는 대법원 판례도 학설과 마찬가지로 "기본적 사실관계의 동일성"이 인정되는 범위라고 하여 학설과 동지의 취지로 판시를 하고 있다.

### 3. 시간적 범위

기속력은 처분의 위법판단의 기준시점인 처분시까지 존재하였던 사유에 대하여만 미치고 그 이후에 생긴 사유에 대하여는 미치지 아니한다. 그러나 **거부처분취소판결의 경우에는 위법판단의 기준시와 관련하여 견해가 대립**된다.

---

37) 최근 대법원판례는 "행정소송법 제30조 제2항에 의하면, 행정청의 거부처분을 취소하는 판결이 확정된 경우에는 처분을 행한 행정청이 판결의 취지에 따라 이전 신청에 대하여 재처분을 할 의무가 있다. 행정처분의 적법 여부는 행정처분이 행하여진 때의 법령과 사실을 기준으로 판단하는 것이므로 확정판결의 당사자인 처분 행정청은 종전 처분 후에 발생한 새로운 사유를 내세워 다시 거부처분을 할 수 있고, 그러한 처분도 위 조항에 규정된 재처분에 해당한다. 여기에서 '새로운 사유'인지는 종전 처분에 관하여 위법한 것으로 판결에서 판단된 사유와 기본적 사실관계의 동일성이 인정되는 사유인지에 따라 판단되어야 하고, 기본적 사실관계의 동일성 유무는 처분사유를 법률적으로 평가하기 이전의 구체적인 사실에 착안하여 그 기초인 사회적 사실관계가 기본적인 점에서 동일한지에 따라 결정되며, 추가 또는 변경된 사유가 처분 당시에 그 사유를 명기하지 않았을 뿐 이미 존재하고 있었고 당사자도 그 사실을 알고 있었다고 하여 당초 처분사유와 동일성이 있는 것이라고 할 수는 없다(대법원 2011.10.27. 2011두14401 【건축불허가처분취소】)."고 판시하고 있다.

## Ⅲ. 기속력의 내용

### 1. 반복금지효(동일내용의 처분금지의무; §30①)

취소판결이 확정되면 행정청은 "동일한 사실관계 아래에서 동일한 당사자에 대하여 종전과 동일한 내용의 처분 등을 반복할 수 없다."는 효력을 말한다.

### 2. 재처분의무(행정소송법 §30②③)

원래 신청을 요하는 처분에 대한 행정청의 거부처분이 판결에 의해 취소된 경우 또는 신청에 따른 처분이 절차상의 위법을 이유로 취소된 경우에, **행정청이 판결의 취지에 따라 다시 처분할 의무를 부담하는 효력**을 말한다.

### 3. 원상회복의무(위법상태제거의무)

취소판결이 확정되면 행정청은 취소된 처분에 의해 초래된 위법상태를 제거하여 원상회복할 의무를 진다. **취소판결의 기속력에 원상회복의무가 포함되는지 여부에 대해 견해가 대립되나, 대법원은 "어떤 행정처분을 위법하다고 판단하여 취소하는 판결이 확정되면 행정청은 취소판결의 기속력에 따라 그 판결에서 확인된 위법사유를 배제한 상태에서 다시 처분을 하거나 그 밖에 위법한 결과를 제거하는 조치를 할 의무가 있다."고 판시하여**(대법원 2015.10.29. 2013두27517 등 참조) 이를 긍정하고 있다. 판결의 실효성을 확보하기 위하여 긍정하는 것이 타당하다.

## Ⅳ. 위반효과

취소판결이 확정된 경우에 처분행정청이 처분 이전의 사유를 내세워, 다시 확정판결에 저촉되는 행정처분을 하면, 그 행위는 위법한 것으로서 무효사유에 해당한다.

## Ⅴ. 구체적 검토

### 1. 계쟁처분이 절차상 하자로 취소된 경우

어떠한 처분이 절차상의 위법을 이유로 취소된 경우 행정청은 반드시 원고가 신청한 내용으로 재처분을 해야 하는 것은 아니며, "판결의 취지에 따라" 동일한 절차상의 위법을 반복하지 않고 다시 재처분을 하면 된다. 따라서 행정청은 당초의 처분과는 다른 이유로 동일한 내용의 처분을 할 수도 있다.

### 2. 거부처분이 실체법상 위법을 이유로 취소된 경우 재처분의무

#### (1) 기속행위의 경우

이 경우 처분청은 원칙적으로 신청을 인용하는 처분을 하여야 하고, 처분시 이전의 기본적 사실관계와 동일성이 있는 사유를 내세워 다시 거부처분을 할 수 없다.

#### (2) 재량행위의 경우

이 경우 처분청은 판결의 주문과 이유에 적시된 재량권의 일탈·남용사유만 반복하지 않고 다시 이전 신청에 대한 거부처분을 할 수도 있다.

## 3. 거부처분시 이후 판결시 이전의 법령의 개정과 재처분의무

**논점 28  거부처분 이후 법령개정과 재처분의무 ★★**

### (1) 문제점

재처분은 새로운 처분이므로 재처분시의 법령 및 사실상태를 기초로 하여 행해져야 한다. 문제는 위법한 거부처분 이후에 법령이나 사실상태가 변경되어 적법한 거부처분이 되었고, 판결로 위법한 거부처분이 취소된 경우 처분청은 변경된 사정을 이유로 다시 거부처분을 하여도 재처분의무를 다한 것인지에 대해 견해가 대립된다.

### (2) 학설의 태도

#### 1) 적극설(처분시설)

거부처분의 위법판단기준시를 처분시로 새겨 기속력의 시적 범위를 처분시 이전으로 보는 견해에 따르면 **종전의 거부처분 후 법령 및 사실상태가 변경된 경우 당연히 변경된 법령 및 사실상태에 근거하여 재처분으로 거부처분을 내려야 한다고 본다.**

#### 2) 재처분의무부정설(판결시설)

거부처분의 위법판단기준시를 처분시로 보면서도 재처분의무의 기속력만은 판결시 이전으로 보는 견해에 따르면 종전의 거부처분 후 판결시 이전 법령 및 사실상태가 변경되어도 재처분의무의 근거법령은 판결의 취지에서 명시된 처분당시의 근거법령과 사실상태이므로 근거법령 및 사실상태의 변경을 이유로 동일한 거부처분을 할 수 없다고 본다.

#### 3) 이익형량설(절충설)

이 견해는 거부처분 취소판결의 기속력에 따른 재처분의 경우에는 신청인의 권익에 대한 실효성 있는 구제를 위하여 원칙상 위법판단 및 인용판결의 기준시인 처분시의 법령 및 사실상태를 기준으로 처분을 하여야 하는 것으로 보되, 공익상 그러한 처분을 하는 것이 타당하지 않은 경우에는 철회의 제한의 법리를 준용하여 개인의 이익과 공익을 비교교량하여 신청에 따른 처분을 할 것인지 여부를 결정해야 한다고 본다.

### (3) 판례의 태도

#### 1) 행정청의 의도적 기속력잠탈 행위의 통제

판례는 거부처분취소판결 이후에 행정청이 합리적 사유없이 처분을 지연시키다가 법령이 개정되고 이를 이유로 행정청이 거부처분을 하는, 행정청의 인위적 기속력잠탈행위는 허용되지 않는다고 판시한다(대법원 1999.12.28. 98두1895).[38]

#### 2) 거부처분 이후 판결시 이전의 법령개정의 경우

판례에 따르면 이 경우 **"거부처분 후에 법령이 개정 · 시행된 경우에는 개정된 법령 및 허가기준을 새로운 사유로 들어 다시 이전의 신청에 대한 거부처분을 할 수 있으며 그러한 처분도 행정소송법 제30조 제2항에 규정된 재처분에 해당된다**(대법원 1998.1.7. 97두22)."

#### 3) 개정법령에서 경과규정을 둔 경우

판례에 따르면 "종전의 개정 전 법령에 따라 재처분이 이루어 져야 할 것이므로 새로운 개정법령에 따라 거부처분한 것은 **취소판결의 기속력에 저촉되는 것으로서 그 하자가 중대하고 명백하여 당연무효**라 할 것이다(대법원 2002.12.11. 2002무22)."

---

38) 새로운 거부사유는 그것이 확정판결에 따른 재처분을 함에 필요한 합리적인 기간 내에 생긴 사유이어야 하고, 그것이 행정청이 위 기속력을 잠탈하기 위하여 작출해 낸 사유가 아니어야 한다.

### (4) 검토

당사자의 권리구제와 개정법령의 입법취지 등을 종합하여 공평한 결론을 도출하는 이익형량설의 입장이 타당하다.

## VI. 기속력 관한 판례 정리

### 1. 기속력의 객관적 범위에 관한 판례

> **참조판례**
>
> 【사실관계】 경상남도지사에게 부산버스자동차주식회사(신청인 甲)가 자동차운수사업양도에 대한 인가처분(자동차운수사업법 제28조)을 신청하였으나 불인가하자 이를 취소소송으로 다투어 취소판결이 확정된 후, 경상남도지사가 위 자동차운수사업면허 자체를 직권취소(동법 제31조)하자 이러한 직권취소가 취소판결의 기속력에 저촉되는지 여부와 자동차운수사업양도에 대한 인가처분의 간접강제신청이 가능한 지 여부
>
> 【판시사항】 행정소송법 제30조에서 규정하는 바와 같이 처분등을 취소하는 확정판결은 '그 사건'에 관하여 당사자인 행정청과 그 밖의 관계행정청을 기속하는 것이므로 '그 사건'에 관한 것이 아닐 때에는 취소판결등의 기속력은 인정되지 아니한다고 할 것이다. 이 사건에서 문제가 된 자동차운수사업법 제28조 제1항에 의한 자동차운수사업의 양도와 양수에 따른 관할 행정청의 인가처분(또는 불인가처분)과 같은 법 제31조 제1항에 의한 관할행정청의 자동차운수사업면허취소처분은 그 근거법규를 달리하고 있어 위 두 처분은 그 대상과 내용을 달리하는 별개의 처분이라고 할 것이므로 이 사건 자동차운수사업면허취소처분은 위 법조에서 말하는 '그 사건'에 관한 것이 아님이 명백하고, 따라서 관할행정청의 당해 자동차운 수사업양도에 따른 인가거부처분의 취소를 구하는 행정소송에서 그 취소판결이 확정되었다 하더라도 관할행정청이 위 제31조 제1항에 의하여 당해 자동차운수사업면허자체를 취소하는 행정처분을 한 경우에는 그 행정처분이 취소되지 아니하는 한 같은 법 제28조 제1항 소정의 인가처분의 대상인 당해 자동차운수사업면허는 소멸되었다 할 것이어서 위 확정판결의 당사자인 관할행정청으로서도 위 확정판결에 기한 인가처분을 할 수 없음은 물론, 그 상대방인 인가처분의 신청인도 그 이행을 위한 행정소송법 제34조 제1항 소정의 간접강제를 신청할 수 없다 할 것이다(대법원 1987.6.30. 86두28).

### 2. 기속력의 시적 범위에 관한 판례

> **참조판례**
>
> 【사실관계】 건축허가불허가처분에 대한 취소판결이 확정되었으나, 행정청이 거부처분 후 개정된 새로운 법령의 사유를 내세워 재차 거부처분한 경우 기속력 저촉 여부
>
> 【판시사항】 행정처분의 적법 여부는 그 행정처분이 행하여 진 때의 법령과 사실을 기준으로 하여 판단하는 것이므로 거부처분 후에 법령이 개정·시행된 경우에는 개정된 법령 및 허가기준을 새로운 사유로 들어 다시 이전의 신청에 대한 거부처분을 할 수 있으며 그러한 처분도 행정소송법 제30조 제2항에 규정된 재처분에 해당된다(대법원 1998.1.7. 97두22).

> **참조판례**
>
> 【사실관계】 거부처분의 취소판결이 확정된 뒤 행정청이 사실심 변론종결시 이후 발생한 새로운 사유를 내세워 다시 거부처분한 경우 기속력의 저촉 여부
>
> 【판시사항】 한편 행정소송법 제30조 제2항에 의하면, 행정청의 거부처분을 취소하는 판결이 확정된 경우에는 그 처분을 행한 행정청은 판결의 취지에 따라 이전의 신청에 대하여 재처분할 의무가 있고, 이 경우 확정판결의 당사자인 처분 행정청은 그 행정소송의 사실심 변론종결 이후 발생한 새로운 사유를 내세워 다시 이전의 신청에 대하여 거부처분을 할 수 있으며, 그러한 처분도 이 조항에 규정된 재처분에 해당한다(대법원 1999.12.28. 98두1895).

【사실관계】 거부처분 이후 변경된 법령에 따라 새로운 사유를 들어 재차 거부처분하는 경우에도, 개정법령에서 경과규정을 둔 경우, 이를 간과하고 한 거부처분은 기속력에 반하여 무효라는 판례

【판시사항】 당해 개발행위에 관하여는 종전의 규정을 적용한다는 경과규정을 두고 있으므로, 위 시행령이나 조례가 시행되기 이전인 2000.4.14. 행하여진 이 사건 사업승인신청에 대하여는 도시계획법령이나 위 조례가 아닌 종전 규정에 따른 재처분이 이루어져야 할 것이고, 따라서 상대방이 내세운 새 거부처분의 사유는 확정된 종전 거부처분 취소판결의 기속력이 미치지 않는 법령의 개정에 따른 새로운 사유라고는 할 수 없으므로, 새 거부처분은 확정된 종전 거부처분 취소판결의 기속력에 저촉되는 것으로서 그 하자가 중대하고 명백하여 당연무효라 할 것이다(대법원 2002.12.11. 2002무22).

## 3. 위법사유를 보완한 경우의 기속력

【사실관계】 거부처분이 처분의 절차 및 형식상 하자로 취소판결을 받은 경우 이러한 위법사유를 보완하여 다시 종전의 신청에 대한 거부처분을 할 수 있다는 판례

【판시사항】 행정소송법 제30조 제2항의 규정에 의하면 행정청의 거부처분을 취소하는 판결이 확정된 경우에는 그 처분을 행한 행정청이 판결의 취지에 따라 이전의 신청에 대하여 재처분할 의무가 있다고 할 것이나, 그 취소사유가 **행정처분의 절차, 방법의 위법**으로 인한 것이라면 그 처분 행정청은 그 확정판결의 취지에 따라 그 위법사유를 보완하여 다시 종전의 신청에 대한 거부처분을 할 수 있고, 그러한 처분도 위 조항에 규정된 재처분에 해당한다(대법원 2005.1.14. 2003두13045).

## VII. 답안작성요령

### 1. 거부처분취소판결 이후 재차 동일한 사유로 거부처분을 한 경우 기속력위반의 경우

▶ 부록: 답안작성요령 <사례논점 11> **1** 참조

### 2. 재처분의무와 간접강제가 결합된 문제의 경우

▶ 부록: 답안작성요령 <사례논점 11> **2** 참조

### 3. 취소판결확정 후 동일한 내용의 처분가능성

▶ 부록: 답안작성요령 <사례논점 11> **3** 참조

2012년도 제21회 공인노무사 시험

【문제 1】 다음 질문에 답하시오(단, 행정쟁송법과 무관한 노동법적인 쟁점에 대해서는 서술하지 말 것).

물음 2) 위 취소소송의 관할법원은 "구직 중에 있는 자도 노동조합 및 노동관계조정법상 근로자의 지위를 가지고 노동조합에 가입할 수 있다."는 이유로 乙시장의 설립신고 반려를 취소하였고 그 판결은 확정되었다. 그러나 乙시장은 또다시 설립신고서를 반려하면서, 甲노동조합이 "주로 정치운동을 목적으로 하는 경우(노동조합 및 노동관계조정법 제2조 제4호 마목)."에 해당함을 그 사유로 제시하였다. 이에 甲노동조합은 다시 취소소송을 제기하고자 하는 바, 그 청구는 본안에서 인용될 수 있는가? (25점)

**한장
답안**

## Ⅰ. 문제의 소재 (乙시장의 두 번째 행한 노동조합 설립신고 반려처분이 당초의 반려처분에 대한 취소판결의 기속력에 저촉되어 위법한지 여부가 문제된다.)

## Ⅱ. 기속력의 의의 및 법적 성질

### 1. 기속력의 의의

### 2. 법적 근거

### 3. 성질

　(1) 문제점

　(2) **학설:** ① 기판력설, ② 특수효력설

　(3) **검토:** 특수효력설의 입장이 타당하다.

## Ⅲ. 기속력의 내용

### 1. 동일내용처분금지의무(반복금지효)

### 2. 재처분의무

### 3. 원상회복의무

## Ⅳ. 기속력의 인정범위

### 1. 주관적 범위

### 2. 객관적 범위

### 3. 시간적 범위

## Ⅴ. 위반효과

기속력에 저촉되는 처분하며 무효의 하자에 해당한다.

## Ⅵ. 사안의 검토

기속력은 판결의 주문 및 그 이유에 설시된 위법사유와 그와 기본적 사실관계의 동일성이 인정되는 범위에 한해 미친다. 그런데 사안의 당초 반려처분의 취소판결의 사유인 "구직 중에 있는 자도 노동조합 및 노동관계조정법상 근로자의 지위를 가지고 노동조합에 가입할 수 있다."는 사유와 "甲노동조합이 주로 정치운동을 목적으로 하는 경우에 해당한다."는 사유는 그 기본적 사실관계의 동일성이 다르므로 기속력의 객관적 범위를 일탈하였다고 볼 것이다. 따라서 두 번째 행한 거부처분은 기속력에 저촉된다고 할 수 없으므로 甲의 취소청구는 인용되기 어려울 것이다.

**2019년도 제28회 공인노무사 시험**

**【문제 2】** 사용자인 乙주식회사는 소속 근로자인 甲에 대해 유인물 배포 등 행위와 성명서 발표 및 기사 게재로 인한 乙주식회사에 대한 명예훼손행위를 근거로 감봉 3월의 징계처분을 하였다. 甲과 A노동조합은 2018.9.7. B지방노동위원회에 위 징계처분이 부당징계 및 부당노동행위에 해당한다고 주장하면서 구제신청을 하였다. 그러나 B지방노동위원회는 2018.11.6. 위 구제신청을 모두 기각하였다. 甲과 A노동조합은 B지방노동위원회의 기각결정에 불복하여 2018.12.20. 중앙노동위원회에 재심을 신청하였다. 중앙노동위원회는 2019.3.5. 유인물 배포 등 행위가 징계사유에 해당할 뿐만 아니라 징계 양정이 적정하고, 노동조합 및 노동관계조정법 제81조 제1호의 부당노동행위에 해당하지 않는다는 이유로 재심신청을 모두 기각하였다. 이에 甲은 중앙노동위원회의 재심에 불복하여 취소소송을 제기하려고 한다. 甲은 중앙노동위원회가 재심판정을 하면서 관계 법령상 개의 및 의결 정족수를 충족하지 않았다고 주장한다. 다음 물음에 답하시오. (단, 행정쟁송법과 무관한 노동법적인 쟁점에 대해서는 서술하지 말 것)

**물음 1)** 중앙노동위원회의 재심판정에 절차상 하자가 있음을 이유로 이를 취소하는 판결이 확정되었다. 중앙노동위원회가 이러한 확정판결에 기속되는 경우에 어떠한 의무를 부담하는지를 논하시오. (25점)

**한장
답안**

# I. 문제의 소재 <sub>(설문에서는 절차상 하자를 이유로 재심판정에 대한 취소판결이 확정된 경우 행정소송법 제30조의 기속력에 근거하여 처분청인 중앙노동위원회가 어떠한 의무를 부담하는지 여부가 문제된다.)</sub>

# II. 기속력의 의의 및 법적 성질

## 1. 기속력의 의의

## 2. 법적 근거

## 3. 성질

   (1) 문제점

   (2) **학설:** ① 기판력설, ② 특수효력설

   (3) **검토:** 특수효력설의 입장이 타당하다.

# III. 기속력의 내용

## 1. 동일내용처분금지의무(반복금지효)

## 2. 재처분의무

## 3. 원상회복의무

# IV. 기속력의 인정범위

## 1. 주관적 범위

## 2. 객관적 범위

## 3. 시간적 범위

# V. 위반효과

기속력에 저촉되는 처분하며 무효의 하자에 해당한다.

# VI. 사안의 검토

설문의 경우 중앙노동위원회는 행정소송법 제30조 제3항의 재처분의무에 따라 재심청구에 대하여 다시 재심판정을 하여야 하며, 이 경우 반복금지효에 따라 동일한 절차상 하자를 반복하지 말아야 하므로, 결국 중앙노동위원회는 취소판결에 적시된 절차상 하자를 보완하여 다시 재심판정을 하여야 할 의무를 부담한다.

**대표 기출문제**

【2013년도 제22회 공인노무사/ 준사례형 – 25점】

거부처분에 대한 의무이행재결 또는 취소판결이 확정되었음에도 불구하고 행정청이 그 재결 또는 판결의 취지에 따른 처분을 하지 아니하는 경우, 당해 재결 또는 판결의 실효성 확보 방안에 관하여 서술하시오.

【2003년도 제45회 사법시험/ 사례형 – 50점】

甲은 여관을 건축하기 위하여 관할군수 乙에게 건축허가신청을 하였으나 乙은 관계법령에 근거가 없다는 사유를 들어 거부처분을 하였다. 이에 甲은 乙을 상대로 거부처분취소소송을 제기하여 승소하였고 이 판결은 확정되었다. 그런데도 乙은 위 판결의 취지에 따른 처분을 하지 아니하였다. 다음의 물음에 대하여 논하시오.

가. 乙이 위 판결의 취지에 따른 처분을 하지 않고 있는 동안, 甲이 강구할 수 있는 행정소송법상 구제 방법은?

나. 위 승소판결 확정 후 관계법령이 개정되어 위 건축허가를 거부할 수 있는 근거가 마련되자 乙은 이에 의거하여 다시 거부처분을 하였다. 乙이 한 새로운 거부처분은 적법한가?

다. 만일 위 나항의 개정법령에서 당해 개정법령의 시행 당시 이미 건축허가를 신청 중인 경우에는 종전 규정에 따른다는 경과규정을 두었다면 乙이 한 새로운 거부처분의 효력은?

  ▶ 답안연습: 한장답안 기출문제 연습 【문제 2】 참조

【2023년도 제32회 공인노무사/ 사례형 – 50점】

A시는 택지개발예정지구 지정 공람공고가 이루어진 P사업지구에서 택지개발사업을 시행하고 있으며, 甲은 P사업지구에 주택을 소유하고 있는 자이다. A시는 택지개발사업과 관련한 이주대책을 수립·공고하였는데, 이에 의하면 이주대책 대상자 요건을 '택지개발예정지구 지정 공람공고일 1년 이전부터 보상계약체결일 또는 수용재결일까지 계속하여 P사업지구 내 주택을 소유하고 계속 거주한 자로, A시로부터 그 주택에 대한 보상을 받고 이주하는 자'로 정하고 있다. 甲은 A시에 이주대책 대상자 선정 신청을 하였으나, A시는 '기준일 이후 주택 취득'을 이유로 甲을 이주대책 대상에서 제외하는 결정을 하였고, 이 결정은 2023.6.28. 甲에게 통보되었다(이하 '1차 결정'이라 함). 이에 甲은 A시에 이의신청을 하면서, 이의신청서에 이주대책 대상자 선정요건을 충족함을 증명할 수 있는 마을주민확인서, 수도개설 사용, 전력 개통사용자 확인 등 증빙서류를 새롭게 추가로 첨부하여 제출하였다. 그러나 A시는 추가된 증빙자료만으로 법적 소유관계를 확인할 수 없다는 이유로 甲의 이의신청을 기각하고 甲을 이주대책 대상에서 제외한다는 결정을 하였으며, 이 결정은 2023. 8. 31. 甲에게 통보되었다(이하 '2차 결정'이라 함). 다음 각 물음에 답하시오.

(2) 甲이 1차 결정에 대해 무효확인소송을 제기하였고, 甲이 기준일 이전에 주택을 취득한 것이 인정되어 청구를 인용하는 법원의 판결이 확정되었다. A시는 甲을 이주대책 대상자로 선정하여야 하는지 여부 및 A시가 아무런 조치를 하지 않는 경우 행정소송법상 강제수단에 대하여 설명하시오. (25점)

  ▶ 답안연습: 한장답안 기출문제 연습 【문제 1】 참조

# Ⅰ. 서설

> 제34조(거부처분취소판결의 간접강제)
> ① 행정청이 제30조 제2항의 규정에 의한 처분을 하지 아니하는 때에는 제1심수소법원은 당사자의 신청에 의하여 결정으로써 상당한 기간을 정하고 행정청이 그 기간 내에 이행하지 아니하는 때에는 그 지연기간에 따라 일정한 배상을 할 것을 명하거나 즉시 손해배상을 할 것을 명할 수 있다.
> ② 제33조와 「민사집행법」 제262조의 규정은 제1항의 경우에 준용한다.

## 1. 의의

행정소송법 제34조에서는 "행정청이 취소판결의 취지에 따른 처분을 하지 아니하는 경우에는, 제1심 수소법원은 당사자의 신청에 의하여 결정으로써 처분을 하여야 할 상당한 기간을 정하고 행정청이 그 기간 내에 처분을 하지 아니하는 때에는 그 지연기간에 따라 일정한 배상을 할 것을 명하거나 즉시 손해배상을 할 것을 명할 수 있다(제34조 제1항)."고 하여 취소판결을 기속력의 실효성을 담보하기 위한 간접강제를 인정하고 있다.

## 2. 인정이유

취소판결의 기속력으로서 재처분의무의 실효성 담보하기 위한 제도이다.

## Ⅱ. 성립요건

1. 거부처분취소소송 또는 부작위위법확인소송에서 인용판결이 확정되었을 것
2. 행정청의 거부처분취소판결 또는 부작위위법확인판결의 취지에 따른 재처분의무를 다하지 아니하였을 것

> **참조판례** 재처분의무를 다하지 않음의 의미
>
> 【사건개요】 거부취소판결의 확정 후 재차 거부처분을 하였으나 취소판결의 기속력에 반해 무효가 되는 경우도 포함
>
> 【판시사항】 거부처분에 대한 취소의 확정판결이 있음에도 행정청이 아무런 재처분을 하지 아니하거나, 재처분을 하였다 하더라도 그것이 종전 거부처분에 대한 취소의 확정판결의 기속력에 반하는 등으로 당연무효라면 이는 아무런 재처분을 하지 아니한 때와 마찬가지라 할 것이므로 이러한 경우에는 위 규정에 의한 간접강제신청에 필요한 요건을 갖춘 것으로 보아야 할 것이다(대법원 2002.12.11. 2002무22).

## Ⅲ. 절차 및 인정범위

### 1. 절차

간접강제결정을 채무명의로 집행문을 부여 받아 **이행강제금을 강제집행**하여야 한다.

### 2. 인정범위

(1) **부작위위법확인소송에 준용**(행정소송법 제38조 제2항)
(2) **무효등확인소송의 경우**

### 논점 29  무효확인소송에서 간접강제가능성 ★★

1) 문제점

무효등확인소송의 경우 행정소송법 제34조가 준용되지 않는바, 거부처분에 대한 무효확인판결의 경우에는 간접강제를 할 수 없는지 여부가 문제된다.

2) 학설 및 판례

① 준용부정설(판례)

행정소송법 제38조 제1항이 무효확인 판결에 관하여 취소판결에 관한 규정을 준용함에 있어서 같은 법 제30조 제2항을 준용한다고 규정하면서도 같은 법 제34조는 이를 준용한다는 규정을 두지 않고 있으므로, **행정처분에 대하여 무효확인 판결이 내려진 경우에는 그 행정처분이 거부처분인 경우에도 행정청에 판결의 취지에 따른 재처분의무가 인정될 뿐 그에 대하여 간접강제까지 허용되는 것은 아니라고 할 것이다**(대법원 1998.12.24. 98무37).

② 준용긍정설(다수설)

무효확인판결의 경우 동규정을 준용하지 않고 있는 것은 입법적 미비로서 행정소송법개정안과 같이 준용을 긍정함이 타당하다는 견해이다.

3) 검토

거부처분에 대한 취소판결의 경우에도 간접강제가 가능하다면 물론 해석법리에 따라 그 보다 더 중한 무효확인소송의 경우에는 당연히 간접강제를 인정함이 입법자의 의사로 해석해서 무효확인소송의 경우에도 동조를 준용하여야 한다.

**(3) 행정소송법 제30조 제3항의 재처분의무의 경우**

  **1) 문제점**

    행정소송법 제30조 제3항에 따른 재처분의무가 인정됨에도 불구하고 처분청이 이를 이행하지 아니한 경우 동법 제34조의 명문의 규정에도 불구하고 간접강제가 허용되는지에 대해 견해가 대립된다.

  **2) 학설**

    이에 대해 ① **명문의 규정이 없으므로 허용될 수 없다는** 부정설과 ② **불필요한 부작위위법확인소송의 반복을 피하고 명백한 입법적 미비에 해당하는 만큼 제34조의 간접강제가 허용된다는** 긍정설이 대립된다.

  **3) 검토**

    행정소송법 제34조의 명문의 규정에도 불구하고 동법 제30조 제3항의 재처분의무의 불이행에까지 간접강제를 인정함은 법문언의 가능한 해석범위를 넘어서는 것으로서 부정설의 입장이 타당하다.

## Ⅳ. 배상금의 성질과 배상금추심

### 1. 배상금의 법적 성질

대법원은 "재처분의 지연에 대한 제재나 손해배상이 아니고 재처분의 이행에 관한 심리적 강제수단에 불과한 것으로 보아야 한다고 한다(대법원 2004.1.15. 2002두2444)."고 보아 이행강제금의 성질로 지연배상금을 이해한다.

### 2. 법원의 간접강제결정 후 다시 재처분한 경우에도 배상금추심이 가능한지 여부

**(1) 문제점**

간접강제결정에서 정한 의무이행기간이 경과한 후에라도 처분청이 확정판결의 취지에 따른 재처분의 이행이 있으면 지연배상금을 추심할 수 있는지에 대해 견해가 대립되어 있다.

**(2) 학설**

이에 대해 학설은 ① 간접강제결정의 배상금은 재처분의 이행에 관한 심리적 강제수단에 지나지 아니하므로 배상금추심을 할 수 없다는 **추심부정설**과, ② 간접강제결정의 실효성을 담보하기 위하여 배상금추심을 긍정하는 **추심긍정설**이 대립된다.

**(3) 판례**(추심부정설)

> **참조판례** 배상금추심을 부정한 판례
>
> 특별한 사정이 없는 한 간접강제결정에서 정한 의무이행기한이 경과한 후에라도 확정판결의 취지에 따른 재처분의 이행이 있으면 배상금을 추심함으로써 심리적 강제를 꾀할 목적이 상실되어 처분상대방이 더 이상 배상금을 추심하는 것은 허용되지 않는다(대법원 2004.1.15. 2002두2444).

**(4) 검토**(추심긍정설)

간접강제제도를 실질적으로 무력화시키는 판례의 태도는 타당하지 않으며, 이 경우에 배상금추심을 긍정함이 바람직하다.

**2023년도 제32회 공인노무사 시험**

【문제 1】 A시는 택지개발예정지구 지정 공람공고가 이루어진 P사업지구에서 택지개발사업을 시행하고 있으며, 甲은 P사업지구에 주택을 소유하고 있는 자이다. A시는 택지개발사업과 관련한 이주대책을 수립·공고하였는데, 이에 의하면 이주대책 대상자 요건을 '택지개발예정지구 지정 공람공고일 1년 이전부터 보상계약체결일 또는 수용재결일까지 계속하여 P사업지구 내 주택을 소유하고 계속 거주한 자로, A시로부터 그 주택에 대한 보상을 받고 이주하는 자'로 정하고 있다. 甲은 A시에 이주대책 대상자 선정 신청을 하였으나, A시는 '기준일 이후 주택 취득'을 이유로 甲을 이주대책 대상에서 제외하는 결정을 하였고, 이 결정은 2023.6.28. 甲에게 통보되었다(이하 '1차 결정'이라 함). 이에 甲은 A시에 이의신청을 하면서, 이의신청서에 이주대책 대상자 선정요건을 충족함을 증명할 수 있는 마을주민확인서, 수도개설사용, 전력 개통사용자 확인 등 증빙서류를 새롭게 추가로 첨부하여 제출하였다. 그러나 A시는 추가된 증빙자료만으로 법적 소유관계를 확인할 수 없다는 이유로 甲의 이의신청을 기각하고 甲을 이주대책 대상에서 제외한다는 결정을 하였으며, 이 결정은 2023.8.31. 甲에게 통보되었다(이하 '2차 결정'이라 함). 다음 각 물음에 답하시오.

물음 2) 甲이 1차 결정에 대해 무효확인소송을 제기하였고, 甲이 기준일 이전에 주택을 취득한 것이 인정되어 청구를 인용하는 법원의 판결이 확정되었다. A시는 甲을 이주대책 대상자로 선정하여야 하는지 여부 및 A시가 아무런 조치를 하지 않는 경우 행정소송법상 강제수단에 대하여 설명하시오. (25점)

**한장답안**

**Ⅰ. 문제의 소재(**설문에서는 A시가 갑을 이주대책 대상자로 선정하여야 하는지 여부와 관련하여 거부처분에 대한 무효확인 판결의 기속력으로서 재처분의무가 문제되며, A시가 아무런 조치를 하지 않는 경우 행정소송법상 간접강제가 거부처분에 대한 무효확인판결에도 준용될 수 있는지 여부가 문제된다.**)**

**Ⅱ. A시가 甲을 이주대책 대상자로 선정하여야 하는지 여부**

**1. 기속력의 의의**

**2. 법적 근거**

**3. 법적 성질**

**4. 기속력의 내용**

(1) 동일내용처분금지의무(반복금지효)

(2) 재처분의무

(3) 원상회복의무

**5. 기속력의 인정범위**

(1) 주관적 범위

(2) 객관적 범위

(3) 시간적 범위

**6. 위반효과**

**7. 사안의 검토**

거부처분에 대한 무효확인판결의 경우에도 행정소송법 제30조 제2항이 적용되므로 A시는 재처분할 의무를 부담하나, 甲을 이주대책대상자로 선정해야 하는 것은 아니고 판결의 취지에 따라 '기준일 이후 주택 취득'과 이와 기본적 사실관계의 동일성이 인정되는 사유로 거부할 수 없을 뿐 그 밖에 다른 사유로 재차 거부하는 것은 기속력에 저촉되지 않아 허용된다.

**Ⅲ. 행정소송법상 강제수단**

**1. 간접강제의 의의(**<sup>행정소송법</sup> **제34조 제1항 )**

**2. 간접강제의 요건**

**3. 간접강제가 무효등확인소송에도 준용되는지 여부**

(1) 문제점

(2) 학설

(3) 판례

(4) 검토

**4. 사안의 해결**

통설과 판례에 따라 A시가 아무런 조치를 하지 않는 경우 행정소송법상으로는 강제할 방법은 없다. 입법적 미비이며 행정소송법 제34조의 간접강제를 무효등확인소송에 까지 적용함이 타당하다.

# 한장답안 기출문제 연습

【문제 2】 甲은 여관을 건축하기 위하여 관할군수 乙에게 건축허가신청을 하였으나 乙은 관계법령에 근거가 없다는 사유를 들어 거부처분을 하였다. 이에 甲은 乙을 상대로 거부처분취소소송을 제기하여 승소하였고 이 판결은 확정되었다. 그런데도 乙은 위 판결의 취지에 따른 처분을 하지 아니하였다. 다음의 물음에 대하여 논하시오.

가. 乙이 위 판결의 취지에 따른 처분을 하지 않고 있는 동안, 甲이 강구할 수 있는 행정소송법상 구제방법은?

나. 위 승소판결 확정 후 관계법령이 개정되어 위 건축허가를 거부할 수 있는 근거가 마련되자 乙은 이에 의거하여 다시 거부처분을 하였다. 乙이 한 새로운 거부처분은 적법한가?

다. 만일 위 나항의 개정법령에서 당해 개정법령의 시행 당시 이미 건축허가를 신청중인 경우에는 종전 규정에 따른다는 경과규정을 두었다면 乙이 한 새로운 거부처분의 효력은?

**한장 답안**

**Ⅰ. 문제의 소재** (거부처분에 대한 취소판결이 확정되면 기속력이 발생하고 이에 따라 처분청은 재처분의무가 발생하는바 ① (가)문의 경우에는 재처분의무에 대한 甲의 실효성 담보수단이 문제되고, ② (나)문과 (다)문의 경우에는 각각의 거부처분의 사유가 인용처분과의 소송 동일성이 인정되어 기속력에 반한 처분인지 여부가 문제된다.)

**Ⅱ. (가)문의 해결 - 거부처분취소판결에 대한 간접강제**

**1. 간접강제의 의의** (행정소송법 제34조 제1항)

**2. 간접강제의 요건**

① 거부처분취소소송 또는 부작위위법확인소송에서 인용판결이 확정되었을 것, ② 행정청의 거부처분취소판결 또는 부작위위법확인판결의 취지에 따른 재처분의무를 다하지 아니하였을 것

**3. 간접강제의 내용 및 행사절차**

**4. 사안의 해결**

甲은 행정소송법 제34조 제1항에 따라 관할 제1심 수소법원에 乙에 대한 간접강제신청을 청구할 수 있다.

**Ⅲ. (나)문의 해결 - 제2차 거부처분이 기속력에 반해 위법한지 여부**

**1. 기속력의 의의 및 성질**

**2. 기속력의 내용:** (1) 반복금지효, (2) 재처분의무, (3) 원상회복의무

**3. 기속력의 인정범위:** (1) 주관적 범위, (2) 객관적 범위, (3) 시간적 범위

**4. 확정판결 이후 법령개정과 재처분의무**

**5. 사안의 해결**

거분처분의 취소판결이 확정된 이후 처분청이 처분당시 이후의 새로운 법령의 변경 등에 따라 새로운 처분사유를 들어 다시 거부처분을 한다 하여도 이는 기속력에 반하지 않는다고 봄이 판례와 학설의 일반적 태도이다. 따라서 의도적인 기속력의 잠탈행위가 아닌 한 새로운 처분사유를 들어 거부처분하는 것은 기속력에 반하지 않는 적법한 처분이다.

**Ⅳ. (다)문의 해결 - 경과규정을 간과하고 내린 제2차 거부처분의 효력 유무**

**1. 경과규정을 둔 경우 제2차 거부처분이 취소판결의 기속력을 받는지 여부**

**2. 기속력에 반하는 행정처분의 효력:** (1) 당연무효설, (2) 단순위법설

**3. 사안의 해결**

(다)의 경우처럼 근거법령에서 경과규정을 두어 종전의 규정에 의한다는 규정을 둔 경우 처분청은 법령의 변경이라는 새로운 처분사유를 내세워 거부처분을 할 수 없으므로 乙의 새로운 거부처분은 기속력에 반하게 되어 위법·당연무효라는 것이 통설과 판례의 태도이다.

# 취소판결의 형성력과 제3자효 ★★

대표
기출문제

【2016년도 제25회 공인노무사/ 준사례형 – 25점】
甲회사는 대형할인점 건물을 신축하기 위한 건축허가신청을 하였다가 행정청으로부터 거부처분을 받자, 그 거부처분의 취소를 구하는 소송을 제기하여 승소하고, 그 판결이 확정되었다. 그 이후 甲회사의 대형할인점 건물부지 인근에서 고등학교를 운영하는 학교법인 乙이 위 판결에 대하여 재심을 청구하였다. 이 청구는 적법한가?

## Ⅰ. 취소판결의 형성력

### 1. 취소판결의 형성력

형성력이란 "취소판결이 확정되면 판결의 취지에 따라 법률관계가 발생·변경·소멸을 가져오는 효력"을 말한다.

### 2. 인정 여부 및 근거

### (1) 긍정설

취소소송의 성질을 형성소송로 보는 견해에 따르면 행정소송법 제29조 제1항을 근거로 취소판결의 형성력을 긍정한다.

## (2) 부정설

취소소송의 객관소송 및 확인소송으로 보는 견해에 따르면 행정소송법 제29조 제1항의 효력은 기판력으로 본다.

## (3) 검토

취소소송의 성질을 형성소송으로 보아 형성력을 긍정함이 타당하다.

## Ⅱ. 취소판결의 제3자효

행정소송법 제29조(취소판결등의 효력)
① 처분등을 취소하는 확정판결은 제3자에 대하여도 효력이 있다.
② 제1항의 규정은 제23조의 규정에 의한 집행정지의 결정 또는 제24조의 규정에 의한 그 집행정지결정의 취소결정에 준용한다.

### 논점 30 취소판결의 제3자효 ★★

## 1. 의의

취소판결의 제3자효란 "행정소송법 제29조 제1항의 명문의 규정에 따라 취소소송의 인용판결이 소송에 관여하지 않은 제3자에 대하여도 미치는 효력"을 말한다.

## 2. 제3자효의 성질

### (1) 형성력설

취소소송을 주관소송이자 형성소송으로 파악하는 통설의 견해에 따르면 **취소판결의 제3자효는 형성력이라**고 본다.

### (2) 기판력설

취소소송을 객관소송이자 확인소송으로 보는 견해에 따르면 **취소판결의 제3자효는 "기판력을 기본으로 하는 취소판결의 효력전체를** 의미한다."고 본다.

### (3) 소결

생각건대, 현행 행정소송법상 취소소송의 주관소송성을 감안하여 행정소송법에 의해 승소자의 권리를 보호하기 위해 형성력을 제3자에게 확대한 규정으로 이해함이 타당하다.

## 3. 취소판결의 제3자효(대세효)를 받는 범위

### (1) 원고와 상반된 법적 지위를 갖는 자

일반적으로 취소소송에 있어서 원고와 대립되는 제3자는 이러한 제3자의 범위에 포함된다고 보는 것이 일반적이다.

### (2) 공유의 이익을 갖는 제3자의 경우(주로 일반처분의 경우)

#### 1) 문제점

일반처분의 취소판결의 효과가 소송에 참여하지 않은 제3자에게도 미치는가에 관하여 견해가 대립된다.

## 2) 학설

### ① 절대적 대세효설(적극적 효력설; 긍정설)

일반처분은 공법관계의 획일성이 강하게 요청된다는 점, 시민의 대표소송적 성격을 고려해 취소판결의 효력이 미친다고 보는 견해이다.

### ② 상대적 대세효설(부정설)

취소소송의 주관소송성을 감안하여 명시적 규정이 없음에도 불구하고 제3자가 판결의 효력을 적극 향수할 수 있음은 문제라는 점에서 부정해야 한다는 견해이다.

### ③ 소급효·장래효 구별설(절충설)

이 견해는 취소판결의 소급효와 장래효를 구별하여 일반처분이 취소되면 일반처분은 장래에 향하여 절대적으로 효력을 상실하나, 일반처분의 취소의 소급효는 불가쟁력의 발생 여부에 따라 불가쟁력이 발생하지 않은 제3자에 대하여만 소급효가 미치고 불가쟁력이 발생한 경우 법적 안정성을 보장하기 위하여 취소판결의 소급효가 미치지 않는다고 본다.

## 3) 검토

행정소송법에서는 제3자의 범위를 한정하는 명문의 규정이 없고, 분쟁의 획일적인 처리를 위해 **적어도 대인적 일반처분의 경우에는 취소판결의 효력을 제3자도 적극 향수할 수 있다고 봄이 타당하다.**

---

# Ⅲ. 제3자의 보호문제

## 1. 인용판결이 확정되기 이전 → 제3자의 소송참가[39]

> 행정소송법 제16조(제3자의 소송참가)
> ① 법원은 소송의 결과에 따라 권리 또는 이익의 침해를 받을 제3자가 있는 경우에는 당사자 또는 제3자의 신청 또는 직권에 의하여 결정으로써 그 제3자를 소송에 참가시킬 수 있다.
> ② 법원이 제1항의 규정에 의한 결정을 하고자 할 때에는 미리 당사자 및 제3자의 의견을 들어야 한다.
> ③ 제1항의 규정에 의한 신청을 한 제3자는 그 신청을 각하한 결정에 대하여 즉시항고할 수 있다.

## 2. 인용판결이 확정된 이후 → 제3자의 재심청구제도

> 행정소송법 제31조(제3자에 의한 재심청구)
> ① 처분등을 취소하는 판결에 의하여 권리 또는 이익의 침해를 받은 제3자는 자기에게 책임없는 사유로 소송에 참가하지 못함으로써 판결의 결과에 영향을 미칠 공격 또는 방어방법을 제출하지 못한 때에는 이를 이유로 확정된 종국판결에 대하여 재심의 청구를 할 수 있다.
> ② 제1항의 규정에 의한 청구는 확정판결이 있음을 안 날로부터 30일 이내, 판결이 확정된 날로부터 1년 이내에 제기하여야 한다.
> ③ 제2항의 규정에 의한 기간은 불변기간으로 한다.

## (1) 제3자 재심청구의 의의

항고소송의 인용판결에 의하여 권익의 침해를 받은 제3자가 자기에게 책임 없는 사유로 소송에 참가하지 못한 때에 확정된 종국판결에 대하여 재심을 청구하는 것을 말한다.

---

39) <UNIT 17> 내용 참조

## (2) 인정취지

항고소송의 인용판결로 인해 불측의 손해를 입게 되는 제3자의 권익을 보호하기 위하여 인정된 제도이다.

## (3) 재심청구의 요건

### 1) 인용판결이 확정되었을 것

재심청구는 **처분등을 취소하는 종국판결이 확정된 경우에만 가능**하다. 판결이 확정되기 이전에는 통상적인 상소수단에 의하여 불복이 가능하기 때문이다.

### 2) 당사자

#### ① 원고(권리 또는 이익의 침해를 받는 제3자)

재심청구의 원고는 처분등을 취소하는 판결에 의하여 권리 또는 이익의 침해를 받은 제3자이다. 여기서 '권리 또는 이익의 침해를 받은 제3자'의 의미는 행정소송법 제16조에서와 마찬가지로 '소송결과에 따라 권리 또는 이익의 침해를 받을 제3자'와 같은 의미인지에 대해서는 견해가 대립된다. 이에 대해 ① 행정소송법 제16조와 동일한 목적을 갖는 재심청구이므로 동일한 의미(행정소송법 제12조의 법률상 이익)로 파악하는 견해와, ② 법적 안정성의 견지에서 확정된 종국판결의 형성력을 직접 받는 제3자에 한정해야 한다는 견해가 대립된다. **법적 안정성의 요청상 ②설의 입장이 타당하다.**

#### ② 피고

재심청구의 피고는 확정판결에 나타난 원고와 피고를 공동으로 하여야 한다.

### 3) 재심사유

#### ① 자신의 책임 없는 사유로 소송에 참가하지 못한 경우

㉠ '자기에게 책임 없는 사유로 소송에 참가하지 못한 경우'란 당해 **항고소송의 계속을 알지 못하였거나, 알았다 하더라도 특별한 사정이 있어서 소송에 참가할 수 없었다고 일반통념으로 인정되는 경우**를 말한다(대법원 1995.9.15. 95누6762).

㉡ 위와 같은 사유에 대한 입증책임은 재심청구인에게 있다는 것이 판례의 태도이다(대법원 1995.4.11. 94누2220).

#### ② 판결의 결과에 영향을 미칠 공격 또는 방어방법을 제출하지 못하였을 것

종전의 소송에서 제출하였다면 제3자에게 유리하게 판결의 결과가 변경되었을 것이라고 인정될 만한 공격 또는 방어방법을 제출할 기회를 얻지 못하였어야 한다. 위와 같은 공격 및 방어방법은 **확정된 판결의 구술변론종결시까지 소송참가에 의하여 제출할 수 있었던 것에 한한다.**

### 4) 재심청구기간

제3자의 재심청구는 확정판결이 있음을 안 날로부터 30일 이내, 판결이 확정된 날로부터 1년 이내에 제기하여야 한다. 이들 기간은 불변기간이다.

## (4) 재심절차

제3자의 재심절차에 대해 행정소송법에 특별히 규정된 바가 없으므로 민사소송의 재심절차에 관한 규정이 준용된다.

# UNIT 32 판결에 의하지 않은 소송종료 ★★

**대표 기출문제**

【2013년도 제22회 공인노무사/ 약술형 – 25점】
종국판결에 의하지 않은 취소소송의 종료에 관하여 설명하시오.

## Ⅰ. 서설

### 1. 의의

취소소송은 보통 민사소송의 경우와 마찬가지로 법원의 종국판결에 의하여 종료한다. 그러나 취소소송은 법원의 종국판결에 의하지 않고, 소송당사자의 행위에 의하여 종료되는 경우도 있다. 이를 소송당사자의 행위에 의한 소송종료라 한다.

### 2. 문제점

행정소송사건의 심리에 관하여 행정소송법에 특별한 규정이 없으므로 민사소송법이 준용된다(행정소송법 제8조 제2항). 따라서 행정소송의 심리에 있어서도 처분권주의와 변론주의가 원칙적으로 적용된다. 다만, 행정소송은 민사소송과 다른 특수한 성격이 인정되므로 **처분권주의가 민사소송처럼 완전히 보장되지 않는 현행 행정소송법의 구조하에 있어서 명문의 규정이 없음에도 불구하고 소송당사자의 행위에 의한 행정소송이 종료될 수 있을지가 문제**된다.

## Ⅱ. 소의 취하

**소의 취하**란 "원고가 소에 의한 심판청구의 전부 또는 일부를 철회하는 취지의 일방적인 의사표시"를 말한다. 취소소송은 행정의 적법성과 공익성 확보를 그 목적의 하나로 하므로 소의 취하가 문제되지만, 취소소송도 처분권주의가 지배하므로, 이를 부인할 이유가 없다. 이 경우 민사소송법상 소의 취하에 관한 규정이 준용된다(민사소송법 제266조 제3항).

## III. 청구의 포기와 인락

### 1. 의의

① **청구의 포기**란 "원고가 자기의 소송상의 청구가 이유없음을 자인하는 법원에 대한 일방적 의사표시"이며, ② **청구의 인락**은 "피고가 원고의 소송상의 청구가 이유있음을 자인하는 법원에 대한 일방적인 의사표시"이다. 청구의 포기나 인락은 조서에 기재함으로써 확정판결과 동일한 효력이 생기며, 이에 의하여 소송은 종료한다.

### 2. 항고소송에서의 인정 여부

#### (1) 학설

이에 대해 ① 다수설(부정설)은 명문의 규정이 없는 한 행정소송의 대상인 처분 등은 사적 자치가 인정되는 사법행위와는 달리 사인과 합의에 의한 처분을 할 수 없다는 점을 이유로 부정해야 한다고 본다. ② 그러나 긍정설은 소송경제상의 이유에서 청구의 포기는 전면적으로 허용되고, 청구의 인락의 경우에도 일정한 경우 허용된다고 본다.

#### (2) 검토

생각건대, ① 항고소송의 경우에는 원고가 공익실현의 주체가 아닌 주관적 권리구제의 주체로서 소를 제기한 것이므로 원고의 소송절차의 탈퇴의 자유는 보장되어야 한다는 측면에서 **청구의 포기는 긍정되어야 한다.** 반면 ② 청구의 인락은 행정의 공익성 및 적법성의 포기를 인정하는 것이 되므로 이를 **인정할 수 없다고 보아야 할 것**이다.

## IV. 소송상 화해

### 1. 소송상 화해의 의의

소송상 화해란 "본안소송계속중 당사자 쌍방이 소송물 전부 또는 일부에 대하여 상호 주장을 서로 양보하여 소송을 종료시키는 기일에서의 합의"를 말한다."

### 2. 인정 여부에 관한 학설

#### (1) 부정설(종래의 통설)

항고소송에서 소송상 화해를 인정할 수 없다는 이 견해는 ① 행정청은 사인과 합의에 의하여 소송물에 관한 합의를 할 수 없고, ② 항고소송의 대상이 되는 처분 등이나 당사자소송의 공법상 권리는 적법성 보장이라는 공익적 목적을 위한 것인 만큼 당사자의 처분권의 대상이 될 수 없다는 점 등의 이유로 이를 부정하고 있다.

#### (2) 긍정설

① 행정소송에서도 민사소송과 동일하게 기본적으로 처분권주의가 적용되므로 소송물에 대한 처분권한도 원칙적으로 인정되어야 한다는 전제에서, 그 대상이 **기속행위일 때에는 법치주의원칙상 재판상 화해가 허용되지 않으나,** ② 재량행위인 경우 소송당사자의 합의가 재량의 남용으로 평가되지 않는 한 재량의 수권목적 범위 안에서 소송상의 화해를 인정할 수 있다고 본다.

#### (3) 제한적 긍정설

이 견해에 따르면 소송상 화해는 ① 그 소송물을 중심으로 **이와 직접 관련 있는 사항들에 대해서만 인정되며**(대상), ② 그 대상에 대해 당사자의 처분권, 즉 원고에게서는 자신에게 속한 권리·의무일 것, 피고인 행정청에게는 그에 관한 결정권한이 있을 것, ③ **사실상태 또는 법적 상태가 불명확**해야 하며, ④ 화해의 **내용이 위법해서는 안 될 것이고**(위법한 경우 무효), ⑤ 그 방식은 법원의 화해제안, 즉 화해권고안에 따라 이루어져야 한다. 제3자의 권리에 영향을 미치는 경우에는 관계인의 동의가 또한 필요하다.

### 3. 판례

아직 소송상의 화해를 인정한 대법원 판례는 없다. 실무상으로는 현행법 해석상 소송상의 화해는 인정되지 않음을 전제로, 조정권고를 한 후 원고와 피고가 이를 수락하여 피고가 조정권고안대로 재처분을 하면 원고가 소를 취하하는 형식으로 운영하고 있다. **최근 서울행정법원에서는 항고소송과 관련 사실상 화해의 방식으로 분쟁의 종국적 해결을 유도하는 것이 실무관행으로 정착되어 가고 있는 것으로 보인다.**

### 4. 검토

행정소송에서의 소송상의 화해는 민사소송에서와 마찬가지로 분쟁의 일회적 해결 내지 합리적인 해결을 위해 그 필요성은 인정된다는 점, 근거법령이 행정청에 처분권한을 부여하였다면 그 근거법령에 반하지 아니한 이상 그에 따른 소송상의 화해권한도 행정청에 부여한 것으로 볼 수 있다는 점, **소송상 화해를 인정한다고 하여 적법성보장이라는 공익적 목적이 훼손되는 것이 아니라는 점** 등으로 볼 때 굳이 행정소송의 특수성을 내세워 이를 부정할 이유가 없으므로 제한적 긍정설이 타당하다.

# 부작위위법확인소송 ★★★

**대표
기출문제**

**【2002년도 제11회 공인노무사/ 약술형 – 25점】**
행정소송법 제2조 제1항 "부작위"의 개념에 관하여 설명하시오.

**【2008년도 제17회 공인노무사/ 논술형 – 50점】**
부작위위법확인소송에 대해 논하시오.

**【2014년도 제23회 공인노무사/ 약술형 – 25점】**
부작위위법확인소송의 본안판단요소로서 부작위의 의의와 성립요건

**【2020년도 제29회 공인노무사/ 준사례형 – 25점】**
A시 시장인 乙은 甲이 A시에서 진행하고 있는 공사가 관련 법령을 위반하였다는 이유로 해당 공사를 중지하는 명령을 하였다. 甲은 그 명령 이후에 그 원인사유가 소멸하였음을 들어 乙에 대하여 공사중지명령의 철회를 신청하였다. 그러나 乙은 그 원인사유가 소멸되지 않았다고 판단하여 甲의 신청에 대하여 아무런 응답을 하지 않고 있다. 乙의 행위가 위법한 부작위에 해당하는지에 대하여 설명하시오.

# Ⅰ. 서설

## 1. 의의

**부작위위법확인소송이란** "행정청의 부작위가 위법하다는 것을 확인하는 소송(행정소송법 제4조 제3호)."을 말한다.

## 2. 성질 → 소극적 확인소송(판례)

## 3. 소송물 → "부작위의 위법성"

# Ⅱ. 소송요건

> 행정소송법 제2조(정의)
> 2. "부작위"라 함은 행정청이 당사자의 신청에 대하여 상당한 기간 내에 일정한 처분을 하여야 할 법률상 의무가 있음에도 불구하고 이를 하지 아니하는 것을 말한다.

## 1. 대상적격(부작위의 존재)

### (1) 부작위의 의의

부작위란 "행정청이 당사자의 신청에 대하여 상당한 기간 내에 일정한 처분을 하여야 할 법률상 의무가 있음에도 불구하고 이를 하지 아니하는 것"을 말한다.

### (2) 부작위의 성립요건

#### 1) 당사자의 신청이 있을 것

① 문제점

부작위가 성립하기 위해서는 당사자의 신청이 있어야 한다. 이 경우 당사자의 신청과 관련하여 신청인에게 일정한 법규상 혹은 조리상 신청권이 있어야 하는지에 대해서 학설상 견해의 대립이 있다.

② 학설

이에 대해 학설은 ⊙ 행정소송법 제2조 제1항 제2호의 '부작위'가 성립하기 위해선 **행정청의 법률상 응답의무가 인정되어야 하므로 신청인에게는 법규상 또는 조리상의 응답신청권이 인정되어야 한다는** 적극설과, ⓒ **신청권의 존부는 원고적격 또는 본안판단의 요소이므로 행정청의 부작위가 처분에 해당하기 위한 요건은 아니라고 보는 소극설**이 대립된다.

③ 판례

판례는 일관되게 "부작위위법확인소송의 대상이 되는 **부작위처분이 되기 위해서는 법규상·조리상의 신청권이 존재해야 하고 단지 행정청의 직권발동을 촉구하는 데 불과한 신청에 대한 무응답은 이에 해당하지 않는다.**"고 판시하여(대법원 1999.12.7. 97누17568) 적극설의 입장이다.

④ 검토

행정소송법 제2조 제1항 제2호는 행정청이 일정한 처분을 하여야 할 법률상 의무가 있음에도 불구하고 이를 하지 않는 것을 의미한다고 규정하고 있는 점, **부작위위법확인소송의 목적은 신청권을 가진 자의 불이익을 구제하기 위한 것이라는 점**을 고려할 때 법규상 또는 조리상의 신청권이 있어야 한다는 적극설의 입장이 타당하다고 본다.

### 2) 일정한 처분을 하여야 할 법률상 의무가 있을 것

부작위는 행정청이 어떠한 처분(행정소송법 제2조 제1항 제1호)을 하여야 할 법률상 의무가 있음에도 행정청이 처분을 하지 않는 경우에 성립하게 된다. 이러한 법률상 의무에는 명문의 규정에 의해 인정되는 경우뿐만 아니라 법령의 해석상 인정되는 경우도 포함된다. 이때의 법률상 의무는 특정되지 않는 어떠한 처분을 할 응답할 의무로 본다.

### 3) 상당한 기간의 경과

행정소송법상 부작위가 성립되기 위해서는 당사자의 신청이 있은 후, 상당한 기간의 경과 후에도, 행정청이 아무런 처분을 하지 않아야 한다. "상당한 기간"이란 사회통념상 당해 신청에 대한 처분을 하는데 필요한 것으로 인정되는 기간을 말한다.

### 4) 처분의 부존재

부작위가 성립하려면 행정청이 전혀 아무런 처분도 하지 않아야 한다. 즉, 부작위는 행정청의 처분으로 볼만한 외관 자체가 존재하지 않는 상태를 말한다.

## 2. 원고적격

**논점 31** **부작위위법확인소송의 원고적격 ★★**

### (1) 문제점

부작위위법확인소송의 원고적격은 처분의 신청을 한 자로서 부작위의 위법의 확인을 구할 법률상 이익이 있는 자만이 가진다(행정소송법 제36조). 이와 관련하여 **"신청을 한 자로서 법률상 이익이 있는 자"**의 의미와 관련하여 처분의 신청을 한 사실만으로 충분한지 아니면 이와 더불어 법규상 혹은 조리상 신청권이 있어야 하는지에 대해 견해가 대립된다.

### (2) 학설

이에 대해 학설은 ① **당사자의 조리상·법령상 신청권이 있어야 한다는 견해**와, ② **당사자의 신청권의 존부를 요하지 않는다는 견해**가 대립된다.

### (3) 판례

판례는 **"법규상 또는 조리상 권리를 갖고 있지 아니한 경우에는 원고적격이 없거나 항고소송의 대상인 위법한 부작위라고 볼 수 없다**(대법원 1999.12.7. 97누17568)."고 판시함으로써, 원고적격과 대상적격의 두 문제로 보고 있다.

### (4) 검토

생각건대, 신청권을 갖지 못하는 자의 신청의 경우에는 소송의 대상인 부작위 자체가 성립하지 않는다고 할 것이므로 **법규상·조리상 신청권은 부작위의 성립요건임과 동시에 원고적격의 요건으로 요구된다고 보아야 할 것이다.**

## 3. 협의의 소익

**논점 32** **부작위위법확인소송의 협의의 소익 ★★**

### (1) 의의

확인소송의 본질상 부작위위법확인소송은 "부작위의 위법확인의 이익", 즉 '부작위가 위법하다는 확인을 구할 이익'이 있어야 한다. 그런데 이러한 "확인의 이익"의 의미와 범위에 대해서는 부작위위법확인소송의 성질에 따라 다음과 같이 견해가 대립된다.

## (2) 부작위위법확인소송의 성질(본질)과 협의의 소익의 인정범위

### 1) 학설

행정소송법상 부작위위법확인소송의 성질에 대하여 ① 소극적인 위법상태의 배제를 목적으로 하는 소극적 확인소송이라는 견해(절차심리설)에 따르면 **"부작위상태를 제거하여야 할 현실상 필요성"**으로 보며, ② 적극적 적법상태를 확인함으로써 그에 대한 반대작용인 부작위의 위법을 확인한다고 보는 적극적 확인소송설(실체심리설)에 따르면 **"실체법상 적극적 의무를 확인받을 이익"**이라고 보는 견해가 대립된다.

### 2) 판례

대법원은 "부작위위법확인소송은 소극적 위법상태의 배제에 그 소송의 목적이 있으므로 소송도중 거부처분이 발령되면 부작위상태가 해소되어 협의의 소익이 없다.[40]"고 본다.

## (3) 소결

생각건대, 부작위위법확인소송은 의무이행소송이 인정되지 않는 현행 행정소송법상 국민의 권리구제견지에서 적극적 확인소송으로 새기는 것이 타당하다고 보여진다. 따라서 판례와 달리 ②설이 타당하다.

---

**참조판례** 부작위위법확인소송의 협의의 소익

【사실관계】 공공기관의 정보공개에 관한 법률에 따라 甲은 한국산업은행(乙)에 대하여 2012.1.5. 3개 부서 업무추진비 내역의 공개를 구하는 정보공개신청을 하였으나 한국산업은행(乙)은 법령이 정한 기간 내에 공개 여부를 결정하지 않았다. 이에 甲은 2013.1.15. 중앙행정심판위원회에 의무이행심판을 청구하여 정보공개신청의 대상 정보를 공개하라는 이 사건 재결을 받았음에도 乙이 재결의 취지에 따른 정보공개를 전혀 하지 않자 甲이 乙의 부작위에 대하여 부작위위법확인소송을 제기한 사안

【판시사항】 [1] 행정소송법 제4조 제3호에 규정된 부작위위법확인의 소는 행정청이 당사자의 법규상 또는 조리상의 권리에 기한 신청에 대하여 상당한 기간 내에 그 신청을 인용하는 적극적 처분 또는 각하거나 기각하는 등의 소극적 처분을 하여야 할 법률상의 응답의무가 있음에도 불구하고 이를 하지 아니하는 경우에 그 부작위가 위법하다는 것을 확인함으로써 행정청의 응답을 신속하게 하여 부작위 또는 무응답이라고 하는 소극적인 위법상태를 제거하는 것을 목적으로 하는 제도이다.

[2] ① 원고는 피고에 대하여 2012.1.5. 정보공개신청을 하였으나 피고는 법령이 정한 기간 내에 공개 여부를 결정하지 않아 비공개결정이 있는 것으로 간주된 점, ② 이에 원고는 2013.1.15. 중앙행정심판위원회로부터 위 정보공개신청의 대상 정보를 공개하라는 이 사건 재결을 받았으나, 피고는 원고의 주장을 적극적으로 다투면서 2012.1.5. 정보공개신청에 대하여 이 사건 재결의 취지에 따른 정보공개를 전혀 하지 않고 있는 점, ③ 행정심판법 제49조 제1항·제2항이 규정하고 있는 바와 같이, 피고는 이 사건 재결의 기속력에 의하여 원고의 이전 신청에 따라 원고가 구하는 정보를 공개할 의무가 있는 점, ④ 원고의 부작위위법확인 청구가 인용될 경우, 행정소송법 제38조 제2항, 제34조 제1항의 간접강제 등에 의한 권리구제가 가능한 점 등을 이유로, 피고는 이 사건 재결의 취지에 따라 2012.1.5. 정보공개신청에 대하여 그 해당 정보를 공개하여야 할 의무가 있고, 원고의 부작위위법확인 청구가 사실상 작위의무확인 청구에 해당한다고 볼 수 없으며, 그 확인을 구할 이익도 있다고 보아, 원고의 부작위위법확인 청구가 별도의 신청 없이 사실상 작위의무의 확인을 구하는 것으로 부적법하다는 피고의 주장을 배척하였다. 원심판결 이유를 관련 법리와 기록에 비추어 살펴보면, 원심의 위와 같은 판단은 정당하고, 거기에 상고이유 주장과 같이 부작위위법확인의 소의 적법요건에 관한 법리를 오해한 잘못이 없다(대법원 2019.1.17. 2014두41114).

---

40) [대법원 1990.9.25. 89누4758] 부작위위법확인의 소는 행정청이 국민의 법규상 또는 조리상의 권리에 기한 신청에 대하여 상당한 기간내에 그 신청을 인용하는 적극적 처분 또는 나 기각하는 등의 소극적 처분을 하여야 할 법률상의 응답의무가 있음에도 불구하고 이를 하지 아니하는 경우, 판결(사실심의 구두변론 종결)시를 기준으로 그 부작위의 위법을 확인함으로써 행정청의 응답을 신속하게 하여 부작위 내지 무응답이라고 하는 소극적인 위법상태를 제거하는 것을 목적으로 하는 것이고, 나아가 당해 판결의 기속력에 의하여 행정청에게 처분 등을 하게하고 다시 당해 처분 등에 대하여 불복이 있는 때에는 그 처분 등을 다투게 함으로써 최종적으로는 국민의 권리이익을 보호하려는 제도이므로, 소제기의 전후를 통하여 판결시까지 행정청이 그 신청에 대하여 적극 또는 소극의 처분을 함으로써 부작위상태가 해소된 때에는 소의 이익을 상실하게 되어 당해 소는 각하를 면할 수가 없는 것이다.

## 4. 제소기간

### (1) 행정심판을 거치지 아니한 경우

#### 1) 문제점

처분이 존재하지 않는 부작위위법확인소송에 대해서도 제소기간의 제한이 적용되는지 여부가 문제된다.

#### 2) 학설

이에 대해 학설은 ① 신청 후 상당한 기간이 경과하면 그 때에 처분이 있는 것으로 보고 그로부터 1년 내에 제소하여야 한다는 견해와, ② 부작위 상태가 해소되지 않는 한 제소기간의 제한을 받지 않는다는 입장이 대립된다.

#### 3) 판례

대법원은 "부작위위법확인소송은 부작위의 상태가 계속되는 한 그 위법의 확인을 구할 이익이 있다고 보아야 하므로 원칙적으로 제소기간의 제한을 받지 않는다."고 보아 부정설의 입장이다.

#### 4) 검토

부작위의 경우에는 처분이 내려진 시점을 판단할 수 없음으로 제소기간의 제한을 받지 않는다고 해석함이 타당하다.

### (2) 행정심판을 거친 경우

그러나 행정소송법 제38조 제2항에서는 행정소송법 제20조 규정을 준용함에 따라 행정심판위원회의 재결을 거쳐 부작위위법확인소송을 제기하는 경우 행정소송법 제20조 제1항 단서가 준용되므로 이 경우에는 재결서정본을 송달받은 날로부터 90일 이내에 부작위위법확인소송을 제기하여야 한다.

---

**참조판례** **부작위위법확인소송의 제소기간**

【사실관계】원고가 대전광역시장으로부터 인사위원회의 사전심의를 거쳐, 4급 공무원이 당해 지방자치단체 인사위원회의 심의를 거쳐 3급 승진대상자로 결정되고 임용권자가 그 사실을 대내외에 공표까지 하였으나 임용하지 않자 소청심사위원회의 소청을 거쳐 부작위위법확인소송을 제기한 경우

【판시사항】[1] 인사위원회의 심의를 거쳐 3급 승진대상자로 결정된 사실이 대내외에 공표된 4급 공무원으로부터 소청심사를 통한 승진임용신청을 받은 행정청이 그에 대하여 적극적 또는 소극적 처분을 하지 않는 경우, 그러한 행정청의 부작위가 위법한 것인지 여부(적극)
[2] 부작위위법확인의 소의 제소기간
[3] 당사자가 적법한 제소기간 내에 부작위위법확인의 소를 제기한 후, 동일한 신청에 대하여 소극적 처분이 있다고 보아 처분취소소송으로 소를 교환적으로 변경한 후 부작위위법확인의 소를 추가적으로 병합한 경우, 제소기간을 준수한 것으로 볼 수 있는지 여부(적극)

【판결내용】지방공무원법 제8조, 제38조 제1항, 지방공무원임용령 제38조의3의 각 규정을 종합하면, 2급 내지 4급 공무원의 승진임용은 임용권자가 행정실적능력·경력·전공분야·인품 및 적성 등을 고려하여 하되, 인사위원회의 사전심의를 거치도록 하고 있는바, 4급 공무원이 당해 지방자치단체 인사위원회의 심의를 거쳐 3급 승진대상자로 결정되고 임용권자가 그 사실을 대내외에 공표까지 하였다면, 그 공무원은 승진임용에 관한 법률상 이익을 가진 자로서 임용권자에 대하여 3급 승진임용을 신청할 조리상의 권리가 있고, 이러한 공무원으로부터 소청심사청구를 통해 승진임용신청을 받은 행정청으로서는 상당한 기간 내에 그 신청을 인용하는 적극적 처분을 하거나 각하 또는 기각하는 등의 소극적 처분을 하여야 할 법률상의 응답의무가 있다. 그럼에도, 행정청이 위와 같은 권리자의 신청에 대해 아무런 적극적 또는 소극적 처분을 하지 않고 있다면 그러한 행정청의 부작위는 그 자체로서 위법하다. 원심판결 이유에 의하면, 피고는 인사위원회의 심의를 거쳐 원고가 3급 승진대상자로 결정된 사실을 대내외에 공표한 후 원고의 2005.9.30. 자 소청심사를 통한 승진임용신청에 대하여 이 사건 사실심 변론종결시까지도 아무런 조치를 취하지 않고 있는 사실을 알 수 있는바, 위에서 본 법리에 비추어 보면 피고의 이와 같은 부작위는 그 자체로 위법하다.
부작위위법확인의 소는 부작위상태가 계속되는 한 그 위법의 확인을 구할 이익이 있다고 보아야 하므로 원칙적으로 제소기간의 제한을 받지 않으나, 행정소송법 제38조 제2항이 제소기간을 규정한 같은 법 제20조를 부작위위법확인소송에 준용하고 있는 점에 비추어 보면, 행정심판 등 전심절차를 거친 경우에는 행정소송법 제20조가 정한 제소기간 내에 부작위위법확인의 소를 제기하여야 할 것이다.

하지만, 당사자의 법규상 또는 조리상의 권리에 기한 신청에 대하여 행정청이 부작위의 상태에 있는지 아니면 소극적 처분을 하였는지는 동일한 사실관계를 토대로 한 법률적 평가의 문제가 개입되어 분명하지 않은 경우가 있을 수 있고, 부작위위법확인소송의 계속중 소극적 처분이 있게 되면 부작위위법확인의 소는 소의 이익을 잃어 부적법하게 되고 이 경우 소극적 처분에 대한 취소소송을 제기하여야 하는 등 부작위위법확인의 소는 취소소송의 보충적 성격을 지니고 있으며, 부작위위법확인소송의 이러한 보충적 성격에 비추어 동일한 신청에 대한 거부처분의 취소를 구하는 취소소송에는 특단의 사정이 없는 한 그 신청에 대한 부작위위법의 확인을 구하는 취지도 포함되어 있다고 볼 수 있다. 이러한 사정을 종합하여 보면, 당사자가 동일한 신청에 대하여 부작위위법확인의 소를 제기하였으나 그 후 소극적 처분이 있다고 보아 처분취소소송으로 소를 교환적으로 변경한 후 여기에 부작위위법확인의 소를 추가적으로 병합한 경우 최초의 부작위위법확인의 소가 적법한 제소기간 내에 제기된 이상 그 후 처분취소소송으로의 교환적 변경과 처분취소소송에의 추가적 변경 등의 과정을 거쳤다고 하더라도 여전히 제소기간을 준수한 것으로 봄이 상당하다(대법원 2009.7.23. 2008두10560).

## III. 소송의 심리

### 1. 심리의 범위 및 기속력의 성질

**논점 33** **부작위위법확인소송의 심리범위와 기속력** ★★

#### (1) 문제점

부작위위법확인의 소가 제기된 경우 법원의 심리범위가 부작위의 위법 여부에 한정되는지 아니면 실체적인 내용도 포함하는지에 대해 학설상 견해가 대립된다.

#### (2) 학설

##### 1) 절차심리설(응답의무설)

부작위위법확인소송은 의무이행소송과는 달리 행정청의 부작위가 위법한 것임을 확인하는 소송으로서, 법원의 심리대상은 부작위의 위법성이기 때문에 그 심리범위가 부작위의 위법 여부에로만 국한된다고 보는 견해이다. 이 견해에 의하면 부작위위법확인판결이 확정된 경우 판결의 기속력은 행정청에 대한 응답의무가 있다는 점에만 미치므로 행정청은 이전신청에 대한 인용처분이나 거부처분을 하면 기속력에 반하지 않는다고 한다.

##### 2) 실체심리설(실체적 처분의무설)

부작위위법확인소송의 심리범위가 부작위로 인한 국민의 권익구제를 위하여 실체적 심리에까지 미쳐 부작위의 위법 여부뿐만 아니라 행정청의 특정 작위의무의 존부까지도 심리·판단할 수 있다는 견해이다. 이 견해에 의하면 부작위위법확인판결이 확정된 경우 판결의 기속력은 처분청이 '판결의 취지'에 따르는 작위처분의무를 이행하는데 있으므로 처분청이 이전신청에 대한 거부처분을 하거나 '판결의 취지'에 따른 작위처분을 하지 아니하는 경우에는 기속력에 반하게 된다.

#### (3) 판례

판례는 절차적 심리설의 입장에서 **부작위위법확인판결은 행정청의 응답의무를 확보하는데 그친다**고 본다.

#### (4) 검토

부작위에 대한 국민의 권익구제와 소송경제 및 거부처분취소소송과의 관계에서 **실체심리설이 타당**하다고 보아야 한다.

### 2. 위법판단의 기준시

#### (1) 문제점

부작위위법확인소송에 있어서의 위법판단의 기준시를 어느 때로 하느냐에 대해서 견해가 대립된다.

**(2) 학설**

이에 대해 학설은 ① 소제기시설(소수설)과, ② 판결시설(통설)이 **대립된다.**

**(3) 판례**

대법원은 "**부작위위법확인소송은 판결시를 기준으로 그 부작위의 위법함을 확인**함으로서 … "라고 판시하여 판결시설의 입장이다.

**(4) 검토**

부작위위법확인소송은 처분이 존재하지 아니하므로 인용판결의 효력과의 관계에서 파악되어야 하므로 판결시설이 타당하다.

# Ⅳ. 소변경

## 1. 원고가 거부처분을 부작위로 오인한 경우

이 경우 행정소송법 제37조가 제21조를 준용하고 있으므로 이에 근거하여 원고는 부작위위법확인소송에서 거부처분 취소소송으로 소변경할 수 있다.

## 2. 부작위위법확인소송 도중 거부처분이 내려진 경우

**논점 34  부작위위법확인소송의 소변경 ★**

**(1) 문제점**

부작위위법확인소송 도중 처분청이 거부처분을 내린 경우 원고는 거부처분취소소송으로 소변경이 허용되는지에 대해 견해가 대립된다.

**(2) 학설**

  1) **부정설**

  이 경우 처분변경으로 인한 소변경이 적용되어야 하나 행정소송법 제38조가 동법 제22조를 준용하지 않아 명문의 규정이 없어 허용될 수 없다는 견해이다.

  2) **긍정설**

  부작위에서 거부처분으로 변경된 경우에도 행정소송법 제37조에 따라 제21조에 근거하여 소변경이 인정된다는 견해이다.

**(3) 판례**

판례는 부작위위법확인소송 중 당사자가 거부처분이 있다고 오인하여 거부처분취소소송으로 변경을 신청한 사례에서 이를 허용한 예가 있다.

**(4) 검토**

부작위는 아무런 처분이 존재하지 아니하므로 소송도중 내려진 거부처분으로 인해 처분변경이 이루어 진 것으로 볼 수 없다. 따라서 이 경우에도 제37조에 근거하여 제21조 소변경이 허용된다고 보아야 한다.

# Ⅴ. 답안작성요령

## 1. 부작위위법확인소송 도중 거부처분이 내려진 경우 수소법원의 판결

  ▶ 부록: 답안작성요령 <사례논점 12> **1** 참조

## 2. 부작위위법확인소송 확정 판결 이후 재처분의무로 거부처분을 한 경우 간접강제의 가능성

  ▶ 부록: 답안작성요령 <사례논점 12> **2** 참조

【문제 1】 사업시행자인 甲은 사업인정을 받은 후에 토지소유자 乙과 협의절차를 거쳤으나 협의가 성립되지 아니하여 중앙토지수용위원회에 재결을 신청하였다. 그러나 丙이 乙명의의 토지에 대한 명의신탁을 이유로 재결신청에 대해 이의를 제기하자, 중앙토지수용위원회는 상당한 기간이 경과한 후에도 재결처분을 하지 않고 있다. 甲이 취할 수 있는 행정쟁송수단에 대해 설명하시오. (40점)

**한장
답안**

## Ⅰ. 문제의 소재
(수용재결의 부작위에 대한 쟁송수단이 문제되는 바 ① 수용재결의 법적 성질이 항고쟁송의 대상인 처분인지 여부를 살펴보고, ② 의무이행심판과 의무이행소송 및 부작위위법확인소송의 제기가능성이 문제된다.)

## Ⅱ. 甲이 수용재결에 대한 부작위에 대해 항고쟁송을 제기할 수 있는지 여부

### 1. 수용재결의 의의

### 2. 수용재결에 대한 부작위가 항고쟁송의 대상이 되는지 여부
(1) 부작위의 의의
(2) 부작위가 성립되기 위한 요건
(3) 사안의 검토

　　사안의 경우 ① 甲은 수용재결에 대한 신청을 하였고, ② 상당기간이 경과되었으며, ④ 재결을 하지 아니하였으므로 사안의 부작위는 항고쟁송의 대상인 "부작위"에 해당한다.

### 3. 甲이 "법률상 이익"을 갖는지 여부
(1) 문제점
(2) 학설: ① 법규상·조리상 신청권불요설, ② 법규상·조리상 신청권긍정설
(3) 판례
(4) 검토

### 4. 소결
　　사안의 경우 토지보상법 제28조에 따라 사업시행자의 재결신청권을 인정하고 있는바, 甲은 법령상 신청권을 갖는다. 甲은 수용재결에 대한 부작위에 대하여 항고쟁송을 제기하여야 한다.

## Ⅲ. 甲이 제기하여야 할 행정쟁송수단

### 1. 행정심판법상 쟁송수단
(1) 의무이행심판의 의의
(2) 의무이행심판의 청구요건
(3) 사안의 경우

　　甲은 수용재결의 부작위를 대상으로 행정심판법에 따라 의무이행심판을 청구할 수 있다.

### 2. 행정소송법상 쟁송수단
(1) 의무이행소송의 제기가능성
　1) 문제점
　2) 학설: ① 긍정설, ② 부정설, ③ 절충설
　3) 판례
　4) 검토

　　현행 행정소송법의 입법자의 의사에 따라 판단해야 하는바, 현행 행정소송법상 의무이행소송은 인정된다고 볼 수 없다.

(2) 부작위위법확인소송의 제기가능성
　1) 의의
　2) 제소요건
　3) 사안의 검토

　　수용재결에 대한 부작위는 항고소송의대상인 부작위에 해당하며, 甲은 법령상 신청권이 인정되므로 甲은 부작위위법확인소소송을 제기할 수 있다.

## Ⅳ. 사안의 해결
　　사업시행자 甲은 수용재결의 부작위에 대하여 행정심판법에 따른 의무이행심판과 행정소송법에 따른 부작위위법확인소송을 제기할 수 있다.

**【2015년도 제57회 사법고시/ 준사례형 – 30점】**

행정청 A는 미성년자에게 주류를 판매한 업주 甲에게 영업정지처분에 갈음하여 과징금부과처분을 하였고, 甲은 부과된 과징금을 납부하였다. 그러나 甲은 이후 과징금부과처분에 하자가 있음을 알게 되었다(아래 각 문제는 독립된 것임).

⑴ A가 권한 없이(무효) 과징금부과처분을 한 경우, 甲이 이미 납부한 과징금을 반환 받기 위해 제기할 수 있는 소송유형들을 검토하시오. (20점)

**【2017년도 제26회 공인노무사/ 준사례형 – 25점】**

국민건강보험공단은 甲에게 보험료부과처분을 하였고, 甲은 별도의 검토 없이 이를 납부하였다. 그러나 甲은 이 후 당해 보험료부과처분이 무효임을 알게 되었다. 甲이 이미 납부한 보험료를 돌려받기 위하여 제기할 수 있는 소송의 종류에 대하여 설명하시오.

▶ 답안연습: 한장답안 기출문제 연습【문제 1】참조

**【2018년도 제27회 공인노무사/ 준사례형 – 25점】**

건축사업자 甲은 X시장으로부터 건축허가를 받아 건축물의 신축공사를 진행하던 중 건축법령상의 의무위반을 이유로 X시장으로부터 공사중지명령을 받았다. 甲은 해당법령의무위반을 하지 않았다고 판단하고, 공사중지명령처분은 위법하다고 주장하며 공사중지명령처분의 무효확인소송을 제기하였다. 법원은 사건의 심리결과 해당 처분에 '중대한' 위법이 있음이 인정되지만 '명백한' 위법은 아닌 것으로 판단하였다. 법원은 어떠한 판결을 내려야 하는지 설명하시오.

▶ 답안연습: 한장답안 기출문제 연습【문제 2】참조

# Ⅰ. 서설

## 1. 의의

　무효등확인소송이란 "행정청의 처분등의 효력유무 또는 존재 여부를 확인하는 소송"을 말한다.

## 2. 종류

### (1) 적극적 확인소송

　"처분등의 존재확인소송 + 유효확인소송"을 말한다.

### (2) 소극적 확인소송

　"처분등의 부존재확인소송 + 무효확인소송 + 실효확인소송"을 말한다.

## 3. 성질 → 확인소송

## 4. 소송물

　무효등확인소송은 "처분 등의 유·무효 및 존재·부존재, 또는 실효 여부의 확인을 구하는 원고의 청구"가 소송물이다.

# Ⅱ. 소송요건

## 1. 대상적격 → "처분등(취소소송과 동일)."

## 2. 원고적격 → "법률상 이익(취소소송과 동일)."

## 3. 협의의 소익

> 행정소송법 제35조(무효등 확인소송의 원고적격)
> 무효등 확인소송은 처분등의 효력 유무 또는 존재 여부의 확인을 구할 법률상 이익이 있는 자가 제기할 수 있다.

## 논점 35 무효등확인소송에서의 소익 ★★

### (1) 문제점

무효등확인소송도 민사소송에서와 마찬가지로 이른바 "즉시확정이익"을 요구하는 지와 그에 따라 무효등확인소송의 성격(보충성 유무) 및 협의의 소익의 인정범위 등이 문제된다.

### (2) 학설

#### 1) 법률상 보호이익설(즉시확정이익 및 보충소송성 부인설; 다수설)

① 의의

무효등확인소송의 원고적격에 관한 "확인을 구할 법률상 이익"을 취소소송의 그것과 같은 관념으로서, **민사소송에서의 즉시확정의 이익은 요구되지 않는다는 견해이다**(논거: ㉠ 외국의 행정소송법(독일, 일본)과 같은 보충성을 규정한 법규가 없음 + ㉡ 무효등확인소송과 취소소송은 항고소송으로 본질적 소익을 같이 봐야 함)

② 협의의 소익

이 설에 의하면 무효등확인소송에서의 협의의 소익은 일반적으로 형성소송으로 이해되는 취소소송의 그것보다 넓은 '확인의 이익'이면 족하다고 본다. 이는 확인소송의 본질로부터 도출되는 것으로서 처분의 외관이 존재함으로 말미암아 법률상 지위에 미칠 불안 또는 위험을 제거할 현실적 필요성으로 이해된다.

#### 2) 즉시확정이익설(즉시확정이익 및 보충소송성의 긍정론)

① 의의

무효확인소송에 있어서의 "확인을 구할 법률상 이익"을 민사소송에서의 즉시확정의 이익, 즉 현존하는 불안이나 위험을 제거하기 위하여 확인판결을 받는 것이 유효·적절한 때와 같은 즉시확정의 법률상 이익으로 이해하는 견해이다(논거: ㉠ 확인소송의 보충성은 소송의 본질론에서 당연히 도출 + ㉡ 취소소송의 원고적격과 달리 "확인을 구할"의 의미를 강조)

② 협의의 소익

이 견해에 따르면 이 같은 즉시확정의 이익은 원고적격의 요건이 아니라 **권리보호필요(협의의 소익)에 관한 것이라고 본다.**

### (3) 판례

종전 판례는 즉시확정이익을 요구하였으나, 최근 전원합의체판례를 통하여 **"행정처분의 근거 법률에 의하여 보호되는 직접적이고 구체적인 이익이 있는 경우에는 행정소송법 제35조에 규정된 '무효확인을 구할 법률상 이익'이 있다고 보아야 하고, 이와 별도로 무효확인소송의 보충성이 요구되는 것은 아니므로 행정처분의 무효를 전제로 한 직접적인 구제수단이 있는지 여부를 따질 필요가 없다고 해석함이 상당하다."**고 하여 즉시확정이익을 요구하지 않게 되었다.

## (4) 검토

확인소송의 즉시확정의 이익은 민사소송에서와 달리 적어도 행정소송의 경우에는 독일·일본의 입법례에서 보듯이 입법정책 문제로 파악함이 타당하다. 따라서 현행 행정소송법은 무효등확인소송을 항고소송의 하나의 독립된 형태로 인정하고 있으며, 취소소송과 다른 소제기상의 어떠한 제한도 두고 있지 않는 것으로 해석하는 것이 국민의 권익보장과 비교법적으로도 타당한 해석으로 보인다.

---

**참조판례** 즉시확정이익의 포기 이후 협의의 소익을 부정한 판례

【사건개요】원고인 甲이 2008.3.18. 피고인 부산지방병무청장에게 생계유지곤란 사유로 병역감면신청을 하자, 부산지방병무청장은 같은 달 24일 '동일한 내용의 민원에 관한 서류를 정당한 사유 없이 3회 이상 반복하여 제출한 경우'에 해당한다는 이유로 '민원사무처리에 관한 법률 시행령' 제21조 제1항에 따라 그 신청서를 회송하는 이 사건 병역감면신청서 거부처분을 한 후, 2008.7.22. 이 사건 공익근무요원 소집통지를 하였다. 이에 甲이 이 사건 공익근무요원 소집통지의 취소를 구하는 이 사건 소를 제기하자(이후 원심에서 이 사건 병역감면신청서 거부처분의 무효확인을 구하는 예비적 청구를 추가하였다), 부산지방병무청장은 2008.8.8. 甲에게 민원인의 권익보호 차원에서 재검토가 필요하다고 판단되어 甲의 가족의 가사상황·재산·소득 등을 조사하고자 한다면서, 앞서 거부했던 서류를 다시 제출해 줄 것을 요청하고, 이에 따라 甲이 2009.3.24. 병역감면신청서를 제출하자, 부산지방병무청장은 병역감면요건 구비 여부를 심사하여 이 사건 상고 제기 후인 2009.9.21. 병역감면 거부처분을 하고, 같은 달 25일 다시 공익근무요원 소집통지를 하였다.

【판결요지】[1] 행정처분이 취소되면 그 처분은 효력을 상실하여 더 이상 존재하지 않는 것이고, 존재하지 않는 행정처분을 대상으로 한 취소소송은 소의 이익이 없어 부적법하다.
　[2] 절차상 또는 형식상 하자로 무효인 행정처분에 대하여 행정청이 적법한 절차 또는 형식을 갖추어 다시 동일한 행정처분을 하였다면, 종전의 무효인 행정처분에 대한 무효확인 청구는 과거의 법률관계의 효력을 다투는 것에 불과하므로 무효확인을 구할 법률상 이익이 없다.
　[3] 지방병무청장이 병역감면요건 구비 여부를 심사하지 않은 채 병역감면신청서 회송처분을 하고 이를 전제로 공익근무요원 소집통지를 하였다가, 병역감면신청을 재검토하기로 하여 신청서를 제출받아 병역감면요건 구비 여부를 심사한 후 다시 병역감면 거부처분을 하고 이를 전제로 다시 공익근무요원 소집통지를 한 경우, 병역감면신청서 회송처분과 종전 공익근무요원 소집처분은 직권으로 취소되었다고 볼 수 있으므로, 그에 대한 무효확인과 취소를 구하는 소는 더 이상 존재하지 않는 행정처분을 대상으로 하거나 과거의 법률관계의 효력을 다투는 것에 불과하므로 소의 이익이 없어 부적법하다고 한 사례(대법원 2010.4.29. 2009두16879).

---

## Ⅲ. 소송의 심리 - 입증책임의 배분

### 1. 학설

### (1) 원고책임설

무효등확인소송에서 하자의 중대·명백성은 취소소송에서는 인정되지 않는 특별한 사유에 해당한다고 보아 취소소송의 경우와 달리 **원고가 무효원인사실에 대한 입증책임을 진다는 견해이다.**

### (2) 취소소송의 경우와 같다는 설

취소소송의 경우와 마찬가지로 입증책임을 분배해야 한다는 견해이다.

### 2. 판례 → "원고책임설"

대법원은 "처분의 당연무효를 구하는 소송에 있어서는 그 무효를 구하는 사람(원고)에게 그 처분에 존재하는 **하자가 중대하고 명백하다는 것을 주장·입증할 책임이 있다.**"고 하여 원고책임설의 입장이다.

### 3. 검토

입증책임분배상 원고책임설이 타당하다.

# Ⅳ. 취소소송과의 관계

## 1. 무효사유에 대한 취소소송(무효선언의미에서의 취소소송)

### (1) 문제점

당사자가 취소소송을 제기하였으나 심리결과 처분의 하자가 중대·명백하여 당연무효의 사유로 밝혀진 때에 수소법원은 어떤 판결을 하여야 하는 지 여부가 문제된다.

### (2) 제소요건을 갖추지 못한 경우

전심절차와 제소기간의 준수 등 취소소송의 제소요건을 갖추어야 하나, 이러한 소송요건을 갖추지 못한 경우에 법원은 석명권을 행사하여 무효확인의 소로 변경하도록 하는 것이 바람직하다는 것이 다수설의 입장이다.

### (3) 제소요건을 갖춘 경우

판례는 이 경우 원고의 청구가 취소청구만을 하는 것이 명백한 것이 아니라면 **무효확인을 구하는 취지까지 포함되어 있는 것으로 보아** 이른바 무효선언의미에서의 취소판결을 할 수 있다는 입장이다.

## 2. 취소사유에 그치는 행정처분에 대해 무효등확인소송을 제기한 경우

> ### 논점 36  무효확인소송에서 취소판결의 가능성 ★★

### (1) 문제점

계쟁처분의 유·무효 여부를 소송물로 하는 무효확인소송에서 계쟁처분의 취소사유를 심리하여 본안판결로서 취소판결의미에서 인용판결을 할 수 있는지 여부가 문제된다.

### (2) 학설

#### 1) 기각설

무효확인청구에 **취소청구가 당연히 포함되어 있다고 볼 수 없음**을 이유로 원고의 청구는 기각되어야 한다는 견해이다.

#### 2) 소변경설

수소법원은 석명권을 행사하여 **무효확인소송을 취소소송으로 변경한 연후에 취소판결을 하여야 한다**는 견해이다.

#### 3) 인용판결설

무효확인청구에는 원고의 명시적인 반대의사표시가 없는 한 **취소청구도 당연히 포함되어 있다고 보아 법원은 취소판결을 할 수 있다**는 견해이다.

### (3) 판례의 태도

대법원은 "행정처분의 무효확인을 구하는 소에는 원고가 그 처분의 취소를 구하지 아니한다고 밝히지 아니한 이상 **그 처분이 만약 당연무효가 아니라면 그 취소를 구하는 취지도 포함되어 있는 것으로 보아야 한다.**"고 보아 인용판결설의 입장이다.

### (4) 검토 및 사안의 해결

소송경제와 무효사유와 취소사유에 대한 상대성을 감안하여 이 경우에도 **인용판결을 할 수 있다는 견해가 타당**하다.

## 3. 취소소송과 무효등확인소송의 병합

취소청구와 무효확인청구는 서로 양립할 수 없는 청구이므로, 주위적·예비적 청구병합으로 하여야 한다.

---

**참조판례** **무효확인청구소송에서 취소청구의 예비적 병합의 요건**

【사건개요】무효확인소송을 제기하였다가 소송도중 제소기간을 도과하였음(무효확인소송 제기 당시에는 제소기간내에 있음)에도 불구하고 취소청구를 예비적으로 병합할 수 있는지 여부

【판시사항】하자 있는 행정처분을 놓고 이를 무효로 볼 것인지 아니면 단순히 취소할 수 있는 처분으로 볼 것인지는 동일한 사실관계를 토대로 한 법률적 평가의 문제에 불과하고, 행정처분의 무효확인을 구하는 소에는 특단의 사정이 없는 한 그 취소를 구하는 취지도 포함되어 있다고 보아야 하는 점 등에 비추어 볼 때, 동일한 행정처분에 대하여 무효확인의 소를 제기하였다가 그 후 그 처분의 취소를 구하는 소를 추가적으로 병합한 경우, 주된 청구인 무효확인의 소가 적법한 제소기간 내에 제기되었다면 추가로 병합된 취소청구의 소도 적법하게 제기된 것으로 봄이 상당하다(대법원 2005.12.23. 2005두3554).

---

## V. 답안작성요령

## 1. 무효사유인 처분에 대한 무효확인소송의 경우

▶ 부록: 답안작성요령 <사례논점 13> **1** 참조

## 2. 취소사유인 처분에 대한 무효확인소송의 경우

▶ 부록: 답안작성요령 <사례논점 13> **2** 참조

# 한장답안 기출문제 연습

2017년도 제26회 공인노무사 시험

【문제 1】 국민건강보험공단은 甲에게 보험료부과처분을 하였고, 甲은 별도의 검토 없이 이를 납부하였다. 그러나 甲은 이후 당해 보험료부과처분이 무효임을 알게 되었다. 甲이 이미 납부한 보험료를 돌려받기 위하여 제기할 수 있는 소송의 종류에 대하여 설명 하시오. (25점)

**한장
답안**

Ⅰ. **문제의 소재**(설문에서는 甲이 납부한 보험료를 돌려 받기 위하여 ① 공법상 부당이득반환청구소송의 성질과 ② 보험료부과처분에 대한 무효 또는
취소소송이 가능한지 여부 및 ③ 보험료의 과오납반환청구에 대한 거부 및 부작위에 대한 항고소송이 가능한 지 여부가 문제된다.)

Ⅱ. **부당이득반환청구소송의 제기가능성**

  **1. 문제점**

  **2. 소송의 성질**

    **(1) 학설**

      **1) 공법상 당사자소송설(공권설; 통설)**

      **2) 민사소송설(사권설; 판례)**

    **(2) 판례**

    "사법상 부당이득반환청구와 같은 법적 성질을 가진 것으로서 민사소송에 의해야 할 것이다."고
판시하여 민사소송설의 입장이다.

    **(3) 검토**

    행정주체를 상대로 공법상 원인에 의하여 발생하는 것으로 공권설(당사자소송설)이 타당하다.

Ⅲ. **보험료부과처분에 대한 무효확인소송 또는 취소소송의 제기가능성**

  **1. 무효확인소송의 의의**

  **2. 무효확인소송의 제소요건**

  **3. 무효확인소송을 제기하는 경우 협의의 소익(보충성)의 인정 여부**

    **(1) 문제점**

    **(2) 학설:** ① 보충성긍정설(즉시확정이익설), ② 보충성부정설(법률상 보호이익설)

    **(3) 판례**

    **(4) 검토**

  **4. 무효확인판결을 구하는 의미에서의 취소소송의 경우**

  학설상 견해가 대립되나 통설과 판례에 따라 취소소송의 제소요건을 갖추어 무효확인을 구하는 의미
에서의 취소소송제기도 가능하다.

Ⅳ. **환급청구 후 거부 또는 부작위에 대한 항고소송의 가능성**

  **1. 문제점**

  **2. 거부처분의 경우**

  대법원은 환급청구에 대한 반려조치는 공법상 법률관계가 아니므로 공권력행사가의 거부 또는 신청
인의 법적 지위에 어떠한 변동이 없으므로 거부처분은 안 된다.

  **3. 부작위의 경우**

  앞선 결론과 마찬가지로 환급신청에 대한 환급결정은 항고소송의 대상인 처분이 아니므로 부작위도
성립이 안 된다.

Ⅴ. **사안의 해결**

  甲은 이미 납부한 보험료를 돌려받기 위하여 공법상 당사자소송으로 부당이득반환청구소송과 보험료부
과처분에 대한 무효 또는 취소소송을 제기할 수 있다.

# 한장답안 기출문제 연습

【문제 2】건축사업자 甲은 X시장으로부터 건축허가를 받아 건축물의 신축공사를 진행하던 중 건축법령상의 의무위반을 이유로 X시장으로부터 공사중지명령을 받았다. 甲은 해당법령의무위반을 하지 않았다고 판단하고, 공사중지명령처분은 위법하다고 주장하며 공사중지명령처분의 무효확인소송을 제기하였다. 법원은 사건의 심리결과 해당 처분에 '중대한' 위법이 있음이 인정되지만 '명백한' 위법은 아닌 것으로 판단하였다. 법원은 어떠한 판결을 내려야 하는지 설명하시오. (25점)

**한장
답안**

**Ⅰ. 문제의 소재**(설문에서는 처분에 대한 무효확인소송에서 수소법원이 당해 처분이 취소사유의 하자임이 발견된 경우 어떠한 경우에 소송판결로서 각하판결을 하여야 하는지, 아니면 본안판결을 하는 경우에는 어떠한 판결을 하여야 하는지 여부가 문제된다.)

**Ⅱ. 취소사유인 처분에 대한 무효확인소송의 제소요건**

**1. 무효확인소소송의 의의 및 성질**

**2. 무효확인소송의 제소요건**

**3. 취소사유인 처분에 대한 무효확인소송에서 제소기간 등 취소소송의 요건을 갖추어야 하는지 여부**

(1) 문제점

(2) 학설: ① 긍정설, ② 부정설

(3) 판례(긍정)

(4) 검토

　　제소기간등의 잠탈을 방지하기 위하여 취소소송의 제소요건도 갖추어야 함이 타당

**Ⅲ. 취소사유인 처분에 대한 무효확인소송에서 수소법원이 내려야 할 판결의 형태**

**1. 무효확인소송의 제소요건을 결한 경우**

　　부적법한 제소이므로 각하판결을 하여야 함에 의문의 여지가 없다.

**2. 무효확인소송의 제소요건을 갖추었으나, 제소기간을 도과한 경우**

　　기각판결을 해야 함에 학설과 판례가 대체적으로 일치한다.

**3. 무효확인소송의 제소요건과 제소기간 등 취소소송의 요건까지 모두 갖춘 경우**

(1) 행정소송법 제26조의 해석

　1) 문제점

　2) 학설: ① 직권탐주의설, ② 변론주의보충설

　3) 판례

　4) 검토

　　　행정소송의 특성과 당사자주의의 원칙상 변론주의보충설의 입장이 타당하다.

(2) 인용판결(취소판결)의 가능성

　1) 문제점

　2) 학설: ① 기각설, ② 소변경설, ③ 인용판결설

　3) 판례

　　　원고의 명백한 반대의 의사표시가 없는 한 법원은 취소판결의 의미로서 인용판결을 하여야 한다.

　4) 검토

　　　취소사유와 무효사유의 상대성을 감안하여 소송경제상 인용판결설의 입장이 타당하다고 보여진다.

**Ⅳ. 사안의 해결**

　　수소법원은 ① 공사중지명령처분에 대한 취소소송의 제소기간이 도과하는 등의 사유가 있다면 기각판결을 하여야 하나, ② 이러한 요건을 갖춘 경우라면 취소판결의 의미로서 무효확인판결(인용판결)을 하여야 한다.

# 형식적 당사자소송 ★

대표
기출문제
【2000년도 제9회 공인노무사/ 약술형 – 25점】
형식적 당사자소송에 관하여 설명하시오.

─〈목 차〉─

# Ⅰ. 서설

## 1. 의의

형식적 당사자소송이란 "행정청의 처분이나 재결에 의하여 형성된 법률관계에 관하여 다툼이 있는 경우에, 당해 처분 또는 재결의 효력을 다툼이 없이 직접 그 처분·재결에 의하여 형성된 법률관계에 대하여 그 일방 당사자를 피고로 하여 제기하는 소송"을 말한다.

## 2. 인정필요성

이 소송은 "권리구제의 실효성 확보 및 소송경제(무용한 소송반복의 방지)"를 하는 데에 그 의의가 있다.

## 3. 공정력과의 관계

원인된 처분 그 자체는 그대로 둔 채 형성된 법률관계에 관해 심리판단하는 것은 공정력에 배치될 수 있다는 점에서 문제된다.

# Ⅱ. 인정 여부

## 1. 문제점

명문의 규정이 없는 경우에도 행정소송법 제3조 제2호에 근거하여 처분등에 대하여 형식적 당사자소송을 일반적으로 인정할 수 있는지 여부가 문제된다.

## 2. 학설

### (1) 부정설(개별법률근거필요설)

"공정력 및 구성요건적 효력에 반한다는 것"과 "일본과 같이 형식적 당사자소송을 별도로 허용하는 법적 근거가 결여"되어 있다는 점을 논거로 법률의 특별한 규정이 없는 한 제기할 수 없다는 견해이다(다수설).

### (2) 긍정설(행정소송법 제3조 제2호 근거설)

이 설은 "행정소송법 제3조 제2호에서 형식적 당사자의 개념도 포함되어 있고, 당사자소송은 기관소송(행정소송법 제45조)과 같이 법정주의규정이 없음"을 이유로 일반적으로 허용된다고 보는 견해이다.

## 3. 검토

형식적 당사자소송을 일반적으로 명문의 규정이 없는 경우에도 인정하게 되면 원고적격·피고적격·제소기간 등의 소송요건이 불분명하게 된다는 점에서 명문의 규정이 없는 한 부정된다고 보는 견해가 타당하다.

# Ⅲ. 개별법상의 예

## 1. 특허법상 특허무효심판청구(제131조) 및 보상금에 관한 불복소송(제191조)

> 특허법 제191조(보상금 또는 대가에 관한 소송의 피고)
> 제190조에 따른 소송에 있어서는 다음 각 호의 어느 하나에 해당하는 자를 피고로 하여야 한다.
> 1. 제41조 제3항 및 제4항의 규정에 의한 보상금에 대하여는 보상금을 지급할 관서 또는 출원인
> 2. 제106조 제3항 및 제106조의2 제3항에 따른 보상금에 대하여는 보상금을 지급할 관서·특허권자·전용실시권자 또는 통상실시권자
> 3. 제110조 제2항 제2호 및 제138조 제4항의 규정에 의한 대가에 대하여는 통상실시권자·전용실시권자·특허권자·실용신안권자 또는 디자인권자

## 2. 토지보상법 제85조상 보상금증감청구소송

> 공익사업을 위한 토지등의 취득 및 보상에 관한 법률 제85조(행정소송의 제기)
> ② 제1항에 따라 제기하려는 행정소송이 보상금의 증감(增減)에 관한 소송인 경우 그 소송을 제기하는 자가 토지소유자 또는 관계인일 때에는 사업시행자를, 사업시행자일 때에는 토지소유자 또는 관계인을 각각 피고로 한다.

【2000년도 제6회 공인노무사/ 약술형 – 25점】
항고소송과 당사자소송의 차이점에 관하여 설명하시오.

【2019년도 제28회 공인노무사/ 준사례형 – 25점】
甲은 부동산의 취득으로 인한 취득세 및 농어촌특별세의 납세의무부존재확인소송을 제기하려고 한다. 이러한 납세의무부존재확인소송의 법적 성질에 관하여 설명하시오. (25점)

【2023년도 제32회 공인노무사/ 사례형 – 25점】
甲은 자기 소유 토지에 전원주택을 신축하고자 건축업자인 乙과 전원주택 신축공사에 관하여 도급계약을 체결하였고, 乙은 근로복지공단에 고용보험·산재보험관계성립신고를 하면서 신고서에 위 신축공사 사업장의 사업주를 甲으로 기재하여 제출하였다. 甲은 위 사업장에 관한 고용보험료와 산재보험료 중 일부만 납부하였고, 국민건강보험공단은 甲에게 체납된 고용보험료 및 산재보험료를 납부할 것을 독촉하였다. 관련 법령상 보험료의 신고 또는 납부 등 산재보험 및 고용보험에 관한 사업의 주요 업무는 고용노동부장관으로부터 위탁받은 근로복지공단이 수행하고, 다만 보험료 체납관리 등 징수업무는 국민건강보험공단이 위탁받아 수행하고 있다. 甲은 건축주가 직접 공사를 하지 않고 공사 전부를 수급인에게 도급을 준 경우에는 근로자를 사용하여 공사를 수행하는 수급인이 원칙적으로 그 공사에 관한 사업주로서 고용보험 및 산재보험의 가입자가 되어 고용보험료 및 산재보험료를 납부할 의무를 부담한다는 것을 알게 되었다. 이에 甲은 국민건강보험공단이 납부를 독촉하는 보험료채무에 대해 그 부존재확인을 구하는 소송과 이미 근로복지공단에 납부한 보험료에 대해 부당이득으로서 반환을 구하는 소송을 제기하고자 한다. 甲은 누구를 상대로 어떤 유형의 소송을 제기하여야 하는지 설명하시오. (25점)

# Ⅰ. 서설

## 1. 의의

실질적 당사자소송이란 "대등당사자 사이의 공법상의 권리관계에 관한 소송으로서 통상의 당사자소송"을 말한다.

## 2. 성질 → "확인소송 또는 이행소송"

## 3. 소송물 → 공법상 법률관계(공법상 권리·의무관계)

## 4. 다른 소송과의 구별

### (1) 항고소송과의 구별

항고소송은 행정청의 공권력행사에 대한 불복수단으로서, 행정청의 우월적 지위의 존재를 전제로 하는 소송유형이나, 당사자소송은 원고와 피고의 대등한 관계를 전제로 한다.

### (2) 민사소송과의 구별

당사자소송과 민사소송은 모두 대등한 당사자의 법률관계를 존재를 전제로 하나, 민사소송은 사법상 법률관계에 관한 소송이나 당사자소송은 공법상 법률관계를 전제로 한다는 점에서 다르다.

## Ⅱ. 실질적 당사자소송의 대상

### 1. 처분등을 원인으로 하는 법률관계에 관한 소송

이러한 소송에는 ① 처분등의 무효를 전제로 하는 부당이득반환청구소송[41], ② 공무원의 직무상 불법행위로 인한 국가배상청구소송 등이 있다. 그러나 이러한 소송은 재판실무상 민사소송에 의하고 있다.

---

> **참조판례** 부가가치세법상의 환급청구의 경우
>
> 【사건개요】 부가가치세법상 환급청구를 구하는 소송이 실질적 당사자소송인지 문제된 사건
>
> 【판결요지】 [다수의견] 부가가치세법령이 환급세액의 정의 규정, 그 지급시기와 산출방법에 관한 구체적인 규정과 함께 부가가치세 납세의무를 부담하는 사업자(이하 '납세의무자'라 한다)에 대한 국가의 환급세액 지급의무를 규정한 이유는, 입법자가 과세 및 징수의 편의를 도모하고 중복과세를 방지하는 등의 조세 정책적 목적을 달성하기 위한 입법적 결단을 통하여, 최종 소비자에 이르기 전의 각 거래단계에서 재화 또는 용역을 공급하는 사업자가 그 공급을 받는 사업자로부터 매출세액을 징수하여 국가에 납부하고, 그 세액을 징수당한 사업자는 이를 국가로부터 매입세액으로 공제·환급받는 과정을 통하여 그 세액의 부담을 다음 단계의 사업자에게 차례로 전가하여 궁극적으로 최종 소비자에게 이를 부담시키는 것을 근간으로 하는 전단계세액공제 제도를 채택한 결과, 어느 과세기간에 거래징수된 세액이 거래징수를 한 세액보다 많은 경우에는 그 납세의무자가 창출한 부가가치에 상응하는 세액보다 많은 세액이 거래징수되게 되므로 이를 조정하기 위한 과세기술상, 조세 정책적인 요청에 따라 특별히 인정한 것이라고 할 수 있다. 따라서 이와 같은 부가가치세법령의 내용, 형식 및 입법 취지 등에 비추어 보면, 납세의무자에 대한 국가의 부가가치세 환급세액 지급의무는 그 납세의무자로부터 어느 과세기간에 과다하게 거래징수된 세액 상당을 국가가 실제로 납부받았는지와 관계없이 부가가치세법령의 규정에 의하여 직접 발생하는 것으로서, 그 법적 성질은 정의와 공평의 관념에서 수익자와 손실자 사이의 재산상태 조정을 위해 인정되는 부당이득 반환의무가 아니라 부가가치세법에 의하여 그 존부나 범위가 구체적으로 확정되고 조세 정책적 관점에서 특별히 인정되는 공법상 의무라고 봄이 타당하다. 그렇다면 납세의무자에 대한 국가의 부가가치세 환급세액 지급의무에 대응하는 국가에 대한 납세의무자의 부가가치세 환급세액 지급청구는 민사소송이 아니라 행정소송법 제3조 제2호에 규정된 당사자소송의 절차에 따라야 한다(대법원 2013.3.21. 2011다95564 전원합의체).

---

### 2. 공권력행사가 아닌 비권력적 공행정작용에 대한 소송

#### (1) 지방전문직공무원 채용계약의 해지에 대한 불복(당사자소송)

---

> **참조판례** 전문직공무원에 대한 채용계약해지의사표시 무효확인소송
>
> 【사건개요】 전라북도지사가 전문직공무원인 공중보건의사가 8일 이상의 기간 근무지역을 이탈하자 공중보건의사의 채용계약의 해지의 의사표시를 하자 당사자소송으로 해지무효확인소송을 제기한 사건
>
> 【판시사항】 전문직공무원인 공중보건의사의 채용계약의 해지가 관할 도지사의 일방적인 의사표시에 의하여 그 신분을 박탈하는 불이익처분이라고 하여 곧바로 그 의사표시가 관할 도지사가 행정청으로서 공권력을 행사하여 행하는 행정처분이라고 단정할 수는 없고, … 현행 실정법이 전문직공무원인 공중보건의사의 채용계약 해지의 의사표시는 일반공무원에 대한 징계처분과는 달라서 항고소송의 대상이 되는 처분 등의 성격을 가진 것으로 인정되지 아니하고, 일정한 사유가 있을 때에 관할 도지사가 채용계약 관계의 한쪽 당사자로서 대등한 지위에서 행하는 의사표시로 취급하고 있는 것으로 이해되므로, 공중보건의사 채용계약 해지의 의사표시에 대하여는 대등한 당사자간의 소송형식인 공법상의 당사자소송으로 그 의사표시의 무효확인을 청구할 수 있는 것이지, 이를 항고소송의 대상이 되는 행정처분이라는 전제하에서 그 취소를 구하는 항고소송을 제기할 수는 없다(대법원 2002.11.26. 2002두5948).

---

41) 부가가치세법상 환급관계처럼 조세정책적 관점에서 특별법상 인정되는 환급관계인 경우에는 대법원은 ① 종래 민사관계로 보아 민사소송의 대상이 된다고 판시하였으나, ② 최근 대법원은 입장을 변경하였다(대법원 2013.3.21. 2011다95564 전원합의체).

## (2) 채용계약거부의 의사표시의 경우(공법상 당사자소송)

> **참조판례** 채용계약거부의 의사표시 무효확인소송
>
> 【사건개요】 서울특별시 시민감사옴부즈만채용과 관련하여 원고는 최종합격자로 선발되어 채용에 관한 두터운 신뢰를 갖게 되었음에도 서울특별시장의 채용계약 거절 통보로 공무담임권 및 이와 관련된 법률상 이익에 중대한 제약을 받게 되었음을 이유로 이러한 옴부즈만 공개 채용 과정에서 원고를 임용을 하지 아니하겠다고 한 이 사건 통보에 대해 항고소송을 제기한 사건
>
> 【판시사항】 [1] 행정청이 자신과 상대방 사이의 근로관계를 일방적인 의사표시로 종료시켰다고 하더라도 곧바로 그 의사표시가 행정청으로서 공권력을 행사하여 행하는 행정처분이라고 단정할 수는 없고, 관계 법령이 상대방의 근무관계에 관하여 구체적으로 어떻게 규정하고 있는지에 따라 그 의사표시가 항고소송의 대상이 되는 행정처분에 해당하는 것인지 아니면 공법상 계약관계의 일방 당사자로서 대등한 지위에서 행하는 의사표시인지 여부를 개별적으로 판단하여야 한다. 이러한 법리는 공법상 근무관계의 형성을 목적으로 하는 채용계약의 체결 과정에서 행정청의 일방적인 의사표시로 계약이 성립하지 아니하게 된 경우에도 마찬가지이다.
>
> [2] 이 사건 조례에 의하면 이 사건 옴부즈만은 토목분야와 건축분야 각 1인을 포함하여 5인 이내의 '지방계약직공무원'으로 구성하도록 되어 있는데(제3조 제2항), 위 조례와 이 사건 통보 당시 구 지방공무원법(2011.5.23. 법률 제10700호로 개정되기 전의 것) 제2조 제3항 제3호, 제3조 제1항 및 같은 법 제2조 제4항의 위임에 따른 구 지방계약직공무원 규정(2011.8.19. 대통령령 제23081호로 개정되기 전의 것) 제5조 등 관련 법령의 규정에 비추어 보면, 지방계약직공무원인 이 사건 옴부즈만 채용행위는 공법상 대등한 당사자 사이의 의사표시의 합치로 성립하는 공법상 계약에 해당한다. 이와 같이 이 사건 옴부즈만 채용행위가 공법상 계약에 해당하는 이상 원고의 채용계약 청약에 대응한 피고의 '승낙의 의사표시'가 대등한 당사자로서의 의사표시인 것과 마찬가지로 그 청약에 대하여 '승낙을 거절하는 의사표시' 역시 행정청이 대등한 당사자의 지위에서 하는 의사표시라고 보는 것이 타당하고, 그 채용계약에 따라 담당할 직무의 내용에 고도의 공공성이 있다거나 원고가 그 채용과정에서 최종합격자로 공고되어 채용계약 성립에 관한 강한 기대나 신뢰를 가지게 되었다는 사정만으로 이를 행정청이 우월한 지위에서 행하는 공권력의 행사로서 행정처분에 해당한다고 볼 수는 없다(대법원 2014.4.24. 2013두6244).

## 3. 급전급부에 관한 소송

### (1) 행정청의 인용결정에 의해 구체적인 금전급부청구권이 발생하는 경우 → 항고소송

공무원연금법상 공무원연금관리공단의 지급결정, 군인연금법, 산업재해보상보험법, 국민건강보험법 등

> **참조판례** 민주화운동관련자불인정처분취소
>
> '민주화운동관련자 명예회복 및 보상 등에 관한 법률'에서 정의하고 있는 민주화운동의 내용을 함께 고려하더라도 그 규정들만으로는 바로 법상의 보상금 등의 지급 대상자가 확정된다고 볼 수 없고, '민주화운동관련자 명예회복 및 보상 심의위원회'에서 심의·결정을 받아야만 비로소 보상금 등의 지급 대상자로 확정될 수 있다. 따라서 그와 같은 심의위원회의 결정은 국민의 권리의무에 직접 영향을 미치는 행정처분에 해당하므로, 관련자 등으로서 보상금 등을 지급받고자 하는 신청에 대하여 심의위원회가 관련자 해당 요건의 전부 또는 일부를 인정하지 아니하여 보상금 등의 지급을 기각하는 결정을 한 경우에는 신청인은 심의위원회를 상대로 그 결정의 취소를 구하는 소송을 제기하여 보상금 등의 지급대상자가 될 수 있다(대법원 2008.4.17. 2005두16185 전원합의체).

### (2) 법령에 의해 직접 구체적인 금전급부청구권이 발생한 경우 → 당사자소송

① 미지급된 퇴직연금 지급청구

> **참조판례** **연금지급청구서반려처분취소**
>
> 공무원연금관리공단의 인정에 의하여 퇴직연금을 지급받아 오던 중 구 공무원연금법령의 개정 등으로 퇴직연금 중 일부 금액의 지급이 정지된 경우에는 당연히 개정된 법령에 따라 퇴직연금이 확정되는 것이지 구 공무원연금법 제26조 제1항에 정해진 공무원연금관리공단의 퇴직연금결정과 통지에 의하여 비로소 그 금액이 확정되는 것이 아니므로, 공무원연금관리공단이 퇴직연금 중 일부 금액에 대하여 지급거부의 의사표시를 하였다 하더라도 그 의사표시는 퇴직연금 청구권을 형성·확정하는 행정처분이 아니라 공법상의 법률관계의 한쪽 당사자로서 그 지급의무의 존부 및 범위에 관하여 나름대로의 사실상·법률상 의견을 밝힌 것일 뿐이어서, 이를 행정처분이라고 볼 수는 없다(대법원 2004.7.8. 2004두244).

② 공무원의 근무수당의 지급을 구하는 소송

> **참조판례** **지방공무원이 근무수당의 지급을 구하는 소송**
>
> 【사건개요】지방소방공무원의 보수에 관한 법률관계가 공법상 법률관계인지 여부(적극) 및 지방소방공무원이 소속 지방자치단체를 상대로 초과근무수당의 지급을 구하는 소송을 제기하는 경우, 행정소송법상 당사자소송의 절차에 따라야 하는지 여부(적극)
>
> 【판시사항】지방자치단체와 그 소속 경력직 공무원인 지방소방공무원 사이의 관계, 즉 지방소방공무원의 근무관계는 사법상의 근로계약관계가 아닌 공법상의 근무관계에 해당하고, 그 근무관계의 주요한 내용 중 하나인 지방소방공무원의 보수에 관한 법률관계는 공법상의 법률관계라고 보아야 한다. 나아가 지방공무원법 제44조 제4항, 제45조 제1항이 지방공무원의 보수에 관하여 이른바 근무조건 법정주의를 채택하고 있고, 지방공무원 수당 등에 관한 규정 제15조 내지 제17조가 초과근무수당의 지급 대상, 시간당 지급 액수, 근무시간의 한도, 근무시간의 산정 방식에 관하여 구체적이고 직접적인 규정을 두고 있는 등 관계 법령의 내용, 형식 및 체제 등을 종합하여 보면, 지방소방공무원의 초과근무수당 지급청구권은 법령의 규정에 의하여 직접 그 존부나 범위가 정하여지고 법령에 규정된 수당의 지급요건에 해당하는 경우에는 곧바로 발생한다고 할 것이므로, 지방소방공무원이 자신이 소속된 지방자치단체를 상대로 초과근무수당의 지급을 구하는 청구에 관한 소송은 행정소송법 제3조 제2호에 규정된 당사자소송의 절차에 따라야 한다(대법원 2013.3.28. 2012다102629).

### (3) 손실보상청구소송

① 보상금증감청구소송(형식적 당사자소송)

② 법령에서 보상금액은 행정청이 일방적으로 결정하도록 규정하면서 불복절차에 관해 아무런 규정을 두지 않은 경우 → 항고소송

③ 법령에서 보상금 결정방법 및 불복절차에 대해 아무런 규정을 두지 않은 경우

과거 판례는 이러한 손실보상청구는 민사소송에 의한다고 보고 다수설은 공법상 당사자소송의 대상이라고 보아 논란의 여지가 있었다. 그러나 최근 판례는 "하천법 부칙 제2조 등 위 규정들에 의한 손실보상청구권은 토지가 하천구역으로 된 경우에는 당연히 발생되는 것이지, 관리청의 보상금지급결정에 의하여 비로소 발생하는 것은 아니므로, 위 규정들에 의한 손실보상금의 지급을 구하거나 손실보상청구권의 확인을 구하는 소송은 행정소송법 제3조 제2호 소정의 당사자소송에 의하여야 한다(대법원 2006.5.18. 2004다6207)."고 판시하여 당사자소송에 의해야 한다고 본다.

## 3. 기타 공법상 법률관계소송

공무원의 지위확인소송과 같이 공법상의 지위나 신분확인을 구하는 소송, 공법상 결과제거청구소송 등이 이에 해당한다.

> **참조판례** 도시 및 주거환경정비법 상의 주택재건축정비사업조합을 상대로 관리처분계획안에 대한 조합 총회결의의 효력을 다투는 소송은 당사자소송에 의해야 한다는 판례
>
> **【사실관계】** 도시 및 주거환경정비법상의 주택재건축정비사업조합을 상대로 관리처분계획안 또는 사업시행계획안에 대한 조합 총회결의의 효력 등을 다투는 소송의 법적 성질과 그 소의 관할이 문제된 사안
>
> **【판결요지】** 도시 및 주거환경정비법에 따른 **주택재건축정비사업조합은 관할** 행정청의 감독 아래 위 법상의 주택재건축사업을 시행하는 공법인(위 법 제18조)으로서, 그 목적 범위 내에서 법령이 정하는 바에 따라 일정한 행정작용을 행하는 행정주체의 지위를 갖는다. 따라서 행정주체인 재건축조합을 상대로 관리처분계획안에 대한 **조합 총회결의의 효력 등을 다투는 소송은 행정처분에 이르는 절차적 요건의 존부나 효력 유무에 관한 소송으로서 그 소송결과에 따라 행정처분의 위법 여부에 직접 영향을 미치는 공법상 법률관계에 관한 것이므로,** 이는 행정소송법상의 당사자소송에 해당하고, 재건축 조합을 상대로 사업시행계획안에 대한 조합 총회결의의 효력 등을 다투는 소송 또한 행정소송법상의 당사자소송에 해당한다(대법원 2009.10.15. 2008다93001).

## Ⅲ. 당사자소송의 제기와 심리, 판결

> 행정소송법 제39조(피고적격)
>   당사자소송은 국가·공공단체 그 밖의 권리주체를 피고로 한다.
>
> 제41조(제소기간)
>   당사자소송에 관하여 법령에 제소기간이 정하여져 있는 때에는 그 기간은 불변기간으로 한다.

### 1. 재판관할

당사자소송의 재판관할에 관하여서는 취소소송에 관한 규정이 준용된다(행정소송법 제40조, 제9조).

### 2. 적용법규

당사자소송도 취소소송에 관한 규정이 광범위하게 준용된다(동법 제44조 제1항). 그러나 피고적격, 소송대상, 행정심판전치주의, 제소기간, 집행정지, 사정판결, 제3자의 재심청구 등에 관한 규정은 당사자소송의 성격상 준용되지 않는다.

### 3. 당사자적격

### (1) 원고적격 및 협의의 소익

항고소송과는 달리 당사자소송의 원고적격에 관한 규정은 없으므로 민사소송법상의 원고적격에 관한 규정이 준용된다. 따라서 "이행소송의 경우 취소소송의 원고적격을 준용하고 확인소송의 경우 즉시확정의 이익으로 판단"한다고 봄이 일반적인 입장이다.

**【사건개요】** 甲은 D광역시 시립교향악단의 상임단원으로 채용계약에 의해 위촉된 자이다. 그러나 甲의 채용기간이 만료되기 전에 D광역시장 乙은 예산부족을 이유로 채용계약해지통보를 하였다. 甲은 위 채용기간의 만료 이후에 D광역시를 상대로 채용계약해지무효확인소송을 제기한 것이 적법한 소인지 문제된 사건

**【판결요지】** 계약기간의 만료로 당연히 계약직 공무원의 신분을 상실하고 계약직 공무원의 신분을 회복할 수 없는 것이므로, 해지의사표시의 무효확인청구는 과거의 법률관계의 확인청구에 지나지 않아 그 무효확인을 구할 이익이 없다(대법원 2008.6.12. 2006두16328).

### (2) 피고적격

당사자소송은 법률관계의 당사자를 직접 피고로 하는 소송이므로 원칙적으로 권리·의무의 주체일 것이 요구된다. 따라서 당사자소송의 피고는 국가 및 공공단체 그 밖의 권리주체를 피고로 한다(동법 제39조). 여기의 '권리주체'에는 공무수탁사인과 같은 행정주체의 지위를 갖는 사인뿐만 아니라 일반국민의 지위를 갖는 사인도 포함된다. 대법원도 "당사자소송의 경우 항고소송과 달리 '행정청'이 아닌 **'권리주체'에게 피고적격이 있음을 규정하는 것일 뿐, 피고적격이 인정되는 권리주체를 행정주체로 한정한다는 취지가 아니므로, 이 규정을 들어 사인을 피고로 하는 당사자소송을 제기할 수 없다고 볼 것은 아니다.**"고 판시하여 사인을 상대로도 당사자소송을 제기할 수 있다고 본다.

## 4. 제소기간

당사자소송은 민사소송과 같이 특별한 제소기간이 없으나 법령이 제소기간이 정하여져 있는 경우에는 그 기간은 불변기간으로 한다(동법 제41조).

## 5. 가구제

행정소송법에서는 당사자소송에 관한 특별한 가구제에 관한 규정을 두고 있지 않으므로, 행정소송법 제8조 제2항에 따라 민사집행법 제300조의 가처분 규정을 준용하여 당사자소송에서는 가처분에 의한 가구제가 허용된다. 대법원도 마찬가지의 입장이다.

**【사건개요】** '국토의 계획 및 이용에 관한 법률'(이하 '국토계획법'이라 한다) 제130조 제1항·제3항은, 도시·군계획시설사업의 시행자는 도시·군계획 등에 관한 기초조사, 도시·군계획시설사업에 관한 조사·측량 또는 시행 등을 하기 위하여 필요하면 타인의 토지를 재료적치장 또는 임시통로로 일시 사용할 수 있고, 이에 따라 타인의 토지를 일시 사용하려는 자는 토지의 소유자·점유자 또는 관리인(이하 '소유자 등'이라 한다)의 동의를 받아야 한다고 규정하고 있다. 한편 군산 ~ 새만금 송전선로 건설사업 시행자인 한국전력공사는 甲 소유의 토지를 임시통로 및 재료적치장으로 일시 사용하는 데 대한 동의의 의사표시를 구하였으나, 甲은 아무런 의사표시를 하지 않고 있다. 이에 한국전력공사는 甲을 상대로 토지소유자 甲이 동의의 의사표시를 할 의무가 있음의 확인을 구하는 행정소송(당사자소송)을 제기하면서 임시의 권리보호수단으로 가처분을 신청한 사안

**【판결요지】** 당사자소송에 대하여는 행정소송법 제8조 제2항에 따라 민사집행법상 가처분에 관한 규정이 준용되므로, 사업시행자는 민사집행법 제300조 제2항에 따라 현저한 손해를 피하기 위해 필요한 경우 '임시의 지위를 정하기 위한 가처분'을 통하여 공익사업을 신속하고 원활하게 수행할 수 있다(대법원 2019.9.9. 2016다262550).

**개념정리 당사자소송과 항고소송의 비교**

| 구분 | 항고소송 | 당사자소송 |
|---|---|---|
| 소의 대상 | 행정청의 처분등과 부작위 | 처분등으로 인한 공법상 법률관계 |
| 성질 | 행정청의 우월적 지위를 전제함 | 행정청의 대등한 지위를 전제로 함 |
| 원고적격 | 행정소송법 제12조 – 법률상 이익이 있는 자 | 특별한 규정이 없음(학; 권리보호의 이익) |
| 피고적격 | 처분청 등 | 국가 또는 공공단체 |
| 종류 | ① 취소소송<br>② 무효등확인소송<br>③ 부작위위법확인소송 | ① 공법상 법률관계에 대한 소송<br>② 처분등으로 인한 법률관계에 관한 소송 |
| 제소기간 | 규정(제한) 있음<br>(90일, 1년) | 규정 없음<br>(특별한 규정이 없는 한 제소기간의 제한이 없음) |
| 전심절차 | 임의적 행정심판전치주의가 적용됨 | 행정심판전치주의가 적용되지 않음 |
| 가집행선고 | 집행정지선고 가능 | 가처분선고 가능 |
| 판결의 효력 | 전면적 기속력<br>(행정소송법 제30조) | 일반적 기속력만 인정<br>(행정소송법 제30조 제1항) |

# 한장답안 기출문제 연습

【문제 1】 甲은 부동산의 취득으로 인한 취득세 및 농어촌특별세의 납세의무부존재확인소송을 제기하려고 한다. 이러한 납세의무부존재확인소송의 법적 성질에 관하여 설명하시오. (25점)

**한장답안**

## Ⅰ. 문제의 소재(설문에서는 납세의무부존재확인소송의 법적 성질과 관련하여 ① 공법상 법률관계에 대한 행정소송인지 여부, ② 처분등을 다투는 항고소송인지 아니면 당사자소송인지 여부, ③ 이행소송인지 확인소송인지 여부가 문제된다.)

## Ⅱ. 공법상 법률관계에 관한 행정소소송인지 여부

### 1. 문제점

### 2. 행정소송인지 민사소송인지에 관한 구별기준

**(1) 학설:** ① 이익설, ② 주체설, ③ 성질설, ④ 신주체설

**(2) 판례**

대법원은 소송물을 중심으로 공법관계인지 사법관계인지를 구별한다. 이와 관련하여 대법원은 "행정주체가 사경제주체로서 상대방과 대등한 지위에서 행하는 경우 사법상 법률관계이고, 행정주체가 공권력행사의 주체로서 상대방에 대한 우월적 지위에서 명령·강제하는 경우 공법상 법률관계이다."라고 판시하여 성질설과 유사한 입장이다.

**(3) 검토:** 종합검토설의 입장이 타당하다.

### 3 소결

설문의 경우 부동산의 취득으로 인한 납세의무는 사법관계에는 존재하지 않는 법률관계이고, 공익적 견지에서 부과되는 납세의무이므로 공법상 법률관계로서 행정소송의 성질을 갖는다고 볼 것이다.

## Ⅲ. 당사자소송인지 여부

### 1. 당사자소송의 의의

### 2. 항고소송과의 구별

### 3. 당사자소송의 종류

**(1) 형식적 당사자소송**

**(2) 실질적 당사자소송**

### 4. 소결

설문의 경우 부동산의 취득으로 인한 납세의무는 세무서장의 과세처분이 있어야 발생하는 것이 아니라 부동산의 취득으로 인해 관계법률에 의해 직접 부과되는 의무이므로 처분등을 전제로 하지 않고 발생한다. 따라서 설문의 납세의무부존재확인소송은 실질적 당사자소송에 해당한다. 대법원도 이와 유사한 사안에서 "사업주가 당연가입자가 되는 고용보험 및 산재보험에서 보험료 납부의무 부존재확인의 소는 공법상의 법률관계 자체를 다투는 소송으로서 공법상 당사자소송이다(대법원 2016.10.13. 2016다221658)."고 판시하여 마찬가지의 입장이다.

## Ⅳ. 이행소송인지 확인소송인지 여부

### 1. 소송의 성질에 따른 분류: (1) 형성소송, (2) 이행소송, (3) 확인소송

### 2. 당사자소송의 경우

### 3. 소결

설문의 납세의무부존재확인소송은 확인소송의 성질로 파악된다.

## Ⅴ. 사안의 해결

설문의 납세의무부존재확인소송의 법적 성질은 ① 행정소송법상 당사자소송으로서 ② 확인소송의 성질을 갖는다.

대표
기출문제

**【2009년도 제18회 공인노무사/ 약술형 – 25점】**
기관소송에 대해 설명하시오.

<table>
<tr><td colspan="2" align="center">〈목 차〉</td></tr>
</table>

## Ⅰ. 서설

> 행정소송법 제3조(행정소송의 종류)
> 　행정소송은 다음의 네가지로 구분한다.
> 　4. 기관소송: 국가 또는 공공단체의 기관상호간에 있어서의 권한의 존부 또는 그 행사에 관한 다툼이 있을 때에 이에
> 　　대하여 제기하는 소송. 다만, 헌법재판소법 제2조의 규정에 의하여 헌법재판소의 관장사항으로 되는 소송은 제외
> 　　한다.

### 1. 기관소송의 의의

행정소송법상 기관소송이란 "국가 또는 공공단체의 기관 상호간에 있어서의 권한의 존부 또는 그 행사에 관한 다툼이 있을 때에 이에 대하여 제기하는 소송"을 말한다.

### 2. 제도의 취지

원칙적으로 기관간의 다툼은 상급행정청에 의한 결정에 따라 해결됨이 원칙이다. 그럼에도 불구하고 구체적 법률상 분쟁에 해당하지 않는 기관소송이 인정되는 이유는 ① **상급행정청에 의한 권한분쟁의 곤란한 경우**나, ② **상급행정청이 부존재하는 경우를 대비하여 보충적으로 기관소송을 제기하게 끔 한 것이다.**

## 3. 소송의 성질 및 특성

### (1) 기관소송법정주의

행정소송법 제45조에서는 **"기관소송은 법률이 정한 경우에 법률에 정한 자에 한하여 제기할 수 있다."**고 규정하여 기관소송법정주의를 채택하고 있다.

### (2) 객관소송

기관소송은 원고의 권리구제와 무관한 행정기관 상호간의 권한의 존부 및 범위를 다투는 객관적 소송에 해당한다.

# Ⅱ. 다른 소송과의 관계 및 기관소송축소론과 확대론

## 1. 기관소송축소론과 확대론

### (1) 문제점

기관소송의 범위에 대해 행정소송법의 명문에서는 명확한 규정이 없는바, 이에 대해 견해가 대립된다.

### (2) 학설

이에 대해 학설은 ① 기관소송을 단일의 법주체내부에서 행정기관 상호간의 권한분쟁에 관한 소송으로 보는 **기관소송축소론**과, ② 상이한 행정주체 상호간 상이한 법주체에 속하는 기관간의 소송도 기관소송으로 보는 **기관소송확대론**이 대립된다.

### (3) 검토

기관소송의 본질상 기관소송축소론이 다수견해이며 타당하다.

## 2. 권한쟁의심판과의 관계

① **형식**에서 기관소송은 행정소송이나 권한쟁의심판은 헌법재판이고, ② **대상**에 있어 기관소송은 공법상의 법인내부에서의 법적 분쟁을 대상으로 하는데 반해, 권한쟁의 심판은 공법상의 법인 상호간의 외부적인 분쟁을 대상으로 한다는 점에서 양자는 구별된다.

## 3. 항고소송과의 관계

### (1) 문제점

기관소송법정주의 하에서 국가의 중앙기관의 처분에 대해 지방자치단체의 기관이 취소소송 등 항고소송의 형태로 다툴 수 있는 여지가 있는지에 대해 견해가 대립된다.

### (2) 학설

#### 1) 항고소송설

지방자치단체를 국가로부터 완전히 독립된 법인격 주체로 파악하는 입장에서는, 이 경우 지방자치단체도 공법인으로서 국민이므로 당사자능력을 갖고 자치권도 "법률상 이익"이므로 원고적격을 갖는다고 보아 명문의 규정이 없어도 항고소송을 제기할 수 있다는 견해이다.

#### 2) 기관소송설

지방자치단체를 국가의 기관으로 파악하는 입장에서는 법률의 규정에 의하여 허용된 경우에 한하여 객관적 소송으로서의 기관소송만 허용된다는 입장이다.

**(3) 판례**

대법원은 과거 지방자치단체와 국가기관간의 다툼은 기관소송에 의해야 하고, 따라서 법률의 규정에 의하여 기관소송을 허용하지 않는 한 제소가 불가능하다는 입장[42]이었으나, **최근 명문의 규정이 없음에도 불구하고 국민권익위원회의 처분에 대해 선거관리위원회 위원장이 항고소송을 통해 다툴 수 있음을 인정하여 항고소송설의 입장을 취하고 있는 것으로 보인다.**

**(4) 검토**

지방자치단체의 자치권보장차원에서 **지방자치단체의 자치사무에 대한 처분의 경우에는 항고소송을 제기할 수 있다고 봄이 타당**하다.

## Ⅲ. 현행법상 기관소송으로 예시되는 경우

지방자치법 제107조 제3항 또는 지방자치법 제172조 제3항에 의거하여 지방자치단체의 장이 지방의회를 상대로 대법원에 제기하는 소송은 견해 대립 없이 기관소송으로 파악되고 있다.

## Ⅳ. 적용법규

> **행정소송법 제46조(준용규정)**
> ① 민중소송 또는 기관소송으로써 처분등의 취소를 구하는 소송에는 그 성질에 반하지 아니하는 한 취소소송에 관한 규정을 준용한다.
> ② 민중소송 또는 기관소송으로써 처분등의 효력 유무 또는 존재 여부나 부작위의 위법의 확인을 구하는 소송에는 그 성질에 반하지 아니하는 한 각각 무효등 확인소송 또는 부작위법확인소송에 관한 규정을 준용한다.
> ③ 민중소송 또는 기관소송으로서 제1항 및 제2항에 규정된 소송외의 소송에는 그 성질에 반하지 아니하는 한 당사자소송에 관한 규정을 준용한다.

행정소송법 제46조의 규정에 따라 기관소송은 그 성질에 반하지 아니하는 한 취소소송 및 무효확인소송 또는 부작위위법확인소송과 당사자소송에 관한 규정을 준용한다.

## Ⅴ. 문제점 및 입법론

현행 행정소송법 제46조 준용규정이 실무적으로 명확성을 결여하여서, 명확한 적용규정을 알 수 없다. 따라서 기관소송의 명확한 준용규정을 입법적으로 조항으로 표시하여 규정해야 할 것이다.

개별법이 대부분 재판관할을 대법원으로 하는 것도 과도한 중앙집중으로 평가된다. 분쟁의 당사자인 지방자치단체의 규모와 종류 등에 따라 재판관할의 지방법원으로 합리적으로 배분하는 방안이 검토될 필요가 있다.

---

42) [대법원 1999.10.22. 99추54] 행정소송법 제3조 제4호와 제45조에 의하면 국가 또는 공공단체의 기관 상호간에 권한의 존부 또는 그 행사에 관한 다툼이 있을 때에 이에 대하여 제기하는 기관소송은 법률이 정한 경우에 법률이 정한 자에 한하여 제기할 수 있다고 규정하여 이른바 기관소송 법정주의를 취하고 있는바, 지방자치법 제159조는 시·도지사가 자치구의 장에게 그 자치구의 지방의회 의결에 대한 재의 요구를 지시하였음에도 자치구의 장이 그에 따르지 아니하였다 하여, 바로 지방의회의 의결이나 그에 의한 조례의 효력을 다투는 소를 자치구의 장을 상대로 제기할 수 있는 것으로 규정하고 있지는 아니하고, 달리 지방자치법상 이러한 소의 제기를 허용하고 있는 근거 규정을 찾아볼 수 없으므로, 시·도지사가 바로 자치구의 장을 상대로 조례안 의결의 효력 혹은 그에 의한 조례의 존재나 효력을 다투는 소를 제기하는 것은 지방자치법상 허용되지 아니하는 것이라고 볼 수밖에 없다.

law.Hackers.com

# 제3편

# 행정심판법

# UNIT 38 행정심판의 개념과 다른 제도와의 구별 ★

【2023년도 제32회 공인노무사/ 사례형 – 50점】

A시는 택지개발예정지구 지정 공람공고가 이루어진 P사업지구에서 택지개발사업을 시행하고 있으며, 甲은 P사업지구에 주택을 소유하고 있는 자이다. A시는 택지개발사업과 관련한 이주대책을 수립·공고하였는데, 이에 의하면 이주대책 대상자 요건을 '택지개발예정지구 지정 공람공고일 1년 이전부터 보상계약체결일 또는 수용재결일까지 계속하여 P사업지구 내 주택을 소유하고 계속 거주한 자로, A시로부터 그 주택에 대한 보상을 받고 이주하는 자'로 정하고 있다. 甲은 A시에 이주대책 대상자 선정 신청을 하였으나, A시는 '기준일 이후 주택 취득'을 이유로 甲을 이주대책 대상에서 제외하는 결정을 하였고, 이 결정은 2023.6.28. 甲에게 통보되었다(이하 '1차 결정'이라 함). 이에 甲은 A시에 이의신청을 하면서, 이의신청서에 이주대책 대상자 선정요건을 충족함을 증명할 수 있는 마을주민확인서, 수도개설 사용, 전력 개통사용자 확인 등 증빙서류를 새롭게 추가로 첨부하여 제출하였다. 그러나 A시는 추가된 증빙자료만으로 법적 소유관계를 확인할 수 없다는 이유로 甲의 이의신청을 기각하고 甲을 이주대책 대상에서 제외한다는 결정을 하였으며, 이 결정은 2023.8.31. 甲에게 통보되었다(이하 '2차 결정'이라 함). 다음 각 물음에 답하시오.

(1) 甲이 자신을 이주대책 대상에서 제외한 A시의 결정에 대해 취소소송으로 다투려는 경우, 소의 대상 및 제소기간의 기산점에 대해 설명하시오. (25점)

【2020년도 제29회 공인노무사/ 사례형 – 25점】

甲은 태양광발전시설을 설치하기 위해 관할 군수 乙에게 개발행위허가를 신청하였으나 乙은 산림훼손 우려가 있다는 이유로 거부처분을 하였다. 甲은 민원처리에 관한 법률제35조에 따라 乙에게 이의신청을 하였다. 乙은 甲의 이의신청을 검토한 후 종전과 동일한 이유로 이의신청을 기각하는 결정을 하였다. 乙의 기각결정을 행정심판의 기각재결로 볼 수 있는지 설명하시오. (25점)

# I. 서설

> **행정심판법 제1조(목적)**
> 이 법은 행정심판 절차를 통하여 행정청의 위법 또는 부당한 처분(處分)이나 부작위(不作爲)로 침해된 국민의 권리 또는 이익을 구제하고, 아울러 행정의 적정한 운영을 꾀함을 목적으로 한다.
>
> **제4조(특별행정심판 등)**
> ① 사안의 전문성과 특수성을 살리기 위하여 특히 필요한 경우 외에는 이 법에 따른 행정심판을 갈음하는 특별한 행정불복절차(이하 "특별행정심판"이라 한다)나 이 법에 따른 행정심판 절차에 대한 특례를 다른 법률로 정할 수 없다.
> ② 다른 법률에서 특별행정심판이나 이 법에 따른 행정심판 절차에 대한 특례를 정한 경우에도 그 법률에서 규정하지 아니한 사항에 관하여는 이 법에서 정하는 바에 따른다.
> ③ 관계 행정기관의 장이 특별행정심판 또는 이 법에 따른 행정심판 절차에 대한 특례를 신설하거나 변경하는 법령을 제정·개정할 때에는 미리 중앙행정심판위원회와 협의하여야 한다.

## 1. 행정심판의 의의

행정심판이란 "위법 또는 부당한 처분 기타 공권력의 행사·불행사 등으로 인하여 권리나 이익을 침해당한 자가 행정기관에 대하여 그 시정을 구하는 절차"를 말한다.

## 2. 법적 근거

행정심판에 대해서는 일반법으로서 헌법 제107조 제3항에 근거한 행정심판법이 제정되어 있다. 그러나 다른 법률에 특칙이 존재하는 경우에는(예 국세기본법 제56조, 국가공무원법 제9조), 그 범위 안에서 행정심판법의 적용이 배제된다. 다른 법률에서는 행정심판에 대하여 이의신청·심사청구·심판청구 등의 용어를 사용하고 있다.

# II. 행정심판의 존재이유

## 1. 행정의 자기통제

행정심판은 행정법관계에 대한 법적 분쟁에 대하여 행정청 스스로가 판정기관이 됨으로써 행정의 자기통제 내지 행정감독의 기회를 부여하는데 그 의의가 있다. 이는 행정작용에 대한 제1차적 통제권은 행정의 자율에 맡기는 것이 합리적이라는 것을 의미한다. 따라서 행정심판은 법적인 문제를 야기하는 '위법'한 처분뿐 아니라 합목적성의 문제만을 야기하는 '부당'한 처분도 그 대상에 포함하게 된다.

## 2. 사법기능의 보충

현대 산업사회의 새로운 기술·경제적인 문제에 대해 일반법원은 그 전문성이 부족하고 소송에 있어서도 경제적으로 그 분쟁해결에 많은 시간과 비용이 드는 것이 보통이다. 그러므로 이러한 보완책으로 행정쟁송의 전 단계에서라도 전문적·기술적 문제의 처리에 적합하게 조직된 행정기관으로 하여금 그 분쟁을 심판하도록 할 필요가 있다.

## 3. 행정능률의 보장

사법절차에 의한 행정상의 분쟁심판은 심리와 절차가 공정하고 신중하게 이루어지므로 개인의 권리구제에 충실할 수 있다. 그러나 상당한 시일을 요하기 때문에 행정능률에 배치되는 일이 발생한다. 따라서 오늘날과 같이 신속을 요하는 행정의 수행을 위해서는 사법절차에 앞서 신속·간편한 행정심판을 인정함으로써 행정법관계에 관한 분쟁의 신속한 해결을 도모할 필요가 있다.

## Ⅲ. 다른 제도와의 구별

### 1. 본래적 이의신청과의 구별

> **행정기본법 제36조(처분에 대한 이의신청)**
> ① 행정청의 처분(「행정심판법」 제3조에 따라 같은 법에 따른 행정심판의 대상이 되는 처분을 말한다. 이하 이 조에서 같다)에 이의가 있는 당사자는 처분을 받은 날부터 30일 이내에 해당 행정청에 이의신청을 할 수 있다.
> ② 행정청은 제1항에 따른 이의신청을 받으면 그 신청을 받은 날부터 14일 이내에 그 이의신청에 대한 결과를 신청인에게 통지하여야 한다. 다만, 부득이한 사유로 14일 이내에 통지할 수 없는 경우에는 그 기간을 만료일 다음 날부터 기산하여 10일의 범위에서 한 차례 연장할 수 있으며, 연장 사유를 신청인에게 통지하여야 한다.
> ③ 제1항에 따라 이의신청을 한 경우에도 그 이의신청과 관계없이 「행정심판법」에 따른 행정심판 또는 「행정소송법」에 따른 행정소송을 제기할 수 있다.
> ④ 이의신청에 대한 결과를 통지받은 후 행정심판 또는 행정소송을 제기하려는 자는 그 결과를 통지받은 날(제2항에 따른 통지기간 내에 결과를 통지받지 못한 경우에는 같은 항에 따른 통지기간이 만료되는 날의 다음 날을 말한다)부터 90일 이내에 행정심판 또는 행정소송을 제기할 수 있다.
> ⑤ 다른 법률에서 이의신청과 이에 준하는 절차에 대하여 정하고 있는 경우에도 그 법률에서 규정하지 아니한 사항에 관하여는 이 조에서 정하는 바에 따른다.
> ⑥ 제1항부터 제5항까지에서 규정한 사항 외에 이의신청의 방법 및 절차 등에 관한 사항은 대통령령으로 정한다.
> ⑦ 다음 각 호의 어느 하나에 해당하는 사항에 관하여는 이 조를 적용하지 아니한다.
> 1. 공무원 인사 관계 법령에 따른 징계 등 처분에 관한 사항
> 2. 「국가인권위원회법」 제30조에 따른 진정에 대한 국가인권위원회의 결정
> 3. 「노동위원회법」 제2조의2에 따라 노동위원회의 의결을 거쳐 행하는 사항
> 4. 형사, 행형 및 보안처분 관계 법령에 따라 행하는 사항
> 5. 외국인의 출입국·난민인정·귀화·국적회복에 관한 사항
> 6. 과태료 부과 및 징수에 관한 사항

#### (1) 양자의 구별실익

어떠한 불복신청이 이의신청인지 특별행정심판인지에 따라 ① 행정심판법상 일반행정심판의 가능 여부, ② 개별법률에 특별한 규정이 없는 경우 행정기본법이 적용되는지 행정심판법이 적용되는지 여부, ③ 불복신청에 대한 결정이 항고소송의 대상이 되는지 여부 등이 달라진다. 따라서 양자를 어떠한 기준에 의해 구분할 것인지 여부가 문제된다.

#### (2) 양자의 구별기준

**논점 37　이의신청과 행정심판과의 구별기준 ★★**

##### 1) 문제점

어떠한 법률에서 규정한 이의신청이 본래적 이의신청인지 아니면 특별행정심판인지에 대한 구별기준에 대해 견해가 대립된다. "공공기관의 정보공개에 관한 법률"과 같이 이의신청 조항이외에 행정심판규정을 둔 경우에는 본래적 이의신청으로 볼 것이나, **개별법률에서 이의신청규정만 둔 경우 본래적 이의신청인지 특별행정심판인지** 문제된다.

##### 2) 학설

이에 대해 학설은 ① 헌법 제107조 제3항에 따라 사법심판절차가 준용되는 경우에만 특별행정심판으로 보아야 한다는 쟁송절차를 기준으로 하는 견해와, ② 처분청에 대한 불복은 본래적 이의신청이고 독립된 행정기관에 대한 불복이면 특별행정심판으로 보는 담당기관으로 구별하는 견해가 대립된다.

### 3) 판례

대법원은 부동산가격공시법상 이의신청에 대해 "① **부동산가격공시법은 행정심판의 제기를 배제하는 명문의 규정이 없고,** ② **이의신청과 행정심판은 그 절차와 담당기관에 차이가 있음**을 이유로 이의신청을 하여 그 결과를 통지 받은 후 다시 행정심판을 거쳐 행정소송을 제기할 수 있다."고 판시하여 대법원은 ①과 ②를 모두 기준으로 판단하여야 한다고 본다.

### 4) 검토

헌법에 따라 판단하는 ①설의 입장이 타당하지만, **개별법률에서 이의신청에 대한 쟁송절차규정을 두지 아니한 경우가 많으므로** ②설의 입장도 함께 고려하여 판단하는 대법원의 입장이 타당하다.

---

**참조판례**

【사건개요】 이의신청의 기각결정은 새로운 거부처분으로 볼 수 있는 경우에는 당초의 거부처분과 별도로 처분이 될 수 있다는 판례

【판시사항】 수익적 행정처분을 구하는 신청에 대한 거부처분이 있은 후 당사자가 다시 신청을 한 경우에는 신청의 제목 여하에 불구하고 그 내용이 새로운 신청을 하는 취지라면 관할 행정청이 이를 다시 거절하는 것은 새로운 거부처분이라고 보아야 한다. 나아가 어떠한 처분이 수익적 행정처분을 구하는 신청에 대한 거부처분이 아니라고 하더라도, **해당 처분에 대한 이의신청의 내용이 새로운 신청을 하는 취지로 볼 수 있는 경우에는, 그 이의신청에 대한 결정의 통보를 새로운 처분으로 볼 수 있다.** … 甲 시장이 乙 소유 토지의 경계확정으로 지적공부상 면적이 감소되었다는 이유로 지적재조사위원회의 의결을 거쳐 乙에게 조정금 수령을 통지하자(1차 통지), 乙이 구체적인 이의신청 사유와 소명자료를 첨부하여 이의를 신청하였으나, 甲 시장이 지적재조사위원회의 재산정 심의·의결을 거쳐 종전과 동일한 액수의 조정금 수령을 통지한(2차 통지) 사안에서, 구 지적재조사에 관한 특별법(2020.4.7. 법률 제17219호로 개정되기 전의 것) 제21조의2가 신설되면서 조정금에 대한 이의신청 절차가 법률상 절차로 변경되었으므로 그에 관한 절차적 권리는 법률상 권리로 볼 수 있는 점, 을이 이의신청을 하기 전에는 조정금 산정결과 및 수령을 통지한 1차 통지만 존재하였고 乙은 신청 자체를 한 적이 없으므로 乙의 이의신청은 새로운 신청으로 볼 수 있는 점, 2차 통지서의 문언상 종전 통지와 별도로 심의·의결하였다는 내용이 명백하고, 단순히 이의신청을 받아들이지 않는다는 내용에 그치는 것이 아니라 조정금에 대하여 다시 재산정, 심의·의결 절차를 거친 결과, 그 조정금이 종전 금액과 동일하게 산정되었다는 내용을 알리는 것이므로, **2차 통지를 새로운 처분으로 볼 수 있는 점** 등을 종합하면, **2차 통지는 1차 통지와 별도로 행정쟁송의 대상이 되는 처분으로 보는 것이 타당하다**(대법원 2022.3.17. 2021두53894).

---

**참조판례**

【사건개요】 생활대책의 이의신청에 대한 결과통보가 항고소송의 대상인 처분이라는 판례

【판시사항】 한국토지주택공사가 택지개발사업의 시행자로서 택지개발예정지구 공람공고일 이전부터 영업 등을 행한 자 등 일정 기준을 충족하는 손실보상대상자들에 대하여 생활대책을 수립·시행하였는데, 직권으로 甲 등이 생활대책대상자에 해당하지 않는다는 결정(이하 '부적격통보'라고 한다)을 하고, 甲 등의 이의신청에 대하여 재심사 결과로도 생활대책대상자로 선정되지 않았다는 통보(이하 '재심사통보'라고 한다)를 한 사안에서, 부적격통보가 심사대상자에 대하여 한국토지주택공사가 생활대책대상자 선정 신청을 받지 아니한 상태에서 자체적으로 가지고 있던 자료를 기초로 일정 기준을 적용한 결과를 일괄 통보한 것이고, 각 당사자의 개별·구체적 사정은 이의신청을 통하여 추가로 심사하여 고려하겠다는 취지를 포함하고 있다면, 甲 등은 이의신청을 통하여 비로소 생활대책대상자 선정에 관한 의견서 제출 등의 기회를 부여받게 되었고 한국토지주택공사도 그에 따른 재심사과정에서 당사자들이 제출한 자료 등을 함께 고려하여 생활대책대상자 선정기준의 충족 여부를 심사하여 재심사통보를 한 것이라고 볼 수 있는 점 등을 종합하면, 비록 재심사통보가 부적격통보와 결론이 같더라도, 단순히 한국토지주택공사의 업무처리의 적정 및 甲 등의 편의를 위한 조치에 불과한 것이 아니라 별도의 의사결정 과정과 절차를 거쳐 이루어진 독립한 행정처분으로서 항고소송의 대상이 된다(대법원 2016.7.14. 2015두58645).

## 2. 청원과의 구별

청원도 행정청에 대하여 자기반성을 촉구하고, 피해의 구제를 도모하기 위한 제도라는 점에서 행정심판과 공통성을 갖는다. 그러나 행정심판은 기본적으로 권리구제를 위한 쟁송제도이지만, 청원은 쟁송수단이라기보다는 국정에 대한 국민의 정치적 의사표시를 보장하기 위한 제도라는 점에서 양자는 그 본질적인 기능면에서 차이를 갖는다.

## 3. 진정과의 구별

진정도 행정청에 대하여 자기반성을 촉구하고, 피해의 구제를 도모하기 위한 제도라는 점에서 공통성을 갖는다. 그러나 "진정"은 법정의 형식과 절차가 아니라 행정청에 대하여 일정한 희망을 진술하는 행위로서, 법적 구속력이나 효과를 발생시키지 않는 사실행위이다. 진정은 행정기관의 회답이 별다른 법적 의미를 가지지 못한다는 점에서 행정심판과 구별된다. 다만, 진정이라는 표제를 사용하고 있더라도 그 내용이 일정한 행정행위의 시정을 구하는 것이면 행정심판으로 보아야 한다.

## 4. 직권재심사와의 구별

직권재심사도 행정작용에 대한 통제수단이라는 점에서 행정심판과 공통성을 갖는다. 그러나 ① 직권재심사는 특별한 법적 근거가 없어도 가능하고 기간의 제약도 받지 않지만, 행정심판은 행정심판법에 의해 여러 가지 법적 제한과 기간의 제약을 받으며, ② 직권재심사는 행정청 스스로의 판단에 따라 개시되고 불가변력이 발생한 행위에 대해서는 원칙적으로 허용되지 않지만, 행정심판은 개인의 이의제기에 의하여 절차가 개시되고 불가변력이 발생한 처분도 그 대상이 된다는 점에서 양자의 차이가 있다.

## 5. 고충민원처리와의 구별

고충민원처리제도는 국무총리 소속하에 설치된 국민권익위원회(부패방지 및 국민권익위원회의 설치와 운영에 관한 법률 제11조)가 행정과 관련된 국민의 고충민원에 대하여 상담·조사 및 처리를 하는 제도이다. 행정심판과는 제기권자·제기기간·대상·절차 및 법적 효과에 있어서 차이가 있다. 고충민원처리절차는 행정소송의 전치절차로서 요구되는 행정심판청구에 해당하는 것으로 볼 수 없다.

## 6. 행정소송과의 구별(도표참조)

### 개념정리 행정소송과 행정심판의 비교

| 비교 | 행정심판 | 행정소송 |
|---|---|---|
| 적용법률 | 행정심판법(일반법) | 행정소송법 |
| 존재이유 | 자율적 통제, 전문성 확보 | 타율적 통제, 독립성 확보 |
| 심판기관 | **행정부**: 행정심판위원회 | **사법부**: 법원 |
| 성질 | 약식쟁송 | 정식쟁송 |
| 종류 | 취소심판, 무효등확인심판,<br>의무이행심판 | 취소소송, 무효등확인소송,<br>부작위위법확인소송 |
| 심판대상 | • 위법·부당한 처분 + 부작위<br>• 제외: 대통령의 처분·부작위, 재결 | • 위법한 처분 + 부작위<br>• 위법한 재결 |
| 거부처분에 대한<br>쟁송형태 | 의무이행심판 + 취소심판 | 취소소송 |
| 적극적 변경 여부 | 가능 | 불가능(취소소송에서 "변경"문제) |
| 심판기간 | • 처분 안 날: 90일<br>• 처분 있은 날: 180일(정당한 사유) | • 처분 안 날: 90일<br>• 처분 있은 날: 1년 |
| 심리절차 | • 구술심리와 서면심리<br>• 비공개원칙 | • 구술심리<br>• 공개원칙 |
| 의무이행확보수단 | 행정심판위원회의 직접처분권 인정 | 간접강제제도 |
| 고지규정 | ○ | × |

### 2023년도 제32회 공인노무사 시험

【문제 1】 A시는 택지개발예정지구 지정 공람공고가 이루어진 P사업지구에서 택지개발사업을 시행하고 있으며, 甲은 P사업지구에 주택을 소유하고 있는 자이다. A시는 택지개발사업과 관련한 이주대책을 수립·공고하였는데, 이에 의하면 이주대책 대상자 요건을 '택지개발예정지구 지정 공람공고일 1년 이전부터 보상계약체결일 또는 수용재결일까지 계속하여 P사업지구 내 주택을 소유하고 계속 거주한 자로, A시로부터 그 주택에 대한 보상을 받고 이주하는 자'로 정하고 있다. 甲은 A시에 이주대책 대상자 선정 신청을 하였으나, A시는 '기준일 이후 주택 취득'을 이유로 甲을 이주대책 대상에서 제외하는 결정을 하였고, 이 결정은 2023.6.28. 甲에게 통보되었다(이하 '1차 결정'이라 함). 이에 甲은 A시에 이의신청을 하면서, 이의신청서에 이주대책 대상자 선정요건을 충족함을 증명할 수 있는 마을주민확인서, 수도개설 사용, 전력 개통사용자 확인 등 증빙서류를 새롭게 추가로 첨부하여 제출하였다. 그러나 A시는 추가된 증빙자료만으로 법적 소유관계를 확인할 수 없다는 이유로 甲의 이의신청을 기각하고 甲을 이주대책 대상에서 제외한다는 결정을 하였으며, 이 결정은 2023.8.31. 甲에게 통보되었다(이하 '2차 결정'이라 함). 다음 각 물음에 답하시오.

물음 1) 甲이 자신을 이주대책 대상에서 제외한 A시의 결정에 대해 취소소송으로 다투려는 경우, 소의 대상 및 제소기간의 기산점에 대해 설명하시오. (25점)

**한장
답안**

**Ⅰ. 문제의 소재**(설문에서는 甲이 이주대책 대상자로 제외한 결정에 대해 취소소송으로 다투는 경우 1차 결정과 2차 결정 중 무엇
을 취소소송의 대상으로 삼아야 하는지, 그에 따라 취소소송의 기산점을 언제로 삼아야 하는지 여부가 문제된다.)

**Ⅱ. 甲이 제기해야 할 취소소송의 대상**

**1. 1차 결정의 처분성여부**

(1) 거부처분의 의의

(2) 거부처분의 성립요건

(3) 설문의 경우(설문에서는 甲을 이주대책 대상자로 제외한 A시의 결정은 공권력행사의 거부이며, 이로인해 甲은 이주대책을 받을 수 없게 되었으므로 신청인의
법적 지위에 어떠한 변동도 인정된다. 대법원 판례는 설문의 경우 법규상 혹은 조리상 신청권을 인정한 바 있다. 1차 결정은 거부처분에 해당한다.)

**2. 2차 결정이 처분인지 여부**

(1) 이의신청의 의의

(2) 이의신청과 특별행정심판과의 구별실익

(3) 이의신청과 특별행정심판과의 구별기준

(4) 이의신청의 기각결정이 처분인지 여부(대법원 2016.7.14. 2015두58645)

(5) 설문의 경우(설문의 이의신청은 본래적 이의신청의 성질을 갖는다고 볼 것이며, 대법
원 판례의 입장에 따라 1차 결정과 별도의 처분임을 인정함이 타당하다.)

**3. 사안의 해결**

**Ⅲ. 취소소송의 기산점**

**1. 제소기간의 의의**

**2. 1차 결정을 대상으로 취소소송을 제기하는 경우**

(1) 행정소송법 제20조

(2) 사안의 경우

행정소송법 제20조 제1항에 따라 甲은 2023.6.28.부터 90일 이내에 취소소송을 제기하여야 한다.

**3. 2차 결정을 대상으로 취소소송을 제기하는 경우**

(1) 행정기본법 제36조 제4항

(2) 설문의 경우

행정소송법 제36조 제4항에 따라 甲은 2023.8.31. 부터 90일 이내에 취소소송을 제기하여야 한다.

# 행정심판의 종류 ★

## 개념체계

**행정심판의 종류**

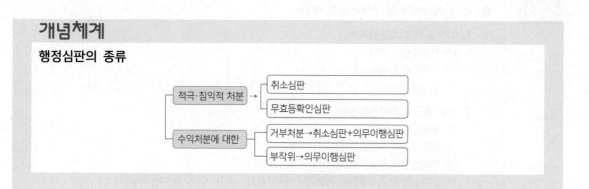

**대표 기출문제**

【2001년도 제10회 공인노무사/ 약술형 – 25점】
행정심판의 종류에 대해 설명하시오.

⟨목 차⟩

행정심판법 제5조(행정심판의 종류)
  행정심판의 종류는 다음 각 호와 같다.
  1. 취소심판: 행정청의 위법 또는 부당한 처분을 취소하거나 변경하는 행정심판
  2. 무효등확인심판: 행정청의 처분의 효력 유무 또는 존재 여부를 확인하는 행정심판
  3. 의무이행심판: 당사자의 신청에 대한 행정청의 위법 또는 부당한 거부처분이나 부작위에 대하여 일정한 처분을 하도록 하는 행정심판

# Ⅰ. 취소심판

## 1. 의의

취소심판은 "행정청의 위법 또는 부당한 공권력행사나 거부 그밖에 이에 준하는 행정작용으로 인하여 권익을 침해당한 자가 그 취소 또는 변경을 구하는 행정심판"이다.

## 2. 성질

### (1) 형성적 쟁송설(통설)

취소심판은 일정한 법률관계를 성립시킨 행정행위의 효력을 다툼으로써 당해 행정행위의 취소 또는 변경을 통하여 그 법률관계를 소멸·변경시키는 점에서 형성적 성질의 것으로 본다. 형성적 쟁송으로 보는 견해가 통설이다.

### (2) 확인적 쟁송설

취소심판은 행정행위의 위법성·부당성을 확인하는 행정심판이므로 확인쟁송적인 것으로 보는 견해이다.

## 3. 특수성

청구기간의 제한(90일)이 있으며, 집행부정지의 원칙이 적용된다. 또한 사정재결이 인정된다.

# Ⅱ. 무효등확인심판

## 1. 의의

무효등확인심판은 "행정청의 처분의 효력유무 또는 존재 여부에 대한 확인을 구하는 행정심판"이다.

## 2. 성질

### (1) 확인적 쟁송설

무효등확인심판은 적극적으로 처분의 효력을 소멸시키거나 발생시키는 것이 아니라 처분의 효력유무나 존재 여부를 공적으로 확인·선언하는데 그치는 것이므로 확인적 성질을 갖는다는 견해이다.

### (2) 형성적 쟁송설

무효와 취소의 상대화이론을 전제로 무효등확인심판도 결국 행정권에 의한 작용의 효력관계를 다투는 것으로서 본질적으로 형성적 쟁송으로서의 성질을 갖는 견해이다.

### (3) 준형성적 쟁송설(통설)

무효등확인심판은 실질적으로 확인적 쟁송이나 형식적으로는 처분의 효력유무 등을 직접 소송의 대상으로 한다는 점에서 형성적 쟁송으로서의 성질도 갖는 것으로 본다. 통설적 견해이다.

## 3. 특수성

(1) 무효등확인심판에는 취소심판에 인정되는 청구기간과 사정재결의 규정이 적용되지 않는다.

(2) 또한 사정재결에 관한 규정이 적용되지 않는다(행정심판법 제33조 제3항).

(3) 재결의 효력은 당해 행정심판의 당사자는 물론 제3자에게도 그 효력이 미친다(판례).

# Ⅲ. 의무이행심판

이하 <UNIT 40> 내용을 참조한다.

**대표 기출문제**

【1997년도 제6회 공인노무사/ 약술형 – 25점】
의무이행심판에 대해 설명하시오.

【2010년도 제19회 공인노무사/ 준사례형 – 25점】
하자있는 거부처분에 대한 행정심판법상의 권리구제수단에 관하여 설명하시오(단, 집행정지 및 임시처분은 제외함).

# Ⅰ. 서설

## 1. 의의

> 행정심판법 제5조(행정심판의 종류)
> 　3. 의무이행심판: 행정청의 위법 또는 부당한 거부처분이나 부작위에 대하여 일정한 처분을 하도록 하는 심판

## 2. 취소심판과의 차이

의무이행심판은 **행정청의 소극적 작용(거부, 부작위)으로부터의 권익보호를 목적으로 한다**는 점에서 적극적 작용에 대한 취소심판 및 무효등확인심판과 구별된다.

## Ⅱ. 성질

① 법문상 "일정한 처분을 하도록 하는 심판"이라고 되어 있으므로 **이행쟁송으로서의 성질을 갖는다는 견해**와 ② 이행쟁송과 형성쟁송으로서의 성질을 갖는다는 견해(절충설)가 대립되나 행정심판법 제43조 제5항상 ②설(절충설)이 타당하다.

## Ⅲ. 심판의 대상

### 1. 거부처분 → 거부처분취소소송과 동일

### 2. 부작위

> 행정심판법 제2조(정의)
> 2. "부작위"라 함은 행정청이 당사자의 신청에 대하여 상당한 기간 내에 일정한 처분을 하여야 할 법률상 의무가 있음에도 불구하고 이를 하지 아니하는 것을 말한다.

## Ⅳ. 심판의 청구

### 1. 심판청구기간

### (1) 거부처분에 대한 의무이행심판

> 행정심판법 제27조(심판청구기간)
> ① 행정심판은 처분이 있음을 알게 된 날부터 90일 이내에 청구하여야 한다.
> ③ 행정심판은 처분이 있었던 날부터 180일이 지나면 청구하지 못한다. 다만, 정당한 사유가 있는 경우에는 그러하지 아니하다.
> ⑦ 제1항부터 제6항까지의 규정은 무효등확인심판청구와 부작위에 대한 의무이행심판청구에는 적용하지 아니한다.

### (2) 부작위에 대한 의무이행심판(기간제한 없음)

### 2. 심판청구인

> 행정심판법 제13조(청구인적격)
> ③ 의무이행심판청구는 행정청의 거부처분 또는 부작위에 대하여 일정한 처분을 구할 법률상 이익이 있는 자가 제기할 수 있다.

## Ⅴ. 재결

### 1. 각하재결, 기각재결, 사정재결

> 행정심판법 제43조(재결의 구분)
> ① 위원회는 심판청구가 적법하지 아니하면 그 심판청구를 각하한다.
> ② 위원회는 심판청구가 이유가 없다고 인정하면 그 심판청구를 기각한다.
> ③ 위원회는 취소심판의 청구가 이유가 있다고 인정하면 처분을 취소 또는 다른 처분으로 변경하거나 처분을 다른 처분으로 변경할 것을 피청구인에게 명한다.
> ⑤ 위원회는 의무이행심판의 청구가 이유가 있다고 인정하면 지체 없이 신청에 따른 처분을 하거나 처분을 할 것을 피청구인에게 명한다.

제44조(사정재결)

① 재결청은 심판청구가 이유있다고 인정하는 경우에도 이를 인용하는 것이 현저히 공공복리에 적합하지 아니하다고 인정하는 때에는 위원회의 의결에 의하여 그 심판청구를 기각하는 재결을 할 수 있다. 이 경우 재결청은 그 재결의 주문에서 그 처분 또는 부작위가 위법 또는 부당함을 명시하여야 한다.

## 2. 인용재결

행정심판법 제43조(재결의 구분)

⑤ 재결청은 의무이행심판의 청구가 이유있다고 인정할 때에는 지체없이 신청에 따른 처분을 하거나(처분재결) 이를 할 것을 명(처분명령재결, 이행명령재결)한다.

### (1) 처분재결과 처분명령재결의 선택

**논점 38** **인용재결의 형식 ★★**

1) 문제점

행정심판법 제43조 제5항에서는 "재결청은 의무이행심판의 청구가 이유있다고 인정할 때에는 지체없이 신청에 따른 처분을 하거나(처분재결) 이를 할 것을 명(처분명령재결, 이행명령재결)한다."고 하여 의무이행심판의 인용재결의 경우 처분명령재결과 처분재결을 모두 인정하고 있다. 이 경우 어떠한 재결형식이 우선되어야 하는지에 대해 견해가 대립된다.

2) 학설

이에 대해 ① 행정심판위원회가 전적으로 선택에 재량을 갖는다는 견해(**재량설**)와, ② 행정심판위원회가 충분한 심사를 할 수 있다면 당사자의 신속한 권리구제를 위하여 처분재결을 활용하고, 기타의 경우에는 처분명령재결을 활용하자는 **원칙적 처분재결설**, ③ 처분청의 권한존중을 이유로 원칙적으로 처분명령재결을 활용하고, 예외적으로 처분재결을 활용해야 한다는 **원칙적 처분명령재결설**(김병기)이 대립한다.

3) 검토

처분청의 권한존중과 행정심판실무의 태도에 따라 원칙적 처분명령재결에 의함이 타당하다고 보인다.

### (2) 신청에 따른 처분의 의미

1) 기속행위의 경우 → 특정처분명령재결
2) 재량행위의 경우

**논점 39** **특정처분명령재결의 가능성**

1) 문제점

처분의 재량성이 인정되는 경우 그 거부처분에 대한 의무이행심판에서 행정심판위원회가 특정처분을 할 것을 명하는 재결을 해야하는지, 아니면 재결의 취지에 따라 일정한 처분을 할 것을 명하는 재결을 하여야 하는지 여부가 문제된다.

2) 학설

① 일정처분명령재결설

신청에 따른 처분은 반드시 청구인의 청구 내용대로의 처분을 의미하는 것이 아니라 경우에 따라서는 거부나 기타의 처분이 행해질 수도 있다는 견해(다수설)이다.

② 위법부당구별설

재결청은 위법사유에 기해서는 처분청에 대해 단지 일정한 처분을 할 것을 명할 수 있음에 그치고, 부당사유에 기한 경우는 재결청은 신청에 따른 처분을 스스로 하거나 할 것을 명할 수도 있다는 견해이다.

③ 명백설

재결시를 기준으로 합법성·합목적성의 원칙상 특정처분을 해야 할 것이 명백한 경우는 신청에 따른 적극적 처분을 하고, 명백하지 않다면 하자 없는 재량행사명령재결을 해야 한다는 견해가 대립된다.

3) 검토

처분청의 재량권을 존중하면서 청구권자의 권리구제도 함께 도모하는 명백설이 타당하다고 보인다.

## 3. 인용재결의 효력

> 행정심판법 제49조(재결의 기속력등)
> ① 재결은 피청구인인 행정청과 그 밖의 관계행정청을 기속한다.
> ② 당사자의 신청을 거부하거나 부작위로 방치한 처분의 이행을 명하는 재결이 있는 경우에는 행정청은 지체없이 그 재결의 취지에 따라 다시 이전의 신청에 대한 처분을 하여야 한다.

## VI. 재결에 대한 불복

> 행정심판법 제51조(행정심판 재청구의 금지)
> 심판청구에 대한 재결이 있는 경우에는 당해 재결 및 동일한 처분 또는 부작위에 대하여 다시 심판청구를 제기할 수 없다.

따라서 ① 재결의 효력으로 인해 권익을 침해당하는 제3자는 원처분주의의 예외로서 **재결자체의 고유한 하자를 주장하며 항고소송으로 다툴 수 있으나**, ② 피청구인인 **처분청은 특히 처분명령재결에 대해 행정소송법상 당사자능력 또는 원고적격이 부정되어 재결에 불복할 길이 없다는 점에서 문제점**으로 지적되고 있다.[43]

---

43) 신봉기, 지방자치분쟁법, 239면

# 행정심판의 대상 ★★

대표
기출문제
【2006년도 제15회 공인노무사/ 논술형 – 50점】
행정심판의 대상에 대해 설명하시오.

## Ⅰ. 서설

### 1. 행정심판법의 개괄주의

현행 행정심판법 제3조 제1항은 다른 법률에 특별한 규정이 있는 경우 외에는 행정청의 모든 처분 또는 부작위에 대하여 행정심판을 청구할 수 있도록 규정하므로써 개괄주의 채택하고 있다.

### 2. 예외

#### (1) 대통령의 처분 또는 부작위

> 행정심판법 제3조(행정심판의 대상)
> ② 대통령의 처분 또는 부작위에 대하여는 다른 법률에서 행정심판을 청구할 수 있도록 정한 경우 외에는 행정심판을 청구할 수 없다.

#### (2) 행정심판의 재결과 그 대상인 처분 또는 부작위

> 행정심판법 제51조(행정심판 재청구의 금지)
> 심판청구에 대한 재결이 있으면 그 재결 및 같은 처분 또는 부작위에 대하여 다시 행정심판을 청구할 수 없다.

#### (3) 별도의 불복절차가 마련된 경우

과태료부과처분이나 통고처분과 같이 개별법률의 규정에 의해 특별한 불복절차가 마련된 처분 또는 부작위에 대해서는 행정심판법에 따른 행정심판을 청구할 수 없다.

## Ⅱ. 처분

### 1. 처분의 의의

> 행정심판법 제2조(정의)
> 이 법에서 사용하는 용어의 뜻은 다음과 같다.
> 1. "처분"이란 행정청이 행하는 구체적 사실에 관한 법집행으로서의 공권력의 행사 또는 그 거부, 그 밖에 이에 준하는 행정작용을 말한다.

행정심판의 대상인 처분은 "행정청이 행하는 구체적 사실에 관한 법집행으로서의 공권력의 행사 또는 그 거부, 그 밖에 이에 준하는 행정작용"으로서 전술한 항고소송의 대상인 처분과 동일한 개념이다. 거부처분의 경우에도 마찬가지이다.

### 2. 처분적 법규명령이 행정심판의 대상인지 여부

**논점 40** **처분적 법규명령과 행정심판의 대상 ★★**

#### (1) 문제점

대통령령은 행정심판법 제3조 제2항에 따라 처분적 법규명령인 경우에도 행정심판의 대상이 되지 아니한다. 대통령령이 아닌 처분적 법규명령이 행정심판의 대상인지에 대해 견해가 대립되어 있다.

#### (2) 학설

이에 대해 ① 헌법 제107조 제2항에 근거하여 행정심판위원회는 법규명령에 대한 규범통제권한이 없음을 이유로 행정심판의 대상이 될 수 없다는 **부정설(다수설)**과, ② 대통령령을 제외한 처분적 법규명령은 행정심판법상 처분개념에 부합하므로 행정심판의 대상이 된다는 **긍정설**(박균성)이 대립된다.

#### (3) 검토

헌법 제107조 제2항과 행정심판법 제59조의 입법취지상 부정설이 타당하다.

## Ⅲ. 부작위

> 행정심판법 제2조(정의)
> 2. "부작위"라 함은 행정청이 당사자의 신청에 대하여 상당한 기간 내에 일정한 처분을 하여야 할 법률상 의무가 있음에도 불구하고 이를 하지 아니하는 것을 말한다.

전술한 부작위위법확인소송의 대상인 "부작위"와 동일한 개념이다.

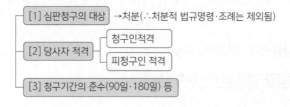

# UNIT 42 행정심판의 청구인 ★

## 개념체계

**행정심판의 청구요건**

[1] 심판청구의 대상 →처분(∵처분적 법규명령·조례는 제외됨)

[2] 당사자 적격
- 청구인적격
- 피청구인 적격

[3] 청구기간의 준수(90일·180일) 등

---

**대표 기출문제**

【1998년도 제7회 공인노무사/ 약술형 – 25점】
행정심판에 있어서 당사자의 절차적 권리에 대하여 설명하시오.

---

---

## Ⅰ. 청구인의 의의

행정심판법 제13조(청구인 적격)
　① 취소심판은 처분의 취소 또는 변경을 구할 법률상 이익이 있는 자가 청구할 수 있다. 처분의 효과가 기간의 경과, 처분의 집행, 그 밖의 사유로 소멸된 뒤에도 그 처분의 취소로 회복되는 법률상 이익이 있는 자의 경우에도 또한 같다.
　② 무효등확인심판은 처분의 효력 유무 또는 존재 여부의 확인을 구할 법률상 이익이 있는 자가 청구할 수 있다.
　③ 의무이행심판은 처분을 신청한 자로서 행정청의 거부처분 또는 부작위에 대하여 일정한 처분을 구할 법률상 이익이 있는 자가 청구할 수 있다.

제14조(법인이 아닌 사단 또는 재단의 청구인 능력)

　법인이 아닌 사단 또는 재단으로서 대표자나 관리인이 정하여져 있는 경우에는 그 사단이나 재단의 이름으로 심판 청구를 할 수 있다.

행정심판의 당사자로서 청구인이란 행정심판을 제기하는 자를 말한다.

## Ⅱ. 청구인능력

### 1. 의의 및 범위

청구인이 행정심판을 제기하여 이를 수행할 수 있는 능력을 청구인능력이라고 하는 바, 청구인은 원칙적으로 자연인 또는 법인이어야 한다. 그러나 법인격 없는 사단 또는 재단으로서 대표자나 관리인이 있을 때에는 그 이름으로 청구인이 될 수 있다(행정심판법 제14조).

### 2. 행정기관의 청구인능력

#### (1) 문제점

행정주체인 국가나 지방자치단체는 청구인능력이 있지만, 행정주체의 기관이 행정심판을 제기할 수 있는 청구인능력이 인정되는지 여부가 문제된다.

#### (2) 학설

행정심판법 제14조에 근거하여 행정심판의 청구인은 자연인 또는 법인이어야 한다. 문제는 공법상 법주체인 지방자치단체가 아닌 그 기관이 청구인능력을 갖는지에 대해 ① 행정심판법 제14조의 규정상 청구인능력이 인정될 수 없다는 견해와, ② 행정기관이 법령상 민간의 지위와 같이 독립된 사업수행을 하는 경우에만 예외적으로 청구인능력을 인정하는 견해가 대립된다.

#### (3) 재결례

행정심판위원회는 건강보험심사평가원의 처분에 대해 **국립의료원장이 제기한 취소심판청구의 경우 청구인 적격을 인정하여 ②설의 입장**이다.

#### (4) 검토

행정심판법 제14조와 재결례를 고려하여 ②설의 입장이 타당하다고 보여 진다.

## Ⅲ. 청구인적격

### 1. 청구인적격의 의의 및 범위

청구인적격이라 함은 "**행정심판을 청구할 자격이 있는 자**"를 말한다. 청구인적격이 없는 자가 제기한 행정심판은 부적법각하가 된다. 행정심판의 청구인은 "행정심판을 제기할 법률상 이익이 있는 자"이다(행정심판법 제13조).

### 2. 청구인적격에 관한 입법론

#### (1) 문제점

행정심판법은 취소심판에 있어서 취소소송에서와 달리 위법한 처분뿐만 아니라 부당한 처분도 통제의 대상으로 하고 있는데 행정심판의 청구인적격은 취소소송과 마찬가지로 "법률상 이익이 있는 자"에 한정한 것에 대하여 입법과오인지 여부가 문제된다.

### (2) 학설

#### 1) 입법과오설

행정심판의 경우는 위법한 침해뿐만 아니라 부당한 침해에 대해서도 다툴 수 있는데(행정심판법 제1조), 부당한 행위로는 법률상 이익이 침해될 수 없으므로 사실상 이익이 침해된 경우에 심판 청구할 수 있도록 규정되지 아니한 것은 과오라는 견해이다.

#### 2) 입법상 비과오설

행정심판청구인적격의 문제는 행정의 적법·타당성의 실효적 보장과 남소방지의 요청 사이의 비교형량에 따라 결정되는 입구의 문제이고, 이것은 **본안심리에서의 승소사유인 출구의 문제와는 원칙적으로 구별되어야 하므로 입법상 과오가 아니라는** 견해이다.

#### 3) 입법상 미흡설(입법미비설)

법규의 의미에 대한 문리적 해석에서 시작하여 침해는 위법한 침해와 적법한 침해 및 부당한 침해가 모두 가능하다고 본다. 따라서 **입법상 과오설과 달리 침해는 법률상 이익과 반사적 이익 모두 관련될 수 있다고 보므로 입법상 과오는 아니지만, 다만, 입법정책상 반사적 이익의 침해를 배제하는 듯한 표현은 입법적으로 미흡한 조항일 뿐이라는** 견해이다.

## 3. 검토

입법상 과오설이나 입법상 미흡설도 설득력이 있으나, 적어도 **행정심판의 청구범위가 행정소송의 범위보다 더 넓은데도 표현을 동일하게 하는 점에서도 입법상 과오를 지적하는 다수설의 입장이 타당하다고 본다.**

# Ⅳ. 문제점 및 평가

지방자치화 시대에 따라 행정기관간의 분쟁이 증가하고 있는 만큼 행정청의 청구인능력에 관한 규정을 두어 입법적으로 해결함이 바람직하며, 행정심판법 제13조의 청구인적격 조항도 입법상 과오라는 견해가 지적되고 있는 만큼 취소소송의 법률상 이익보다 넓은 개념으로 개정함이 타당하다고 보인다.

# UNIT 43 행정심판의 청구기간 ★★

대표
기출문제
【1999년도 제8회 공인노무사/ 약술형 – 25점】
행정심판의 청구기간

## Ⅰ. 서설

### 1. 의의

행정심판의 청구기간이란 "행정심판을 제기할 수 있는 일정한 시간적 간격"을 말한다.

### 2. 인정취지

행정심판법에서 청구기간을 제한하는 것은 행정법관계의 법적 안정성을 유지하고 당사자들의 기존의 신뢰를 보호하기 위함에 있다.

## Ⅱ. 취소심판의 청구기간

행정심판법 제27조(심판청구기간)
　① 행정심판은 처분이 있음을 알게 된 날부터 90일 이내에 청구하여야 한다.
　② 청구인이 천재지변, 전쟁, 사변, 그 밖의 불가항력으로 인하여 제1항에서 정한 기간에 심판청구를 할 수 없었을 때에는 그 사유가 소멸한 날부터 14일 이내에 행정심판을 청구할 수 있다. 다만, 국외에서 행정심판을 청구하는 경우에는 그 기간을 30일로 한다.
　③ 행정심판은 처분이 있었던 날부터 180일이 지나면 청구하지 못한다. 다만, 정당한 사유가 있는 경우에는 그러하지 아니하다.
　④ 제1항과 제2항의 기간은 불변기간으로 한다.

⑤ 행정청이 심판청구 기간을 제1항에 규정된 기간보다 긴 기간으로 잘못 알린 경우 그 잘못 알린 기간에 심판청구가 있으면 그 행정심판은 제1항에 규정된 기간에 청구된 것으로 본다.

⑥ 행정청이 심판청구 기간을 알리지 아니한 경우에는 제3항에 규정된 기간에 심판청구를 할 수 있다.

## 1. 원칙

### (1) 처분이 있음을 안 경우

취소심판은 상대방이 처분이 있음을 안 경우 알게 된 날로부터 90일 이내에 청구하여야 한다(행정심판법 제27조 제1항). 이 기간은 불변기간이다(제27조 제4항). 여기서 "처분이 있음을 안 날"이란 처분이 있었음을 실제로 안 날을 의미한다. 이에 대해 대법원은 "행정심판법 제18조 제1항 소정의 '처분이 있음을 안 날'이라 함은 당사자가 통지·공고 기타의 방법에 의하여 당해 처분이 있었다는 사실을 현실적으로 안 날을 의미하고, 추상적으로 알 수 있었던 날을 의미하는 것은 아니라 할 것이다.[44]"고 판시하고 있다.

### (2) 처분이 있음을 알지 못한 경우

당사자가 처분이 있음을 알지 못한 경우에는 행정심판은 처분이 있었던 날부터 180일이 지나면 청구하지 못한다(행정심판법 제27조 제3항). 여기서 처분이 "있은 날"이란 처분의 효력의 발생한 날을 의미한다.

### (3) 양자의 관계

두 가지 기간이 동시에 충족되는 경우에는 먼저 경과되는 기간을 우선 적용한다.

## 2. 예외

### (1) 90일에 대한 예외

#### 1) 행정심판법 제27조 제2항의 예외

청구인이 천재지변, 전쟁, 사변, 그 밖의 불가항력으로 인하여 제1항에서 정한 기간에 심판청구를 할 수 없었을 때에는 그 사유가 소멸한 날부터 14일 이내에 행정심판을 청구할 수 있다. 다만, 국외에서 행정심판을 청구하는 경우에는 그 기간을 30일로 한다.

#### 2) 심판청구기간의 오고지의 경우

처분청이 행정심판의 청구기간을 90일의 기간 보다 긴 기간으로 잘못 알린 경우 그 잘못 알린 기간에 심판청구가 있으면 그 행정심판의 청구기간은 준수된 것으로 본다(행정심판법 제27조 제5항).

#### 3) 심판청구기간의 불고지의 경우

처분청이 심판청구 기간을 알리지 아니한 경우에는 처분의 상대방이 처분이 있음을 안 경우에도 행정심판법 제27조 제3항에 따라 있은 날로부터 180일 이내에 취소심판청구를 할 수 있다.

### (2) 180일에 대한 예외

청구인이 처분이 있음을 알지 못함에 대한 정당한 사유가 있는 경우에는 180일의 기간이 경과하여도 취소심판을 청구할 수 있다(행정심판법 제27조 제3항). 여기서 "정당한 사유"란 행정심판기관이 조사하여 건전한 사회통념에 입각하여 판단할 것이다. "정당한 사유"가 존재하는 경우 행정심판의 청구기간에 대해서는 입법적 불비라 할 수 있지만 행정심판법 제27조 제2항을 유추적용하여 그러한 사유가 소멸된 때로부터 14일 이내, 국외에서 행정심판을 청구하는 경우에는 그 기간을 30일로 한다고 보아야 한다.

---

44) [대법원 1999.12.28. 99두9742] 행정심판법 제18조 제1항 소정의 심판청구기간 기산점인 '처분이 있음을 안 날'이라 함은 당사자가 통지·공고 기타의 방법에 의하여 당해 처분이 있었다는 사실을 현실적으로 안 날을 의미하고, 추상적으로 알 수 있었던 날을 의미하는 것은 아니지만, 처분에 관한 서류가 당사자의 주소지에 송달되는 등 사회통념상 처분이 있음을 당사자가 알 수 있는 상태에 놓여진 때에는 반증이 없는 한 그 처분이 있음을 알았다고 추정할 수 있으므로(대법원 1995.11.24. 95누11535 참조), 위와 같이 원고의 주소지에서 원고의 아르바이트 직원이 납부고지서를 수령한 이상, 원고로서는 그 때 처분이 있음을 알 수 있는 상태에 있었다고 볼 수 있고, 따라서 원고는 그 때 처분이 있음을 알았다고 추정함이 상당하다.

## 3. 심판청구기간의 계산

행정청이 제58조에 따른 고지를 하지 아니하거나 잘못 고지하여 청구인이 심판청구서를 다른 행정기관에 제출한 경우에는 행정심판의 청구기간을 계산함에 있어서는 다른 행정기관에 심판청구서가 제출되었을 때에 행정심판이 청구된 것으로 본다(행정심판법 제23조 제4항).

## Ⅲ. 무효등확인심판과 의무이행심판의 경우

### 1. 행정심판법 제27조 제7항

> 행정심판법 제27조(심판청구기간)
> ⑦ 제1항부터 제6항까지의 규정은 무효등확인심판청구와 부작위에 대한 의무이행심판청구에는 적용하지 아니한다.

무효등확인심판청구와 부작위에 대한 의무이행심판청구에는 청구기간이 적용하지 아니한다.

### 2. 거부처분에 대한 의무이행심판의 경우

#### (1) 문제점

거부처분에 대한 의무이행심판청구의 경우에는 행정심판법 제27조 제7항을 유추적용해 행정심판의 청구기간의 제한이 없는 것인지가 문제된다.

#### (2) 판례

이에 대해 대법원은 "행정심판법 제27조 제7항에 부작위에 대한 의무이행심판청구에는 심판청구기간에 관한 같은 조 제1항 내지 제6항의 규정을 적용하지 아니한다고 규정되어 있지만, **위 법조항 소정의 부작위에 대한 의무이행심판청구에 거부처분에 대한 의무이행심판청구도 포함된다고 볼 수 없다**(대법원 1992.11.10. 92누1629)."고 판시하여 거부처분에 대한 의무이행심판의 경우에는 청구기간의 제한이 적용된다.

## Ⅳ. 결어 및 입법론

행정심판법 제27조 제3항에서 처분이 알지 못함에 "정당한 사유"가 있는 경우 행정심판청구기간에 대해 명확한 규정을 두고 있지 않다. 이 경우 적정한 행정심판청구의 기간을 명확하게 규정함이 바람직하며, 본래적 이의신청을 거쳐 행정심판을 청구하는 경우 개별법률에 청구기간에 관한 명확한 규정이 없는 경우가 많으므로 이에 대한 행정심판청구기간에 관한 규정도 신설함이 타당하다고 보여 진다.

대표
기출문제

【2000년도 제9회 공인노무사/ 약술형 – 25점】
행정심판위원회에 대하여 설명하시오.

〈목 차〉

# Ⅰ. 서설

## 1. 의의

행정심판위원회는 "행정심판의 청구를 심리·재결하기 위하여 일정한 행정기관 소속하에 설치한 행정기관"을 말한다.

## 2. 법적 근거

행정심판법 제6조 이하에서 행정심판위원회의 종류와 구성에 대해 규정을 두고 있다.

## 3. 현행 행정심판법의 제도개선

현행 행정심판법은 ① 재결청을 없애고 재결청의 권한을 행정심판위원회에 이전하여 심리와 의결 그리고 재결을 모두 행정심판위원회가 할 수 있도록 하였으며, ② 국무총리행정심판위원회를 중앙행정심판위원회로 개정하였다.

## Ⅱ. 행정심판위원회의 지위

행정심판위원회는 ① **심리기관**으로서의 성격과 ② **재결기관**으로서의 성격을 갖는 동시에 ③ **합의제행정기관**이자 ④ **독립기관(준제3기관)**으로서의 성격을 갖는다.

## Ⅲ. 행정심판위원회의 종류

### 1. 일반행정심판위원회

행정심판법 제6조(행정심판위원회의 설치)

① 다음 각 호의 행정청 또는 그 소속 행정청(행정기관의 계층구조와 관계없이 그 감독을 받거나 위탁을 받은 모든 행정청을 말하되, 위탁을 받은 행정청은 그 위탁받은 사무에 관하여는 위탁한 행정청의 소속 행정청으로 본다. 이하 같다)의 처분 또는 부작위에 대한 행정심판의 청구(이하 "심판청구"라 한다)에 대하여는 다음 각 호의 행정청에 두는 행정심판위원회에서 심리 · 재결한다.

1. 감사원, 국가정보원장, 그 밖에 대통령령으로 정하는 대통령 소속기관의 장
2. 국회사무총장 · 법원행정처장 · 헌법재판소사무처장 및 중앙선거관리위원회사무총장
3. 국가인권위원회, 진실 · 화해를 위한 과거사 정리위원회, 그 밖에 지위 · 성격의 독립성과 특수성 등이 인정되어 대통령령으로 정하는 행정청

② 다음 각 호의 행정청의 처분 또는 부작위에 대한 심판청구에 대하여는 「부패방지 및 국민권익위원회의 설치와 운영에 관한 법률」에 따른 국민권익위원회(이하 "국민권익위원회"라 한다)에 두는 중앙행정심판위원회에서 심리 · 재결한다.

1. 제1항에 따른 행정청 외의 국가행정기관의 장 또는 그 소속 행정청
2. 특별시장 · 광역시장 · 도지사 · 특별자치도지사(특별시 · 광역시 · 도 또는 특별자치도의 교육감을 포함한다. 이하 "시 · 도지사"라 한다) 또는 특별시 · 광역시 · 도 · 특별자치도(이하 "시 · 도"라 한다)의 의회(의장, 위원회의 위원장, 사무처장 등 의회 소속 모든 행정청을 포함한다)
3. 「지방자치법」에 따른 지방자치단체조합 등 관계 법률에 따라 국가 · 지방자치단체 · 공공법인 등이 공동으로 설립한 행정청. 다만, 제3항 제3호에 해당하는 행정청은 제외한다.

③ 다음 각 호의 행정청의 처분 또는 부작위에 대한 심판청구에 대하여는 시 · 도지사 소속으로 두는 행정심판위원회에서 심리 · 재결한다.

1. 시 · 도 소속 행정청
2. 시 · 도의 관할구역에 있는 시 · 군 · 자치구의 장, 소속 행정청 또는 시 · 군 · 자치구의 의회(의장, 위원회의 위원장, 사무국장, 사무과장 등 의회 소속 모든 행정청을 포함한다)
3. 시 · 도의 관할구역에 있는 둘 이상의 지방자치단체(시 · 군 · 자치구를 말한다) · 공공법인 등이 공동으로 설립한 행정청

④ 제2항 제1호에도 불구하고 대통령령으로 정하는 국가행정기관 소속 특별지방행정기관의 장의 처분 또는 부작위에 대한 심판청구에 대하여는 해당 행정청의 직근 상급행정기관에 두는 행정심판위원회에서 심리 · 재결한다.

**(1) 중앙행정심판위원회**(행정심판법 제6조 제2항)
**(2) 독립기관 등 소속 행정심판위원회**(동법 제6조 제1항)
**(3) 시 · 도지사소속 행정심판위원회**(동법 제6조 제3항)
**(4) 직근 상급행정기관 소속 행정심판위원회**(동법 제6조 제4항)

## 2. 특별행정심판위원회

개별법에 의해 설치되는 특별행정심판을 담당하는 특별행정심판위원회로는 소청심사위원회, 국세심판원, 중앙토지수용위원회 등이 있다.

### 개념정리 행정심판기관의 종류와 관할

| 구분 | 관할 |
|---|---|
| 중앙행정심판위원회 (동조 제2항) | i) 국무총리나 행정 각 부 장관, ii) 특별시장·광역시장·도지사·특별자치도지사(교육감을 포함) 또는 특별시·광역시·도·특별자치도의 의회, iii) 지방자치법에 따른 지방자치단체조합 등 관계 법률에 따라 국가·지방자치단체·공공법인 등이 공동으로 설립한 행정청의 처분 또는 부작위에 대한 심판청구를 심리·재결하기 위하여 부패방지 및 국민권익위원회의 설치와 운영에 관한 법률에 따른 국민권익위원회에 중앙행정심판위원회를 둔다(例 국토해양부장관의 처분이나 부작위의 경우). |
| 처분청소속 행정심판위원회 (동조 제1항) | 감사원, 국가정보원장, 국회사무총장·법원행정처장·헌법재판소사무처장 및 중앙선거관리위원회사무총장, 그 밖에 대통령령으로 정하는 대통령 소속기관의 장과 국가인권위원회, 진실·화해를위한과거사정리위원회, 그 밖에 지위·성격의 독립성과 특수성 등이 인정되어 대통령령으로 정하는 행정청의 처분 또는 부작위에 대한 심판청구를 심리·재결하기 위하여 해당 행정청 소속으로 행정심판위원회를 둔다(例 국회사무총장의 처분이나 부작위에 대한 국회행정심판위원회). |
| 직근상급청소속 행정심판위원회 (동조 제4항) | 법무부 및 대검찰청 소속 특별지방행정기관의 장의 처분 또는 부작위에 대한 심판청구에 대하여는 중앙심판위원회가 행정심판위원회가 아닌 해당 행정청의 직근 상급행정기관에 두는 행정심판위원회에서 심리·재결한다. |
| 시·도지사소속 행정심판위원회 (동조 제3항) | i) 시·도 소속의 행정청, ii) 시·도의 관할구역에 있는 시·군·자치구의 장, 소속 행정청 또는 시·군·자치구의 의회, iii) 시·도의 관할구역에 있는 둘 이상의 지방자치단체·공공법인 등이 공동으로 설립한 행정청의 처분 또는 부작위에 대한 심판청구를 심리·재결하기 위하여 각각 특별시장·광역시장·도지사·제주특별자치도지사 소속으로 행정심판위원회를 둔다(例 종로구청장의 처분이나 부작위에 대한 서울특별시장 소속 행정심판위원회). |
| 특수 행정심판위원회 | 행정심판에 있어 심리·재결에 객관적인 공정성을 확보하기 위하여, 개별법에서 당해 행정청이나 행정감독기관이 아닌 특별한 제3기관을 설치하여 행정심판기관으로 하는 경우(例 국세심판원과 소청심사위원회) |

## Ⅳ. 위원회의 권한

### 1. 심리권

행정심판위원회는 심판청구사건에 대한 심리권을 가진다. 이때의 심리란 "행정심판청구에 대한 재결을 하기 위하여 당사자와 관계인의 주장을 듣고, 증거와 기타 자료 등을 수집조사하는 절차를 말한다.

### 2. 심리에 부수된 권한

행정심판위원회는 심리권을 효율적으로 행사하기 위한 부수적 권한으로서 ① 대표자선정권고권(행정심판법 제15조 제1항), ② 청구인의 지위승계권(동법 제16조), ③ 대리인선임허가권(동법 제18조), ④ 피청구인경정권(동법 제17조 제5항), ⑤ 심판참가허가 및 요구권(동법 제20조), ⑥ 청구의 변경허가권(동법 제29조 제6항), ⑦ 보정명령권(동법 제32조 제1항), ⑧ 자료제출요구권(동법 제35조) 등의 권한이 있다.

## (1) 대표자선정권고권

> 행정심판법 제15조(선정대표자)
> ① 여러 명의 청구인이 공동으로 심판청구를 할 때에는 청구인들 중에서 3명 이하의 선정대표자를 선정할 수 있다.
> ② 청구인들이 제1항에 따라 선정대표자를 선정하지 아니한 경우에 위원회는 필요하다고 인정하면 청구인들에게 선정대표자를 선정할 것을 권고할 수 있다.

## (2) 청구인지위의 승계허가권

> 행정심판법 제16조(청구인의 지위승계)
> ⑤ 심판청구의 대상과 관계되는 권리나 이익을 양수한 자는 위원회의 허가를 받아 청구인의 지위를 승계할 수 있다.

## (3) 피청구인경정 결정권

> 행정심판법 제17조(피청구인의 적격 및 경정)
> ② 청구인이 피청구인을 잘못 지정한 경우에는 위원회는 직권으로 또는 당사자의 신청에 의하여 결정으로써 피청구인을 경정(更正)할 수 있다.

## (4) 대리인선임 허가권

> 행정심판법 제18조(대리인의 선임)
> ① 청구인은 법정대리인 외에 다음 각 호의 어느 하나에 해당하는 자를 대리인으로 선임할 수 있다.
> 1. 청구인의 배우자, 청구인 또는 배우자의 사촌 이내의 혈족
> 2. 청구인이 법인이거나 제14조에 따른 청구인 능력이 있는 법인이 아닌 사단 또는 재단인 경우 그 소속 임직원
> 3. 변호사
> 4. 다른 법률에 따라 심판청구를 대리할 수 있는 자
> 5. 그 밖에 위원회의 허가를 받은 자

## (5) 심판참가 허가 및 요구권

> 행정심판법 제20조(심판참가)
> ⑤ 위원회는 제2항에 따라 참가신청을 받으면 허가 여부를 결정하고, 지체 없이 신청인에게는 결정서 정본을, 당사자와 다른 참가인에게는 결정서 등본을 송달하여야
>
> 제21조(심판참가의 요구)
> ① 위원회는 필요하다고 인정하면 그 행정심판 결과에 이해관계가 있는 제3자나 행정청에 그 사건 심판에 참가할 것을 요구할 수 있다.

## (6) 청구의 변경허가권

> 행정심판법 제29조(청구의 변경)
> ① 청구인은 청구의 기초에 변경이 없는 범위에서 청구의 취지나 이유를 변경할 수 있다.
> ② 행정심판이 청구된 후에 피청구인이 새로운 처분을 하거나 심판청구의 대상인 처분을 변경한 경우에는 청구인은 새로운 처분이나 변경된 처분에 맞추어 청구의 취지나 이유를 변경할 수 있다.
> ③ 제1항 또는 제2항에 따른 청구의 변경은 서면으로 신청하여야 한다. 이 경우 피청구인과 참가인의 수만큼 청구변경신청서 부본을 함께 제출하여야 한다.
> ⑥ 위원회는 제1항 또는 제2항의 청구변경 신청에 대하여 허가할 것인지 여부를 결정하고, 지체 없이 신청인에게는 결정서 정본을, 당사자 및 참가인에게는 결정서 등본을 송달하여야 한다.

## (7) 보정권

> 행정심판법 제32조(보정)
> ① 위원회는 심판청구가 적법하지 아니하나 보정할 수 있다고 인정하면 기간을 정하여 청구인에게 보정할 것을 요구할 수 있다. 다만, 경미한 사항은 직권으로 보정할 수 있다.

---

**참조판례** **보정명령을 하지 않고 한 각하재결의 위법 여부**

【사건개요】 행정심판의 청구가 심판청구의 취지 및 피청구인의 표시를 하지 않았으나 그 외 사항에 대해서는 모두 적법함에도 불구하고 소관 행정심판위원회가 행정심판법 소정의 기재를 하지 아니한 하자를 들어 부적법각하재결을 한 것이 위법한지 여부(적극)

【판시사항】 행정심판법 제19조, 제23조의 규정 취지와 행정심판제도의 목적에 비추어 행정소송의 전치요건이 되는 행정심판청구는 엄격한 형식을 요하지 아니하는 서면행위이므로, 행정청의 위법 부당한 처분 등으로 인하여 권리나 이익을 침해당한 자로부터 처분의 취소나 변경을 구하는 서면이 제출되었을 때에는 그 표제와 제출기관의 여하를 불문하고 이를 행정소송법 제18조 소정의 행정심판청구로 보고, **불비된 사항이 있을 때에는 보정가능하면 보정을 명하고 보정이 불가능하거나 보정명령에 따르지 아니하면 그 때 비로소 부적법 각하를 하여야 할 것이며**, 더욱이 심판청구인은 일반적으로 전문적 법률지식을 갖고 있지 못하여 제출된 서면의 취지가 불명확한 경우도 적지 않으나, 이러한 경우에도 행정청으로서는 그 서면을 가능한 한 제출자의 이익이 되도록 해석하고 처리하여야 한다(대법원 1997.2.11. 96누14067).

## (8) 증거조사권

> 행정심판법 제36조(증거조사)
> ① 위원회는 사건을 심리하기 위하여 필요하면 직권으로 또는 당사자의 신청에 의하여 다음 각 호의 방법에 따라 증거조사를 할 수 있다.
> 1. 당사자나 관계인(관계 행정기관 소속 공무원을 포함한다. 이하 같다)을 위원회의 회의에 출석하게 하여 신문하는 방법
> 2. 당사자나 관계인이 가지고 있는 문서·장부·물건 또는 그 밖의 증거자료의 제출을 요구하고 영치하는 방법
> 3. 특별한 학식과 경험을 가진 제3자에게 감정을 요구하는 방법
> 4. 당사자 또는 관계인의 주소·거소·사업장이나 그 밖의 필요한 장소에 출입하여 당사자 또는 관계인에게 질문하거나 서류·물건 등을 조사·검증하는 방법
> ② 위원회는 필요하면 위원회가 소속된 행정청의 직원이나 다른 행정기관에 촉탁하여 제1항의 증거조사를 하게 할 수 있다.

## 3. 집행정지결정 및 집행정지취소결정권

행정심판위원회는 청구인의 집행정지신청에 대하여 집행정지를 결정하거나 결정된 집행정지를 취소결정할 권한이 있다(행정심판법 제30조).

## 4. 직접처분권 및 간접강제권

행정심판위원회는 의무이행심판의 명령재결에도 불구하고 처분청이 아무런 처분을 하지 아니하는 경우 당사자의 청구에 의하여 시정명령을 한 뒤 직접처분을 할 수 있다(행정심판법 제50조). 또한 행정심판위원회는 거부처분취소재결 또는 의무이행재결에도 불구하고 이에 따른 재처분의무를 다하지 아니하는 경우 재처분의무를 명하고 이 기간 내에 이행하지 않는 경우 배상을 명하거나 즉시 지연배상금을 지급을 명해야 한다(행정심판법 제50조의2).

## 5. 중앙행정심판위원회의 불합리한 법령에 대한 시정조치요청권

---

행정심판법 제59조(불합리한 법령 등의 개선)

① 중앙행정심판위원회는 심판청구를 심리·재결할 때에 처분 또는 부작위의 근거가 되는 명령 등(대통령령·총리령·부령·훈령·예규·고시·조례·규칙 등을 말한다. 이하 같다)이 법령에 근거가 없거나 상위 법령에 위배되거나 국민에게 과도한 부담을 주는 등 크게 불합리하면 관계 행정기관에 그 명령 등의 개정·폐지 등 적절한 시정조치를 요청할 수 있다.

② 제1항에 따른 요청을 받은 관계 행정기관은 정당한 사유가 없으면 이에 따라야 한다.

---

중앙행정심판위원회는 심판청구의 심리도중 불합리한 명령 등에 대하여 관계기관에게 시정조치를 요청할 수 있는 권한이 있다(행정심판법 제59조).

## 6. 재결권

행정심판위원회는 행정심판법에 따라 심판청구사건에 대하여 각하재결, 기각재결, 인용재결 등을 할 권한을 갖는다.

## 7. 임시처분권

행정심판위원회는 행정심판법 제31조에 따라 청구인의 청구에 따라 집행정지를 통해 목적을 달성할 수 없는 경우에는 임시처분결정을 할 수 있다.

## 8. 조정권

---

행정심판법 제43조의2(조정)

① 위원회는 당사자의 권리 및 권한의 범위에서 당사자의 동의를 받아 심판청구의 신속하고 공정한 해결을 위하여 조정을 할 수 있다. 다만, 그 조정이 공공복리에 적합하지 아니하거나 해당 처분의 성질에 반하는 경우에는 그러하지 아니하다.

② 위원회는 제1항의 조정을 함에 있어서 심판청구된 사건의 법적·사실적 상태와 당사자 및 이해관계자의 이익 등 모든 사정을 참작하고, 조정의 이유와 취지를 설명하여야 한다.

③ 조정은 당사자가 합의한 사항을 조정서에 기재한 후 당사자가 서명 또는 날인하고 위원회가 이를 확인함으로써 성립한다.

④ 제3항에 따른 조정에 대하여는 제48조부터 제50조까지, 제50조의2, 제51조의 규정을 준용한다.

---

행정심판위원회는 당사자의 권리 및 권한의 범위에서 당사자의 동의를 받아 심판청구의 신속하고 공정한 해결을 위하여 조정을 할 수 있다(동법 제43조의2).

# V. 문제점 및 평가

처분청에 따라 행정심판위원회의 관할을 지정함은 행정심판의 용이화와 전문화에 비추어 타당하지 않다고 보인다. 따라서 행정심판위원회의 지위와 권한을 강화하고 행정영역에 따라 행정심판위원회를 보다 전문화하는 개정이 필요하다고 보인다.

## 개념체계

### 행정심판법상 임시적 구제제도

```
         ┌─ 적극·침익적 처분 ──→ 집행정지(행정심판법 §30)
         │
행정심판법상 임시적 구제제도
         │
         └─ 수익처분에 대한 거부 및 부작위 ──→ 임시처분제도(행정심판법 §31)
```

**대표**
**기출문제**

【2015년도 제26회 공인노무사/ 약술형 – 25점】
취소심판의 재결이 내려지기 이전에 청구인이 제기할 수 있는 행정심판법상의 잠정적인 권리구제수단에 관하여 설명하시오.

【2018년도 제27회 공인노무사/ 사례형 – 50점】
甲은 A국 국적으로 대한민국에서 취업하고자 관련법령에 따라 2009년 4월경 취업비자를 받아 대한민국에 입국하였고, 2010년 4월 체류기간이 만료되었다. 乙은 같은 A국 출신으로, 대한민국 국적 남성과 혼인하고 2015년 12월 귀화하였으나, 2016년 10월 협의이혼 하였다. 이후 甲은 2017년 7월 乙과 혼인신고를 하고, 2017년 8월 관할행정청인 X에게 대한민국 국민의 배우자(F-6-1)자격으로 체류자격 변경허가 신청을 하였다. 그러나 甲은 당시 7년여의 '불법체류'를 하고 있음이 적발되었고, 이는 관련법령 및 사무처리지침(이하 '지침 등'이라 함)상 허가요건 중 하나인 '국내합법체류자' 요건을 결여하게 되어 X는 2017년 8월 甲의 신청을 반려하는 처분을 하였다. 한편 甲과 乙은 최근 자녀를 출산하였다. 甲은 위 허가를 받지 못하면 당장 A국으로 출국하여야 하고, 자녀 양육에 어려움을 겪는 등 가정이 파탄될 위험이 생기므로 위 반려처분은 위법하다고 주장한다. (50점)
(1) 만일, 甲이 X의 반려처분에 불복하여 행정심판을 제기함과 동시에 임시처분을 신청하는 경우, 임시처분의 인용가능성에 관하여 논하시오. (20점)
▶ 답안연습: 한장답안 기출문제 연습【문제 1】참조

# Ⅰ. 서설

## 1. 가구제의 의의

행정심판의 가구제란 "본안재결의 실효성을 확보하기 위하여 처분을 정지하거나 공법상 법률관계에 관하여 잠정적인 효력관계나 지위를 정함으로써 본안재결이 확정되기 전에 임시의 권리구제를 도모하는 것"을 말한다.

## 2. 행정심판법의 태도

행정심판법은 제30조에서 소극적 가구제로서 집행정지를, 제31조에서 적극적 가구제로서 임시처분제도를 두고 있다.

# Ⅱ. 집행정지

행정심판법 제30조(집행정지)
① 심판청구는 처분의 효력이나 그 집행 또는 절차의 속행에 영향을 주지 아니한다.
② 위원회는 처분, 처분의 집행 또는 절차의 속행 때문에 중대한 손해가 생기는 것을 예방할 필요성이 긴급하다고 인정할 때에는 직권으로 또는 당사자의 신청에 의하여 처분의 효력, 처분의 집행 또는 절차의 속행의 전부 또는 일부의 정지(이하 '집행정지'라 한다)를 결정할 수 있다. 다만, 처분의 효력정지는 처분의 집행 또는 절차의 속행을 정지함으로써 그 목적을 달성할 수 있을 때에는 허용되지 아니한다.
③ 집행정지는 공공복리에 중대한 영향을 미칠 우려가 있을 때에는 허용되지 아니한다.
④ 위원회는 집행정지를 결정한 후에 집행정지가 공공복리에 중대한 영향을 미치거나 그 정지사유가 없어진 경우에는 직권으로 또는 당사자의 신청에 의하여 집행정지 결정을 취소할 수 있다.
⑤ 집행정지 신청은 심판청구와 동시에 또는 심판청구에 대한 제7조 제6항 또는 제8조 제7항에 따른 위원회나 소위원회의 의결이 있기 전까지, 집행정지 결정의 취소신청은 심판청구에 대한 제7조 제6항 또는 제8조 제7항에 따른 위원회나 소위원회의 의결이 있기 전까지 신청의 취지와 원인을 적은 서면을 위원회에 제출하여야 한다. 다만, 심판청구서를 피청구인에게 제출한 경우로서 심판청구와 동시에 집행정지 신청을 할 때에는 심판청구서 사본과 접수증명서를 함께 제출하여야 한다.
⑥ 제2항과 제4항에도 불구하고 위원회의 심리·결정을 기다릴 경우 중대한 손해가 생길 우려가 있다고 인정되면 위원장은 직권으로 위원회의 심리·결정을 갈음하는 결정을 할 수 있다. 이 경우 위원장은 지체 없이 위원회에 그 사실을 보고하고 추인을 받아야 하며, 위원회의 추인을 받지 못하면 위원장은 집행정지 또는 집행정지 취소에 관한 결정을 취소하여야 한다.
⑦ 위원회는 집행정지 또는 집행정지의 취소에 관하여 심리·결정하면 지체 없이 당사자에게 결정서 정본을 송달하여야 한다.

## 1. 집행정지의 의의

집행정지란 "계쟁처분의 집행 또는 절차의 속행으로 인하여 생길 중대한 손해발생을 예방하기 위하여 긴급한 필요가 있다고 인정할 때 위원회가 당사자의 신청 또는 직권에 의해 그 집행을 잠정적으로 정지하도록 결정하는 것"을 말한다(행정소송법 제30조 제2항).

## 2. 집행정지결정의 요건

### (1) 적극적 요건

집행정지결정의 적극적 요건으로서 ① 집행정지의 대상인 처분등이 존재하여야 하고, ② 적법한 심판청구가 계속중이어야 하며, ③ **중대한 손해발생의 가능성**이 있어야 하며, ④ 본안재결을 기다릴 시간적 여유가 없어야 한다(행정심판법 제30조 제2항).

### (2) 소극적 요건

집행정지결정은 행정심판법 제30조 제3항에 따라 집행정지결정이 공공복리에 대한 중대한 영향을 미칠 우려가 없어야 한다.

## 3. 집행정지의 절차 및 취소

집행정지는 행정심판위원회가 결정한다. 다만, 위원회의 심리 · 결정을 기다릴 경우 중대한 손해가 생길 우려가 있다고 인정되면 위원장은 직권으로 위원회의 심리 · 결정을 갈음하는 결정을 할 수 있다. 이 경우 위원장은 지체 없이 위원회에 그 사실을 보고하고 추인을 받아야 하며, 위원회의 추인을 받지 못하면 위원장은 집행정지 또는 집행정지 취소에 관한 결정을 취소하여야 한다(행정심판법 제30조 제6항).

# Ⅲ. 임시처분제도

행정심판법 제31조(임시처분)
① 위원회는 처분 또는 부작위가 위법 · 부당하다고 상당히 의심되는 경우로서 처분 또는 부작위 때문에 당사자가 받을 우려가 있는 중대한 불이익이나 당사자에게 생길 급박한 위험을 막기 위하여 임시지위를 정하여야 할 필요가 있는 경우에는 직권으로 또는 당사자의 신청에 의하여 임시처분을 결정할 수 있다.
② 제1항에 따른 임시처분에 관하여는 제30조 제3항부터 제7항까지를 준용한다. 이 경우 같은 조 제6항 전단 중 "중대한 손해가 생길 우려"는 "중대한 불이익이나 급박한 위험이 생길 우려"로 본다.
③ 제1항에 따른 임시처분은 제30조 제2항에 따른 집행정지로 목적을 달성할 수 있는 경우에는 허용되지 아니한다.

## 1. 의의

현행 행정심판법은 **행정심판위원회가 처분 또는 부작위가 위법 · 부당하다고 상당히 의심되는 경우로서 처분 또는 부작위 때문에 당사자가 받을 우려가 있는 중대한 불이익이나 당사자에게 생길 급박한 위험을 막기 위하여 임시지위를 정하여야 할 필요가 있는 경우에는 직권으로 또는 당사자의 신청에 의하여 임시처분을 결정할 수 있도록** 하였다. 임시처분제도는 2010년 7월 26일부터 시행된다.

## 2. 입법취지

**현행** 행정심판법(2008.8.29)은 행정청의 거부처분과 부작위에 대하여 행정소송법과 달리 의무이행심판을 인정하면서도 이에 대응되는 가구제(위원회가 적극적으로 임시의 지위를 정하는 가구제)를 인정하고 있지 않아 **의무이행심판의 실효성을 제약하고 있다는 문제점이 지적**되어 왔고, 따라서 개정 행정심판법은 이를 개선하기 위하여 임시처분제도를 도입한 것이다.

## 3. 임시처분결정의 요건

### (1) 적극적 요건

#### 1) (거부)처분 또는 부작위가 위법·부당하다고 상당히 의심될 것

임시처분은 본안재결에서 기각될 것이 확실한 경우에는 허용될 수 없다.

#### 2) 행정심판청구가 계속될 것

임시처분은 행정심판청구가 적법하여 심판청구가 본안재결 확정시까지 계속되고 있는 상황이어야 한다.

#### 3) 당사자가 받을 우려가 중대한 불이익이거나 당사자에게 생길 급박한 위험이 존재할 것

종래의 집행정지의 "회복하기 어려운 손해"의 개념 대신 "중대한 불이익"으로 변경한 것은 처분의 성질·내용·상대방이 입은 손해의 정도·금전배상의 방법 및 난이도 등 여러 요소를 종합하여 개별·구체적으로 판단하여야 하기 때문이다.

#### 4) 이를 막기 위하여 임시지위를 정하여야 할 필요가 있을 것

### (2) 소극적 요건

임시처분은 공공복리에 중대한 영향을 미칠 우려가 있는 경우에는 허용되지 않는다.

### (3) 임시처분의 보충성

임시처분은 행정심판법상 집행정지로 목적을 달성할 수 있는 경우에는 허용되지 아니한다. 따라서 임시처분의 대상은 집행정지로 구제될 수 없는 거부처분과 부작위에 대해서만 적용된다고 볼 것이다.

## 4. 임시처분결정의 절차 및 효력 등

임시처분결정의 절차 및 효력, 그리고 임시처분결정의 취소에 대해서는 집행정지에 관한 규정을 준용한다.

# Ⅳ. 문제점 및 평가

의무이행심판에 대응되는 적극적 가구제로서 임시처분제도를 도입한 것은 국민의 권리구제와 실효적인 가구제의 측면에서 타당한 입법이라 하겠다. 그러나 임시처분의 요건이 지나치게 엄격하고 협소해 당초의 입법목적에 부응할 수 있을지는 의문이다. 행정심판의 재결례를 통해 상당부분 완화해서 동제도를 운영할 지혜가 필요하겠다.

---

### 2018년도 제27회 공인노무사 시험

【문제 1】 甲은 A국 국적으로 대한민국에서 취업하고자 관련법령에 따라 2009년 4월경 취업 비자를 받아 대한민국에 입국하였고, 2010년 4월 체류기간이 만료되었다. 乙은 같은 A국 출신으로, 대한민국 국적 남성과 혼인하고 2015년 12월 귀화하였으나, 2016년 10월 협의이혼 하였다. 이후 甲은 2017년 7월 乙과 혼인신고를 하고, 2017년 8월 관할행정청인 X에게 대한민국 국민의 배우자(F-6-1)자격으로 체류자격 변경허가 신청을 하였다. 그러나 甲은 당시 7년여의 '불법체류'를 하고 있음이 적발되었고, 이는 관련법령 및 사무처리지침(이하 '지침 등'이라 함)상 허가요건 중 하나인 '국내합법체류자' 요건을 결여하게 되어 X는 2017년 8월 甲의 신청을 반려하는 처분을 하였다. 한편 甲과 乙은 최근 자녀를 출산하였다. 甲은 위 허가를 받지 못하면 당장 A국으로 출국하여야 하고, 자녀 양육에 어려움을 겪는 등 가정이 파탄될 위험이 생기므로 위 반려처분은 위법하다고 주장한다. (50점)

물음 1) 만일, 甲이 X의 반려처분에 불복하여 행정심판을 제기함과 동시에 임시처분을 신청하는 경우, 임시처분의 인용가능성에 관하여 논하시오. (20점)

**한장
답안**

## Ⅰ. 문제의 소재 (설문에서는 甲의 위 반려처분에 대한 임시처분의 신청이 행정심판법 제31조에 따른 임시처분의 요건을 충족한 것인지 여부가 문제된다.)

## Ⅱ. 임시처분의 의의 및 입법취지

### 1. 임시처분의 의의

### 2. 입법취지

## Ⅲ. 임시처분청구의 인용요건

### 1. 적극적 요건(제31조 제1항)

(1) 처분 또는 부작위가 위법 또는 부당할 것이 상당히 의심될 것

(2) 적법한 행정심판청구가 계속될 것

(3) 당사자가 받을 우려가 중대한 불이익이거나 당사자에게 생길 급박한 위험이 존재할 것

(4) 이를 막기 위하여 임시지위를 정하여야 할 필요가 있을 것

### 2. 소극적 요건(제31조 제2항)

임시처분은 공공복리에 중대한 영향을 미칠 우려가 있는 경우에는 허용되지 않는다.

### 3. 보충성요건(제31조 제3항)

임시처분은 행정심판법 제30조에 따른 집행정지를 통해 목적달성할 수 있을 경우에는 허용되지 아니한다.

## Ⅳ. 절차 및 효력

## Ⅴ. 사안의 해결

수소법원은 ① 위 반려처분이 위법 또는 부당한지 여부는 불분명하나 甲의 여러 사정상 부당한 처분에 해당될 가능성이 높으며, 甲이 청구한 행정심판도 적법하다고 보이며, 위 허가를 받지 못하면 甲은 당장 A국으로 출국하여야 하고, 자녀 양육에 어려움을 겪는 등 가정이 파탄될 위험이 생기므로 급박한 위험의 존재나 임시의 지위를 정하여야 할 필요성도 인정된다. 또한 ② 甲에게 체류자격의 변경허가를 임시로 한다할지라도 중대한 공익상의 우려가 인정될 만한 사정도 엿보이지 않는다. 마지막으로 ③ 거부처분의 경우에는 집행정지를 통해 청구인의 권리구제에 아무런 보탬이 되지 아니하니 임시처분의 모든 요건이 충족되어 진다고 보여 진다. 따라서 甲의 임시처분청구는 인용될 것으로 보인다.

**대표 기출문제**

【1998년도 제7회 공인노무사/ 약술형 – 25점】
행정심판에 있어서 당사자의 절차적 권리에 대하여 설명하시오.

## Ⅰ. 서설

### 1. 행정심판심리의 의의

행정심판의 심리란 "재결의 기초가 될 사실관계 및 법률관계를 명백히 하기 위하여 당사자 및 관계인의 주장과 반박을 듣고 증거 기타의 자료를 수집·조사하는 과정"을 말한다.

### 2. 행정심판심리의 범위

> 행정심판법 제47조(재결의 범위)
> ① 위원회는 심판청구의 대상이 되는 처분 또는 부작위외의 사항에 대하여는 재결하지 못한다.
> ② 위원회는 심판청구의 대상이 되는 처분보다 청구인에게 불이익한 재결을 하지 못한다.

행정심판법은 ① 제47조 제1항에서는 "위원회는 심판청구의 대상이 되는 처분 또는 부작위 외의 사항에 대하여는 재결하지 못한다."고 규정하여 **불고불리의 원칙**을, ② 동조 제2항에서는 "위원회는 심판청구의 대상이 되는 처분보다 청구인에게 불리한 재결을 하지 못한다."고 규정하여 **불이익변경금지의 원칙**을 규정하고 있다.

# Ⅱ. 심리절차

## 1. 심리절차의 기본원칙

> 행정심판법 제39조(직권심리)
>  위원회는 필요하면 당사자가 주장하지 아니한 사실에 대하여도 심리할 수 있다.
>
> 제40조(심리의 방식)
>  ① 행정심판의 심리는 구술심리나 서면심리로 한다. 다만, 당사자가 구술심리를 신청한 경우에는 서면심리만으로 결정할 수 있다고 인정되는 경우 외에는 구술심리를 하여야 한다.
>  ② 위원회는 제1항 단서에 따라 구술심리 신청을 받으면 그 허가 여부를 결정하여 신청인에게 알려야 한다.
>  ③ 제2항의 통지는 간이통지방법으로 할 수 있다.
>
> 제41조(발언 내용 등의 비공개)
>  위원회에서 위원이 발언한 내용이나 그 밖에 공개되면 위원회의 심리·재결의 공정성을 해칠 우려가 있는 사항으로서 대통령령으로 정하는 사항은 공개하지 아니한다.

### (1) 대심주의

대심주의란 서로 대립되는 당사자 쌍방에게 대등하게 공격·방어방법을 제출할 수 있는 기회를 보장하는 제도를 말한다. 행정심판법은 행정심판위원회가 제3자적 입장에서 심리를 진행하도록 하는 대심주의(당사자주의적 구조)를 채택하고 있다.

### (2) 서면주의와 구술심리주의

행정심판법은 "행정심판의 심리는 구술심리와 서면심리로 한다. 다만, 당사자가 구술심리를 신청한 때에는 서면심리만으로 결정할 수 있다고 인정되는 경우 외에는 구술심리를 하여야 한다."고 규정(제40조 제1항)하고 있다. 따라서 서면심리주의와 구술심리주의가 병행된다.

### (3) 직권심리주의

직권심리주의는 심리의 진행을 심리기관의 직권으로 함과 동시에, 심리에 필요한 자료를 당사자가 제출한 것에만 의존하지 않고 직권으로 수집·조사하는 제도를 말한다. 행정심판법은 행정소송과 달리 직권탐지주의가 광범위하게 적용된다고 본다.

### (4) 비공개주의

비공개주의는 행정심판의 심리·재결과정을 일반에게 공개하지 않는 원칙이다. 물론 행정심판위원회가 필요하다고 인정할 때에는 공개를 결정할 수 있다(행정심판법 제41조).

## 2. 당사자의 절차적 권리

### (1) 위원·직원에 대한 기피신청권

> 행정심판법 제10조(위원의 제척·기피·회피)
>  ① 위원회의 위원은 다음 각 호의 어느 하나에 해당하는 경우에는 그 사건의 심리·의결에서 제척된다. 이 경우 제척결정은 위원회의 위원장(이하 '위원장'이라 한다)이 직권으로 또는 당사자의 신청에 의하여 한다.
>  1. 위원 또는 그 배우자나 배우자이었던 사람이 사건의 당사자이거나 사건에 관하여 공동 권리자 또는 의무자인 경우
>  2. 위원이 사건의 당사자와 친족이거나 친족이었던 경우
>  3. 위원이 사건에 관하여 증언이나 감정을 한 경우
>  4. 위원이 당사자의 대리인으로서 사건에 관여하거나 관여하였던 경우
>  5. 위원이 사건의 대상이 된 처분 또는 부작위에 관여한 경우
>  ② 당사자는 위원에게 공정한 심리·의결을 기대하기 어려운 사정이 있으면 위원장에게 기피신청을 할 수 있다.

행정심판법 제10조에 따라 행정심판위원회의 위원이 동조 제1항 및 제2항의 요건이 충족되는 경우 당해사건의 심리·의결에서 해당 위원을 제척하거나 기피하는 신청권이 인정된다. 이는 공정한 행정심판의 심리를 보장하기 위함이다.

## (2) 구술심리신청권

> **행정심판법 제40조(심리의 방식)**
> ① 행정심판의 심리는 구술심리나 서면심리로 한다. 다만, 당사자가 구술심리를 신청한 경우에는 서면심리만으로 결정할 수 있다고 인정되는 경우 외에는 구술심리를 하여야 한다.

행정심판법 제40조에 따라 행정심판의 당사자는 구술심리를 신청권을 행사할 수 있다. 이는 신속한 행정심판의 심리를 보장하고, 당사자의 변론권을 보장하기 위함이다.

## (3) 보충서면제출권

> **행정심판법 제33조(주장의 보충)**
> ① 당사자는 심판청구서·보정서·답변서·참가신청서 등에서 주장한 사실을 보충하고 다른 당사자의 주장을 다시 반박하기 위하여 필요하면 위원회에 보충서면을 제출할 수 있다. 이 경우 다른 당사자의 수만큼 보충서면 부본을 함께 제출하여야 한다.

행정심판법 제33조에 따라 당사자는 심판청구서·보정서·답변서·참가신청서 등에서 주장한 사실을 보충하고 다른 당사자의 주장을 다시 반박하기 위하여 필요하면 위원회에 보충서면을 제출할 수 있다. 이 경우 다른 당사자의 수만큼 보충서면 부본을 함께 제출하여야 한다.

## (4) 물적 증거제출권

> **행정심판법 제34조(증거서류 등의 제출)**
> ① 당사자는 심판청구서·보정서·답변서·참가신청서·보충서면 등에 덧붙여 그 주장을 뒷받침하는 증거서류나 증거물을 제출할 수 있다.

행정심판법 제34조에 따라 당사자는 심판청구서·보정서·답변서·참가신청서·보충서면 등에 덧붙여 그 주장을 뒷받침하는 증거서류나 증거물을 제출할 수 있다.

## (5) 증거조사신청권

> **행정심판법 제36조(증거조사)**
> ① 위원회는 사건을 심리하기 위하여 필요하면 직권으로 또는 당사자의 신청에 의하여 다음 각 호의 방법에 따라 증거조사를 할 수 있다.
> 1. 당사자나 관계인(관계 행정기관 소속 공무원을 포함한다. 이하 같다)을 위원회의 회의에 출석하게 하여 신문하는 방법
> 2. 당사자나 관계인이 가지고 있는 문서·장부·물건 또는 그 밖의 증거자료의 제출을 요구하고 영치하는 방법
> 3. 특별한 학식과 경험을 가진 제3자에게 감정을 요구하는 방법
> 4. 당사자 또는 관계인의 주소·거소·사업장이나 그 밖의 필요한 장소에 출입하여 당사자 또는 관계인에게 질문하거나 서류·물건 등을 조사·검증하는 방법

행정심판위원회는 사건을 심리하기 위하여 필요하면 직권으로 또는 당사자의 신청에 의하여 동조 제1항에 따른 증거조사를 할 수 있다.

## (6) 이의신청권

행정심판위원회의 결정 중 당사자 또는 심판참가인의 절차적 권리에 중대한 영향을 미치는 지위 승계의 불허가 등에 대해서는 행정심판위원회에 이의신청을 할 수 있다(행정심판법 제16조 제8항 등).

## 3. 심리의 병합과 분리

> 행정심판법 제37조(절차의 병합 또는 분리)
>  위원회는 필요하면 관련되는 심판청구를 병합하여 심리하거나 병합된 관련 청구를 분리하여 심리할 수 있다.

### (1) 심리의 병합

행정심판위원회는 필요하다고 인정할 때에는 관련되는 심판청구를 병합하여 심리할 수 있다. 동일 또는 관련된 사안에 관한 수 개의 심판청구(관련청구)는, 이를 병합심리하는 것이 심판청구사건의 통일성과 신속한 해결에 도움을 주기 때문이다.

### (2) 심리의 분리

행정심판위원회는 필요하다고 인정할 때에는 병합된 관련청구를 분리하여 심리할 수 있다. 여기에서 "병합된 관련청구"란 행정심판위원회가 직권으로 병합하여 심리하기로 결정한 관련청구사건 이외에, 당사자에 의하여 병합제기 된 심판청구를 모두 포함하는 개념이다.

## Ⅲ. 결어 및 입법론

행정심판의 적절한 행정통제와 국민의 권익구제라는 양 이념을 충실하게 실현하기 위해서는 행정심판의 당사자의 실질적인 평등을 실현하는 것이 중요하다. 이러한 관점에서 행정심판법 제35조가 행정심판위원회의 자료제출요구권만 인정하고 이를 심판당사자의 신청권을 인정하지 않음은 문제이다. 따라서 심판당사자 간의 자료제출요구권을 신설하는 입법적 개선이 필요하다고 본다. 또한 행정심판제도의 목적은 사인의 권리구제뿐만 아니라 행정청의 자기통제적 기능을 수행함에도 있는데 불이익변경금지의 원칙의 철저한 적용은 이와 관련하여 문제가 있어 보이며, 이에 대한 입법적 검토가 요망된다.

# UNIT 47 행정심판청구의 변경 및 취하 ★

## Ⅰ. 행정심판청구의 변경

### 1. 의의

심판청구의 변경이란 "심판청구의 계속 중에 청구인이 당초에 청구한 취지 등을 변경하는 것"을 말한다.

### 2. 인정취지

청구인의 편의와 신속한 행정심판의 절차수행을 도모하기 위해 인정된다.

### 3. 종류

> 행정심판법 제29조(청구의 변경)
> ① 청구인은 청구의 기초에 변경이 없는 범위에서 청구의 취지나 이유를 변경할 수 있다.
> ② 행정심판이 청구된 후에 피청구인이 새로운 처분을 하거나 심판청구의 대상인 처분을 변경한 경우에는 청구인은 새로운 처분이나 변경된 처분에 맞추어 청구의 취지나 이유를 변경할 수 있다.

### (1) 청구취지의 변경

#### 1) 의의

청구인은 청구의 기초에 변경이 없는 범위에서 청구의 취지 및 청구의 이유를 변경할 수 있다(행정심판법 제29조 제1항).

#### 2) 심판청구변경의 종류

심판청구의 변경은 ① 종전의 청구를 유지하면서 거기에 별개의 청구를 추가 병합하는 **추가적 변경(병합)**과, ② 종전의 청구의 계속을 소멸시키고 그 대신에 신규의 청구에 대한 심판을 구하는 **교환적 변경**이 인정된다. 이에 반해 행정소송의 경우에는 관련청구의 병합이 인정되기 때문에 교환적 변경만 인정된다.

### 3) 청구변경의 요건

심판청구의 변경은 ① 당초청구의 기초에 변경이 없어야 하고, ② 당초의 행정심판청구는 적법하게 계속중이어야 하며, ③ 사실심 변론종결시 이전에 청구인의 청구변경을 요구하여 위원회의 허가결정이 있어야 한다.

## (2) 처분변경으로 인한 청구의 변경

### 1) 의의

청구인은 행정심판이 청구된 후에 피청구인이 새로운 처분을 하거나 심판청구의 대상인 처분을 변경한 경우에는 새로운 처분이나 변경된 처분에 맞추어 청구의 취지나 이유를 변경할 수 있다(행정심판법 제29조 제2항).

### 2) 청구변경의 요건

이 경우 심판청구의 변경은 ① 행정심판청구 이후에 심판청구의 대상인 처분이 변경되어야 하고, ② 당초의 행정심판청구는 적법하게 계속중이어야 하며, ③ 사실심 변론종결시 이전에 청구인의 청구변경을 요구하여 위원회의 허가결정이 있어야 한다.

## 4. 심판청구변경의 절차

> 행정심판법 제29조(청구의 변경)
> ③ 제1항 또는 제2항에 따른 청구의 변경은 서면으로 신청하여야 한다. 이 경우 피청구인과 참가인의 수만큼 청구변경신청서 부본을 함께 제출하여야 한다.
> ④ 위원회는 제3항에 따른 청구변경신청서 부본을 피청구인과 참가인에게 송달하여야 한다.
> ⑤ 제4항의 경우 위원회는 기간을 정하여 피청구인과 참가인에게 청구변경 신청에 대한 의견을 제출하도록 할 수 있으며, 피청구인과 참가인이 그 기간에 의견을 제출하지 아니하면 의견이 없는 것으로 본다.
> ⑥ 위원회는 제1항 또는 제2항의 청구변경 신청에 대하여 허가할 것인지 여부를 결정하고, 지체 없이 신청인에게는 결정서 정본을, 당사자 및 참가인에게는 결정서 등본을 송달하여야 한다.
> ⑦ 신청인은 제6항에 따라 송달을 받은 날부터 7일 이내에 위원회에 이의신청을 할 수 있다.
> ⑧ 청구의 변경결정이 있으면 처음 행정심판이 청구되었을 때부터 변경된 청구의 취지나 이유로 행정심판이 청구된 것으로 본다.

청구의 변경은 서면으로 신청하되, 피청구인과 참가인의 수만큼 청구변경신청서 부본을 함께 제출하여야 한다. 이 경우 위원회는 청구변경신청서 부본을 피청구인과 참가인에게 송달하여야 하며, 기간을 정하여 피청구인과 참가인에게 청구변경 신청에 대한 의견을 제출하도록 할 수 있다(행정심판법 제29조 제3항 내지 제5항).

# Ⅱ. 행정심판청구의 취하

> 행정심판법 제42조(심판청구 등의 취하)
> ① 청구인은 심판청구에 대하여 제7조 제6항 또는 제8조 제7항에 따른 의결이 있을 때까지 서면으로 심판청구를 취하할 수 있다.
> ② 참가인은 심판청구에 대하여 제7조 제6항 또는 제8조 제7항에 따른 의결이 있을 때까지 서면으로 참가신청을 취하할 수 있다.
> ③ 제1항 또는 제2항에 따른 취하서에는 청구인이나 참가인이 서명하거나 날인하여야 한다.
> ④ 청구인 또는 참가인은 취하서를 피청구인 또는 위원회에 제출하여야 한다. 이 경우 제23조 제2항부터 제4항까지의 규정을 준용한다.
> ⑤ 피청구인 또는 위원회는 계속 중인 사건에 대하여 제1항 또는 제2항에 따른 취하서를 받으면 지체 없이 다른 관계 기관, 청구인, 참가인에게 취하 사실을 알려야 한다.

## 1. 의의

심판청구의 취하란 "청구인 또는 참가인이 행정심판위원회에 심판청구나 참가신청을 철회하는 일방적 의사표시"를 말한다.

## 2. 내용

청구인 또는 참가인의 심판청구 및 참가신청의 취하는 행정심판위원회의 의결이 있기 전까지 자유로이 심판청구를 취하할 수 있다. 심판청구를 취하하게 되면 심판청구 및 참가신청은 처음부터 없었던 것으로 본다.

# UNIT 48  재결의 효력 ★

제3편

행정심판법 | 해커스노무사 조현 행정쟁송법 기본서

**대표 기출문제**

【1998년도 제7회 공인노무사/ 논술형 – 50점】
행정심판의 재결을 논하라.

## Ⅰ. 서설

### 1. 재결의 의의

재결은 "행정심판청구사건에 대하여 행정심판위원회가 심리한 내용에 따라 종국적으로 법적인 판단을 하는 것"을 말한다.

### 2. 재결의 성질

재결은 ① 준사법적 행정행위, ② 준법률행위적 행정행위로서 확인행위, ③ 기속행위로서의 성질을 갖는다.

### 3. 재결의 방식

> 행정심판법 제46조(재결의 방식)
>  ① 재결은 서면으로 한다.
>  ② 제1항에 따른 재결서에는 다음 사항을 기재하고 기명날인하여야 한다.
>  1. 사건번호와 사건명

2. 당사자 · 대표자 또는 대리인의 이름과 주소
3. 주문
4. 청구의 취지
5. 이유
6. 재결한 날짜
③ 재결서에 기재하는 이유에는 주문내용이 정당함을 인정할 수 있는 정도로 판단을 표시하여야 한다.

## Ⅱ. 재결기간

행정심판법 제45조(재결기간)
① 재결은 제23조의 규정에 의하여 피청구인인 행정청 또는 위원회가 심판청구서를 받은 날부터 60일 이내에 하여야 한다. 다만, 부득이한 사정이 있을 때에는 위원장이 직권으로 30일을 연장할 수 있다.
② 제1항 단서의 규정에 의하여 재결기간을 연장한 때에는 재결기간이 만료되기 7일 전까지 당사자에게 이를 통지하여야 한다.

## Ⅲ. 재결의 심리범위

행정심판법 제47조(재결의 범위)
① 위원회는 심판청구의 대상이 되는 처분 또는 부작위외의 사항에 대하여는 재결하지 못한다.
② 위원회는 심판청구의 대상이 되는 처분보다 청구인에게 불이익한 재결을 하지 못한다.

### 1. 불고불리의 원칙(§47①)
### 2. 불이익변경금지의 원칙(§47②)

## Ⅳ. 재결의 효력

### 1. 행정행위로서의 효력

### (1) 형성력

1) 의의
형성력이란 재결의 내용에 따라 법률관계의 발생이나 변경 및 소멸을 가져오는 효력을 말한다.

2) 형성(취소)재결의 경우
형성재결이 있은 경우에는 그 대상이 된 행정처분은 재결 자체에 의하여 당연히 소급하여 취소되어 소멸된다(대법원 1999.12.16. 98두18619 전원합의체).

3) 변경재결의 경우
변경재결이 있으면 원처분은 효력을 상실하고 변경재결로 인해 새로운 처분은 소급하여 그 효력을 발생한다.

4) 의무이행재결 중 처분재결의 경우
처분재결이 있는 경우에는 장래에 향하여 즉시 그 재결의 효력이 발생한다.

## (2) 그 밖의 효력

### 1) 공정력 및 구성요건적 효력

전통적 견해는 공정력이란 "재결에 비록 하자가 있더라도 그것이 중대하고 명백하여 당연무효가 아닌 경우에는 권한 있는 기관에 의하여 취소될 때까지 일응 유효한 것으로 추정되어 누구든지 그 효력을 부인할 수 없는 힘"을 말한다. 그러나 새로운 견해는 공정력을 행정행위의 상대방과 이해관계인에게만 미치는 것으로 이해하고, 이를 재결의 "취소권을 가진 기관 이외의 다른 국가기관"에 미치는 힘(구속력)인 구성요건적 효력과 구분한다.

### 2) 불가쟁력

불가쟁력이란 "재결이 행해지면 일정한 경우 상대방 또는 이해관계인은 더 이상 재결의 효력을 다툴 수 없게 되는 효력"을 말한다. 형식적 존속력 또는 형식적 확정력이라고도 한다.

> **참조판례** 불가쟁력에 의해 기판력이 인정되는지 여부
>
> 행정심판의 재결은 피청구인인 행정청을 기속하는 효력을 가지므로 재결청이 취소심판의 청구가 이유 있다고 인정하여 처분청에 처분을 취소할 것을 명하면 처분청으로서는 재결의 취지에 따라 처분을 취소하여야 하지만, 나아가 재결에 판결에서와 같은 기판력이 인정되는 것은 아니어서 재결이 확정된 경우에도 처분의 기초가 된 사실관계나 법률적 판단이 확정되고 당사자들이나 법원이 이에 기속되어 모순되는 주장이나 판단을 할 수 없게 되는 것은 아니다(대법원 2015.11.27. 2013다6759).

### 3) 불가변력

재결의 불가변력이란 "재결이 발해지면 행정심판위원회 및 관계 행정기관이 이를 취소·변경·철회할 수 없는 효력"을 말한다. 행정행위의 실질적 존속력 및 실질적 확정력이라고도 한다. 불가변력은 행정심판의 재결의 경우와 같이 준사법적 행정행위에만 인정되는 특수한 효력이다.

## 2. 행정심판법상 기속력

> 행정심판법 제49조(재결의 기속력등)
> ① 심판청구를 인용하는 재결은 피청구인과 그 밖의 관계 행정청을 기속(羈束)한다.
> ② 재결에 의하여 취소되거나 무효 또는 부존재로 확인되는 처분이 당사자의 신청을 거부하는 것을 내용으로 하는 경우에는 그 처분을 한 행정청은 재결의 취지에 따라 다시 이전의 신청에 대한 처분을 하여야 한다.
> ③ 당사자의 신청을 거부하거나 부작위로 방치한 처분의 이행을 명하는 재결이 있으면 행정청은 지체 없이 이전의 신청에 대하여 재결의 취지에 따라 처분을 하여야 한다.
> ④ 신청에 따른 처분이 절차의 위법 또는 부당을 이유로 재결로써 취소된 경우에는 제2항을 준용한다.
> ⑤ 법령의 규정에 따라 공고하거나 고시한 처분이 재결로써 취소되거나 변경되면 처분을 한 행정청은 지체 없이 그 처분이 취소 또는 변경되었다는 것을 공고하거나 고시하여야 한다.
> ⑥ 법령의 규정에 따라 처분의 상대방 외의 이해관계인에게 통지된 처분이 재결로써 취소되거나 변경되면 처분을 한 행정청은 지체 없이 그 이해관계인에게 그 처분이 취소 또는 변경되었다는 것을 알려야 한다.

### (1) 의의

재결의 기속력이란 "행정심판의 본안에서 인용재결이 내려진 경우 처분청과 관계 행정기관이 이러한 재결의 취지에 따라 행동하여야 할 의무를 지우는 효력"을 말한다.

### (2) 법적 근거 및 인정취지

기속력은 행정심판법 제49조에 근거하며, **행정의 법률적합성**을 담보하기 위하여 인정된다.

## (3) 법적 성질

행정소송에서와 달리 행정심판에서는 기판력이 인정될 수 없으므로 **행정심판법이 인정한 특수한 효력**으로 보아야 할 것이다.

## (4) 기속력의 내용

### 1) 반복금지효

관계행정청은 당해 재결의 내용에 모순되는 내용의 동일한 처분을 동일한 사실관계 아래에서 동일 당사자에게 반복할 수 없다.

### 2) 원상회복의무

취소재결의 기속력에는 해석상 원상회복의무가 포함되는 것으로 보는 것이 일반적인 견해이다. 따라서 취소재결이 확정되면 행정청은 취소된 처분에 의해 초래된 위법상태를 제거하여야 한다.

### 3) 재처분의무

#### ① 의무이행심판의 처분명령재결의 경우

당사자의 신청을 거부하거나 부작위로 방치한 처분의 이행을 명하는 재결이 있으면 행정청은 지체 없이 이전의 신청에 대하여 재결의 취지에 따라 처분을 하여야 한다(행정소송법 제49조 제3항).

#### ② 취소심판의 변경명령재결의 경우

변경명령재결의 경우 처분청은 당해 처분을 변경하여야 할 의무를 부담한다. 이러한 변경명령의 처분의무에 대해 ㉠ 행정심판법 제49조 제1항의 기속력에 의해 변경의무를 부담한다는 견해와, ㉡ **행정심판법의 명문의 규정이 없으므로 형성력에 의해 변경의무를 부담한다는 견해가 대립되나, 행정심판법 제49조 제1항에 따라 인정된다고 봄이 일반적이다.**

#### ③ 거부처분에 대한 취소(무효확인)재결의 경우

종전의 행정심판법은 거부처분에 대한 취소 및 무효확인재결의 경우 행정소송법 제30조 제2항과 같은 재처분의무에 관한 규정을 두지 않아, 이 경우 재처분의무를 인정할 수 있을 지에 대해 견해가 대립되었다. 그러나 현행 행정심판법(법률 제14832호, 2017.4.18. 일부개정)은 **거부처분취소심판 및 무효확인심판의 실효성을 높이기 위하여 이를 개정하여 거부처분이 재결을 통해 취소 또는 무효 및 부존재확인을 받은 경우 처분청의 재처분의무를 인정하고 있다**(행정심판법 개정이유서).

#### ④ 절차상 하자를 이유로 한 신청에 따른 처분을 취소하는 재결

신청에 따른 처분이 절차의 위법 또는 부당을 이유로 재결로써 취소된 경우 적법한 절차에 따라 신청에 따른 처분을 하여야 한다(행정심판법 제49조 제4항).

### 4) 공고 또는 고시의무

법령의 규정에 따라 공고하거나 고시한 처분이 재결로써 취소되거나 변경되면 처분을 한 행정청은 지체 없이 그 처분이 취소 또는 변경되었다는 것을 공고하거나 고시하여야 한다(행정심판법 제49조 제5항).

## (5) 기속력의 인정범위

### 1) 주관적 범위

기속력은 당사자인 행정청뿐만 아니라 그 밖의 모든 관계 행정청에 미친다.

### 2) 객관적 범위

기속력의 객관적 범위는 재결의 취지이므로, 재결의 주문 및 재결이유 중 그 전제가 된 요건사실의 인정과 처분의 효력판단에 한정되고, 재결의 결론과 직접 관련이 없는 간접사실에 미치지 않는다. 이 경우 행정소송법상 기속력과 마찬가지로 **재결의 주문 및 이유에 설시된 개개의 위법 또는 부당사유뿐만 아니라 이와 기본적 사실관계의 동일성이 미치는 사유에까지 미친다**고 할 것이다.

**기속력의 객관적 범위**

【사건개요】 새로운 처분의 처분사유와 종전 처분에 관하여 위법한 것으로 재결에서 판단된 사유가 기본적 사실관계에 있어 동일성이 없으므로 새로운 처분이 종전 처분에 대한 재결의 기속력에 저촉되지 않는다고 한 사례

【판시사항】 재결의 기속력은 재결의 주문 및 그 전제가 된 요건사실의 인정과 판단, 즉 처분 등의 구체적 위법사유에 관한 판단에만 미친다고 할 것이고, 종전 처분이 재결에 의하여 취소되었다 하더라도 종전 처분시와는 다른 사유를 들어서 처분을 하는 것은 기속력에 저촉되지 않는다고 할 것이며, 여기에서 동일 사유인지 다른 사유인지는 종전 처분에 관하여 위법한 것으로 재결에서 판단된 사유와 기본적 사실관계에 있어 동일성이 인정되는 사유인지 여부에 따라 판단되어야 한다(대법원 2005.12.9. 2003두7705).

### 3) 시간적 범위

#### ① 취소 또는 무효등확인심판의 경우

기속력은 취소심판 및 무효등확인심판의 경우에는 처분시설에 따라 처분시 이전의 법률 및 사실상태에 대하여 미친다.

#### ② 의무이행심판의 경우

부작위에 대한 의무이행심판의 경우 그 위법 부당 판단기준시는 재결시라는 점에 대해 이견이 없다. 그러나 거부처분의 경우에는 ㉠ 처분시설과, ㉡ 재결시설의 대립이 있다. **의무이행심판은 거부처분을 제거하는 심판이 아니라 일정한 처분의 발급을 명하는 행정심판이므로 재결시설의 입장이 타당하다.** 따라서 의무이행심판은 재결시 이전의 사실 및 법률상태에 대해서 미친다.

## V. 재결에 대한 불복

### 1. 재심판청구의 금지

> 행정심판법 제52조(행정심판 재청구의 금지)
> 심판청구에 대한 재결이 있으면 그 재결 및 같은 처분 또는 부작위에 대하여 다시 행정심판을 청구할 수 없다.

### 2. 원고 등의 항고소송

원고 또는 재결로 인해 권익을 침해받는 3자는 기각재결 또는 인용재결의 경우 항고소송을 제기하여 불복할 수 있다.

### 3. 처분청의 항고소송을 통한 불복가능성

**논점 41**　**재결에 대한 처분청의 불복 ★★★**

#### (1) 문제점

처분청(피청구인)이 행정심판위원회의 재결에 대해 항고소송을 통해 불복할 수 있는지 여부가 문제된다.

#### (2) 학설

이에 대해 학설은 ① 행정심판법 제49조 제1항의 기속력에 저촉됨을 이유로 처분청은 인용재결에 대해 불복할 수 없다는 **부정설**와, ② 기속력에 따라 원칙적으로 부정하면서도 지방자치단체의 자치사무에 대한 처분은 지방자치단체의 자치권에 근거하여 "법률상 이익"이 인정되므로 긍정해야 한다는 **제한적 긍정설**이 대립된다.

### (3) 판례

대법원은 "행정심판법 제37조 제1항은 '재결은 피청구인인 행정청과 그 밖의 관계행정청을 기속한다'고 규정하였고, 이에 따라 **처분행정청은 재결에 기속되어 재결의 취지에 따른 처분의무를 부담하게 되므로 이에 불복하여 행정소송을 제기할 수 없다 할 것이며 그렇다고 하더라도 위 법령의 규정이 지방자치의 내재적 제약의 범위를 일탈하여 헌법상의 지방자치의 제도적 보장을 침해하는 것으로 볼 수는 없다고 할 것이다.**[45]"고 부정설의 입장이다.

### (4) 검토

생각건대, 제한적 긍정설이 타당하다. 행정심판법 제49조의 기속력은 인용재결의 실효성을 담보하기 위한 제도이지 불복과 무관한 것이고, 동일한 법주체내의 행정업무의 통일성을 위해 부정되는 것이 타당한 것이지만 **지방자치단체의 자치사무의 경우에는 헌법상 보장된 자치권을 보장하여야 하고 이 경우는 별개의 법주체의 문제이므로 긍정함이 타당하다.**

---

45) [대법원 1998.5.8. 97누15432] 헌법 제117조 제1항은 "지방자치단체는 주민의 복리에 관한 사무를 처리하고 재산을 관리하며, 법령의 범위 안에서 자치에 관한 규정을 제정할 수 있다.", 제2항은 "지방자치단체의 종류는 법률로 정한다."고 규정하는 등 지방자치의 제도적 보장, 지방자치단체의 권능과 종류의 법정주의를 규정하고 있고, 한편 지방자치제도는 국가와는 별개의 법인격을 가지는 지방자치단체를 두어 그 권한과 책임으로 지방에 관한 여러 사무를 처리시키는 것이기 때문에 지방자치단체의 자주성·자율성은 최대한 존중되어야 하므로 이에 대한 국가의 관여는 가능한 한 배제하는 것이 바람직하다 할 것이다. 그러나 지방자치제도도 헌법과 법률에 의하여 국가법질서의 테두리 안에서 인정된 것이고, 지방자치행정도 중앙행정과 마찬가지로 국가행정의 일부이어서 상호 완전히 독립된 것이 아니고 밀접한 관계가 있는 것이므로 지방자치단체는 지방자치의 본질에 반하고, 지방자치의 제도적 보장을 파괴하지 아니하는 범위 내에서 어느 정도 국가의 지도·감독을 받지 않을 수 없는 것이다. 그리고 국가가 행정감독적인 수단으로 통일적이고 능률적인 행정을 위하여 중앙 및 지방행정기관 내부의 의사를 자율적으로 통제하고 국민의 권리구제를 신속하게 할 목적의 일환으로 행정심판제도를 도입하였는데, 심판청구의 대상이 된 행정청에 대하여 재결에 관한 항쟁수단을 별도로 인정하는 것은 행정상의 통제를 스스로 파괴하고, 국민의 신속한 권리구제를 지연시키는 작용을 하게 될 것이다. 그리하여 행정심판법 제37조 제1항은 "재결은 피청구인인 행정청과 그 밖의 관계행정청을 기속한다."고 규정하였고, 이에 따라 처분행정청은 재결에 기속되어 재결의 취지에 따른 처분의무를 부담하게 되므로 이에 불복하여 행정소송을 제기할 수 없다 할 것이며 그렇다고 하더라도 위 법령의 규정이 지방자치의 내재적 제약의 범위를 일탈하여 헌법상의 지방자치의 제도적 보장을 침해하는 것으로 볼 수는 없다고 할 것이다.

# UNIT 49 | 행정심판법상 직접강제(직접처분) ★★

**【2014년도 제23회 공인노무사/ 약술형 – 25점】**
이행재결의 실효성 확보수단으로서 직접처분

**【2019년도 제28회 공인노무사/ 준사례형 – 25점】**
A국립대학교 법학전문대학원에 지원한 甲은 A국립대학교총장(이하 'A대학총장'이라 함)에게 자신의 최종입학점수를 공개해 줄 것을 청구하였으나, A대학총장은 영업비밀임을 이유로 공개거부결정을 하였다. 甲이 위 결정에 대하여 행정심판을 청구하였고, B행정심판위원회는 이를 취소하는 재결을 내렸다. 그럼에도 불구하고 A대학총장은 위 행정심판위원회의 재결을 따르지 아니하고 甲의 최종입학점수를 공개하지 아니하고 있다. 이에 甲이 행정심판법상 취할 수 있는 실효성 확보수단을 설명하시오. (25점)

## Ⅰ. 서설

> **행정심판법 제50조(위원회의 직접처분)**
> ① 위원회는 피청구인이 제49조 제3항에도 불구하고 처분을 하지 아니하는 경우에는 당사자가 신청하면 기간을 정하여 서면으로 시정을 명하고 그 기간에 이행하지 아니하면 직접 처분을 할 수 있다. 다만, 그 처분의 성질이나 그 밖의 불가피한 사유로 위원회가 직접 처분을 할 수 없는 경우에는 그러하지 아니하다.
> ② 위원회는 제1항 본문에 따라 직접 처분을 하였을 때에는 그 사실을 해당 행정청에 통보하여야 하며, 그 통보를 받은 행정청은 위원회가 한 처분을 자기가 한 처분으로 보아 관계 법령에 따라 관리·감독 등 필요한 조치를 하여야 한다.

### 1. 의의

행정심판위원회는 명령재결이 있었음에도 피청구인인 행정청이 재결의 취지에 따른 적극적 처분의무를 이행하지 않는 경우에는 위원회가 당사자의 신청에 따라 기간을 정하여 서면으로 시정을 명하고, 그 기간 내에 이행하지 않은 때는 직접 당해 처분을 할 수 있다.

## 2. 제도의 취지

직접강제제도는 ① **의무이행재결의 기속력을 확보**하고, ② **청구권자의 권익보호**를 위한 제도로 평가된다.

# Ⅱ. 요건

## 1. 적극적 요건

행정심판위원회가 직접강제를 하려면 ① **의무이행심판의 처분명령재결이 있어야** 하고, ② **재결청이 당사자의 신청에 따라 시정을 명하여야** 하며, ③ **당해 행정청이 아무런 처분을 하지 아니하였어야 한다.**

## 2. 소극적 요건

위원회가 처분청의 모든 처분을 할 수는 없는 것이므로 이에 대한 내재적인 한계에 있다. 처분의 성질 기타 불가피한 사유로 재결청이 직접 처분할 수 없는 경우가 이에 해당한다.

> **참조판례** **인용재결직접처분신청에 대한 거부처분취소소송**
>
> 행정심판법 제37조 제2항, 같은 법시행령 제27조의2 제1항의 규정에 따라 재결청이 직접 처분을 하기 위하여는 처분의 이행을 명하는 재결이 있었음에도 당해 행정청이 아무런 처분을 하지 아니하였어야 하므로, **당해 행정청이 어떠한 처분을 하였다면 그 처분이 재결의 내용에 따르지 아니하였다고 하더라도 재결청이 직접 처분을 할 수는 없다**(대법원 2002.7.23. 2000두9151).

# Ⅲ. 절차 및 효과

행정심판위원회가 직접처분을 한 때에는 그 사실을 당해 행정청에 통보하여야 하며, 그 통보를 받은 행정청은 재결청이 행한 처분을 당해 행정청이 행한 처분으로 보아 관계법령에 따라 관리·감독 등 필요한 조치를 하여야 한다.

# Ⅳ. 위원회의 직접처분에 대한 불복

## 1. 문제점

처분청이 지방자치단체인 경우 재결청의 재결에 따르지 아니함을 이유로 직접처분을 한 경우, 지방자치단체의 자치권보장과의 관계에서 지방자치단체가 행정소송으로써 이에 불복할 수 있을 것인지 여부가 문제된다.

## 2. 학설

이에 대해 학설은 ① 자치권침해를 이유로 지방자체단체가 원고적격이 인정되어 불복할 수 있다는 **긍정설**, ② 지방자치단체의 자치권을 "법률상 이익"으로 볼 수 없어 불복을 인정할 수 없을 뿐만 아니라 직접처분에 대한 불복은 재결의 기속력에 반하므로 허용될 수 없다는 **부정설**이 대립한다.

## 3. 검토

기속력에 저촉될 우려가 있으나, 적어도 지방자치단체의 자치사무에 대한 재결청의 위법한 직접처분의 경우에는 지방자치단체의 자치권보장을 위하여 원고적격을 인정해 불복할 수 있다고 보아야 할 것이다.

# UNIT 50 행정심판법상 간접강제 ★★

**대표 기출문제**

【2019년도 제28회 공인노무사/ 준사례형 – 25점】
A국립대학교 법학전문대학원에 지원한 甲은 A국립대학교총장(이하 'A대학총장'이라 함)에게 자신의 최종입학점수를 공개해 줄 것을 청구하였으나, A대학총장은 영업비밀임을 이유로 공개거부결정을 하였다. 甲이 위 결정에 대하여 행정심판을 청구하였고, B행정심판위원회는 이를 취소하는 재결을 내렸다. 그럼에도 불구하고 A대학총장은 위 행정심판위원회의 재결을 따르지 아니하고 甲의 최종입학점수를 공개하지 아니하고 있다. 이에 甲이 행정심판법상 취할 수 있는 실효성 확보수단을 설명하시오. (25점)
▶ 답안연습: 한장답안 기출문제 연습【문제 1】참조

## Ⅰ. 서설

행정심판법 제50조의2(위원회의 간접강제)
　① 위원회는 피청구인이 제49조 제2항(제49조 제4항에서 준용하는 경우를 포함한다) 또는 제3항에 따른 처분을 하지 아니하면 청구인의 신청에 의하여 결정으로 상당한 기간을 정하고 피청구인이 그 기간 내에 이행하지 아니하는 경우에는 그 지연기간에 따라 일정한 배상을 하도록 명하거나 즉시 배상을 할 것을 명할 수 있다.
　② 위원회는 사정의 변경이 있는 경우에는 당사자의 신청에 의하여 제1항에 따른 결정의 내용을 변경할 수 있다.
　③ 위원회는 제1항 또는 제2항에 따른 결정을 하기 전에 신청 상대방의 의견을 들어야 한다.
　④ 청구인은 제1항 또는 제2항에 따른 결정에 불복하는 경우 그 결정에 대하여 행정소송을 제기할 수 있다.
　⑤ 제1항 또는 제2항에 따른 결정의 효력은 피청구인인 행정청이 소속된 국가·지방자치단체 또는 공공단체에 미치며, 결정서 정본은 제4항에 따른 소송제기와 관계없이 「민사집행법」에 따른 강제집행에 관하여는 집행권원과 같은 효력을 가진다. 이 경우 집행문은 위원장의 명에 따라 위원회가 소속된 행정청 소속 공무원이 부여한다.

⑥ 간접강제 결정에 기초한 강제집행에 관하여 이 법에 특별한 규정이 없는 사항에 대하여는 「민사집행법」의 규정을 준용한다. 다만, 「민사집행법」 제33조(집행문부여의 소), 제34조(집행문부여 등에 관한 이의신청), 제44조(청구에 관한 이의의 소) 및 제45조(집행문부여에 대한 이의의 소)에서 관할 법원은 피청구인의 소재지를 관할하는 행정법원으로 한다.

## 1. 의의

현행 행정심판법은 거부처분취소재결 및 무효확인(부존재확인)재결의 실효성 등을 담보하기 위하여 간접강제제도를 신설(동법 제50조의2)하였다. 따라서 행정심판위원회는 피청구인이 행정심판법상 재처분의무에도 불구하고 이를 하지 아니하면 청구인의 신청에 의하여 결정으로 상당한 기간을 정하고 피청구인이 그 기간 내에 이행하지 아니하는 경우에는 그 지연기간에 따라 일정한 배상을 하도록 명하거나 즉시 배상을 할 것을 명할 수 있다.

## 2. 제도의 취지

간접강제제도는 ① 직접처분제도의 한계를 보완하고, ② 거부처분취소 및 무효확인재결 등의 재처분의무를 담보하기 위한 제도로서 궁극적으로 청구권자의 권익보호를 위한 제도로 평가된다.

# Ⅱ. 요건

## 1. 행정심판법 제49조 제2항 내지 제4항에 따른 재처분의무가 인정될 것

행정심판위원회가 간접강제결정을 하려면 ① 거부처분취소(무효확인 및 부존재확인)재결, ② 의무이행심판의 처분명령재결, ③ 절차상 하자를 이유로 신청에 따른 처분이 취소재결된 경우로서 재처분의무가 인정되어야 한다.

## 2. 처분청(피청구인)이 재처분의무를 하지 않을 것

처분청이 재처분의무를 전혀 이행하지 않는 경우는 이에 해당함에 의문의 여지가 없다. 문제는 처분청이 재처분하였으나, 기속력에 저촉되어 위법·무효인 경우를 포함하는지 여부이다. 행정심판법 제50조의 규정과 달리 제50조의2에서는 재결의 취지에 따른 재처분을 하지 않는 경우를 규정하고 있으므로 포함된다고 해석함이 타당하다.

## 3. 청구인의 신청이 있을 것

행정심판위원회의 간접강제는 청구인의 신청을 요한다. 따라서 청구인의 신청이 없는 경우에는 위원회가 간접강제결정을 할 수 없다.

# Ⅲ. 절차 및 배상금추심

## 1. 간접강제의 변경

행정심판위원회는 간접강제결정 이후 사정의 변경이 있는 경우에는 당사자의 신청에 의하여 간접강제결정의 내용을 변경할 수 있다(행정심판법 제50조의2 제2항).

## 2. 상대방의 의견청취

행정심판위원회는 간접강제결정을 하거나 이를 변경하는 경우에는 이를 하기 전에 신청 상대방의 의견을 들어야 한다(행정심판법 제50조의2 제3항).

## 3. 배상금의 추심

간접강제결정의 효력은 피청구인인 행정청이 소속된 국가·지방자치단체 또는 공공단체에 미치며, 민사집행법에 따른 강제집행에 관하여는 집행권원과 같은 효력을 가진다. 이 경우 집행문은 위원장의 명에 따라 위원회가 소속된 행정청 소속 공무원이 부여한다(행정심판법 제50조의2 제5항).

## Ⅳ. 위원회의 간접강제결정에 대한 불복

### 1. 청구인의 행정소송

청구인은 간접강제(변경)에 관한 결정 및 그 기각결정에 불복하는 경우 그 결정에 대하여 행정소송을 제기할 수 있다. 간접강제결정 및 그 변경결정은 처분청에게 배상금지급의무가 부과되므로 항고소송의 대상인 처분으로 보아야 할 것이다.

### 2. 피청구인의 행정소송

#### (1) 문제점

처분청이 지방자치단체인 경우 행정심판위원회의 간접강제결정에 대해 지방자치단체의 자치권보장과의 관계에서 지방자치단체가 행정소송으로써 이에 불복할 수 있을 것인지 여부가 문제된다.

#### (2) 학설

이에 대해 학설은 ① 자치권침해를 이유로 지방자체단체가 원고적격이 인정되어 불복할 수 있다는 **긍정설**, ② 지방자치단체의 자치권을 "법률상 이익"으로 볼 수 없어 불복을 인정할 수 없을 뿐만 아니라 직접처분에 대한 불복은 재결의 기속력에 반하므로 허용될 수 없다는 **부정설**이 대립한다.

#### (3) 검토

기속력에 저촉될 우려가 있으나, 적어도 지방자치단체의 자치사무에 대한 재결청의 위법한 직접처분의 경우에는 지방자치단체의 자치권보장을 위하여 원고적격을 인정해 불복할 수 있다고 보아야 할 것이다.

# 한장답안 기출문제 연습

## 2019년도 제28회 공인노무사 시험

【문제 1】 A국립대학교 법학전문대학원에 지원한 甲은 A국립대학교총장(이하 'A대학총장'이라 함)에게 자신의 최종입학점수를 공개해 줄 것을 청구하였으나, A대학총장은 영업비밀임을 이유로 공개거부결정을 하였다. 甲이 위 결정에 대하여 행정심판을 청구하였고, B행정심판위원회는 이를 취소하는 재결을 내렸다. 그럼에도 불구하고 A대학총장은 위 행정심판위원회의 재결을 따르지 아니하고 甲의 최종입학점수를 공개하지 아니하고 있다. 이에 甲이 행정심판법상 취할 수 있는 실효성 확보수단을 설명하시오. (25점)

**한장 답안**

## Ⅰ. 문제의 소재(설문에서는 행정심판위원회의 거부처분에 대한 취소재결에도 불구하고 이에 따르지 아니하는 경우 甲이 취할 수 있는 실효성 확보수단으로 ① 행정심판법 제50조의 직접강제와, ② 동법 제50조의2에 따른 간접강제청구의 가능 여부가 문제된다.)

## Ⅱ. 행정심판법상 직접처분의 청구가능성

### 1. 직접처분의 의의

### 2. 인정취지

### 3. 청구요건

   (1) 적극적 요건

   (2) 소극적 요건

### 4. 절차 및 효과

### 5. 사안의 경우

설문의 경우 행정심판법 제49조 제3항에 따른 명령재결에 따른 재처분의무가 인정되지 아니하고, 행정심판위원회가 정보공개청구된 정보를 보유하지 않고 있으므로 직접 정보공개결정을 할 수도 없는 경우이므로 직접처분을 신청할 수는 없다.

## Ⅲ. 간접강제의 청구

### 1. 간접강제의 의의

### 2. 인정취지

### 3. 청구요건

   (1) 행정심판법 제49조 제2항 내지 제4항에 따른 재처분의무가 인정될 것

   (2) 처분청이 재처분의무를 다하지 아니할 것

   (3) 당사자의 신청이 있을 것

### 4. 절차 및 배상금추심등

### 5. 사안의 경우

설문의 경우 행정심판법 제49조 제2항에 따른 재처분의무가 인정됨에도 이에 따른 재처분을 하지 않고 있으므로 甲이 행정심판위원회에 간접강제를 청구하면 간접강제명령을 받을 수 있을 것으로 보인다.

## Ⅳ. 사안의 해결

설문의 경우 甲은 행정심판법 제50조에 따른 직접처분에 의해 재결의 실효성을 담보할 수는 없으나, 동법 제50조의2에 따른 간접강제를 청구하여 간접적으로 나마 재결의 실효성을 담보할 수 있을 것이다.

# 행정심판법상 고지제도 ★★★

대표
기출문제

**【1995년도 제5회 공인노무사/ 논술형 – 50점】**
고지제도를 논하라.

**【2002년도 제11회 공인노무사/ 약술형 – 25점】**
행정심판법상 불고지와 오고지의 효과에 관하여 약술하시오.

**【2015년도 제26회 공인노무사/ 사례형 – 50점】**
甲은 2015.1.16. 주택신축을 위하여 개발행위허가를 신청하였다. 이에 관할 행정청은 乙은 국토의 계획 및 이용에 관한 법률의 규정에 의거하여 "해당 개발행위에 따른 기반시설의 설치나 그에 필요한 용지의 확보계획이 적절하지 않다."라는 사유로 2015.1.22. 개발행위 불허가처분을 하였고, 그 다음 날 甲은 그 사실을 알게 되었다. 그런데 乙은 위 불허가 처분을 하면서 甲에게 그 처분에 대하여 행정심판을 청구할 수 있는지 여부와 행정심판을 청구하는 경우의 심판청구절차 및 심판청구기간을 알리지 아니하였다. 甲은 개발행위 불허가 처분에 불복하여 2015.5.7. 행정심판위원회에 취소심판을 청구하였다. 아울러 甲은 적법한 제소요건을 갖추어 취소소송도 제기하였다.
(1) 甲의 취소심판은 청구기간이 경과되었는가? (20점)
▶ 답안연습: 한정답안 기출문제 연습【문제 1】참조

---

〈목 차〉

# I. 서설

## 1. 의의

고지제도란 "행정청이 처분을 함에 있어서 그 상대방에게 당해 처분에 대하여 행정심판을 제기할 경우 필요한 사항을 아울러 고지할 의무를 지우는 제도"를 말한다.

## 2. 고지의 법적 성질

**(1)** 고지는 사실행위이다.

**(2)** 행정심판법상의 고지에 관한 규정은 강행규정으로 의무규정의 성질을 갖는다.

## 3. 인정의 필요성

고지제도는 ① 행정심판청구의 기회를 보장하고, ② 적정한 행정권을 행사하도록 하는 기능을 한다.

# II. 고지의 종류

---

행정심판법 제58조(행정심판의 고지)

① 행정청이 처분을 할 때에는 처분의 상대방에게 다음 각 호의 사항을 알려야 한다.

1. 해당 처분에 대하여 행정심판을 청구할 수 있는지

2. 행정심판을 청구하는 경우의 심판청구 절차 및 심판청구 기간

② 행정청은 이해관계인이 요구하면 다음 각 호의 사항을 지체 없이 알려 주어야 한다. 이 경우 서면으로 알려 줄 것을 요구받으면 서면으로 알려 주어야 한다.

1. 해당 처분이 행정심판의 대상이 되는 처분인지

2. 행정심판의 대상이 되는 경우 소관 위원회 및 심판청구 기간

---

**개념정리 직권고지와 신청에 의한 고지 비교**

| 구분 | 직권고지(제58조 제1항) | 신청에 의한 고지(제2항) |
|---|---|---|
| 주체 | 행정청 | 행정청 |
| 신청 | × | 이해관계인의 신청 |
| 상대방 | 직접 상대방 | 이해관계인(복효적 VA의 제3자) |
| 대상 | 처분 | 처분 |
| 내용 | 심판제기 여부 + 청구절차 + 청구기간 | 심판제기 여부 + 청구절차 + 청구기간 |
| 방법 | 문서(해석) | 적당한 방법<br>서면요청 시 서면 |
| 시기 | 서면처분과 동시에 | 신청받고 지체없이(조문) |

## Ⅲ. 불고지와 오고지의 효과

### 1. 불고지의 효과

#### (1) 제출기관의 불고지

> **행정심판법 제23조(심판청구서의 제출 등)**
> ① 행정심판을 청구하려는 자는 제28조에 따라 심판청구서를 작성하여 피청구인이나 위원회에 제출하여야 한다. 이 경우 피청구인의 수만큼 심판청구서 부본을 함께 제출하여야 한다.
> ② 행정청이 제58조에 따른 고지를 하지 아니하거나 잘못 고지하여 청구인이 심판청구서를 다른 행정기관에 제출한 경우에는 그 행정기관은 그 심판청구서를 지체 없이 정당한 권한이 있는 피청구인에게 보내야 한다.
> ③ 제2항에 따라 심판청구서를 보낸 행정기관은 지체 없이 그 사실을 청구인에게 알려야 한다.
> ④ 제27조에 따른 심판청구 기간을 계산할 때에는 제1항에 따른 피청구인이나 위원회 또는 제2항에 따른 행정기관에 심판청구서가 제출되었을 때에 행정심판이 청구된 것으로 본다.

#### (2) 청구기간의 불고지

> **행정심판법 제27조(행정심판청구 기간)**
> ① 심판청구는 처분이 있음을 안 날부터 90 일 이내에 제기하여야 한다.
> ③ 심판청구는 처분이 있은 날로부터 180일을 경과하면 제기하지 못한다. 다만, 정당한 사유가 있는 경우에는 그러하지 아니하다.
> ⑥ 행정청이 심판청구기간을 알리지 아니한 때에는 제3항의 기간 내에 심판청구를 할 수 있다.

### 2. 오고지의 효과

#### (1) 제출기관의 오고지

> **행정심판법 제23조(심판청구서의 제출 등)**
> ② 행정청이 제58조의 규정에 의한 고지를 하지 아니하거나 잘못 알려서 청구인이 심판청구서를 다른 행정기관에 제출한 때에는 당해 행정기관은 그 심판청구서를 지체없이 정당한 권한있는 행정청에 송부하여야 한다.
> ⑥ 제2항 또는 제5항의 규정에 의하여 송부할 때에는 지체없이 그 사실을 청구인에게 통지하여야 한다.

#### (2) 청구기간의 오고지

> **행정심판법 제27조(행정심판청구의 기간)**
> ⑤ 행정청이 심판청구기간을 제1항의 규정에 의한 기간보다 긴 기간으로 잘못 알린 경우에 그 잘못 알린 기간내에 심판청구가 있으면 그 심판청구는 제1항의 규정에 의한 기간 내에 제기된 것으로 본다.

### 3. 불고지 또는 오고지와 처분의 효력

불고지나 오고지는 처분 자체의 효력에 직접 영향을 미치지는 않는다.

> **참조판례** 불고지 및 오고지가 처분에 미치는 효력
>
> 자동차운수사업법 제31조 등의 규정에 의한 사업면허의 취소 등의 처분에 관한 규칙(교통부령) 제7조 제3항의 고지절차에 관한 규정은 행정처분의 상대방이 그 처분에 대한 행정심판의 절차를 밟는데 있어 편의를 제공하려는데 있으며 처분청이 위 규정에 따른 고지의무를 이행하지 아니하였다고 하더라도 경우에 따라서는 행정심판의 제기기간이 연장될 수 있는 것에 그치고 이로 인하여 심판의 대상이 되는 행정처분에 어떤 하자가 수반된다고 할 수 없다(대법원 1987.11.24. 87누529).

## 4. 행정심판을 거쳐야 함에도 거칠 필요가 없다고 잘못 알린 경우

처분을 행한 행정청이 행정심판을 거칠 필요가 없다고 잘못 알린 때에는 행정심판을 제기함이 없이 행정소송을 제기할 수 있다(행정소송법 제18조 제3항 제4호).

## Ⅳ. 관련문제(행정소송의 고지)

### 논점 42    불고지·오고지 효과규정의 행정소송의 준용 여부 ★★

### 1. 문제점

행정소송의 경우에도 행정절차법 제26조에서 고지의무를 지우고 있으나, 이에 관한 불고지·오고지의 효과에 관한 규정이 없어 행정심판법 제27조 제5항 등의 관련규정을 준용할 수 있는지 여부가 문제된다.

### 2. 학설

이에 대해 학설은 ① 행정소송법은 행정심판법과 달리 고지의무 및 불고지오고지의 효과에 관한 규정을 두고 있지 아니하므로 행정소송에서는 행정심판법 제27조 제5항 등의 규정을 준용할 수 없다는 **준용부정설**과, ② 행정소송도 행정절차법 제26조에서 고지규정을 두고 있고, 행정심판과 유사한 행정쟁송으로서의 성질을 갖음을 이유로 행정심판법 제27조 제5항 등을 준용할 수 있다는 **준용긍정설**이 대립된다.

### 3. 판례

이에 대해 대법원은 "행정청이 법정 심판청구기간보다 긴 기간으로 잘못 알린 경우에 그 잘못 알린 기간 내에 심판청구가 있으면 그 심판청구는 법정 심판청구기간 내에 제기된 것으로 본다는 취지의 행정심판법 제18조 제5항의 규정은 **행정심판 제기에 관하여 적용되는 규정이지, 행정소송 제기에도 당연히 적용되는 규정이라고 할 수는 없다.**"고 판시하여 준용부정설의 입장이다(대법원 2001.5.8. 2000두6916).

### 4. 검토

고지의무와 그 불고지·오고지의 효과에 관한 규정은 법률에서 인정하는 특별한 효과에 관한 규정이므로 준용부정하는 견해가 타당하다.

# 한장답안 기출문제 연습

**2015년도 제26회 공인노무사 시험**

【문제 1】 甲은 2015.1.16. 주택신축을 위하여 개발행위허가를 신청하였다. 이에 관할 행정청은 乙은 국토의 계획 및 이용에 관한 법률의 규정에 의거하여 "해당 개발행위에 따른 기반시설의 설치나 그에 필요한 용지의 확보계획이 적절하지 않다."라는 사유로 2015.1.22. 개발행위 불허가처분을 하였고, 그 다음 날 甲은 그 사실을 알게 되었다. 그런데 乙은 위 불허가 처분을 하면서 甲에게 그 처분에 대하여 행정심판을 청구할 수 있는지 여부와 행정심판을 청구하는 경우의 심판청구절차 및 심판청구기간을 알리지 아니하였다. 甲은 개발행위 불허가 처분에 불복하여 2015.5.7. 행정심판위원회에 취소심판을 청구하였다. 아울러 甲은 적법한 제소요건을 갖추어 취소소송도 제기하였다.

물음 1) 甲의 취소심판은 청구기간이 경과되었는가? (20점)

**한장
답안**

## I. 문제의 소재(설문에서는 甲이 제기한 취소심판의 청구가 우선 행정심판법 제27조에 따라 청구기간이 도과되었는지 문제
되며 만약 도과되었다면 불고지의 하자로 인해 청구기간이 연장되는지 여부가 고지와 관련하여 문제된다.)

## II. 취소심판의 청구기간이 도과되었는지 여부

### 1. 청구기간의 의의 및 취지

### 2. 취소심판의 청구기간

### 3. 사안의 소결

안 날로(2015.1.23)부터 90일 도과하여 청구기간을 도과하였으나, 행정심판의 불고지의 하자로 청구기간이 연장되는지 여부가 문제된다. 이하에서 검토한다.

## III. 행정심판의 고지하자로 청구기간이 연장되는지 여부

### 1. 고지의 의의

### 2. 인정취지

### 3. 고지의 성질

### 4. 고지하자가 인정되는지 여부

행정심판법 제58조의 제1항에 따라 사안의 개발행위허가에 관한 불허가처분은 거부처분에 해당하므로 행정심판의 고지대상인데, 상대방에게 고지하지 아니하였으므로 불고지의 하자가 인정된다.

### 5. 불고지하자의 효과

행정심판법 제27조 제6항에 따라 고지를 하지 아니한 경우 있은 날로부터 180일의 기간이 적용된다. 고지의 하자는 처분의 하자에 아무런 영향을 미치지 아니한다.

## IV. 사안의 검토

이상의 검토에 따라 甲의 취소심판의 청구기간은 2015.1.22.부터 180일로 연장되었으므로 사안의 경우 청구기간은 도과되지 않았다.

# 제4편

# 노동쟁송의 특수쟁점

**대표 기출문제**

【2012년도 제21회 공인노무사/ 사례형 – 50점】

⑴ 근로자 A는 甲노동조합을 조직해서 그 설립신고를 하였으나 乙시장은 "설립신고서에서 근로자가 아닌 구직중에 있는 자의 가입을 허용하고 있다(노동조합 및 노동관계조정법 제2조 제4호 라목)."라는 사유로 설립신고를 반려하였다. 이에 甲노동조합은 취소소송을 제기하고자 하는 바, 乙시장의 설립신고서 반려는 취소소송의 대상이 될 수 있는가? (25점)

【2014년도 제23회 공인노무사/ 사례형 – 50점】

A회사의 근로자 甲은 노동조합을 설립하고자 노동조합 및 노동관계조정법 제10조에 따라 설립신고를 하였으나, 甲이 설립하는 노동조합은 경비의 주된 부분을 사용자로부터 원조받는 조직으로, 동법 제2조 제4호에 의해 노동조합으로 보지 아니하는 것이다. 그럼에도 불구하고 관할 행정청은 甲의 조합설립신고를 수리하였고, 이에 A회사는 甲의 조합은 무자격조합임을 이유로 신고수리에 대해 취소심판을 제기하였다. 다음 물음에 답하시오.

⑴ A회사가 제기한 심판청구의 적법성에 관한 법적 쟁점을 설명하시오. (30점)

▶ 답안연습: 한장답안 기출문제 연습 【문제 1】 참조

〈목 차〉

# Ⅰ. 노동조합설립신고수리에 대한 사용자의 불복

노동조합 및 노동관계조정법 제2조(정의)

이 법에서 사용하는 용어의 정의는 다음과 같다.

4. "노동조합"이라 함은 근로자가 주체가 되어 자주적으로 단결하여 근로조건의 유지·개선 기타 근로자의 경제적·사회적 지위의 향상을 도모함을 목적으로 조직하는 단체 또는 그 연합단체를 말한다. 다만, 다음 각목의 1에 해당하는 경우에는 노동조합으로 보지 아니한다.

가. 사용자 또는 항상 그의 이익을 대표하여 행동하는 자의 참가를 허용하는 경우

나. 경비의 주된 부분을 사용자로부터 원조받는 경우

다. 공제·수양 기타 복리사업만을 목적으로 하는 경우

라. 근로자가 아닌 자의 가입을 허용하는 경우. 다만, 해고된 자가 노동위원회에 부당노동행위의 구제신청을 한 경우에는 중앙노동위원회의 재심판정이 있을 때까지는 근로자가 아닌 자로 해석하여서는 아니된다.

마. 주로 정치운동을 목적으로 하는 경우

제10조(설립신고)

① 노동조합을 설립하고자 하는 자는 다음 각호의 사항을 기재한 신고서에 제11조의 규정에 의한 규약을 첨부하여 연합단체인 노동조합과 2 이상의 특별시·광역시·특별자치시·도·특별자치도에 걸치는 단위노동조합은 고용노동부장관에게, 2 이상의 시·군·구(자치구를 말한다)에 걸치는 단위노동조합은 특별시장·광역시장·도지사에게, 그 외의 노동조합은 특별자치시장·특별자치도지사·시장·군수·구청장(자치구의 구청장을 말한다. 이하 제12조 제1항에서 같다)에게 제출하여야 한다.

1. 명칭

2. 주된 사무소의 소재지

3. 조합원수

4. 임원의 성명과 주소

5. 소속된 연합단체가 있는 경우에는 그 명칭

## 1. 노동조합설립신고의 수리가 "처분"인지 여부

### (1) 문제점

어떠한 신고의 수리조치가 "국민의 권리·의무에 어떠한 영향을 미치는 행위"로서 항고쟁송의 대상인 처분이 되는지 여부가 문제된다.

### (2) 수리를 요하는 신고의 경우

행정요건적 사인의 공법행위로서 수리를 요하는 신고는 행정청의 수리조치가 있어야 법적 효과를 발생시키므로 이러한 수리조치는 "**국민의 권리의무에 어떠한 영향을 미치는 행위**"로서 처분에 해당함에 의문의 여지가 없다.

### (3) 수리를 요하지 않는 자기완결적 신고의 경우

통설·판례에 의하면, 자체완성적 공법행위로서의 신고는 행정청에 대하여 일정한 사항을 통지함으로써 의무가 끝나는 신고로서, 수리를 요하지 않으며 신고 그 자체로서 법적 효과를 발생시킨다. 이에 당연히 행정청의 처분이 개입할 여지가 없고, 따라서 **이러한 신고의 수리는 단순한 사실행위로서 행정쟁송법상 처분성이 인정될 수 없다고 본다.** 따라서 이에 대한 다툼은 공법상 당사자소송에 의해야 한다.

**(4) 노동조합설립신고의 수리의 경우**

　1) 판례의 태도

　　대법원은 최근 "행정관청은 일단 제출된 설립신고서와 규약의 내용을 기준으로 노동조합법 제2조 제4호 각 목의 해당 여부를 심사하되, 설립신고서를 접수할 당시 그 해당 여부가 문제된다고 볼 만한 객관적인 사정이 있는 경우에 한하여 **설립신고서와 규약 내용 외의 사항에 대하여 실질적인 심사를 거쳐 반려 여부를 결정할 수 있다.**"고 판시[46]하여 노동조합설립신고는 수리를 요하는 행정요건적 공법행위로서의 신고임을 분명히 하였다. 따라서 판례는 설립신고수리의 처분성을 긍정한다.

　2) 검토

　　노동조합 및 노동관계조정법 제2조 제4호의 규정과 실질적 심사권을 인정하는 대법원 판례의 태도에 비추어 노동조합설립신고는 수리를 요하는 신고로 보아야 한다. 따라서 그 설립신고수리는 항고쟁송의 대상인 처분에 해당한다고 보아야 한다.

　　▶ 부록: 답안작성요령 <사례논점 14> **1** 참조

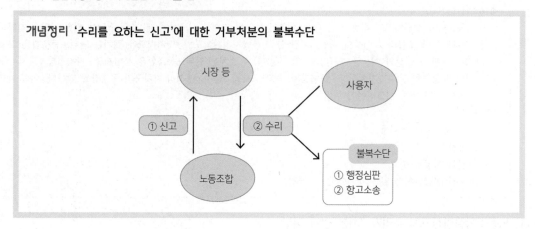

개념정리 '수리를 요하는 신고'에 대한 거부처분의 불복수단

시장 등
사용자
① 신고
② 수리
노동조합
불복수단
① 행정심판
② 항고소송

---

46) [대법원 2014.4.10. 2011두6998] 노동조합 및 노동관계조정법(이하 '노동조합법'이라 한다)이 행정관청으로 하여금 설립신고를 한 단체에 대하여 같은 법 제2조 제4호 각 목에 해당하는지를 심사하도록 한 취지가 노동조합으로서의 실질적 요건을 갖추지 못한 노동조합의 난립을 방지함으로써 근로자의 자주적이고 민주적인 단결권 행사를 보장하려는 데 있는 점을 고려하면, 행정관청은 해당 단체가 노동조합법 제2조 제4호 각 목에 해당하는지 여부를 실질적으로 심사할 수 있다. 다만, 행정관청에 광범위한 심사권한을 인정할 경우 행정관청의 심사가 자의적으로 이루어져 신고제가 사실상 허가제로 변질될 우려가 있는 점, 노동조합법은 설립신고 당시 제출하여야 할 서류로 설립신고서와 규약만을 정하고 있고(제10조 제1항), 행정관청으로 하여금 보완사유나 반려사유가 있는 경우를 제외하고는 설립신고서를 접수받은 때로부터 3일 이내에 신고증을 교부하도록 정한 점(제12조 제1항) 등을 고려하면, 행정관청은 일단 제출된 설립신고서와 규약의 내용을 기준으로 노동조합법 제2조 제4호 각 목의 해당 여부를 심사하되, 설립신고서를 접수할 당시 그 해당 여부가 문제된다고 볼 만한 객관적인 사정이 있는 경우에 한하여 설립신고서와 규약 내용 외의 사항에 대하여 실질적인 심사를 거쳐 반려 여부를 결정할 수 있다.

## 2. 사용자의 "법률상 이익"의 인정 여부

### 논점 43 　노동조합설립신고수리에 대한 사업자의 원고적격 ★★

#### (1) 문제점

노동조합에 대한 설립신고가 수리된 경우 이러한 처분에 대하여 사용자가 이를 다툴 "법률상 이익"을 갖는지 여부가 "노동조합 및 노동관계조정법"의 보호규범과 관련하여 문제된다.

#### (2) 학설

이에 대해 학설은 ① 사용자는 **"노동조합 및 노동관계조정법"상 무자격조합이 생기지 아니할 이익을 갖고 이러한 이익은 개별적·구체적 이익으로서 원고적격을 갖는다**는 원고적격긍정설과 ② 사용자의 이러한 이익은 **"노동조합 및 노동관계조정법"상의 개별적·구체적 이익으로 볼 수 없다**고 보아 원고적격을 부정하는 원고적격부정설이 대립된다.

#### (3) 판례의 태도

대법원은 "사용자는 무자격조합이 생기지 않는다는 이익을 받고 있다고 볼 수 있을지라도 그러한 이익이 **노동조합의 설립에 관한 구 노동조합법 규정에 의하여 직접적이고 구체적으로 보호되는 이익이라고 볼 수는 없고**, 노동조합 설립신고의 수리 그 자체에 의하여 사용자에게 어떤 공적 의무가 부과되는 것도 아니라고 할 것이어서 당해 사안에서 **지방자치단체장이 노동조합의 설립신고를 수리한 것만으로는 당해 회사의 어떤 법률상의 이익이 침해되었다고 할 수 없으므로 노동조합 설립신고의 수리처분 그 자체만을 다툴 당사자 적격은 없다.**"고 판시하여 부정설의 입장이다(대법원 1997.10.14. 96누9829).

#### (4) 검토

생각건대, "노동조합 및 노동관계조정법"의 취지상 사용자는 신고증을 교부받은 노동조합이 부당노동행위 구제신청을 하는 등으로 법이 허용하는 절차에 구체적으로 참가한 경우에 그 절차에서 노동조합의 무자격을 주장하여 다툴 수 있다 할 것이므로, 별도로 노동조합의 설립신고 수리처분에 대해서는 다툴 구체적이고 개별적인 법률상 이익을 갖는다고 보기 어렵다고 볼 것이다.

## Ⅱ. 노동조합설립신고가 반려된 경우

### 1. 수리거부의 처분성

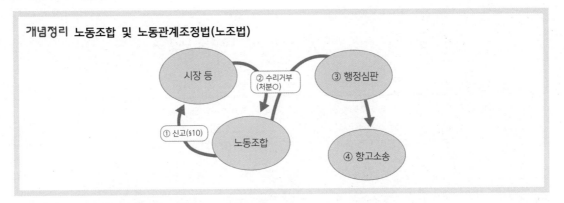

개념정리 노동조합 및 노동관계조정법(노조법)

▶ 부록: 답안작성요령 <사례논점 14> ❷ 참조

## 2. 노동조합의 "법규상·조리상 신청권"의 인정 여부

> **참조판례** 전국출판노동조합 한국일보지부의 당사자적격
>
> 【사실관계】 법외조합이었던 전국출판노동조합의 한국일보지부가 노동조합설립 신고가 반려되자 이에 대해 취소소송을 제기한 사건
>
> 【판결요지】 노동조합설립 신고서가 반려되어 신고증을 교부받지 못한 원고 노동조합 한국일보지부는 노동조합으로서 성립되지 아니하고 노동조합의 명칭도 사용할 수 없으나 그 이름으로 노동조합설립 신고서를 소관관청에 제출하고 그것이 반려되자 동 반려가 위법하다고 본건 행정소송을 제기한 당사자는 노동조합으로서가 아니라 바로 노동조합설립 신고서를 제출하였다가 반려받은 한국일보사 기자 31명이 노동조합법에 따라 제정한 규약에 의하여 전국출판노동조합 한국일보지부의 명칭으로 조직된 인적 집합체이므로 당사자 적격이 있다(대법원 1979.12.11. 76누189).

# Ⅲ. 법외조합통보의 경우

> 노조법 시행령 제9조(설립신고서의 보완요구 등)
> ① 고용노동부장관, 특별시장·광역시장·도지사·특별자치도지사, 시장·군수 또는 자치구의 구청장(이하 '행정관청'이라 한다)은 법 제12조 제2항에 따라 노동조합의 설립신고가 다음 각 호의 어느 하나에 해당하는 경우에는 보완을 요구하여야 한다.
> 1. 설립신고서에 규약이 첨부되어 있지 아니하거나 설립신고서 또는 규약의 기재사항 중 누락 또는 허위사실이 있는 경우
> 2. 임원의 선거 또는 규약의 제정절차가 법 제16조 제2항부터 제4항까지 또는 법 제23조 제1항에 위반되는 경우
> ② 노동조합이 설립신고증을 교부받은 후 법 제12조 제3항 제1호에 해당하는 설립신고서의 반려사유가 발생한 경우에는 행정관청(고용노동부장관, 특별시장·광역시장·도지사·특별자치도지사, 시장·군수 또는 자치구의 구청장)은 30일의 기간을 정하여 시정을 요구하고 그 기간 내에 이를 이행하지 아니하는 경우에는 당해 노동조합에 대하여 이 법에 의한 노동조합으로 보지 아니함을 통보하여야 한다.

## 1. 보완요구 및 시정요구의 처분성

보완요구 및 시정요구는 노동조합에게 일정한 작위의무를 부과하는 행위로서 **구체적 사실에 관한 법집행으로서 조합규약의 해당 조항을 지적된 법률조항에 위반되지 않도록 적절히 변경보완할 것을 명하는 노동행정에 관한 행정관청의 의사를 조합에게 직접 표시한 것이므로 행정소송법 제2조 제1항 에서 규정하고 있는 행정처분에 해당된다**(서울행정법원 2013.11.13. 2013아3353).

## 2. 법외노조통지의 처분성

**논점 44** **법외노조통지의 처분성** ★★★

### (1) 문제점

노조법상 노동조합설립신고가 수리된 노동조합을 법외조합으로 보는 법외노조통지가 처분에 해당하는지에 대해 견해가 대립된다.

### (2) 학설

**1) 처분성부인설**(관념통지로서 사실행위설)

노동조합은 법외노조통지에 의하여 노조법상 노동조합 지위를 상실하는 것이 아니라, 노조법상 설립신고서의 반려사유가 발생하면 노조법에 의하여 곧바로 노동조합으로 보지 아니하는 효과가 발생하므로 법외노조통지는 노조법상 노동조합으로 보지 아니하는 효과가 발생하였음을 단순히 알려 주는 **사실 또는 관념의 통지로서 처분이 아니라는 견해**이다.

**2) 처분성긍정설**

법외노조통지는 노조법상 적법하게 설립된 노동조합의 지위를 상실시키는 조치로서 일종의 **노동조합설립신고수리의 철회 및 종래의 노동조합해산명령에 준하는 것으로 보아 국민의 권리·의무에 직접 변동을 초래하는 처분에 해당한다는 견해**이다.

### (3) 판례

서울행정법원은 "**법외노조통보는 원고가 노동조합의 지위에서 가지는 권리·의무에 직접 영향을 미치는 행위로서 행정처분에 해당한다고 봄이 타당하다.**"고 하여 처분성을 긍정한 바 있다.

### (4) 검토

법외노조통지는 노동조합의 지위 및 권한행사에 있어서 법적 또는 사실상으로 라도 중대한 지장을 초래하는 행위임이 분명하므로 국민의 실질적 권리구제의 차원에서 처분성을 긍정함이 타당하다.

---

## 2014년도 제23회 공인노무사 시험

【문제 1】 A회사의 근로자 甲은 노동조합을 설립하고자 노동조합 및 노동관계조정법 제10조에 따라 설립신고를 하였으나, 甲이 설립하는 노동조합은 경비의 주된 부분을 사용자로부터 원조받는 조직으로, 동법 제2조 제4호에 의해 노동조합으로 보지 아니하는 것이다. 그럼에도 불구하고 관할 행정청은 甲의 조합설립신고를 수리하였고, 이에 A회사는 甲의 조합은 무자격조합임을 이유로 신고수리에 대해 취소심판을 제기하였다. 다음 물음에 답하시오.

물음 1) A회사가 제기한 심판청구의 적법성에 관한 법적 쟁점을 설명하시오. (30점)

**한장
답안**

## I. 문제의 소재 (취소심판청구의 적법요건으로서 노동조합설립신고수리의 처분성의 인정 여부와 사용자인 A회사의 청구인적격으로서 "법률상 이익"의 인정 여부가 문제된다.)

## II. 노동조합설립신고수리가 처분에 해당하는지 여부

### 1. 처분의 의의 및 법적 근거

### 2. 처분과 행정행위와의 관계

(1) 문제점

(2) 학설: ① 실체법상 처분개념설(일원설), ② 쟁송법상 처분개념설(이원설)

(3) 판례

(4) 검토

### 3. 처분이 되기 위한 요건

### 4. 신고수리의 처분성

(1) 문제점

(2) 수리를 요하는 신고의 경우

관련법률에서 정한 신고의 법적 효과가 신고수리에 의해 발생하므로 "국민의 권리 또는 의무에 어떠한 영향을 미치는 행위"로서 처분에 해당한다.

(3) 자기완결적 신고의 경우

사실행위로서 국민의 권리·의무에 아무런 영향이 없으므로 처분으로 볼 수 없다.

(4) 노동조합설립신고의 경우

1) 판례

2) 검토

사안의 경우 노동조합설립신고수리는 수리를 요하는 신고이므로 처분에 해당한다.

## III. A회사의 청구인적격의 인정 여부

### 1. 청구인적격의 의의 및 법적 근거

### 2. "법률상 이익"의 인정 범위

(1) 문제점

(2) 학설: ① 권리회복설, ② 법률상 보호되는 이익구제설, ③ 보호가치있는 이익구제설, ④ 적법성 보장설

(3) 판례

(4) 검토

"법률상 보호되는 이익구제설"이 타당하다.

### 3. 사용자의 "법률상 이익"의 인정 여부

(1) 문제점

(2) 학설: ① 긍정설, ② 부정설

(3) 판례

(4) 검토

사용자의 무자격조합으로 인해 얻는 이익은 노동조합 및 노동관계조정법상 보호되는 이익으로 보기 어렵다고 보인다. 따라서 청구인적격의 결여로 부적법 각하재결함이 타당하다.

## IV. 사안의 해결

## 개념체계

### 노동위원회의 구제명령에 대한 불복절차

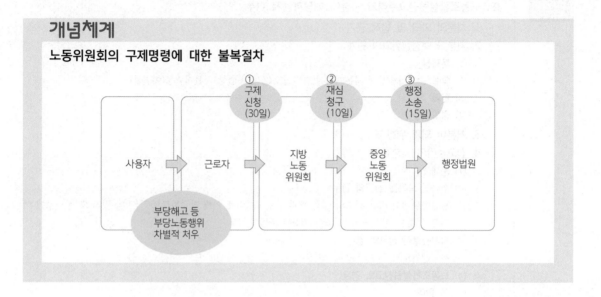

**대표 기출문제**

【2012년도 제21회 공인노무사/ 약술형 – 25점】
지방노동위원회의 처분(근로기준법 제30조의 구제명령과 그에 준하는 것)에 대한 행정쟁송절차를 설명하시오(다툼이 있을 경우 판례에 따름).

---

〈목 차〉

# I. 서설

근로기준법 제31조(구제명령 등의 확정)
① 「노동위원회법」에 따른 지방노동위원회의 구제명령이나 기각결정에 불복하는 사용자나 근로자는 구제명령서나 기각결정서를 통지받은 날부터 10일 이내에 중앙노동위원회에 재심을 신청할 수 있다.
② 제1항에 따른 중앙노동위원회의 재심판정에 대하여 사용자나 근로자는 재심판정서를 송달받은 날부터 15일 이내에 「행정소송법」의 규정에 따라 소를 제기할 수 있다.
③ 제1항과 제2항에 따른 기간 이내에 재심을 신청하지 아니하거나 행정소송을 제기하지 아니하면 그 구제명령, 기각결정 또는 재심판정은 확정된다.

제32조(구제명령 등의 효력)
노동위원회의 구제명령, 기각결정 또는 재심판정은 제31조에 따른 중앙노동위원회에 대한 재심 신청이나 행정소송 제기에 의하여 그 효력이 정지되지 아니한다.

근로기준법 제30조의 지방노동위원회의 처분(구제명령 및 그에 준하는 것; 원처분)에 대한 행정쟁송절차와 관련하여, 근로기준법에 따라 행정심판법과 행정소송법상의 어떠한 특별한 절차가 인정되는지 여부가 문제된다.

# II. 중앙노동위원회에 대한 재심청구

## 1. 의의

"노동위원회법"에 따른 지방노동위원회의 구제명령이나 기각결정에 불복하는 사용자나 근로자는 구제명령서나 기각결정서를 통지받은 날로부터 10일 이내에 중앙노동위원회에 재심을 신청할 수 있다(근로기준법 제30조 제1항).

## 2. 재심신청의 법적 성질

### (1) 문제점

중앙노동위원회에 대한 재심신청이 본래적 이의신청인지, 특별한 행정심판절차인지 여부가 별도의 행정심판을 청구할 수 있는지 여부와 관련하여 견해가 대립된다.

### (2) 학설

이에 대해 학설은 ① 본래적 이의신청이라는 견해와, ② 특별한 행정심판이라는 견해가 대립된다.

### (3) 판례

대법원은 "지방노동위원회의 처분에 대하여 불복하기 위하여는 처분 송달일로부터 10일 이내에 중앙노동위원회에 재심을 신청하고 중앙노동위원회의 재심판정서 송달일로부터 15일 이내에 중앙노동위원장을 피고로 하여 재심판정취소의 소를 제기하여야 할 것이다."고 판시하여 특별한 행정심판이라는 입장이다.

### (4) 검토

처분청인 지방노동위원회가 아닌 별도의 중앙노동위원회에 재심청구를 인정하는 만큼 특별한 행정심판절차로 보는 견해가 타당하다.

## 3. 필수적 전심절차인지 여부

행정소송법 제18조 제1항에 따라 행정심판은 원처분에 대한 취소소송을 제기하기 위한 임의적 전심절차가 됨이 원칙이다. 그러나 앞선 판례에서 대법원은 근로기준법 제31조 제1항에서 "… 재심을 신청할 수 있다."는 명문의 규정에도 불구하고 필수적 전심절차로 파악하고 있다. 따라서 예외적인 필수적 전심절차가 적용된다고 하겠다.

### 4. 재심청구의 기간

근로기준법 제31조 제1항에 따라 중앙노동위원회에 대한 **재심청구는 지방노동위원회의 구제명령이나 기각결정에 불복하는 사용자나 근로자는 구제명령서나 기각결정서를 통지받은 날로부터 10일 이내에 청구하여야** 한다.

### 5. 재심청구의 대상 및 당사자

지방노동위원회의 구제명령이나 기각결정에 불복하는 사용자나 근로자가 지방노동위원회를 상대로 재심을 청구하여야 한다.

## Ⅲ. 행정소송(항고소송)의 제기

### 1. 의의

중앙노동위원회의 재심판정에 대하여 사용자나 근로자는 재심판정서를 송달받은 날부터 15일 이내에 행정소송법의 규정에 따라 소를 제기할 수 있다(근로기준법 제31조 제2항).

### 2. 항고소송의 대상

#### (1) 입법주의

##### 1) 원처분주의

원처분주의란 "원처분과 재결에 대하여 항고소송의 대상으로서 다 같이 소송을 제기할 수 있으나 원처분의 위법은 원처분에 대한 항고소송에서만, 재결에 대한 위법은 재결의 고유한 하자에 대한 항고소송에서만 주장할 수 있는 입법주의"를 말한다.

##### 2) 재결주의

재결주의란 "재결에 대해서만 항고소송의 대상으로 하도록 하고, 재결 자체의 위법뿐만 아니라 원처분의 위법도 함께 주장할 수 있는 입법주의"를 말한다.

#### (2) 현행 행정소송법의 입법주의

행정소송법 제19조의 규정상 원처분주의를 채택하고 있음에 따라 개별법률의 특별한 규정이 없는 한 원처분주의가 적용된다.

#### (3) 근로기준법상 지방노동위원회의 구제명령의 경우

대법원은 "중앙노동위원회의 재심판정서 송달일로부터 15일 이내에 중앙노동위원장을 피고로 하여 재심판정취소의 소를 제기하여야 할 것이다."고 판시하여 근로기준법 제31조 제2항이 재결주의에 관한 특별규정으로 보고 있다. 따라서 사용자나 근로자는 원처분에 해당하는 지방노동위원회의 구제명령이 아닌 재결에 해당하는 중앙노동위원회의 재심판정에 대해 항고소송을 제기하여야 한다.

### 3. 항고소송의 당사자

중앙노동위원회의 재심판정에 불복하는 사용자나 근로자가 원고가 되고, 피고는 중앙노동위원회의 위원장이 된다(노동위원회법 제27조 제1항).

### 4. 취소소송의 경우 제소기간

중앙노동위원회의 재심판정에 대해 취소소송을 제기하는 경우 행정소송법 제20조 제1항 규정에도 불구하고 근로기준법 제30조 제2항에 따라 재심판정서를 송달받은 날부터 15일 이내에 제기하여야 한다. 이 기간은 불변기간이다(노동위원회법 제27조 제3항).

## 5. 필수적 전심절차

앞서 살펴본바 대로 항고소송을 제기하기 전에 사용자나 근로자는 중앙노동위원회에 재심을 청구하여야 한다.

## 6. 집행부정지의 원칙

노동위원회법 제27조 제2항에 따라 중앙노동위원회의 재심판정에 대한 항고소송의 경우 집행부정지의 원칙이 적용된다.

## 7. 기타의 경우

기타의 항고소송의 심리 · 판결 등에 대해서는 근로기준법 제31조 제2항에 따라 행정소송법이 적용된다고 보아야 한다.

## IV. 결어 및 입법론

현행 근로기준법과 대법원 판례의 입장에 따라 지방노동위원회의 구제명령에 대한 불복소송의 경우 중앙노동위원회의 재심판정을 필수적 전심절차로 파악하고 있다. 그러나 중앙노동위원회의 재심절차가 지방노동위원회의 초심절차와 비교할 때 특별한 성격이 없고 중앙노동위원회가 지방노동위원회 보다 더 전문성이 있거나 심리 및 조사상에도 어떠한 실질적인 차이가 없음에도 불구하고 이를 필수적 전심절차로 파악하는 것은 분쟁의 장기화를 초래할 뿐이라는 점이 지적되고 있다. 따라서 **지방노동위원회의 구제명령에 대하여 곧바로 행정소송을 제기할 수 있도록 중앙노동위원회의 재심절차를 임의화함이 타당하다.**[47]

▶ 부록: 답안작성요령 <사례논점 15> ■ 참조

---

47) 2010년에 입법발의된 정부의 노동위원회법 개정안에도 중앙노동위원회의 재심절차를 임의화하고 있다.

# 산재법상 보상급여결정에 대한 불복 ★★

## 개념체계

**산업재해보상보험법상 보상급여결정에 대한 불복절차**

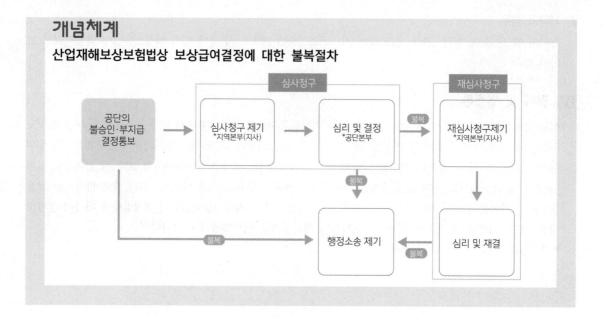

# Ⅰ. 서설

근로복지공단의 산업재해보상보험법(이하 '산재법'이라 한다)상 보험료급여청구에 대한 거부결정에 대해 산재법에서는 특별한 불복절차인 ① 심사청구(동법 제103조)와 ② 재심사청구(동법 제106조)를 규정하고 있는 바, 이러한 불복방법의 성질과 요건을 살펴보고, 이에 따라 산재법 이외의 행정심판법과 행정소송법에 따른 일반행정쟁송절차도 가능한지 여부도 살펴본다.

# Ⅱ. 산재법에 따른 불복절차

## 1. 근로복지공단에 대한 심사청구

### (1) 의의

근로복지공단의 보험급여결정 등에 불복하는 자는 보험급여결정 등이 있음을 안 날부터 90일 이내에 보험급여결정을 한 공단에 대해 심사청구를 할 수 있다(동법 제103조).

### (2) 성질

#### 1) 본래적 이의신청인지 여부

심사청구는 처분청인 당해 근로복지공단에 대해 심사를 청구하는 것으로서 특수한 행정심판이 아닌 본래적 이의신청으로 보인다. 대법원도 **"산재법상 심사청구에 관한 절차는 보험급여 등에 관한 처분을 한 근로복지공단으로 하여금 스스로의 심사를 통하여 당해 처분의 적법성과 합목적성을 확보하도록 하는 근로복지공단 내부의 시정절차에 해당한다고 보아야 한다**(대법원 2012.9.13. 2012두3859)."고 판시하고 있다.

## 2) 필수적 전치절차인지 여부

대법원은 "산재법상 보험급여에 관한 결정에 대하여 불복이 있는 사람으로서는 심사청구 및 재심사청구를 거치지 아니하고 바로 취소소송을 제기할 수 있다(대법원 2002.11.26. 2002두6811)."고 판시하여 임의적 사항으로 보고 있다. 산재법 제103조상 "~ 할 수 있다."로 규정하므로 임의적 전치절차로 보아야 한다.

### (3) 심사청구의 대상

근로복지공단의 보험급여결정, 진료비결정, 약제비 결정, 부당이득 징수결정 등이 대상이 된다. 그러나 **급여신청에 대한 부작위는 이에 해당되지 않는다고 해석된다**(산재법 제103조 제1항).

### (4) 심사청구권자

① 산재법상 심사청구권자는 공단의 결정 등에 불복하는 자라 규정하고 있다. 따라서 재해자 내지 그 유족이 심사청구권자가 된다. ② 대법원은 **"산업재해보상보험법에 의한 보험급여 결정에 대하여는 보험가입자인 사업주도 보험료액의부담범위에 영향을 받는 자로서 그 적법 여부를 다툴 법률상의 정당한 이익이 있다."**고 판시하여 사업주도 심사청구할 수 있다.

## 2. 산업재해보상보험재심사위원회에 대한 재심사청구

### (1) 의의

앞선 심사청구의 결정에 대해 불복이 있는 자는 관할 근로복지공단을 거쳐 산업재해보상보험재심사위원회에 심사청구의 결정이 있음을 안날로부터 90일 이내에 재심사청구를 할 수 있다(산재법 제106조).

### (2) 성질

#### 1) 특수한 행정심판인지 여부

산재법 제103조 제6항은 행정심판법상 행정심판을 청구할 수 없다고 규정하고 있고, 동법 제111조 제2항에서는 재심사청구의 재결은 행정심판의 재결로 간주하고 있으므로 재심사청구는 산재법상의 특수한 행정심판으로 보아야 할 것이다.

#### 2) 필수적 전치절차인지 여부

대법원은 "산재법상 보험급여에 관한 결정에 대하여 불복이 있는 사람으로서는 심사청구 및 재심사청구를 거치지 아니하고 바로 취소소송을 제기할 수 있다(대법원 2002.11.26. 2002두6811)."고 판시하여 임의적 사항으로 보고 있다. 산재법 제106조상 "~ 할 수 있다."로 규정하므로 임의적 전치절차로 보아야 한다.

### (3) 재심사청구의 절차

재심사청구에 대한 처리기한 및 처리절차는 심사청구 절차를 준용한다(산재법 제109조).

## III. 일반행정쟁송절차의 가능성

## 1. 행정심판법상 행정심판의 가능성

앞서 살펴본 바대로 산업재해보상보험재심사위원회에 대한 재심사청구가 특수한 행정심판으로서의 성질을 가지므로 행정심판법 제4조에 따라 일반행정심판은 청구할 수 없다고 보아야 한다.

## 2. 행정소송법상 항고소송의 가능성

### (1) 근로복지공단의 반려에 대한 항고소송의 제기가능성

#### 1) 거부처분의 의의

거부처분이란 "행정청이 국민으로부터 공권력의 행사의 신청을 받았음에도 신청된 내용의 행위를 발급하지 않겠다는 행정청의 소극적 의사표시"를 말한다.

2) 항고소송의 대상이 되기 위한 요건

행정청의 거부가 처분이 되기 위해서는 ① 우선 공권력 행사의 거부이어야 하고, ② 공권력행사의 거부로 신청인의 법적 지위에 어떠한 변동을 초래할 것, ③ 신청인에게 법규상·조리상 신청권이 긍정될 것의 요건을 갖추어야 한다.

3) 소결

① 산재법상 보험급여결정은 공권력행사로 볼 수 있고, ② 급여결정의 거부행위로 인해 근로자은 산재법상 급여를 받을 수 없게 되는 재산권에 대한 침해가 인정되며, ③ 산재법상 근로자 및 그 유족에 대한 법규상 신청권도 인정되므로 거부처분에 해당한다고 보인다.

## (2) 항고소송의 종류

1) 문제점

행정소송법 제4조에 따라 근로복지공단을 상대로 행정소송법이 정하는 요건을 갖추어 거부처분취소소송 또는 거부처분무효확인소송을 제기할 수 있다. 다만, 의무이행소송을 인정할 수 있는지가 문제된다.

2) 의무이행소송의 인정 여부에 관한 학설

현행 행정소송법상 규정되어 있는 거부처분취소소송이나 부작위위법확인소송만으로는 국민의 권리구제가 우회적이고 간접적이기 때문에 해석상 의무이행소송을 인정할 수 있는지에 대해 ① 긍정설, ② 부정설, ③ 제한적 긍정설이 대립된다.

3) 판례

대법원은 "행정청의 부작위에 대하여 일정한 처분을 하도록 하는 의무이행소송은 현행 행정소송법상 인정될 수 없다."고 판시하여 부정하는 입장이다.

4) 검토

행정소송의 유형은 입법정책적 문제이다. 그런데 현행 행정소송법은 부작위에 대한 부작위위법확인소송을 별도로 인정하고 있다는 점에 미루어 의무이행소송은 부정됨이 타당하다.

## (3) 취소소송의 경우 제소기간

1) 심사청구 및 재심사청구를 거치지 않는 경우

근로복지공단의 보험급여결정 및 부당이득 징수결정 등을 안 날로부터 90일 이내에 취소소송을 제기해야 한다(행정소송법 제20조 제1항 본문).

2) 심사청구 후 취소소송을 제기하는 경우

> 행정기본법 제36조(처분에 대한 이의신청)
>
> ④ 이의신청에 대한 결과를 통지받은 후 행정심판 또는 행정소송을 제기하려는 자는 그 결과를 통지받은 날(제2항에 따른 통지기간 내에 결과를 통지받지 못한 경우에는 같은 항에 따른 통지기간이 만료되는 날의 다음날을 말한다)부터 90일 이내에 행정심판 또는 행정소송을 제기할 수 있다.
>
> ⑤ 다른 법률에서 이의신청과 이에 준하는 절차에 대하여 정하고 있는 경우에도 그 법률에서 규정하지 아니한 사항에 관하여는 이 조에서 정하는 바에 따른다.

【사건개요】 국가유공자법상 이의신청의 기각결정(국가유공자 등 예우 및 지원에 관한 법률 제74조의18에서는 "③ 국가보훈 처장은 제1항에 따른 이의신청에 대하여 보훈심사위원회의 심의·의결을 거쳐 결정하고 그 결과를 이의신청을 한 자에게 통보하여야 한다. ④ 제1항에 따라 이의신청을 한 자는 그 이의신청과 관계없이 행정심판법에 따른 행정심판을 청구할 수 있다. 이 경우 이의신청을 하여 그 결과를 통보받은 자는 통보받은 날부터 90일 이내에 행정심판법에 따른 행정심판을 청 구할 수 있다."고 규정하고 있다)을 송달 받은 뒤 취소소송의 제기하는 경우 소의 대상과 기산점이 문제된 사안

【판결요지】 [1] 국가유공자 등 예우 및 지원에 관한 법률 제4조 제1항 제6호, 제6조 제3항·제4항, 제74조의18의 문언·취 지 등에 비추어 알 수 있는 다음과 같은 사정, 즉 국가유공자법 제74조의18 제1항이 정한 이의신청은, 국가유공자 요건에 해당하지 아니하는 등의 사유로 국가유공자 등록신청을 거부한 처분청인 국가보훈처장이 신청 대상자의 신청 사항을 다시 심사하여 잘못이 있는 경우 스스로 시정하도록 한 절차인 점, 이의신청을 받아들이는 것을 내용으로 하는 결정은 당초 국 가유공자 등록신청을 받아들이는 새로운 처분으로 볼 수 있으나, 이와 달리 이의신청을 받아들이지 아니하는 내용의 결정 은 종전의 결정 내용을 그대로 유지하는 것에 불과한 점, 보훈심사위원회의 심의·의결을 거치는 것도 최초의 국가유공자 등록신청에 대한 결정에서나 이의신청에 대한 결정에서 마찬가지로 거치도록 규정된 절차인 점, 이의신청은 원결정에 대한 행정심판이나 행정소송의 제기에도 영향을 주지 아니하는 점 등을 종합하면, **국가유공자법 제74조의18 제1항이 정한 이의 신청을 받아들이지 아니하는 결정은 이의신청인의 권리·의무에 새로운 변동을 가져오는 공권력의 행사나 이에 준하는 행 정작용이라고 할 수 없으므로 원결정과 별개로 항고소송의 대상이 되지는 않는다.**
[2] 국가유공자 비해당결정 등 원결정에 대한 이의신청이 받아들여지지 아니한 경우에도 이의신청인으로서는 원결정을 대 상으로 항고소송을 제기하여야 하고, 국가유공자 등 예우 및 지원에 관한 법률 제74조의18 제4항이 이의신청을 하여 그 결과를 통보받은 날부터 90일 이내에 행정심판법에 따른 행정심판의 청구를 허용하고 있고, 행정소송법 제18조 제1항 본 문이 "취소소송은 법령의 규정에 의하여 당해 처분에 대한 행정심판을 제기할 수 있는 경우에도 이를 거치지 아니하고 제 기할 수 있다."라고 규정하고 있는 점 등을 종합하면, **이의신청을 받아들이지 아니하는 결과를 통보받은 자는 통보받은 날 부터 90일 이내에 행정심판법에 따른 행정심판 또는 행정소송법에 따른 취소소송을 제기할 수 있다**(대법원 2016.7.27. 2015두45953).[48]

### 2) 재심사청구 후 취소소송을 제기하는 경우

산재법상 재심사청구에 대한 재결은 행정소송법 제18조를 적용할 때 행정심판에 대한 재결로 보므로(산 재법 제111조 제2항), 재심사청구의 재결서를 송달받은 날로부터 90일 이내에 취소소송을 제기하여야 한 다(행정소송법 제20조 제1항 단서).

## IV. 결어

근로복지공단의 보험급여결정 또는 그 거부는 전문적이고 기술적인 사항이므로 산재법상 특별한 불복절차 에 의해 다투게 함은 타당하나, 동법에서 부작위에 대한 불복방법을 마련하지 않은 점은 문제라고 할 것이 다. 따라서 부작위에 대한 불복절차도 심사청구와 재심사청구에 의하게 하는 규정을 신설할 필요가 있다.

---

48) [대법원 2002.11.26. 2002두6811] 산업재해보상보험법 제88조 제1항, 제90조 제1항·제3항, 제94조 제2항의 규정에 의하면, 보험급 여에 관한 결정에 대하여는 심사청구 및 재심사청구를 할 수 있고 다만, 재심사청구를 하고자 할 때에는 심사청구를 거쳐 그에 대한 결정의 통지를 받은 날부터 소정의 기간 내에 하여야 한다고 되어 있을 뿐이며 보험급여에 관한 결정에 대하여 불복이 있는 사람이 임의적으로 심사청구를 하여 결정을 받은 경우에 반드시 더 나아가 재심사청구까지 거쳐야 한다고 해석할 법률상의 근거 규정이 없으므로, 보험급여에 관한 결정에 대하여 불복이 있는 사람으로서는 산업재해보상보험법상의 심사청구 및 재심사청구를 거치지 아니하고 바로 취소소송을 제기할 수 있고 임의적으로 심사청구 및 재심사청구를 모두 거친 후에 비로소 취소소송을 제기 할 수도 있을 뿐만 아니라, 임의적으로 심사청구만을 하여 그 결정을 받은 후 바로 취소소송을 제기할 수도 있는 것으로 해석하여 야 할 것인바, 이와 같이 임의적으로 심사청구만을 거친 채 취소소송을 제기할 경우에는 행정소송법 제20조 제1항의 규정에 따라 그 제소기간은 심사청구에 대한 결정의 정본을 송달받은 날로부터 기산하여야 한다.

# 고용보험법상 보상급여결정에 대한 불복 ★★

## Ⅰ. 서설

고용보험법 제87조(심사와 재심사)
  ① 제17조에 따른 피보험자격의 취득·상실에 대한 확인, 제4장의 규정에 따른 실업급여 및 제5장에 따른 육아휴직급여와 출산전후휴가 급여등에 관한 처분[이하 '원처분(原處分)등'이라 한다]에 이의가 있는 자는 제89조에 따른 심사관에게 심사를 청구할 수 있고, 그 결정에 이의가 있는 자는 제99조에 따른 심사위원회에 재심사를 청구할 수 있다.
  ② 제1항에 따른 심사의 청구는 같은 항의 확인 또는 처분이 있음을 안 날부터 90일 이내에, 재심사의 청구는 심사청구에 대한 결정이 있음을 안 날부터 90일 이내에 각각 제기하여야 한다.
  ③ 제1항에 따른 심사 및 재심사의 청구는 시효중단에 관하여 재판상의 청구로 본다.

제90조(심사청구등)
  ① 제87조 제1항에 따른 심사의 청구는 원처분등을 한 직업안정기관을 거쳐 심사관에게 하여야 한다.
  ② 직업안정기관은 심사청구서를 받은 날부터 5일 이내에 의견서를 첨부하여 심사청구서를 심사관에게 보내야 한다.

제93조(원처분등의 집행정지)
  ① 심사의 청구는 원처분등의 집행을 정지시키지 아니한다. 다만, 심사관은 원처분등의 집행에 의하여 발생하는 중대한 위해를 피하기 위하여 긴급한 필요가 있다고 인정하면 직권으로 그 집행을 정지시킬 수 있다.
  ② 심사관은 제1항 단서에 따라 집행을 정지시키려고 할 때에는 그 이유를 적은 문서로 그 사실을 직업안정기관의 장에게 알려야 한다.
  ③ 직업안정기관의 장은 제2항에 따른 통지를 받으면 지체 없이 그 집행을 정지하여야 한다.
  ④ 심사관은 제2항에 따라 집행을 정지시킨 경우에는 지체 없이 심사청구인에게 그 사실을 문서로 알려야 한다.

제96조(결정)

심사관은 심사의 청구에 대한 심리를 마쳤을 때에는 원처분등의 전부 또는 일부를 취소하거나 심사청구의 전부 또는 일부를 기각한다.

제97조(결정의 방법)

① 제89조에 따른 결정은 대통령령으로 정하는 바에 따라 문서로 하여야 한다.

② 심사관은 결정을 하면 심사청구인 및 원처분등을 한 직업안정기관의 장에게 각각 결정서의 정본(正本)을 보내야 한다.

제98조(결정의 효력)

① 결정은 심사청구인 및 직업안정기관의 장에게 결정서의 정본을 보낸 날부터 효력이 발생한다.

② 결정은 원처분등을 행한 직업안정기관의 장을 기속한다.

제100조(재심사의 상대방)

재심사의 청구는 원처분등을 행한 직업안정기관의 장을 상대방으로 한다.

제103조(고지)

직업안정기관의 장이 원처분등을 하거나 심사관이 제97조 제2항에 따라 결정서의 정본을 송부하는 경우에는 그 상대방 또는 심사청구인에게 원처분등 또는 결정에 관하여 심사 또는 재심사를 청구할 수 있는지의 여부, 청구하는 경우의 경유 절차 및 청구 기간을 알려야 한다.

제104조(다른 법률과의 관계)

① 재심사의 청구에 대한 재결은 「행정소송법」 제18조를 적용할 경우 행정심판에 대한 재결로 본다.

② 심사 및 재심사의 청구에 관하여 이 법에서 정하고 있지 아니한 사항은 「행정심판법」의 규정에 따른다.

제115조(권한의 위임·위탁)

이 법에 따른 고용노동부장관의 권한은 대통령령으로 정하는 바에 따라 그 일부를 직업안정기관의 장에게 위임하거나 대통령령으로 정하는 자에게 위탁할 수 있다.

제145조(권한의 위임 등)

① 법 제115조에 따라 고용노동부장관은 다음 각 호의 사항에 관한 권한을 직업안정기관의 장에게 위임한다.

 1. 법 제15조에 따른 피보험자격에 관한 신고의 수리 등

 2. 법 제16조에 따른 이직확인서의 수리

 3. 법 제17조에 따른 피보험자격의 확인

 12. 법 제70조와 법 제73조에 따른 육아휴직 급여의 지급과 지급 제한

 13. 법 제75조와 법 제77조에 따른 출산전후휴가 급여등의 지급과 지급 제한

 18. 법 제117조에 따른 과태료의 부과·징수

고용보험법상 실업급여 및 육아휴직급여 및 육아기 근로시간 단축급여(육아휴직급여 등), 출산전후휴가 급여 등에 관한 처분(원처분)에 이의가 있는 자는 고용보험심사관에게 심사청구를 할 수 있고, 그 결정에 이의가 있는 자는 심사위원회에 재심사를 청구할 수 있다(고용보험법 제87조).

# Ⅱ. 고용보험법에 따른 불복절차

## 1. 심사청구

### (1) 의의

피보험자격의 취득·상실에 대한 확인, 실업급여 및 육아휴직 급여와 출산전후휴가 급여등에 관한 처분[이하 '원처분등'이라 한다]에 이의가 있는 자는 원처분이 있음을 안 날로부터 90일 이내에 보험심사관(↔ 산재법상 심사청구)에게 심사를 청구할 수 있다(고용보험법 제87조).

## (2) 성질

### 1) 본래적 이의신청인지 여부

심사청구는 보험심사관에 대해 심사를 청구하는 것으로서 특수한 행정심판인지 아니면 본래적 이의신청인지 여부가 문제된다. 그러나 고용보험법 제104조 제1항에서 재심사청구의 재결을 행정심판법상 "재결"로 본다고 규정하고 있으므로 심사청구는 본래적 이의신청으로 봄이 타당하다.

### 2) 필수적 전치절차인지 여부

고용보험법 제87조상 "~ 할 수 있다."고 규정되어 있으므로 임의적 전치절차로 보아야 한다.

## (3) 심사청구의 대상

피보험자격의 취득·상실에 대한 확인, 실업급여 및 제5장에 따른 육아휴직 급여와 출산전후휴가 급여등에 관한 처분(원처분)이다.

## (4) 심사청구절차

① 심사청구는 확인 또는 처분이 있음을 안 날로부터 90일 이내에 제기하여야 한다. ② 심사청구는 원처분 등을 행한 직업안정기관을 거쳐 고용보험심사관에게 하여야 한다(고용보험법 제90조).

## (5) 심리

### 1) 절차

직업안정기관은 심사청구서를 받은 날부터 5일 이내에 의견서를 첨부하여 심사청구서를 보험심사관에게 보내야 한다(고용보험법 제90조 제2항).

### 2) 심리

보험심사관은 심사의 청구에 대한 심리를 위하여 필요하다고 인정하면 심사청구인의 신청 또는 직권으로 다음의 조사를 할 수 있다(고용보험법 제94조 제1항).

① 심사청구인 또는 관계인을 지정 장소에 출석하게 하여 질문하거나 의견을 진술하게 하는 것

② 심사청구인 또는 관계인에게 증거가 될 수 있는 문서와 그 밖의 물건을 제출하게 하는 것

③ 전문적인 지식이나 경험을 가진 제삼자로 하여금 감정(鑑定)하게 하는 것

④ 사건에 관계가 있는 사업장 또는 그 밖의 장소에 출입하여 사업주·종업원이나 그 밖의 관계인에게 질문하거나 문서와 그 밖의 물건을 검사하는 것

### 3) 원처분등의 집행정지(↔ 산재법상 심사청구)

심사의 청구는 원처분등의 집행을 정지시키지 아니한다. 다만, 심사관은 원처분등의 집행에 의하여 발생하는 중대한 위해를 피하기 위하여 긴급한 필요가 있다고 인정하면 직권으로 그 집행을 정지시킬 수 있다(고용보험법 제93조 제1항).

## (6) 심사청구의 결정

### 1) 결정기간

보험심사관은 제87조 제1항에 따라 심사청구를 받으면 30일 이내에 그 심사청구에 대한 결정을 하여야 한다. 다만, 부득이한 사정으로 그 기간에 결정할 수 없을 때에는 1차에 한하여 10일을 넘지 아니하는 범위에서 그 기간을 연장할 수 있다(고용보험법 제89조 제2항).

### 2) 결정의 내용

보험심사관은 심사의 청구에 대한 심리를 마쳤을 때에는 원처분등의 전부 또는 일부를 취소하거나 심사청구의 전부 또는 일부를 기각한다(고용보험법 제96조).

### 3) 결정의 방법

① 보험심사관의 심사청구에 대한 결정은 대통령령으로 정하는 바에 따라 문서로 하여야 한다.

② 심사관은 결정을 하면 심사청구인 및 원처분등을 한 직업안정기관의 장에게 각각 결정서의 정본을 보내야 한다(고용보험법 제97조).

### 4) 결정의 효력

심사청구의 결정은 심사청구인 및 직업안정기관의 장에게 결정서의 정본을 보낸 날부터 효력이 발생한다. 결정은 원처분등을 행한 직업안정기관의 장을 기속한다(고용보험법 제98조).

## 2. 고용보험심사위원회에 대한 재심사청구

### (1) 의의

앞선 심사청구의 결정에 대해 불복이 있는 자는 관할 고용노동부산하 고용보험심사위원회에 심사청구의 결정이 있음을 안날로부터 90일 이내에 재심사청구를 할 수 있다(고용보험법 제87조).

### (2) 성질

#### 1) 특수한 행정심판인지 여부

고용보험법 제104조 제1항은 재심사청구의 재결은 행정심판의 재결로 간주하고 있으므로 재심사청구는 고용보험법상의 특수한 행정심판으로 보아야 할 것이다.

#### 2) 필수적 전치절차인지 여부

고용보험법 제87조상 "~ 할 수 있다."고 규정되어 있으므로 임의적 전치절차로 보아야 한다.

### (3) 재심사청구의 절차

재심사청구는 원처분등을 행한 직업안정기관의 장을 상대방으로(동법 제100조), 고용노동부산하 고용보험심사위원회에 하여야 한다. 심리의 방법에 대해서는 심사청구에 따른 절차를 준용한다(동법 제101조).

### (4) 재결 및 그 효력

재결절차, 기간 및 재결의 효력에 대해서는 심사청구의 결정을 준용한다(고용보험법 제102조).

## Ⅲ. 일반행정쟁송절차의 가능성

## 1. 행정심판법상 행정심판의 가능성

앞서 살펴본 바대로 고용보험심사위원회에 대한 재심사청구가 특수한 행정심판으로서의 성질을 가지므로 행정심판법 제4조에 따라 일반행정심판은 청구할 수 없다고 보아야 한다.

## 2. 행정소송법상 항고소송의 가능성

### (1) 급여청구의 반려에 대한 항고소송의 제기가능성

#### 1) 거부처분의 의의

거부처분이란 "행정청이 국민으로부터 공권력의 행사의 신청을 받았음에도 신청된 내용의 행위를 발급하지 않겠다는 행정청의 소극적 의사표시"를 말한다.

#### 2) 항고소송의 대상이 되기 위한 요건

행정청의 거부가 처분이 되기 위해서는 ① 우선 공권력 행사의 거부이어야 하고, ② 공권력행사의 거부로 신청인의 법적 지위에 어떠한 변동을 초래할 것, ③ 신청인에게 법규상·조리상 신청권이 긍정될 것의 요건을 갖추어야 한다.

### 3) 소결

① 고용보험법상 급여결정은 공권력행사로 볼 수 있고, ② 급여결정의 거부행위로 인해 수급자는 고용보험법상 급여를 받을 수 없게 되므로 재산권에 대한 침해가 인정되며, ③ 고용보험법상 급여권자는 법규상 신청권도 인정되므로 거부처분에 해당한다고 보인다.

## (2) 항고소송의 종류[49]

### 1) 문제점

행정소송법 제4조에 따라 행정소송법이 정하는 요건을 갖추어 거부처분취소소송 또는 거부처분무효확인소송을 제기할 수 있다. 문제는 의무이행소송을 인정할 수 있는지 여부가 문제된다.

### 2) 의무이행소송의 인정 여부에 관한 학설

현행 행정소송법상 규정되어 있는 거부처분취소소송이나 부작위위법확인소송만으로는 국민의 권리구제가 우회적이고 간접적이기 때문에 해석상 의무이행소송을 인정할 수 있는지에 대해 ① 긍정설, ② 부정설, ③ 제한적 긍정설이 대립된다.

### 3) 판례

대법원은 "행정청의 부작위에 대하여 일정한 처분을 하도록 하는 의무이행소송은 현행 행정소송법상 인정될 수 없다."고 판시하여 부정하는 입장이다.

### 4) 검토

행정소송의 유형은 입법정책적 문제이다. 그런데 현행 행정소송법은 부작위에 대한 부작위위법확인소송을 별도로 인정하고 있다는 점에 미루어 의무이행소송은 부정됨이 타당하다.

## (3) 피고적격

① 원처분에 대해서 항고소송을 제기하는 경우에는 직업안정기관(직업안정법 제2조의2 제1호에 근거하여 지방고용노동청장)을 상대로 제기해야 한다(행정소송법 제13조, 제2조 제2항). ② 제심사청구의 재결에 고유한 하자가 있는 경우에는 고용보험심사위원회를 상대로 하여야 한다.

---

49) [대법원 2015.2.12. 2014두3397] 수급자의 급여청구에 대해 지급결정을 하였으나 그 액수가 과소하여 다투는 경우에는 차액분에 대한 신청을 한 뒤 거부처분이 내려진 경우에는 거부처분에 대한 항고소송을 제기하여야 한다. 이러한 거부조치는 항고소송의 대상인 거부처분으로 보는 것이 판례입장이다.

# UNIT 56 정보공개법상 정보공개결정에 대한 불복 ★★

## Ⅰ. 개관

공공기관의 정보공개에 관한 법률 제5조(정보공개의 청구권자)
① 모든 국민은 정보의 공개를 청구할 권리를 가진다.
② 외국인의 정보공개 청구에 관하여는 대통령령으로 정한다.

제11조(정보공개 여부의 결정)
① 공공기관은 제10조에 따라 정보공개의 청구를 받으면 그 청구를 받은 날부터 10일 이내에 공개 여부를 결정하여야 한다.
② 공공기관은 부득이한 사유로 제1항에 따른 기간 이내에 공개 여부를 결정할 수 없을 때에는 그 기간이 끝나는 날의 다음 날부터 기산하여 10일의 범위에서 공개 여부 결정기간을 연장할 수 있다. 이 경우 공공기관은 연장된 사실과 연장 사유를 청구인에게 지체 없이 문서로 통지하여야 한다.
③ 공공기관은 공개 청구된 공개 대상 정보의 전부 또는 일부가 제3자와 관련이 있다고 인정할 때에는 그 사실을 제3자에게 지체 없이 통지하여야 하며, 필요한 경우에는 그의 의견을 들을 수 있다.
④ 공공기관은 다른 공공기관이 보유·관리하는 정보의 공개 청구를 받았을 때에는 지체 없이 이를 소관 기관으로 이송하여야 하며, 이송한 후에는 지체 없이 소관 기관 및 이송 사유 등을 분명히 밝혀 청구인에게 문서로 통지하여야 한다.

## 1. 정보공개청구권자의 불복의 경우

"정보공개청구권자(제5조)의 정보공개청구(제10조) → 공공기관(제2조 제3항) → 공공기관의 비공개결정(10 일/10일연장可) 또는 청구일로부터 20일이 경과해도 부작위하는 경우(제11조 제1항·제2항)"에서 정보공개청 구권자의 불복수단이 문제된다.

## 2. 정보공개결정에 대한 제3자가 불복하는 경우

"정보공개청구권자(제5조)의 정보공개청구(제10조) → 공공기관(제2조 제3항) → 공공기관의 공개결정(10일 /10일연장可) → 제3자와 관련된 정보로서 제3자에게 통지(제11조 제3항)."의 경우 제3자의 불복수단이 문제 된다.

# Ⅱ. 이의신청

> **공공기관의 정보공개에 관한 법률 제18조(이의신청)**
> ① 청구인이 정보공개와 관련한 공공기관의 비공개 결정 또는 부분 공개 결정에 대하여 불복이 있거나 정보공개 청구 후 20일이 경과하도록 정보공개 결정이 없는 때에는 공공기관으로부터 정보공개 여부의 결정 통지를 받은 날 또는 정보공개 청구 후 20일이 경과한 날부터 30일 이내에 해당 공공기관에 문서로 이의신청을 할 수 있다.
> ③ 공공기관은 이의신청을 받은 날부터 7일 이내에 그 이의신청에 대하여 결정하고 그 결과를 청구인에게 지체 없이 문서로 통지하여야 한다. 다만, 부득이한 사유로 정하여진 기간 이내에 결정할 수 없을 때에는 그 기간이 끝나는 날의 다음 날부터 기산하여 7일의 범위에서 연장할 수 있으며, 연장 사유를 청구인에게 통지하여야 한다.
> ④ 공공기관은 이의신청을 각하 또는 기각하는 결정을 한 경우에는 청구인에게 행정심판 또는 행정소송을 제기할 수 있다는 사실을 제3항에 따른 결과 통지와 함께 알려야 한다.

# Ⅲ. 행정심판의 청구

> **공공기관의 정보공개에 관한 법률 제19조(행정심판)**
> ① 청구인이 정보공개와 관련한 공공기관의 결정에 대하여 불복이 있거나 정보공개 청구 후 20일이 경과하도록 정보공개 결정이 없는 때에는 「행정심판법」에서 정하는 바에 따라 행정심판을 청구할 수 있다. 이 경우 국가기관 및 지방자치단체 외의 공공기관의 결정에 대한 감독행정기관은 관계 중앙행정기관의 장 또는 지방자치단체의 장으로 한다.
> ② 청구인은 제18조에 따른 이의신청 절차를 거치지 아니하고 행정심판을 청구할 수 있다.

## 1. 정보공개청구권자의 불복의 경우

### (1) 행정심판청구의 유형

정보공개청구일로부터 20일이 지나도록 부작위하는 경우에는 의무이행심판을 제기하여야 할 것이고, 비공 개결정은 항고쟁송의 대상이 되는 처분에 해당하므로 ① **거부처분취소심판(또는 무효확인심판)**과 ② **의무 이행심판**을 모두 제기할 수 있다.

### (2) 행정심판의 권리구제의 한계

#### 1) 인용재결상의 한계

공공기관의 정보공개에 관한 법률(이하 '정보공개법'이라 한다)상 행정심판위원회는 당해 정보를 보유하 는 기관이 아니므로, 현실적으로 처분재결을 내릴 수 없다. 따라서 의무이행심판에서 인용재결을 하는 경우 처분명령재결을 내릴 수밖에 없다.

### 2) 임시처분상의 한계

행정심판위원회가 임시처분결정을 하게 되는 경우 정보공개가 이루어지게 되어 사실상 행정심판을 계속해야 할 이익이 사라지게 된다. 따라서 정보공개에 관한 임시처분결정은 불가하다고 본다.

### 3) 직접처분상의 한계

정보공개에 관한 직접처분은 행정심판위원회가 정보를 보유하고 있지 아니하므로 물리적으로 직접처분을 하는 것이 불가능한 경우에 해당한다고 할 것이다. 따라서 행정심판법 제50조 제1항 단서에 따라 직접처분에 의한 권리구제는 불가능하다.

## 2. 정보공개결정에 대한 제3자의 불복의 경우

### (1) 행정심판청구의 유형

정보공개결정에 대하여 취소심판 또는 무효확인심판을 청구하여야 한다.

### (2) 제3자의 "법률상 이익"의 인정 여부

이 경우 정보의 소유자인 제3자의 청구인적격(법률상 이익)의 인정 여부가 문제된다. 정보공개법 제1조 목적상으로는 법률상 이익이 인정되는지 여부가 불투명하나 동법 제9조 제1항 제3호 및 제6호 및 제7호 등에 근거하여 법률상 이익이 인정될 수 있다.

### (3) 집행정지신청

제3자는 정보공개결정에 대한 집행정지를 신청하여 정보공개를 금지시킬 수 있다.

## Ⅳ. 행정소송

> **공공기관의 정보공개에 관한 법률 제20조(행정소송)**
> ① 청구인이 정보공개와 관련한 공공기관의 결정에 대하여 불복이 있거나 정보공개 청구 후 20일이 경과하도록 정보공개 결정이 없는 때에는 「행정소송법」에서 정하는 바에 따라 행정소송을 제기할 수 있다.
> ② 재판장은 필요하다고 인정하면 당사자를 참여시키지 아니하고 제출된 공개 청구 정보를 비공개로 열람·심사할 수 있다.
> ③ 재판장은 행정소송의 대상이 제9조 제1항 제2호에 따른 정보 중 국가안전보장·국방 또는 외교관계에 관한 정보의 비공개 또는 부분 공개 결정처분인 경우에 공공기관이 그 정보에 대한 비밀 지정의 절차, 비밀의 등급·종류 및 성질과 이를 비밀로 취급하게 된 실질적인 이유 및 공개를 하지 아니하는 사유 등을 입증하면 해당 정보를 제출하지 아니하게 할 수 있다.

## 1. 정보공개청구권자의 불복의 경우

### (1) 법정항고소송의 제기 → 거부처분취소소송

#### 1) 문제점

행정소송법 제4조에 따라 행정소송법이 정하는 요건을 갖추어 거부처분취소소송 또는 거부처분무효확인소송을 제기할 수 있다. 문제는 의무이행소송을 인정할 수 있는지 여부가 문제된다.

#### 2) 의무이행소송의 인정 여부에 관한 학설

현행 행정소송법상 규정되어 있는 거부처분취소소송이나 부작위위법확인소송만으로는 국민의 권리구제가 우회적이고 간접적이기 때문에 해석상 의무이행소송을 인정할 수 있는지에 대해 ① 긍정설, ② 부정설, ③ 제한적 긍정설이 대립된다.

### 3) 판례

대법원은 "행정청의 부작위에 대하여 일정한 처분을 하도록 하는 의무이행소송은 현행 행정소송법상 인정될 수 없다."고 판시하여 부정하는 입장이다.

### 4) 검토

행정소송의 유형은 입법정책적 문제이다. 그런데 현행 행정소송법은 부작위에 대한 부작위위법확인소송을 별도로 인정하고 있다는 점에 미루어 의무이행소송은 부정됨이 타당하다.

## (2) 거부처분취소소송의 제소요건

### 1) 비공개결정이 항고소송의 대상인지 여부

"법령상 신청권(제5조)이 긍정되므로 대상적격은 긍정된다."

▶ 부록: 답안작성요령 <사례논점 16> ■ 참조

---

[참조판례] **정보비공개결정에서의 법령상 신청권**

【사실관계】 권리능력없는 사단인 충주환경운동연합이 충주시가 주최한 간담회 등 각종 행사 관련 지출 증빙에 포함된 행사참석자정보 등의 공개를 청구에 대해 비공개결정을 하자 이를 거부처분취소소송으로 다툰 사건

【판결요지】 법인, 권리능력 없는 사단·재단도 포함되고, 법인, 권리능력 없는 사단·재단 등의 경우에는 설립목적을 불문하며, 정보공개청구권은 법률상 보호되는 구체적인 권리이므로 청구인이 공공기관에 대하여 정보공개를 청구하였다가 거부처분을 받은 것 자체가 법률상 이익의 침해에 해당한다(대법원 2003.12.12. 2003두8050).

---

### 2) 협의의 소익

---

[참조판례] **정보공개청구소송에서의 협의의 소익**

1. 정보공개대상정보를 소송도중 폐기한 경우
   정보공개제도는 공공기관이 보유·관리하는 정보를 그 상태대로 공개하는 제도라는 점에 비추어 정보공개청구를 거부하는 처분이 있은 후 대상정보가 폐기되었다든가 하여 공공기관이 그 정보를 보유·관리하지 않게 된 경우에는 특별한 사정이 없는 한 정보공개거부처분의 취소를 구할 법률상의 이익이 없다(대법원 2000.4.25. 2000두7087).

2. 보유하고 있지 않은 공공기관에 대한 정보공개청구의 경우
   정보공개제도는 공공기관이 보유·관리하는 정보를 그 상태대로 공개하는 제도라는 점 등에 비추어 보면, 정보공개를 구하는 자가 공개를 구하는 정보를 행정기관이 보유·관리하고 있을 상당한 개연성이 있다는 점을 입증함으로써 족하다 할 것이지만, **공공기관이 그 정보를 보유·관리하고 있지 아니한 경우에는 특별한 사정이 없는 한 정보공개거부처분의 취소를 구할 법률상의 이익이 없다**(대법원 1985.5.28. 2003두945).

3. 과거에 정보를 열람한 사실이 있었다는 사정(권영길의원의 FTA 체결안 정보공개청구사건)
   원고 권영길이 피고에게 이 사건 각 협정문 초안에 관해 사본 또는 출력물의 교부의 방법에 의한 정보공개를 청구한 이상, 피고로서는 이 사건 각 협정문 초안이 정보공개법 제9조에서 규정한 비공개대상정보에 해당하지 않는 한 원고 권영길이 선택한 공개방법에 따라 정보를 공개하여야 할 것이므로, 위에서 인정한 바와 같이 원고 권영길 측이 피고의 선택에 따라 이 사건 각 협정문 초안을 열람하였다는 사정만으로 원고 권영길의 이 사건 정보공개청구의 목적이 달성되었다거나 그 권리와 이익에 대한 침해가 해소되었다고 보기 어렵다. 따라서 이 사건 소송의 법률상 이익이 없다는 피고의 위 항변은 이유 없다(서울행정법원 2007.2.2. 2006구합23098).

---

## (3) 가구제

### 1) 집행정지(판례; ×)

거부처분에 대한 집행정지신청은 인용될 수 없다는 것이 통설과 판례의 태도이다.

### 2) 가처분규정의 준용(판례; ×)

정보공개청구소송에서 가처분으로서 임시정보공개결정을 법원이 하게 된다면 소송을 통해 달성하려는 목적이 실현되므로 허용될 수 없다고 보아야 한다.

## 2. 정보공개결정에 대한 제3자의 불복의 경우

### (1) 정보공개결정을 내리기 이전의 경우

#### 1) 제3자의 비공개요청

> **공공기관의 정보공개에 관한 법률 제21조(제3자의 비공개 요청 등)**
>
> ① 제11조 제3항에 따라 공개 청구된 사실을 통지받은 제3자는 그 통지를 받은 날부터 3일 이내에 해당 공공기관에 대하여 자신과 관련된 정보를 공개하지 아니할 것을 요청할 수 있다.
>
> ② 제1항에 따른 비공개 요청에도 불구하고 공공기관이 공개 결정을 할 때에는 공개 결정 이유와 공개 실시일을 분명히 밝혀 지체 없이 문서로 통지하여야 하며, 제3자는 해당 공공기관에 문서로 이의신청을 하거나 행정심판 또는 행정소송을 제기할 수 있다. 이 경우 이의신청은 통지를 받은 날부터 7일 이내에 하여야 한다.
>
> ③ 공공기관은 제2항에 따른 공개 결정일과 공개 실시일 사이에 최소한 30일의 간격을 두어야 한다.

#### 2) 예방적 금지소송의 제기가능성

처분(행정행위)의 발령을 금지하는 무명항고소송으로서 예방적 금지소송은 인정될 수 없으므로 이에 의한 구제는 불가능하다(판례).

### (2) 정보공개결정을 내린 이후의 불복방법

#### 1) 항고소송의 대상

이에 대해 ① 비공개요청거부에 대한 취소소송설(2유형 소송)과 ② 공개결정에 대한 취소소송설(3유형 소송)이 대립되나, 집행정지결정이 인정되는 ②설이 타당하다.

#### 2) 원고적격

정보의 소유주인 제3자의 원고적격이 일반적으로 인정된다고 본다.

#### 3) 가구제

정보공개결정에 대한 집행정지의 요건을 갖춘 한도 내에서 가구제가 허용된다고 본다.

#### 4) 정보공개금지를 구하는 예방적 금지소송의 제기가능성

① 학설

이에 대해 학설은 ㉠ 당사자소송의 한 유형으로 긍정하는 견해와, ㉡ 정보공개부작위의무를 확인하는 소송으로서 긍정설과, ㉢ 부정설이 대립된다.

② 검토

당사자소송의 한 유형으로 예방적 금지소송설(가처분규정의 준용이 용이함)이 타당하다.

제4편

노동쟁송의 특수쟁점 | 해커스노무사 조현 행정쟁송법 기본서

**대표
기출문제**

【2013년도 제56회 행정고시/ 사례형 – 30점】

A시장은 B에 대하여 도로점용허가를 함에 있어서 점용기간을 1년으로 하고 월 10만 원의 점용료를 납부할 것을 부관으로 부가하였다. 이에 관한 다음 물음에 답하시오.

(1) B는 사업인정에 붙은 위 부관부분에 대해 다투고자 하는 경우에 부관만을 독립하여 행정소송의 대상으로 할 수 있는가? (10점)

(2) 부관을 다투는 소송에서 본안심리의 결과 부관이 위법하다고 인정되는 경우에 법원은 독립하여 부관만을 취소하는 판결을 할 수 있는가? (10점)

【2009년도 제20회 감정평가사/ 사례형 – 30점】

甲은 하천부지에 임시창고를 설치하기 위하여 관할청에 하천점용허가를 신청하였다. 이에 관할청은 허가기간 만료 시에 위 창고건물을 철거하여 원상복구 할 것을 조건으로 이를 허가하였다. 다음 물음에 답하시오.

(1) 甲은 위 조건에 대하여 취소소송으로 다툴 수 있는지 검토하시오. (20점)

---

〈목 차〉

# Ⅰ. 부관의 의의

행정행위의 부관이란 "행정행위의 **효과를 제한 또는 보충**하기 위하여 **주된 행정행위**에 부가된 **종된 규율**"로 정의한다.

# Ⅱ. 행정행위의 부관의 유형

## 1. 조건

조건이란 "행정행위의 효과의 발생 또는 소멸을 '장래의 불확실한 사실의 성부'에 의존시키는 부관"을 말한다.

## 2. 기한

기한이란 "행정행위의 효과의 발생 또는 소멸을 장래에 발생하는 것이 확실한 사실에 의존케 하는 부관"을 말한다.

## 3. 철회권유보

철회권유보란 "일정한 경우 행정행위를 철회하여 그 효력을 소멸케 할 수 있음을 정한 부관"을 말한다.

## 4. 부담

부담이란 "행정행위의 주된 내용에 부가하여 상대방에게 작위·부작위·수인·급부 등의 의무를 부과하는 부관"을 말한다.

## 5. 법률효과의 일부배제

법률효과의 일부배제란 "행정행위에 부여하는 효과의 일부를 배제하는 내용의 부관"을 말한다.

# Ⅲ. 하자있는 부관에 대한 독립쟁송가능성과 쟁송형태

## 1. 하자있는 부관에 대한 독립쟁송가능성

### 논점 45 │ 하자있는 부관의 독립쟁송가능성 ★★★

### (1) 문제점

부관의 부종성에도 불구하고 위법한 부관만의 취소를 구하는 행정쟁송의 제기가 가능한지 여부가 문제된다.

### (2) 학설

#### 1) 부담만의 독립쟁송가능설

부관의 종류 가운데 부담만이 주된 행정행위와 분리하여 독립하여 쟁송의 대상이 된다는 견해이다.

#### 2) 모든 부관의 독립쟁송긍정설(다수설)

모든 부관은 주된 행정행위와 분리가능하기 때문에 소의 이익이 있는 한 모든 부관은 독립하여 행정쟁송의 대상이 된다는 견해이다.

#### 3) 독자적 분리가능성설

부관의 독립쟁송가능성 여부는 법원에 의해 취소될 만큼의 "분리가능성"을 갖는 경우에만 가능하다고 보아 주된 행정행위와 분리가능한 부관만이 그 처분성 여부와 무관하게 독립쟁송의 대상이 된다는 견해이다.

## (3) 판례

대법원은 "행정행위의 부관 중 ① **부담의 경우에는** 다른 부관과는 달리 행정행위의 불가분적인 요소가 아니므로 **부담 그 자체로서 행정쟁송의 대상이 될 수 있으나**, ② **부담 이외의 부관의 경우에는** 행정행위의 불가분적 요소이므로 **부관 그 자체로서 행정쟁송의 대상이 될 수 없다**(대법원 1992.1.21. 91누1264).[50]"하고 하여 부담만의 독립쟁송가능설의 입장인 것으로 보인다.

## (4) 검토

생각건대, 부관에 하자가 있는 경우 이로 인한 국민의 권리구제를 폭넓게 도모하여야 하고, 이렇게 해석하는 것이 법치행정의 원리와도 부합하므로 모든 부관에 대한 독립쟁송가능성을 긍정하는 ②설이 타당하다.

## 2. 하자있는 부관에 대한 일반적 쟁송형태(→ ① 쟁송대상, ② 소송물, ③ 판결형태)

### (1) 진정일부취소쟁송(→ ① 부관, ② 부관의 위법성, ③ 전부취소판결)

행정행위의 일부인 부관만을 취소소송의 대상으로 하는 소송을 말한다.

### (2) 부진정일부취소쟁송( → ① 부관부 VA, ② 부관만의 위법성, ③ 일부취소판결)

형식상 부관부 행정행위 전체를 소송의 대상으로 하면서 내용상 일부, 즉 부관만의 취소를 구하는 소송을 말한다.

### (3) 적극적 변경청구소송

형식상으로 부관부 행정행위의 전체를 소송의 대상으로 하나 부관의 적극적 변경을 구하는 소송(**적극적 형성판결을 구하는 의미에서의 "변경"청구소송**)을 말하나, 현행 행정소송법상 이러한 소송은 허용될 수 없다.

## 3. 하자있는 부관에 대한 쟁송형태

**논점 46    하자있는 부관의 쟁송형태 ★★★**

### (1) 학설

#### 1) 부담 · 기타부관구별설

① **부담**은 독립하여 항고쟁송의 대상이 되는 **처분이므로 진정일부취소쟁송**에 의해야 하고, ② **기타부관**은 **처분성이 부정되므로** 부진정일부취소쟁송으로 다투어야 한다는 견해이다.

#### 2) 모든 부관의 부진정일부취소쟁송설

모든 부관의 독립쟁송가능성은 긍정되나, **부관의 부종성에 비추어** 부관의 쟁송형태는 **부진정일부취소쟁송**에 의해야 한다는 견해이다.

#### 3) 독자적 분리가능성설

① **주된 행정행위와 분리가능하며 처분성이 인정되는 부관(부담)은 진정일부취소쟁송**으로 다투어야 하고, ② **주된 행정행위와 분리되지 않거나 처분성이 부정되는 부관은 부진정일부취소쟁송**으로 다투어야 한다는 견해이다.

---

50) 한편 대법원은 무상사용허가에 붙은 기타부관인 기한에 대한 취소소송에서 "행정행위의 부관은 부담인 경우를 제외하고는 독립하여 행정소송의 대상이 될 수 없는바, 피고가 정한 사용·수익허가의 기간은 이 사건 허가의 효력을 제한하기 위한 행정행위의 부관으로서 이러한 사용·수익허가의 기간에 대해서는 독립하여 행정소송을 제기할 수 없는 것이고, 이러한 법리는 이 사건 허가 중 원고가 신청한 허가기간을 받아들이지 않은 부분의 취소를 구하는 이 사건 주위적 청구의 경우에도 마찬가지로 적용되어야 할 것이다(대법원 2001.6.15. 99두509)."라 하였다.

**(2) 판례**

대법원은 부담의 경우에는 **진정일부취소쟁송을 인정하지만, 기타부관**의 경우에는 **진정일부취소쟁송도 부진정일부취소쟁송 모두 인정하지 아니한다**(대법원 1991.2.21. 91누1264).[51]

**(3) 검토**

생각건대, 부관의 쟁송형태는 소송요건단계의 문제이므로 이를 처분성유무로 검토하는 ①설(부관·기타부관구별설)이 타당하다.

## 4. 부관의 독립쟁송가능성과 쟁송형태를 함께 쓰는 경우

**논점 47** **부관의 독립쟁송가능성과 쟁송형태 ★★★**

**(1) 문제점**

부관의 부종성에도 불구하고 부관만의 독립쟁송가능성과 그 쟁송형태가 어떠해야 하는지 여부가 문제된다.

**(2) 하자있는 부관에 대한 일반적 쟁송형태**

**(3) 학설**

1) **부담·기타부관구별설**(판례)

① **부담**은 독립하여 항고쟁송의 대상이 되는 처분이므로 **진정일부취소쟁송으로 독립쟁송가능성이 긍정**되나, ② **기타부관**은 처분이 아니므로 독립하여 다툴 수 없다는 견해이다.

2) **모든 부관의 독립쟁송긍정설**(다수설)

모든 부관은 독립쟁송가능성이 긍정되고, ① **부담**은 처분성이 인정되므로 **진정일부취소쟁송으로**, ② **기타부관**은 처분성이 부정되므로 **부진정일부취소쟁송으로** 다투어야 한다는 견해이다.

3) **모든 부관의 부진정일부취소쟁송설**

모든 부관은 분리가능하기 때문에 독립쟁송가능성이 긍정되나, 다만, 쟁송형태는 부진정일부취소쟁송으로만 하여야 한다는 견해이다.

4) **독자적 분리가능성설**

① **부담**은 독자적으로 다툴 수 있을 정도의 **독립쟁송가능성을 가지며** 처분에 해당하므로 **진정일부취소쟁송으로**, ② **기타부관**은 그 분리가능성을 검토하여 긍정되면 처분에 해당하지 아니하므로 **부진정일부취소쟁송으로** 다투어야 한다는 견해이다.

**(4) 판례**

대법원은 행정행위의 부관 중 ① **부담의 경우에는 다른 부관과는 달리 행정행위의 불가분적인 요소가 아니므로 부담 그 자체로서 행정쟁송의 대상이 될 수 있으며 그 쟁송형태는 진정일부취소쟁송에 의해야 하나, ② 부담 이외의 부관의 경우에는 행정행위의 불가분적 요소이므로 부관 그 자체로서 행정쟁송의 대상이 될 수 없다고 하여 독립쟁송가능성을 부정한다**(대법원 1991.2.21. 91누1264). 따라서 ① **부담·기타부관설**의 입장인 것으로 보인다.

**(5) 검토**

생각건대, 부관의 독립쟁송가능성과 쟁송형태는 모두 소송요건단계의 문제이므로 이를 처분성유무로 검토하여 **모든 부관에 대한 독립쟁송가능성을 긍정하는** 2)설(모든 부관의 독립쟁송긍정설)이 타당하다.

---

51) 그러나 대법원은 부관변경신청(기선망어업허가사건)에 대한 거부는 항고쟁송의 대상이 된다는 판례가 있음을 유의한다.

# Ⅳ. 부관에 대한 독립취소가능성

## 논점 48  부관의 독립취소의 가능성 ★★★

### 1. 문제점

부관의 부종성에도 불구하고 부관만의 취소사유의 하자가 존재하는 경우 법원이 부관만의 독립취소판결을 할 수 있는지 여부가 문제된다.

### 2. 학설

**(1) 기속 · 재량행위구별설**(법구속정도기준설)

재량행위와 기속행위를 구별하여 **기속행위의 경우에만 부관만의 독립취소가 가능하다**는 견해이다.

**(2) 분리가능성설**(중요성기준설)

행정행위의 ① **부관이 주된 행정행위의 중요한 요소가 아닌 경우**(분리가능한 요소인 경우)에는 일부취소를 긍정하고, ② **부관의 내용이 주된 행정행위의 중요한 요소**(본질적 요소)인 경우에는 독립취소가능성을 부정 **(전부취소의 형식이 되어야 하므로 원고의 청구를 기각해야 한다)**하는 견해이다.

**(3) 모든 부관의 독립취소가능성설**(위법성기준설)

본체인 행정행위와 무관하게, **부관만이 위법하기만 하면 제한 없이 부관만의 독립취소가 가능하다**는 견해이다.

### 3. 판례

**"부담만의 독립취소가능성설"** → 대법원은 재량행위성이 인정되는 주택건설사업계획 승인처분에 부과된 기부채납 부담을 독립적으로 취소한 바 있는 것으로 보건대(대법원 1997.3.14. 96누16698), 적어도 '기속 · 재량행위구별설'의 입장은 취하지 않는 것으로 보이며, 부담에 대해서 만큼은 독립취소를 긍정한다.

### 4. 검토

하자있는 부관에 대한 국민의 권리구제와 행정청의 제1차적 법령판단권을 동시에 고려하는 '분리가능성설'이 타당하다.

# 부록

# 답안작성요령

## 사례논점 01

### ▌1▌ 항고소송의 대상으로서 (작위)처분

### Ⅰ. 문제점

### Ⅱ. 처분의 의의 및 근거

### Ⅲ. 처분과 행정행위와의 관계(← 생략 可)

1. 문제점
2. 학설
   (1) 실체법상 처분개념설(일원설)
   (2) 쟁송법상 처분개념설(이원설)
3. 판례
4. 검토
   → 판례타당

### Ⅳ. 처분이 되기 위한 요건

1. 행정청의 행위일 것
2. 구체적 사실에 관한 행위일 것
3. 법집행행위일 것
4. 공권력행사일 것

### Ⅴ. 사안의 검토(행정지도, 사실행위 등)

1. 문제점
2. 학설
3. 판례
4. 검토

### ▌2▌ 이른바 집행적 명령(위임명령의 경우)

### Ⅰ. 문제점

① 법규명령에 대한 행정소송이 "구체적 사건성"에도 불구하고 사법심사가 가능한지, ② 항고소송의 대상인 처분이 되는지 여부

### Ⅱ. 법령에 대한 사법심사의 가능성

1. 사법본질상 한계로서 구체적 사건성에 따른 한계
2. 법규명령의 경우
   (1) 원칙 → ×
   (2) 예외 → 처분적 법령의 경우에는 가능

(3) 사안의 경우
   1) 일반·추상적이고 집행행위가 매개되는 경우
      → 구체적 사건성의 한계로 사법심사 불가
   2) 이른바 집행적 명령의 경우
      ① 문제점
      ② 학설
      ③ 판례
      ④ 검토

### Ⅲ. 처분에 해당하는지 여부

1. 처분의 의의
2. 처분이 되기 위한 요건
3. 사안의 검토(집행적 명령이 처분성)
   (1) 문제점
   (2) 학설
      ① 처분성부인설
      ② 처분성긍정설
   (3) 판례
      → 다른 집행행위의 매개 없이 그 자체로서 국민의 구체적인 권리의무나 법률관계에 직접적인 변동을 초래케 하는 것이 아닌 일반적, 추상적인 법령 등은 그 대상이 될 수 없다(대법원 2007.4.12. 2005두15168).
   (4) 검토

## 사례논점 02

### ① 과오납된 고용(또는 산재)보험료등의 환급청구의 거부

**Ⅰ. 문제점**

**Ⅱ. 거부처분의 의의**

**Ⅲ. 거부조치가 처분이 되기 위한 요건**

1. 공권력행사에 관한 거부일 것
2. 신청인의 법적 지위에 어떠한 변동을 초래할 것
3. 법규상·조리상 신청권이 인정될 것
4. 사안의 검토

> → 보험료징수법 제19조 제2항에 따라 법규상·조리상 신청권은 인정됨. 나머지 요건의 충족 여부가 문제

**Ⅳ. 공권력행사의 거부인지 여부**

1. 문제점
2. 학설
   (1) 공법관계설(통설)
   (2) 사법관계설(판례)
3. 판례(사법관계설)[52]
4. 검토

> → 통설에 따라 공법관계설 타당. 공권력행사의 거부임

**Ⅴ. 신청인의 법적 지위에 어떠한 변동을 초래하는 거부인지 여부**

1. 문제점
2. 판례[53]
   (1) 다수의견(법적 지위의 변동이 없음)
   (2) 소수의견(법적 지위의 변동을 긍정)
3. 검토

> → 처분성을 부인하는 대법원 다수의견이 타당하다.

### ② 신고수리거부의 경우

**Ⅰ. 문제점**

**Ⅱ. 거부처분의 의의**

**Ⅲ. 거부조치가 처분이 되기 위한 요건**

1. 공권력행사에 관한 거부일 것
2. 신청인의 법적 지위에 어떠한 변동을 초래할 것
3. 법규상·조리상 신청권이 인정될 것
4. 사안의 검토

> → 보험가입자인 사업주는 보험료징수법의 규정취지상 사업종류의 변경을 구할 조리상 신청권이 인정됨. 공권력행사의 거부에도 해당. 신청인의 법적 지위의 변동 여부가 문제

**Ⅳ. 신고의 수리거부가 "신청인의 법적 지위에 어떠한 변동을 초래하는 거부"인지 여부**

1. 문제점
2. 수리를 요하는 신고수리거부의 경우
3. 자기완결적 신고수리거부의 경우
   (1) 학설
      ① 부정설(신고의 법적 성질여하에 따라 구분하는 견해)
      ② 개별검토설
   (2) 판례
   (3) 검토
4. 수리를 요하는 신고와 자기완결적 신고의 구별
   (1) 신고의 의의
      → 사인이 공법상 법률효과의 발생을 목적으로 행정주체에게 일정한 사실을 알리는 법률행위(행정절차법 제40조)
   (2) 신고의 종류
      ① 자기완결적 신고(수리를 요하지 않는 신고)
      ② 행위요건적 신고(수리를 요하는 신고)

---

52) [대법원 1989.11.14. 88다카28204] 대법원은 보험료징수법상 근로복지공단의 보험료에 대한 환급의무를 규정한 제19조 제2항 규정에 대해 "청구인이 이미 납부한 산업재해보상보험 및 고용보험 보험료의 반환청구는 부당이득반환청구와 같은 법적 성질을 가진 것으로서 민사소송에 의하여 청구하는 문제는 별론으로 하고, 항고소송의 대상인 처분으로 볼 수 없다."고 판시하여 민사관계로 보고 있다.

53) 환급신청의 거부에 대해 대법원 ① [다수의견]은 "(국세)환급결정에 관한 규정은 이미 납세의무자의 환급청구권이 확정된 국세환급금에 대한 내부적 사무처리절차로서 국세환급금결정에 의하여 비로소 환급청구권이 확정되는 것은 아니므로, 국세환급금결정은 환급청구권의 존부나 범위에 구체적이고 직접적인 영향을 미치는 처분이 아니어서 항고소송의 대상이 되는 처분이라고 볼 수 없다."고 하나, ② [소수의견]은 "납세자의 신청에 대한 세무서장의 환급거부결정이 국세기본법 제51조의 규정을 위반하여 납세자에게 환급할 돈을 환급하지 아니하므로 손해를 끼치고 있는 것이라면 납세자가 행정소송으로 그 결정이 부당하다는 것을 다툴 수 있다."고 하여 처분성을 긍정한다(대법원 1989.6.15. 88누6436).

### (3) 구별기준
#### 1) 학설
① 신고의 대상행위가 법상 허용되는지에 따라 판단하는 견해
② 신고의 요건에 따른 견해
#### 2) 판례
→ 관계법령의 취지에 따라 두 입장 모두 고려하여 개별·구체적으로 판단함
#### 3) 검토
→ 판례의 입장이 타당
### 5. 설문의 경우
## Ⅴ. 설문의 해결

## 3 산재법상 보험급여신청의 거부의 경우
## Ⅰ. 문제점
## Ⅱ. 거부처분의 의의 및 근거
## Ⅲ. 거부조치가 처분이 되기 위한 요건
### 1. 공권력행사에 관한 거부일 것
### 2. 신청인의 법적 지위에 어떠한 변동을 초래할 것
### 3. 법규상·조리상 신청권이 인정될 것
## Ⅳ. 사안의 검토
→ ① 산재법상 보험급여결정은 공권력행사로 볼 수 있고, ② 급여결정의 거부행위로 인해 신청인의 산재법상 급여를 받을 수 없게 되는 재산권에 대한 침해가 인정되며, ③ 산재법상 근로자는 법규상 신청권(요양급여의 경우 동법 제40조, 장해급여의 경우 동법 제57조 등)을 갖는다고 볼 것이다. 따라서 위 반려조치는 거부처분에 해당한다.

## 4 정보공개법상 정보공개청구의 거부의 경우
## Ⅰ. 문제점
## Ⅱ. 거부처분의 의의 및 근거
## Ⅲ. 거부조치가 처분이 되기 위한 요건
### 1. 공권력행사에 관한 거부일 것
### 2. 신청인의 법적 지위에 어떠한 변동을 초래할 것
### 3. 법규상·조리상 신청권이 인정될 것
## Ⅳ. 사안의 검토
→ ① 정보공개결정은 공권력행사로 볼 수 있고, ② 정보공개거부행위로 인해 신청인은 헌법상 알권리(헌법 제21조)를 침해당하였으며, ③ 정보공개법 제5조에 기해 법률상 신청권도 인정된다고 볼 것이므로 위 정보공개반려조치는 항고쟁송의 대상이 되는 처분에 해당한다.

UNIT 10 참조

## 사례논점 03

## 1 원처분과 재결이 동시에 존재하는 경우 소의 대상문제
## Ⅰ. 문제점
## Ⅱ. 입법주의
### 1. 원처분주의와 재결주의
### 2. 현행 행정소송법의 태도 → §19 원처분주의
## Ⅲ. 재결이 항고소송의 대상이 되기 위한 요건
### 1. "재결자체의 고유한 위법"의 의미
### 2. 재결의 내용상 하자가 "재결자체의 고유한 위법"에 해당하는지 여부
#### (1) 문제점
#### (2) 학설
#### (3) 판례
#### (4) 검토
## Ⅳ(유형 ①). 각하재결의 경우
### 1. 문제점
### 2. 행정심판청구의 적법 여부
### 3. 검토
① 청구가 적법
→ 각하재결의 고유한 위법긍정 → 각하재결
② 심판청구가 부적법
→ 각하재결의 고유한 위법(×) → 원처분
## Ⅳ(유형 ②). 기각재결의 경우
### 1. 문제점
### 2. 행정심판청구의 적법 여부
### 3. 검토
① 청구가 적법
→ 기각재결의 고유한 위법(×) → 원처분
② 청구가 부적법
→ 기각재결의 고유한 위법(○) → 기각재결
## Ⅳ(유형 ③). 인용재결 중 복효적 행정처분에 대한 전부 형성재결의 경우
### 1. 문제점
### 2. 학설
### 3. 판례
### 4. 검토
→ 재결자체의 고유한 위법(○) → 인용재결

**IV(유형 ③ + ④). 인용재결 중 복효적 행정처분관계에서의 전부명령재결(처분명령재결)의 경우**

1. 재결자체의 고유한 위법의 인정 여부(③)
   (1) 문제점
   (2) 학설
   (3) 판례
   (4) 검토
2. 취소소송의 대상(④)
   (1) 문제점
   (2) 학설
   (3) 판례
   (4) 검토
3. 검토
   → 명령재결과 명령재결에 따른 후속처분 모두 소의 대상이 됨

**IV(유형 ⑤, ⑥). 일부형성재결(변경재결) 또는 변경명령재결의 경우**

→ I. II. 만 서술/ III. 생략 또는 간략처리

1. 문제점
2. 학설
3. 판례
   → 변경된 원처분설
4. 검토
   → 변경된 원처분설 타당

**V. 사안의 해결**


## 2 원처분과 재결이 동시에 존재하는 경우 재결에 대한 취소소송에서 수소법원의 판결형태문제

**I. 문제점**

**II. 입법주의**

1. 원처분주의와 재결주의
2. 현행 행정소송법의 태도
   → §19 원처분주의

**III. 재결이 항고소송의 대상이 되기 위한 요건**

1. "재결자체의 고유한 위법"의 의미
2. 재결의 내용상 하자가 "재결자체의 고유한 위법"에 해당하는지 여부
   (1) 문제점
   (2) 학설
   (3) 판례
   (4) 검토

**IV. 재결자체의 고유한 위법의 인정 여부**

→ 앞선 **1**의 **IV.** 내용 중 하나를 서술

**V. 수소법원이 내려야 할 판결의 형태**

1. "재결자체의 고유한 위법"이 인정되는 경우
   → 수소법원은 인용판결(취소판결)
2. "재결자체의 고유한 위법"이 인정되지 않는 경우
   (1) 문제점
   (2) 학설
   ① 각하판결설
   ② 기각판결설
   (3) 판례(기각설)
   (4) 검토
   → 수소법원은 기각판결

**VI. 사안의 해결**


## 3 지방노동위원회의 구제명령(원처분)에 대한 중앙노동위원회의 재심판정(재결)의 경우(재결주의)

**I. 문제점**

→ 취소소송의 제기요건 간략서술

**II. 취소소송의 대상이 적법한지 여부**

1. 입법주의
   (1) 원처분주의와 재결주의
   (2) 현행 행정소송법의 태도
   → §19 원처분주의
2. 근로기준법상 노동위원회의 구제명령의 경우
   (1) 근로기준법 제31조 제2항(노동위원회법 제27조 제1항)
   (2) 판례
   당사자가 지방노동위원회의 처분에 대하여 불복하기 위하여는 처분 송달일로부터 10일 이내에 중앙노동위원회에 재심을 신청하고 중앙노동위원회의 재심판정서 송달일로부터 15일 이내에 중앙노동위원장을 피고로 하여 재심판정취소의 소를 제기하여야 할 것이다(대법원 1995.9.15. 95누6762).
   (3) 검토
   → 판례처럼 재결주의(중노위의 재심판정)가 타당

## Ⅲ. 기타 제소요건의 충족 여부

### 1. 원고적격의 인정 여부

→ 사용자나 당해 근로자(근로기준법 제31조 제1항), 판례에 따르면 노동조합은 원칙적으로 원고적격을 갖지 못하나 부당노동행위의 구제신청에 대한 재심판정의 경우에는 인정됨

### 2. 피고적격

→ 중노위 위원장이 피고(노동위원회법 제27조 제1항)

### 3. 협의의 소익의 인정 여부(UNIT 13 참고)

### 4. 제소기간의 준수 여부

→ 재심판정서를 송달받은 날부터 15일 이내(노동위원회법 제27조 제3항)

### 5. 전심절차의 준수 여부

→ 중노위의 재심판정을 반드시 거쳐야 함(대법원 판례의 태도)

## Ⅳ. 사안의 해결

UNIT 11 참조

## 사례논점 04

### 1 행정소송에서의 원고적격

## Ⅰ. 문제점

## Ⅱ. 원고적격의 의의 및 근거

### 1. 원고적격의 의의

### 2. 법적 근거(행정소송법 제12조) 및 취지

## Ⅲ. 행정소송법상 원고적격(법률상 이익)의 인정범위

### 1. 학설

(1) 권리회복설

(2) 법률상 보호이익구제설

(3) 보호가치있는 이익구제설

(4) 적법성보장설

### 2. 판례

→ 처분의 근거법규(관련법규 포함) 및 일련의 단계적 근거법규에 의해 명시적으로 혹은 관련법규의 합리적 해석상 보호되는 개별·직접·구체적 이익

### 3. 검토

→ (2) 법률상 보호이익구제설이 타당

## <Ⅳ. 근거법령의 범위 ← 근거법률이 복수인 경우>

### 1. 학설

(1) 처분의 직접근거법령의 목적과 취지

(2) 관련법령의 목적과 취지도

(3) 헌법상 기본권규정까지도

### 2. 판례

(1) 대법원

→ 처분의 직접근거법령 및 관련법령의 목적과 취지만 검토. 헌법상 기본권은 불투명

(2) 헌법재판소

→ (3)설의 입장

### 3. 검토

→ 국민의 기본권보장과 원고적격의 확대화경향에 따라 (3)설 타당

## Ⅴ. 사안의 검토

### 1. 문제점

### 2. 원고적격의 인정 여부에 관한 학설

### 3. 판례

### 4. 검토

## 사례논점 05

### 1 피고경정

**Ⅰ. 문제점**

**Ⅱ. 피고경정의 의의 및 취지**

1. 피고경정의 의의
2. 인정취지

**Ⅲ. 피고경정의 요건 및 절차**

1. 피고경정의 요건
   (1) 변경 전 소제기가 적법할 것
   (2) 피고경정의 사유가 존재할 것
   (3) 고의 및 과실이 없을 것은 요건이 아님
   (4) 신청이 존재하는 경우 사실심 변론종결시까지 신청이 있을 것
   (5) 소결
2. 피고경정의 절차 및 효력

**Ⅳ. 피고선정이 잘못되었는지 여부**

1. 취소소송의 피고적격
2. 사안의 경우 피고적격
3. 검토

### 2 계쟁처분의 실효①(가중적 제재처분에 관한 요건규정이 없는 경우)

**Ⅰ. 문제점**

**Ⅱ. 협의의 소익의 의의 및 근거**

1. 협의의 소익의 의의
2. 인정취지

**Ⅲ. 행정소송법 제12조 제2문의 규정과 그 성질**

1. 행정소송법 제12조 제2문 규정의 성질
   (1) 원고적격설 (입법비과오설)
   (2) 협의의 소익설 (입법과오설)
2. 동조에 의한 취소소송의 성질(← 생략 可)
   (1) 실효한 행정처분의 위법판단의 계속적 확인소송설
   (2) 소급목적의 형성소송설

**Ⅳ. 회복되는 법률상 이익의 인정범위**

1. 문제점
2. 학설
   (1) 경제적(재산적) 이익설(소극설)
   (2) 명예·신용상 이익설(적극설)
   (3) 정당한 이익설

3. 판례
   → 기본적 1설

4. 검토

**Ⅴ. 사안의 검토**

1. 처분의 효력이 소급하여 상실된 경우(처분이 직권취소된 경우)
   → 특단의 사정이 없는 한 협의의 소익 부정
2. 처분의 효력이 장래에 향하여 상실된 경우
   (1) 과거에 존재하였던 처분으로 인해 장래에 향해 불이익하게 취급될 우려가 있는 경우
      → 회복되는 법률상 이익이 인정되어 특별한 사정이 있어 협의의 소익 긍정
   (2) 과거에 존재하였던 처분으로 인해 장래에 향해 불이익하게 취급될 우려가 없는 경우(당초처분에 대한 증액경정처분된 경우[54])
      → 협의의 소익 부정

### 3 계쟁처분의 실효 ②(가중적 제재처분에 관한 요건규정이 있는 경우)

**Ⅰ. 문제점**

**Ⅱ. 협의의 소익의 의의 및 근거**

1. 협의의 소익의 의의
2. 인정취지

**Ⅲ. 행정소송법 제12조 제2문의 규정과 그 성질**

1. 행정소송법 제12조 제2문 규정의 성질
   (1) 원고적격설 (입법비과오설)
   (2) 협의의 소익설 (입법과오설)
2. 동조에 의한 취소소송의 성질(← 생략 可)
   (1) 실효한 행정처분의 위법판단의 계속적 확인소송설
   (2) 소급목적의 형성소송설

**Ⅳ. 회복되는 법률상 이익의 인정범위**

1. 문제점
2. 학설
3. 판례
4. 검토

---

54) [대법원 1989.7.11. 88누7477] 국세의 증액경정처분이 있은 후 이를 증액하는 재경정처분이 이루어지면 경정처분은 재경정처분에 흡수되어 독립된 존재가치를 상실하고 당초의 경정처분의 취소를 구하는 소는 소의 이익을 잃게 되어 그 전체를 각하할 것이다.

## Ⅴ. 사안의 검토

### 1. 가중적 제재처분의 규정이 법률이나 법규명령에 규정되어 있는 경우

(1) 원칙
→ 가중적 제재처분을 받을 현실상 위험상이 인정되므로 협의의 소익 긍정

(2) 예외(기간등의 경과로 실제로 가중적 제재처분을 받을 현실상 위험성이 사라진 경우)
→ 협의의 소익 부정

### 2. 가중적 제재처분의 규정이 법규명령형식의 행정규칙에 규정된 경우

(1) 문제점

(2) 학설
① 법규상 여하에 따라 판단하여야 한다는 견해
② 장래에 가중적 제재처분을 받을 위험성 여하로 판단하여야 한다는 견해

(3) 판례
→ 종래 ①설의 태도 → 2006년 전원합의체 판결을 통해 ②설의 태도로 변경

(4) 검토
→ 협의의 소익의 본질상 ②설 타당(기간등의 경과로 실제로 가중적 제재처분을 받을 현실상 위험성이 사라지지 않는 한 협의의 소익 긍정)

## ▣4 처분 후 기타 사정변경으로 인해 협의의 소익이 문제되는 경우

### Ⅰ. 문제점

### Ⅱ. 협의의 소익의 의의 및 근거

1. 협의의 소익의 의의

2. 인정취지

### Ⅲ. 협의의 소익의 인정 여부

1. 원칙

2. 예외

### Ⅳ. 사안의 검토

1. 문제점

2. 관련판례의 태도[55]

3. 결론

---

55) ① [건축허가취소소송에서 건축물이 완공된 경우(대법원 1994.1.14. 93누20481)] 위법한 행정처분의 취소를 구하는 소는 위법한 처분에 의하여 발생한 위법 상태를 배제하여 원상으로 회복시키고 그 처분으로 침해되거나 방해받은 권리와 이익을 보호 구제하고자 하는 소송이므로 비록 **그 위법한 처분을 취소한다 하더라도 원상회복이 불가능한 경우에는 그 취소를 구할 이익이 없다.** 건축허가가 건축법 소정의 최소대지면적 제한규정을 어긴 것으로서 위법하다 하더라도, 그 건축허가에 기하여 건축공사가 완료되었다면 인접대지의 소유자가 위 건축허가처분의 취소를 받아 위 최소대지면적 제한규정에 맞게 시정할 단계는 지났으며, 위 건축물의 철거를 구하는 데 있어서도 위 건축허가처분의 취소가 필요한 것이 아니므로 인접대지 소유자로서는 위 건축허가처분의 취소를 구할 법률상 이익이 없다.

② [행정대집행이 실행완료된 경우 대집행계고처분의 취소를 구할 법률상 이익이 없다는 판례(대법원 1993.6.8. 93누6164)] 대집행계고처분 취소소송의 변론종결 전에 대집행영장에 의한 통지절차를 거쳐 사실행위로서 대집행의 실행이 완료된 경우에는 행위가 위법한 것이라는 이유로 손해배상이나 원상회복 등을 청구하는 것은 별론으로 하고 처분의 취소를 구할 법률상 이익은 없다.

③ [진주의료원폐업사건(대법원 2016.8.30. 2015두60617)] 지방의료원의 설립·통합·해산은 지방자치단체의 조례로 결정할 사항이므로, 도가 설치·운영하는 乙지방의료원의 폐업·해산은 도의 조례로 결정할 사항인 점 등을 종합하면, 甲도지사의 폐업결정은 행정청이 행하는 구체적 사실에 관한 법집행으로서의 공권력 행사로서 입원환자들과 소속 직원들의 권리·의무에 직접 영향을 미치는 것이므로 항고소송의 대상에 해당하지만, 폐업결정 후 乙지방의료원을 해산한다는 내용의 조례가 제정·시행되었고 조례가 무효라고 볼 사정도 없어 **乙지방의료원을 폐업 전의 상태로 되돌리는 원상회복은 불가능하므로** 법원이 폐업결정을 취소하더라도 단지 폐업결정이 위법함을 확인하는 의미밖에 없고, 폐업결정의 취소로 회복할 수 있는 다른 권리나 이익이 남아있다고 보기도 어려우므로, 甲도지사의 폐업결정이 법적으로 권한 없는 자에 의하여 이루어진 것으로서 위법하더라도 취소를 구할 소의 이익을 인정하기 어렵다.

## 사례논점 06

### 1 항고소송과 처분으로 인한 국가배상청구소송 및 부당이득반환청구소송 간의 소변경의 경우

**Ⅰ. 문제점**

**Ⅱ. 부당이득반환청구소송(국가배상청구소송)의 성질**

1. 문제점

2. 학설

   (1) 공권설(당사자소송설)

   (2) 사권설(민사소송설)

3. 판례(대법원)

   처분이 취소된 이상 그 후의 부당이득으로서의 과오납금 반환에 관한 법률관계는 단순한 민사관계에 불과한 것이고, 행정소송 절차에 따라야 하는 관계로 볼 수 없다(대법원 1995.12.22. 94다51253).

4. 검토

   → 행정소송법상 당사자소송설이 타당 → 그러나 양자 모두 입장에서 검토

**Ⅲ. 공법상 당사자소송설을 따를 경우(학설)**

1. 소변경(행정소송법 제21조)의 의의

2. 소변경의 유형

3. 요건

4. 절차 및 효과

5. 소결

   → 청구기초에 변경이 없어 허용될 것임

**Ⅳ. 민사소송설에 따를 경우(판례)**

1. 문제점

2. 학설

   (1) 긍정설

   (2) 부정설

3. 판례(긍정설)

   행정소송으로서의 소송요건을 결하고 있음이 명백하여 행정소송으로 제기되었더라도 어차피 부적법하게 되는 경우가 아닌 이상, 원고로 하여금 항고소송으로 소변경을 하도록 하여 그 1심법원으로 심리·판단하여야 한다.

4. 검토

   → 긍정설 타당

**Ⅴ. 사안의 검토**

   → 어느 견해에 의하든 소변경은 허용됨

### 2 부작위위법확인소송과 거부처분취소소송간의 소변경의 경우

**Ⅰ. 문제점**

**Ⅱ. 소변경의 근거조항**

1. 문제점

2. 학설

   (1) 긍정설

   행정소송법 제37조에 따른 소변경(제21조 소변경설)에 따라 소변경이 허용된다는 견해

   (2) 부정설

   행정소송법 제22조의 소변경이 적용되어야 하나 동규정이 준용되지 아니하므로 소변경을 부정해야 한다는 견해

3. 검토

   → 긍정설 타당

**Ⅲ. 소변경의 허용 여부**

1. 소변경(행정소송법 제21조)의 의의

2. 소변경의 유형

3. 요건

4. 절차 및 효과

5. 소결

   → 청구기초에 변경이 없어 허용될 것임

**Ⅳ. 사안의 검토**

   → 행정소송법 제21조에 근거하여 소변경은 허용됨

UNIT 20 참조

## 사례논점 07

### 1 처분사유의 추가 · 변경

Ⅰ. 문제점

Ⅱ. 처분사유의 추가 · 변경의 의의

Ⅲ. 인정 여부

1. 문제점

2. 학설

(1) 긍정설

(2) 부정설

(3) 제한적 긍정설

3. 판례

→ 기본적 사실관계의 동일성이 인정되는 한도 내에서 긍정(제한적 긍정설)

4. 검토

→ 제한적 긍정설 타당

Ⅳ. 허용범위

1. 처분사유의 추가 · 변경의 허용범위

(1) 동일소송물

(2) 사실심 변론종결시까지 추가 및 변경할 것

(3) 처분당시에 존재하였던 사유일 것

(4) 기본적 사실관계의 동일성

(5) 소결

<2. 거부처분의 위법판단기준시와 시간적 범위 → 거부처분 + 새로 추가한 B사유가 거부처분 이후의 사실인 경우>

(1) 문제점

(2) 학설

① 처분시설

② 판결시설

③ 절충설

(3) 판례(처분시설)

(4) 검토

→ 처분시설이 타당

3. 기본적 사실관계의 동일성의 판단기준

→ 법률적으로 평가하기 이전의 구체적인 사실관계에 착안하여 그 기초가 되는 사회적 사실관계의 동일성을 기준으로 하며, 판단은 시간적 · 장소적 근접성, 행위 태양 · 결과 등의 제반사정을 종합적으로 고려하여 판단하여야 한다.

4. 검토

Ⅴ. 사안의 검토

UNIT 22 참조

## 사례논점 08

### 1 작위처분에 대한 가구제의 경우

Ⅰ. 문제점

집행부정지가 원칙(행정소송법 제23조 제1항) 그러나 사안의 경우 예외적으로 집행정지가 가능한지가 문제

Ⅱ. 집행정지의 의의 및 성질

1. 집행정지의 의의(행정소송법 제23조 제2항)

2. 법적 성질

Ⅲ. 집행정지신청의 인용요건

1. 적극적 요건

(1) 집행정지의 대상인 처분 등의 존재

(2) 본안소송의 계속

(3) 회복하기 어려운 손해발생의 우려

(4) 긴급한 필요

(5) 신청의 이익

2. 소극적 요건

(1) 공공복리에 대한 중대한 영향을 미치지 아니할 것

(2) 원고의 청구가 이유없이 명백하지 아니할 것

<(3) 절차정지나 집행정지로 목적달성이 곤란한 것

← 효력정지신청의 경우에만 기술>

3. 소결

사안상 무리없이 인정되는 요건을 긍정하고, 문제되는 요건은 이하에서 검토함

Ⅳ. 사안상 특별히 문제되는 요건에 대한 자세한 검토

Ⅴ. 사안의 검토

### 2 거부처분에 대한 가구제의 경우

Ⅰ. 문제점

집행정지의 가능성과 가처분신청의 인용가능성이 문제

Ⅱ. 집행정지신청의 인용가능성

1. 집행정지의 의의(행정소송법 제23조 제2항)

2. 법적 성질

3. 집행정지신청의 인용요건

(1) 적극적 요건

1) 집행정지의 대상인 처분 등의 존재

2) 본안소송의 계속

3) 회복하기 어려운 손해발생의 우려

4) 긴급한 필요

5) 신청의 이익

(2) 소극적 요건
1) 공공복리에 대한 중대한 영향을 미치지 아니할 것
2) 원고의 청구가 이유없이 명백하지 아니할 것
<3) 절차정지나 집행정지로 목적달성이 곤란한 것
← 효력정지신청의 경우에만 기술>
(3) 소결
→ 거부처분이 집행정지의 대상인지 여부가 관건
4. 거부처분에 대한 집행정지의 가능성
(1) 문제점
(2) 학설
(3) 판례(부정)
→ 거부처분은 효력이 정지된다 하더라도 거부처분에 의하여 생길 회복할 수 없는 손해를 피하는데 아무런 보탬도 되지 아니하니 거부처분의 효력을 정지할 필요성이 없다.
(4) 검토
→ 갱신신청의 거부가 아닌한 부정함이 타당

Ⅲ. 가처분신청의 인용가능성
1. 가처분의 의의
2. 인정필요성
3. 항고소송에서 민사집행법 제300조의 가처분규정의 준용가능성
(1) 문제점
(2) 학설
(3) 판례(부정)
(4) 검토(부정)

Ⅳ. 사안의 검토
→ 거부처분에 대한 집행정지와 가처분 모두 부정함이 타당 → 거부처분에 대한 적절한 가구제수단이 인정되지 않음은 문제 → 따라서 행정소송법 개정안(2013, 법무부)과 같이 가처분제도를 도입하는 입법적 보완이 필요

### 3 부작위에 대한 가구제의 경우

Ⅰ. 문제점
집행정지의 가능성과 가처분신청의 인용가능성이 문제

Ⅱ. 집행정지신청의 인용가능성
→ 행정소송법 제38조 제2항에서는 제23조를 준용하지 않고, 정지할 대상인 처분이 존재하지 아니하므로 집행정지는 불가능

Ⅲ. 가처분신청의 인용가능성
1. 가처분의 의의
2. 인정필요성
3. 항고소송에서 민사집행법 제300조의 가처분규정의 준용가능성
(1) 문제점
(2) 학설
(3) 판례(부정)
→ 민사소송법상의 보전처분은 민사판결절차에 의하여 보호받을 수 있는 권리에 관한 것이므로 민사소송법상의 가처분으로써 행정청의 어떠한 행정행위의 금지를 구하는 것은 허용될 수 없다 할 것이다.
(4) 검토(부정)

Ⅳ. 사안의 검토
→ 부작위에 대한 행정소송의 경우 집행정지와 가처분 모두 부정함이 타당 → 부작위에 대한 적절한 가구제수단이 인정되지 않음은 문제 → 따라서 행정소송법 개정안(2013, 법무부)과 같이 가처분제도를 도입하는 입법적 보완이 필요

### 4 중앙노동위원회의 재심판정에 대한 집행정지의 경우

Ⅰ. 문제점
→ 집행부정지에 관한 ① 행정소송법 제23조 제2항·제3항의 적용가능성과 ② 그 요건충족 여부가 문제

Ⅱ. 집행정지의 의의 및 성질
1. 집행정지의 의의(행정소송법 제23조 제2항)
2. 법적 성질

Ⅲ. 행정소송법상 집행정지의 적용가능성
1. 문제점
→ 근로기준법 제32조의 규정에도 불구하고 집행정지가 가능한지 여부가 문제
2. 판례[56]
3. 소결
→ 판례의 태도에 따라 집행정지 가능

---

56) [대법원 1991.3.27. 90두24] 노동조합법 제42조의 규정에 의한 중앙노동위원회의 구제명령이나 기각결정 또는 제43조의 규정에 의한 중앙노동위원회의 재심판정의 취소를 구하는 행정소송을 제기한 자는 행정소송법 제23조 제2항·제3항의 요건이 존재하는 한 위 구제명령 등의 집행정지를 구할 수 있다.

Ⅳ. 집행정지신청의 인용요건

　1. 적극적 요건

　2. 소극적 요건

　3. 소결

　　→ 사안상 무리없이 인정되는 요건을 긍정하고, 문제되는 요건은 이하에서 검토함

Ⅴ. 사안상 특별히 문제되는 요건에 대한 자세한 검토

Ⅵ. 사안의 검토

---

UNIT 27 참조

## 사례논점 09

### 1 사정판결

Ⅰ. 문제점

Ⅱ. 통상의 기각판결의 가능성

　1. 문제점

　　→ 위법판단의 기준시

　2. 학설

　　(1) 처분시설

　　(2) 판결시설

　　(3) 절충설

　3. 판례(처분시설)

　　→ 무릇 행정처분의 취소를 구하는 항고소송에 있어서 그 처분의 위법 여부는 처분 당시를 기준으로 판단하여야

　4. 검토

　　→ 처분시설이 타당 → 통상의 기각판결은 불가

Ⅲ. 사정판결에 의한 기각판결의 가능성

　1. 사정판결의 의의·근거

　2. 인정취지

　3. 사정판결의 요건

　　(1) 원고의 청구가 이유 있다고 인정될 것

　　(2) 처분등의 취소가 현저히 공공복리에 적합하지 아니할 것

　　(3) 피고인 행정기관의 신청이 있을 것

　4. 사안의 검토

Ⅳ. 직권에 의한 사정판결의 가능성

　1. 문제점

　2. 학설

　　(1) 변론주의보충설

　　(2) 직권탐지주의설

　3. 판례(변론주의보충설)

　　→ 행정소송법 제26조는 법원이 아무런 제한 없이 당사자가 주장하지도 않은 사실을 판단할 수 있는 것은 아니고 일건 기록상 현출되어 있는 사항에 관하여서만 이를 직권으로 심리조사하고 이를 기초로 하여 판단할 수 있을 따름이다(대법원 1988.4.27. 87누1182).

　4. 검토

　　→ 변론주의보충설 타당 → 일건기록에 현출되어 있는 한도 내에서만 직권으로 사정판결 가능

Ⅴ. 적용범위(무효확인소송에서의 적용가능성)

　1. 문제점

　2. 학설

　　(1) 적용부정설

　　(2) 적용긍정설

　3. 판례

　　→ 대법원은 "존속시킬 행정행위가 없으므로 사정판결을 할 수 없다."고 하여 무효등확인소송에서 사정판결의 가능성을 부정한다.

　4. 검토

---

UNIT 28 참조

## 사례논점 10

### 1 기판력

Ⅰ. 문제점

Ⅱ. 취소판결의 기판력의 인정범위

　1. 기판력의 의의

　2. 기판력의 인정근거

　3. 기판력의 적용범위

　4. 기판력의 인정범위

　　(1) 주관적 범위

　　(2) 객관적 범위

　　(3) 시간적 범위

　5. 소결

Ⅲ. 전소인 취소소송의 기각판결의 기판력이 후소인 국가배상청구소송에 미치는지 여부

1. 문제점

2. 학설

    (1) 전부기판력긍정설

    (2) 전부기판력부정설

    (3) 제한적 기판력긍정설

3. 판례

    → 대법원은 상대적 위법성설의 입장에서 "어떠한 행정처분이 후에 항고소송에서 취소되었다고 할지라도 그 기판력에 의하여 당해 행정처분이 곧바로 공무원의 고의 또는 과실로 인한 것으로서 불법행위를 구성한다고 단정할 수는 없다."고 하여 전부기판력부정설의 입장

4. 검토

Ⅳ. 사안의 해결

---

UNIT 29 참조

## 사례논점 11

### **1** 거부처분취소판결 이후 재차 동일한 사유로 거부처분을 한 경우 기속력위반의 경우

Ⅰ. 문제점

Ⅱ. 기속력의 의의 및 성질

1. 기속력의 의의

2. 법적 근거

3. 기속력의 법적 성질

Ⅲ. 기속력의 내용

1. 반복금지효

2. 재처분의무

3. 원상회복의무

Ⅳ. 기속력의 효력범위

1. 주관적 범위

2. 객관적 범위

3. 시간적 범위

    → 거부처분의 경우 위법판단의 기준시에 관한 논점 기술

Ⅴ. 기속력의 위반효과

Ⅵ. 사안의 해결

1. 처분의 절차·형식상 하자를 이유로 취소판결된 경우

    (1) 판례

        → 판결의 취지에 따라 동일한 절차상의 위법을 반복하지 않고 다시 재처분을 하면 된다.

    (2) 검토

        → 절차·형식상의 하자를 보완하여 동일한 내용의 처분을 하였다면 기속력위반 아님

2. 처분의 내용상 하자를 이유로 취소판결된 경우①

    (1) 판례(기·사·동에 관한 판례 서술)

    (2) 검토

        → 새로운 처분사유가 기·사·동이 동일한 경우 기속력 위반 위법·무효

3. 처분의 내용상 하자를 이유로 취소판결된 경우②

    → 판결시 이후의 법개정이 있는 경우

    (1) 판례

        → 거부처분취소판결 이후에 행정청이 합리적 사유없이 처분을 지연시키다가 법령이 개정되고 이를 이유로 행정청이 거부처분을 하는, 행정청의 인위적 기속력잠탈행위는 허용되지 않는다.

    (2) 검토

        → 의도적 기속력잠탈이 아닌 한 시적 범위 일탈 기속력 위반 위법·무효 아님

4. 처분의 내용상 하자를 이유로 취소판결된 경우③

    → 새로운 거부처분사유가 거부처분시 이후 판결시 이전의 사유인 경우

    (1) 문제점

    (2) 학설 ← 최대한 간략히 서술

    (3) 판례

        ① 경과규정이 없는 경우(Ⅱ.-1)

        ② 경과규정이 있는 경우(Ⅱ.-3)

    (4) 검토

        → 개정법령에서 경과규정을 두고 있지 않는 한 시적 범위 일탈 → 기속력 위반 위법·무효 아님

## 2 재처분의무와 간접강제가 결합된 문제의 경우

### I. 문제점

### II. 간접강제신청의 인용요건

1. 간접강제의 의의 법적 근거
2. 인용요건
3. 소결
   → 거부처분취소판결 또는 부작위위법확인소송에서 인용판결이 확정됨은 인정됨 → 새로운 거부처분이 기속력을 위반하여 재처분의무를 다하지 않은지가 문제됨

### III. 제2차 거부처분이 기속력에 위반되어 위법·무효인지 여부

1. 기속력의 의의
2. 법적 근거
3. 법적 성질
4. 기속력의 내용
5. 기속력의 효력범위
6. 위반효과
7. 사안의 경우

### IV. 사안의 해결

1. 기속력에 위반하여 위법·무효인 경우
   → 간접강제신청에 대한 인용결정
2. 기속력에 위반되지 아니하는 경우
   → 간접강제신청에 대한 기각결정

## 3 취소판결확정 후 동일한 내용의 처분가능성

### I. 문제점

### II. 기속력의 의의 및 성질

1. 기속력의 의의
2. 법적 근거
3. 기속력의 법적 성질

### III. 기속력의 내용

1. 반복금지효
2. 재처분의무
3. 원상회복의무

### IV. 기속력의 효력범위

1. 주관적 범위
2. 객관적 범위
3. 시간적 범위
   → 거부처분의 경우 위법판단의 기준시에 관한 논점 기술

### V. 구체적 검토

1. 처분의 절차·형식상 하자를 이유로 취소판결된 경우
   (1) 판례
   (2) 검토
   → 절차·형식상의 하자를 보완하여 동일한 내용의 처분할 수 있다.

2. 처분의 내용상 하자를 이유로 취소판결된 경우
   (1) 기속행위인 경우
   → 동일한 내용의 처분은 할 수 없다.
   (2) 재량행위인 경우
   → 취소판결의 위법사유만 반복하지 아니하는 범위에서 동일 내용의 처분할 수 있다.

3. 처분 후에 발생한 새로운 사유가 존재하는 경우
   (1) 적극적 침익적 처분인 경우
   → 처분 후 발생한 새로운 사유를 들어 동일한 내용의 처분할 수 있다.
   (2) 거부처분인 경우
   ① 확정판결 이후에 발생한 새로운 사유의 경우
   → 기속력의 의도적 잠탈행위가 아닌 한 새로운 사유를 들어 동일한 내용의 처분을 할 수 있다.
   ② 거부처분 이후 판결시 이전에 발생한 새로운 사유인 경우(문/학/판/검 간단히 서술)
   → 개정법령에서 경과규정을 두고 있지 아니하는 한 새로운 사유를 들어 동일한 내용의 처분을 할 수 있다.

## 사례논점 12

### ① 부작위위법확인소송 도중 거부처분이 내려진 경우 수소법원의 판결

Ⅰ. 문제점

Ⅱ. 부작위위법확인소송의 의의 및 성질(← 생략 可)

Ⅲ. 수소법원이 각하판결을 하여야 하는지 여부

1. 부작위에 해당하는지 여부(대상적격)

2. 원고적격의 인정 여부

 (1) 문제점

 (2) 학설

  → ① 신청권긍정설, ② 신청권부정설

 (3) 판례

  → 신청권 요구

 (4) 검토(신청권긍정설)

<3. 제소기간의 준수 여부> ← 소제기의 시점 등 구체적 날짜가 주어진 경우만 서술

4. 협의의 소익의 인정 여부

 (1) 의의

 (2) 협의의 소익의 인정범위

  1) 학설

  2) 판례

   → 부작위위법확인소송은 소극적 위법상태의 배제에 그 소송의 목적이 있으므로 소송 도중 거부처분이 발령되면 부작위상태가 해소되어 협의의 소익이 없다.

  3) 검토

   → 실체심리설에 따른 협의의 소익범위 타당

5. 소결

 (1) 절차심리설(판례)의 경우

  → 소익부정 → 각하

 (2) 학설에 따를 경우

  → 소익긍정 → 본안판결해야

Ⅳ. 인용가능성

1. 부작위위법확인소송의 위법판단의 기준시

 (1) 문제점

 (2) 학설

 (3) 판례

 (4) 검토(판결시설)

2. 소결

 → 판결시에는 처분을 하여야 할 의무가 존재하는지 여부를 판단하여 인용 또는 기각하여야 함

Ⅴ. 사안의 해결

### ② 부작위위법확인소송 확정 판결 이후 재처분의무로 거부처분을 한 경우 간접강제의 가능성

Ⅰ. 문제점

Ⅱ. 간접강제신청의 인용요건

1. 간접강제의 의의 법적 근거

2. 인용요건

3. 소결

Ⅲ. 거부처분이 부작위위법확인판결의 기속력에 위반되어 위법·무효인지 여부

1. 기속력의 의의

2. 법적 근거

3. 법적 성질

4. 기속력의 내용

5. 기속력의 효력범위

6. 위반효과

7. 사안의 경우

 (1) 문제점

 (2) 학설

  ① 응답의무설(절차심리설)

  ② 실체적 처분의무설(실체심리설)

 (3) 판례(응답의무설)

  → 피신청인이 신청인을 승진임용하는 처분을 하는 경우는 물론이고, 승진임용을 거부하는 처분을 하는 경우에도 위 확정판결의 취지에 따른 처분을 하였다고 볼 것이다. 그런데 위 확정판결이 있은 후에 피신청인은 신청인의 승진임용을 거부하는 처분을 하였다. 따라서 결국 신청인의 이 사건 간접강제신청은 그에 필요한 요건을 갖추지 못하였다.

 (4) 검토

Ⅳ. 사안의 해결

 (1) 응답의무설(판례)의 경우

  → 재처분의무 다함 → 기각결정

 (2) 실체적 처분의무설(학설)

  → 재처분의무위반 → 인용결정

UNIT 34 참조

## 사례논점 13

### ◼ 무효사유인 처분에 대한 무효확인소송의 경우

Ⅰ. 문제점

Ⅱ. 무효확인소송의 제기가능성

  1. 문제점

    → 무효확인소송의 제소요건 설시

  <2. 대상적격과 원고적격이 인정되는지 여부>

    → 문제되는 경우에만 서술

  3. 협의의 소익의 인정 여부

    (1) 문제점

    (2) 학설

      ① 즉시확정이익설

      ② 법률상 보호이익설

    (3) 판례

    (4) 검토

      → 판례 타당 → 다른 유효적절한 소송수단이 인
      정된다 하더라도 사안의 경우 무효확인소송
      의 협의의 소익 긍정

Ⅳ. 인용가능성

  1. 처분의 위법 여부

  2. 처분의 하자가 무효사유인지 여부

Ⅴ. 사안의 해결

### ◼ 취소사유인 처분에 대한 무효확인소송의 경우

Ⅰ. 문제점

Ⅱ. 취소사유인 처분에 대한 무효확인소송의 제소요건

  <1. 무효확인소송의 의의> → 생략 可

  2. 무효확인소소송의 제소요건의 충족 여부

    → 대상적격과 원고적격을 중심으로 소송요건 검토

  3. 취소사유있는 처분에 대한 무효확인소송에서 제소
  기간(및 전심절차)의 준수가 요건인지 여부

    (1) 문제점

    (2) 학설

      ① 긍정설

      ② 부정설

    (3) 판례

    (4) 검토

      → 긍정설 타당

Ⅲ. 무효확인소송의 제소요건을 결여한 경우

    → 각하

Ⅳ. 제소기간준수 및 전심절차의 준수요건을 결여한 경우

    → 기각

Ⅴ. 모든요건을 다 갖춘 경우 → 인용판결의 가능성

  1. 문제점

  2. 학설

    (1) 기각설

    (2) 소변경설

    (3) 인용판결설

  3. 판례

    → "행정처분의 무효확인을 구하는 소에는 원고가
    그 처분의 취소를 구하지 아니한다고 밝히지 아
    니한 이상 그 처분이 만약 당연무효가 아니라면
    그 취소를 구하는 취지도 포함되어 있는 것으로
    보아야 한다."고 보아 인용판결설의 입장

  4. 검토

    → 인용판결서 타당

Ⅵ. 사안의 해결

UNIT 52 참조

## 사례논점 14

### ◼ 노동조합설립신고의 수리가 "처분"인지 여부

Ⅰ. 문제점

Ⅱ. 처분의 개념과 법적 근거

Ⅲ. 처분과 행정행위와의 관계(← 생략 可)

  1. 문제점

  2. 학설

    (1) 실체법상 처분개념설(일원설)

    (2) 쟁송법상 처분개념설(이원설)

  3. 판례

  4. 검토

    → 판례타당

Ⅳ. 처분이 되기 위한 요건

  1. 행정청의 행위일 것

  2. 구체적 사실에 관한 행위일 것

  3. 법집행행위일 것

  4. 공권력행사일 것

## V. 사안의 검토(노동조합설립신고수리의 경우)

### 1. 문제점

### 2. 수리를 요하는 신고의 수리의 경우

→ 준법률행위적 행정행위로서 처분임

### 3. 자기완결적 신고의 수리의 경우

→ 사실행위로서 처분 아님

### 4. 사안의 경우

(1) 판례

(2) 검토

→ 수리를 요하는 신고로서 처분에 해당함

## 2 노동조합설립신고가 반려된 경우 - 수리거부의 처분성

### I. 문제점

### II. 거부처분의 의의

### III. 거부조치가 처분이 되기 위한 요건

### 1. 공권력행사에 관한 거부일 것

### 2. 신청인의 법적 지위에 어떠한 변동을 초래할 것

### 3. 법규상·조리상 신청권이 인정될 것

### 4. 사안의 검토

→ 노조법 제10조 제1항에 따라 법규상·조리상 신청권은 인정됨. 공권력행사의 거부에도 해당. 신청인의 법적 지위의 변동 여부가 문제

### IV. 신고의 수리거부가 "신청인의 법적 지위에 어떠한 변동을 초래하는 거부"인지 여부

### 1. 문제점

### 2. 수리를 요하는 신고수리거부의 경우

### 3. 자기완결적 신고수리거부의 경우

(1) 학설

(2) 판례

(3) 검토

### 4. 사안의 경우

(1) 판례

→ 헌법재판소는 "행정청이 설립신고서를 수리하지 않거나 반려하는 경우 이에 대하여는 행정처분으로 다툴 수 있다."고 판시하여 거부처분임을 인정한다.

(2) 검토

→ 수리를 요하는 신고로서 거부처분에 해당함

## V. 설문의 해결

UNIT 53 참조

## 사례논점 15

## 1 노동위원회의 구제명령에 대한 불복

### I. 문제점(취소소송의 제기요건 간략서술)

### II. 취소소송의 대상이 적법한지 여부

### 1. 입법주의

(1) 원처분주의와 재결주의

(2) 현행 행정소송법의 태도

→ §19 원처분주의

### 2. 근로기준법상 노동위원회의 구제명령의 경우

(1) 근로기준법 제31조 제2항(노동위원회법 제27조 제1항)

(2) 판례

→ 당사자가 지방노동위원회의 처분에 대하여 불복하기 위하여는 처분 송달일로부터 10일 이내에 중앙노동위원회에 재심을 신청하고 중앙노동위원회의 재심판정서 송달일로부터 15일 이내에 중앙노동위원장을 피고로 하여 재심판정취소의 소를 제기하여야 할 것이다(대법원 1995.9.15. 95누6762).

(3) 검토

→ 판례에 따라 재결주의(중노위의 재심판정)

### III. 기타 제소요건의 충족 여부

### 1. 원고적격의 인정 여부

→ 사용자나 당해 근로자(근로기준법 제31조 제1항), 판례에 따르면 노동조합은 원칙적으로 원고적격을 갖지 못하나 부당노동행위의 구제신청에 대한 재심판정의 경우에는 인정됨.

### 2. 피고적격

→ 중노위 위원장이 피고(노동위원회법 제27조 제1항)

### 3. 협의의 소익의 인정 여부(UNIT 13 참고)

### 4. 제소기간의 준수 여부

→ 재심판정서를 송달받은 날부터 15일 이내 (노동위원회법 제27조 제3항)

### 5. 전심절차의 준수 여부

→ 중노위의 재심판정을 반드시 거쳐야 함(대법원 판례의 태도)

### IV. 사안의 해결

UNIT 56 참조

## 사례논점 16

### ■ 비공개결정이 항고소송의 대상인지 여부

**Ⅰ. 문제점**

**Ⅱ. 거부처분의 의의 및 근거**

**Ⅲ. 거부조치가 처분이 되기 위한 요건**

   1. 공권력행사에 관한 거부일 것

   2. 신청인의 법적 지위에 어떠한 변동을 초래할 것

   3. 법규상·조리상 신청권이 인정될 것

**Ⅳ. 사안의 검토**

   → ① 정보공개결정은 공권력행사로 볼 수 있고, ② 정보공개거부행위로 인해 신청인은 헌법상 알권리(헌법 제21조)를 침해당하였으며, ③ 정보공개법 제5조에 기해 법률상 신청권도 인정된다고 볼 것이므로 위 정보공개반려조치는 항고쟁송의 대상이 되는 처분에 해당한다.

UNIT 57 참조

## 사례논점 17

### ■ 부관 문제

**Ⅰ. 쟁점의 정리**

**Ⅱ. 부관의 법적 성질**

   1. 부관의 의의

   2. 부관의 종류

   3. 사안의 검토

**Ⅲ. 하자있는 부관에 대한 독립쟁송가능성과 쟁송형태**

   1. 문제점

   2. 하자 있는 부관에 대한 독립쟁송가능성

     (1) 문제점

     (2) 학설

     (3) 판례

     (4) 검토

   3. 하자 있는 부관에 대한 쟁송형태

     (1) 하자 있는 부관에 대한 쟁송형태

       ① 취소소송으로서 진정일부취소소송

       ② 변경소송으로서 부진정일부취소소송

     (2) 학설

     (3) 판례

     (4) 검토

   4. 소결

**Ⅳ. 하자있는 부관에 대한 독립취소판결의 가능성**

   1. 문제점

   2. 학설

     (1) 기속·재량구별설

     (2) 중요사항기준설

     (3) 위법성기준설(모든 부관의 독립취소긍정설)

   3. 판례

   4. 검토

**Ⅴ. 사안의 해결**

## 조현 |

**약력**

한양대학교 법과대학 박사과정 수료
한양대학교 법과대학 법학석사
한양대학교 법과대학 법학사

현 | 해커스노무사 행정쟁송법 강의
전 | 한양대학교, 성균관대학교 고시반 특강강사
전 | 금강대학교 전임강사

**저서**

해커스노무사 조현 행정쟁송법 기본서
통합행정법, 법문사
공인노무사 통합 행정쟁송법연습, 윌비스
기출사례 경찰행정법, 도서출판 나눔
주관식 경찰행정법, 도서출판 나눔

2024 공인노무사 2차 시험 대비

# 해커스노무사
# 조현
# 행정쟁송법 기본서

**초판 1쇄 발행 2024년 1월 2일**

| | |
|---|---|
| **지은이** | 조현 편저 |
| **펴낸곳** | 해커스패스 |
| **펴낸이** | 해커스노무사 출판팀 |

| | |
|---|---|
| **주소** | 서울특별시 강남구 강남대로 428 해커스노무사 |
| **고객센터** | 1588-4055 |
| **교재 관련 문의** | publishing@hackers.com |
| | 해커스 법아카데미 사이트(law.Hackers.com) 1:1 고객센터 |
| **학원 강의 및 동영상강의** | law.Hackers.com |

| | |
|---|---|
| **ISBN** | 979-11-6999-754-6 (13360) |
| **Serial Number** | 01-01-01 |

**노무사시험 한 번에 합격!**
해커스 법아카데미 law.Hackers.com

**해커스 공인노무사**

• 조현 교수님의 **본 교재 인강**(교재 내 할인쿠폰 수록)
• 해커스 스타강사의 **노무사 무료 동영상강의**